O PAÍS DO FUTURO E SEU DESTINO

Ensaios sobre o Bicentenário do Brasil: 1822-2022

Texto de acordo com a nova ortografia.

Capa: Ivan Pinheiro Machado. *Ilustração*: "Independência ou Morte" (1888) óleo sobre tela, 415 cm x 760 cm, de Pedro Américo. (Museu do Ipiranga, São Paulo)
Preparação: Nanashara Behle e Simone Diefenbach
Revisão: Mariana Donner da Costa

CIP-Brasil. Catalogação na publicação
Sindicato Nacional dos Editores de Livros, RJ

P165

O país do futuro e seu destino / organização João Carlos Brum Torres. – 1. ed. – Porto Alegre [RS]: L&PM, 2022.
336 p. ; 23 cm.

ISBN 978-65-5666-288-6

1. Brasil - História - Independência, 1822. I. Torres, João Carlos Brum.

22-79966   CDD: 981.04
              CDU: 94(81).043

Meri Gleice Rodrigues de Souza - Bibliotecária - CRB-7/6439

© João Carlos Brum Torres, Carlos Paiva, Cícero Araújo, Fabian Scholze Domingues, Juremir Machado da Silva, Leonardo Belinelli, Lourival Holanda, Luís Augusto Fischer, Pedro Fonseca, Renato Steckert de Oliveira, Zander Navarro, 2022

Todos os direitos desta edição reservados a L&PM Editores
Rua Comendador Coruja, 314, loja 9 – Floresta – 90.220-180
Porto Alegre – RS – Brasil / Fone: 51.3225.5777

Pedidos & Depto. Comercial: vendas@lpm.com.br
Fale conosco: info@lpm.com.br
www.lpm.com.br

Impresso no Brasil
Primavera de 2022

O PAÍS DO FUTURO E SEU DESTINO

Ensaios sobre o Bicentenário do Brasil: 1822-2022

Organização João Carlos Brum Torres

Carlos Paiva - Cícero Araújo - Fabian Scholze Domingues
João Carlos Brum Torres - Juremir Machado da Silva
Leonardo Belinelli - Lourival Holanda - Luís Augusto Fischer
Pedro Fonseca - Renato Steckert de Oliveira - Zander Navarro

L&PM
EDITORES

À memória de Stefan Zweig, que soube amar e acreditar no Brasil. Em um Brasil idealizado e perdido, mas cuja imagem e ideal é uma lástima e um crime abandonar.

Escrevi um ensaio sobre [...] o que chamo de patriotismo progressivo: uma disposição política em que podemos criticar o país da maneira mais severa e também com carinho, orgulho e um sentimento real de que nós – todos nós – estamos juntos nessa política desordenada. Nestes tempos difíceis, o patriotismo pode parecer muito semelhante ao nacionalismo de direita, que adora usar a bandeira, ou a um centrismo insípido que não entende por que não podemos andar juntos. Em vez de nos afastarmos do patriotismo, devemos recuperar um espírito patriótico que possa ver todas as falhas [...], mas também reconheça que o país é uma chance de construir uma verdadeira democracia.

Jedediah Britton-Purdy
The New York Times, 2 de julho de 2022

Sumário

Apresentação: Sentido e contexto do livro – *João Carlos Brum Torres* / 11

1. Ainda as veleidades libertárias no Brasil – *Lourival Holanda* / 21

2. Jornalismo, escravidão e política na Independência – *Juremir Machado da Silva* /35

3. O nascimento de uma nação na biografia de um homem trágico – *Renato Steckert de Oliveira* / 53

4. Ao ensejo do bicentenário. Notas sobre a questão da identidade do Brasil – *João Carlos Brum Torres* / 103

5. O tempo dos pêssegos: O desejo de futuro na literatura brasileira – *Luís Augusto Fischer* / 164

6. A Independência e as raízes de um projeto de desenvolvimento – *Pedro Fonseca* / 177

7. A Lei de Terras de 1850 e o advento do capitalismo brasileiro – *Fabian Scholze Domingues* / 203

8. O projeto econômico da ditadura militar e a longevidade dos nossos anos de chumbo – *Carlos Paiva* / 220

9. A esquerda no poder: Apogeu e declínio de um experimento constitucional (2002-2016) – *Cícero Araújo e Leonardo Belinelli* / 272

10. O "mundo rural": O novo emerge sobre as raízes do passado – *Zander Navarro* / 302

Os autores / 327

O PAÍS DO FUTURO E SEU DESTINO

Ensaios sobre o Bicentenário do Brasil: 1822-2022

Organização João Carlos Brum Torres

Carlos Paiva - Cícero Araújo - Fabian Scholze Domingues
João Carlos Brum Torres - Juremir Machado da Silva
Leonardo Belinelli - Lourival Holanda - Luís Augusto Fischer
Pedro Fonseca - Renato Steckert de Oliveira - Zander Navarro

L&PM
EDITORES

Texto de acordo com a nova ortografia.

Capa: Ivan Pinheiro Machado. *Ilustração*: "Independência ou Morte" (1888) óleo sobre tela, 415 cm x 760 cm, de Pedro Américo. (Museu do Ipiranga, São Paulo)
Preparação: Nanashara Behle e Simone Diefenbach
Revisão: Mariana Donner da Costa

CIP-Brasil. Catalogação na publicação
Sindicato Nacional dos Editores de Livros, RJ

P165

O país do futuro e seu destino / organização João Carlos Brum Torres. – 1. ed. – Porto Alegre [RS]: L&PM, 2022.
336 p. ; 23 cm.

ISBN 978-65-5666-288-6

1. Brasil - História - Independência, 1822. I. Torres, João Carlos Brum.

22-79966 CDD: 981.04
CDU: 94(81).043

Meri Gleice Rodrigues de Souza - Bibliotecária - CRB-7/6439

© João Carlos Brum Torres, Carlos Paiva, Cícero Araújo, Fabian Scholze Domingues, Juremir Machado da Silva, Leonardo Belinelli, Lourival Holanda, Luís Augusto Fischer, Pedro Fonseca, Renato Steckert de Oliveira, Zander Navarro, 2022

Todos os direitos desta edição reservados a L&PM Editores
Rua Comendador Coruja, 314, loja 9 – Floresta – 90.220-180
Porto Alegre – RS – Brasil / Fone: 51.3225.5777

Pedidos & Depto. Comercial: vendas@lpm.com.br
Fale conosco: info@lpm.com.br
www.lpm.com.br

Impresso no Brasil
Primavera de 2022

Apresentação
Sentido e contexto do livro

João Carlos Brum Torres

Para esclarecer o sentido desta publicação sobre o bicentenário, será útil evocar como foi lembrado e comemorado o cumprimento do centenário da independência do Brasil.

Não obstante os rescaldos da grande seca no Nordeste em 1919-1921, da instabilidade política que levou Epitácio Pessoa a decretar o estado de sítio de 5 de agosto até 31 de dezembro de 1922, a despeito das urgências decorrentes da proximidade das eleições que deveriam ocorrer em breve, as comemorações do primeiro centenário do Brasil foram de grande vulto e de inegável prestígio nacional, internacional e mesmo popular. No dia exato do aniversário, a data foi festivamente comemorada com a abertura da Exposição Internacional do Centenário da Independência do Brasil, 7 de setembro este que foi também o da primeira emissão radiofônica do país, na qual, além do discurso inaugural do presidente da República, foi transmitida a ópera *O Guarani* de Carlos Gomes. A importância dessa Exposição, cuja execução exigiu grandes obras de saneamento e renovação urbana do Rio de Janeiro, então capital do país, é atestada também pela expressiva participação internacional, pois Argentina, México, Estados Unidos, Portugal, Inglaterra, França, Itália, Bélgica, Suécia, Noruega, Dinamarca, Tchecoslováquia e Japão construíram pavilhões para demonstração de suas riquezas, cultura e progressos, notadamente industriais. Também impressionante foi a apresentação do Brasil, que contou com a construção e organização de oito Pavilhões: da Administração e do Distrito Federal, das Grandes Indústrias, das Pequenas Indústrias, da Agricultura, da Caça e Pesca, da Aviação, da Estatística, das Festas e dos Estados Brasileiros, mostrando que, apesar das graves dificuldades enfrentadas pelo país naqueles dias, os brasileiros não ignoraram a importância de avaliarem e celebrarem os cem anos da Independência.

Neste nosso quase desapercebido bicentenário, de comemorações não temos nada, e tudo indica que ele passará em branco, com, quem sabe, cerimônias palacianas e algumas matérias de imprensa.

A ideia e o sentimento geral do país parece ser o de que não há o que comemorar e de que o Brasil é algo muito abstrato, que o que importa é a política fiscal, os doze ou treze milhões de desempregados, a inflação que retorna, as políticas identitárias, a Amazônia e, talvez mais do que tudo, as eleições. As eleições mais do que tudo porque estão polarizadamente absorvidas pelo confronto entre o bolsonarismo – governo e movimento cujo projeto resume-se em um anticomunismo radicalizado e anacrônico e, também, numa expressão perversa e torta de valores conservadores tradicionais, amalgamados em uma grande massa de ressentimentos heterogêneos de um país no qual, cada vez mais, os pobres se amontoam sob marquises e esquinas das grandes cidades – e o arco diverso e desconjuntado dos que, não sem razão, na esquerda e no centro do espectro político, têm como prioridade livrar o país da corrosão interna da democracia e recuperar o bom senso com relação às prioridades das políticas interna e externa.

No entanto, embora essa preferência pelo presente, manifesta no desinteresse generalizado pela data simbólica dos duzentos anos, tenha sua lógica – tanto, específica e circunstancialmente, em vista das urgências implicadas na situação geral acima aludida, quanto, mais abstratamente, pelo fato de que há um sentido em que o presente tem mais valor do que o futuro, como se vê ao lembrarmos que títulos com vencimento futuro são duramente descontados quando, ao serem transacionados, são trazidos a valor presente – há um sentido em que a priorização do que está mais próximo é funesta. Não é difícil percebê--lo se tivermos presente que ela também é típica do comportamento de crianças pequenas, para as quais a troca da satisfação de um desejo imediato por uma satisfação amanhã é incompreensível. Na verdade, é de grande imprudência e exposição irresponsável a graves fracassos desconhecer que as escolhas por meio das quais são construídas tanto as vidas individuais quanto a vida coletiva estão sujeitas a equívocos na identificação dos interesses próprios, dos valores que efetivamente merecem nosso compromisso, dos meios para realizá-los e dos tempos que para isso são necessários. Compreende-se, assim, porque não seja menos temerário ignorar a força simbólica de certas datas que nos convidam a olhar para trás, a fazer um balanço do caminho percorrido e a identificar a melhor perspectiva para visualização do futuro e do melhor modo de seguir adiante.

Esta é a razão pela qual tudo indica que a desconsideração do bicentenário é sintoma de uma quadra doentia de nossa história, de uma espécie de vergonha do país que temos, de um encurtamento da imaginação e do reconhecimento de que conjunturas e períodos históricos são justamente períodos e de que as dificuldades que os caracterizam não devem fazer esquecer nem a obra feita nem a obra a fazer, e que o sucesso ao fazê-la depende crítica e decisivamente de que se enxergue além das premências diárias e que se tenha visão de futuro.

Esta coletânea é uma espécie de protesto contra a dominância dessas disposições ressentidas, curtoprazistas, ignorantes do passado, incapacitadas de olhar acima dos interesses e frustrações do presente, de entender que a melhor maneira de superar as distorções de nossa sociedade – enorme desigualdade econômica e social, subdesenvolvimento industrial, infraestrutura de serviços básicos defasada e insuficiente, desenvolvimento urbano marcado pela segregação das classes sociais, serviços de educação gritantemente ineficazes, capacidade de inovação tecnológica muitíssimo limitada e um sistema político cada vez mais disfuncional – é voltar a ter uma ideia clara do que em outros tempos se chamou um projeto nacional e que hoje podemos dizer, mais simplesmente, que é voltar a confiarmos em nós próprios, restaurando assim a ambição de fazer do Brasil uma sociedade que permita que todos os brasileiros tenham acesso aos níveis de bem-estar que a humanidade pode oferecer às populações que têm o privilégio de viver no século XXI.

Tarefa por certo enorme em uma sociedade como a brasileira, na qual a minoria dos que têm acesso às melhores condições de vida que o tempo presente pode oferecer é ostensivamente separada do enorme contingente dos que continuam a viver precariamente, sem educação, sem renda, sem moradia, sem emprego. Ter presente esse desafio, identificar com clareza as dificuldades a vencer e o modo e os tempos necessários para fazê-lo é essencial, pois, sem isso, aceitando e pregando, conforme a ideologia hoje dominante no país, que para tal desiderato o único caminho racional é deixar funcionar livremente as forças de mercado, o que teremos à frente, na melhor das hipóteses, será uma figura quantitativamente maior desta mesma sociedade que hoje disputa o campeonato mundial das desigualdades em todas as dimensões da vida social.

Não é objetivo desta coletânea a insensata pretensão de ter receitas com relação ao modo de levar o Brasil a melhor futuro. Os textos que compõem este livro não são escritos políticos, não pretendem ter propostas para o futuro do Brasil e, não sendo ensaios de historiadores profissionais, tampouco pretendem fazer propriamente a história de nossos duzentos anos. Seu propósito é mais modesto e mais simples: é o de oferecer aos leitores o testemunho dos que não perderam o interesse nos destinos de nosso país e que acreditam que pensar sobre dimensões variadas da trajetória que nos trouxe até aqui não é uma distração penosa e inútil, mas, antes, uma espécie do dever de lembrar: do dever de lembrar que vida não examinada é rota certa para uma vida e, coletivamente, para uma história desperdiçada.

Portanto, seus capítulos devem ser vistos antes como sondas, cujo escopo é restituir a importância e a força que tiveram e que, como legados de nosso passado, ainda têm certos personagens, eventos, obras ocorrentes no desdobramento de nossos dois primeiros séculos. Sua disparidade em termos temáticos, em tamanho, em estilo é evidente, mas esta pluralidade de enfoque abre o livro e o espírito dos que o lerem para a riqueza, a complexidade e o largo espectro das ondas em que se distribuem os sucessos e fracassos da história do Brasil-País.

A distribuição temática do livro

Muito embora praticamente todos os capítulos do livro tenham levado em conta o ponto de partida do bicentenário – as circunstâncias políticas, sociais, econômicas e morais do período da Independência – os textos que integram esse conjunto majoritário foram sensíveis a aspectos diversos do que então teve lugar e da herança que nos deixaram. Em alguns casos atendo-se à importância do ocorrido nesse momento inicial, em outros prolongando-se em suas consequências e avançando para outros momentos e etapas dos duzentos anos de vida institucional do Brasil que agora se completam. A essas variações no modo de determinar o foco temático dos diferentes capítulos de caráter mais claramente histórico, somam-se as diferenças devidas à diversidade da formação dos autores e também o modo diferenciado em que esse nosso passado lhes tocou a sensibilidade. A sensibilidade no sentido geral que essa palavra tem e também as diferenciações que esta assume com relação ao que no mundo nos toca e, aqui muito especialmente, a dimensão política da história de nosso país, o que não pode deixar de acarretar diferenças no modo de entender, apresentar e, implícita ou explicitamente, julgar os acontecimentos constituintes de nossa história.

Abre o livro "Ainda as veleidades libertárias no Brasil", de Lourival Holanda, que está para o livro como uma espécie de advertência preliminar: a de lembrar que há em *toda comemoração oficial: o risco de, na circunstância, a hagiografia sufocar a exigência crítica*, risco que um livro como este não pode deixar de correr, cujas consequências não podemos deixar de assumir, mas que cremos termos conseguido prevenir, ou, no caso deste organizador, pelo menos mitigar. O autor chama atenção para como a massa da herança colonial e da exclusão social, da dependência e do abismo que separa a elite das forças populares, no caso do Brasil e da América Latina em geral, fragiliza radicalmente as tentativas de construção de sociedades autônomas, democráticas e igualitárias.

"Jornalismo, escravidão e política na Independência", de Juremir Machado concentra-se no episódio da Independência e o faz iluminadoramente graças ao recurso de considerá-lo à luz de três perspectivas de análise diversas: a do relato centrado na intriga, a da restituição minuciosa dos episódios e a da ação dos personagens que ocuparam o proscênio do processo independentista. Varnhagen é o representante principal; o da explicação do mesmo processo em função das relações de classe e da predominância das questões econômicas tanto no plano interno, quanto no das relações internacionais que delimitaram e, em última análise, explicam o processo de independência segundo Werneck Sodré; e, finalmente, a análise mais abrangente do processo de Independência, tal como realizado pela equipe coordenada por Sérgio Buarque de Holanda na monumental *História geral da civilização brasileira*, abrangência essa que põe ênfase nos condicionantes ideológicos e culturais trazidos pelo Iluminismo como fatores também importantes para compreensão do quadro de ideias dentro do qual surgiu o ideário emancipacionista. Da articulação dessas análises distintas surge uma visão mais completa do ocorrido em 1822 e Juremir acrescenta ainda à sua análise uma atenta consideração à presença e à importância da militância jornalística dos acontecimentos ligados à Independência.

Em "O nascimento de uma nação na biografia de um homem trágico", Renato Oliveira – mediante um estudo aprofundado da biografia de José Bonifácio de Andrada e Silva, personagem central da Independência – por um lado abre o foco de análise do momento inaugural de nossa história, por outro o estreita, ambos os movimentos servindo para que se perceba as implicações que a complexa trajetória pessoal de José Bonifácio trouxe para o entendimento de certos traços que marcaram o nascimento do Brasil-País. Ao fazer desse estudo biográfico fio condutor de sua análise, Renato trata de mostrar como, na Europa e em Portugal do período em que o Andrada ali viveu, a dimensão científica da renovação cultural trazida pelo Iluminismo, em muitos casos, era combinada com a reação restauradora voltada à contenção do republicanismo radicalizado da Revolução Francesa. Ao mesmo tempo, o texto fecha o foco da análise para mostrar como, em um curto espaço de tempo, José Bonifácio, já em plena maturidade e, sob certo aspecto, com a vida feita, rompe com os estreitos laços pessoais e profissionais construídos em Portugal. Retorna, então, ao Brasil e abraça a causa independentista, transformando-se então no duro executor e controlador do processo de emancipação, determinando decisivamente a forma e os limites que o país deveria ter, sobretudo fechando o espaço para veleidades republicanas ou limitações externas do poder imperial.

"Ao ensejo do Bicentenário. Notas sobre a Questão da Identidade do Brasil" é o texto em que Brum Torres, organizador da coletânea, trata de fazer da atenção ao cumprimento do bicentenário o ponto de partida para discussão dos termos em que se deve determinar o que é a *identidade do Brasil-País*, expressão com a qual o capítulo fixa o objeto de sua análise. Depois de resenhar brevemente os diferentes modos em que o ponto foi anteriormente tratado, o texto avança a tese de que o melhor modo de considerar essa problemática complexa consiste em entender que a identidade de um país não é apenas construída ao longo do tempo, mas que é na intriga – por assim dizer: na novela em que os capítulos são os diversos momentos da história – que vão sendo fixados os traços característicos da identidade nacional. Correlatamente, o texto argumenta que o povo, no caso o povo brasileiro – nós todos, na condição simultânea de atores e autores – é quem construiu e constrói a identidade do Brasil, e isso do mesmo modo que, individualmente, cada um de nós é autor da própria vida e, assim, do perfil que esta toma. A elucidação da plausibilidade dessa analogia depende de uma explicação adequada dos termos em que deve ser entendida a constância de um sujeito coletivo, ponto que exige uma análise conceitual e dá ao capítulo a figura um tanto insólita de um texto que mistura considerações historiográficas e filosóficas, debruadas por um rodapé de muitas notas.

"O tempo dos pêssegos – o desejo de futuro na literatura brasileira." O capítulo de Luís Augusto Fischer, à primeira vista, aparece, paradoxalmente, como um texto curto e ao mesmo tempo rapsódico, pois no panorama da cultura literária brasileira as evocações vão do Padre Vieira ao Emicida. A melhor ver, no entanto, a escrita de Fischer é concentrada e profundamente reflexiva, cada uma das obras evocadas constitui-se em um levantamento sagaz, preciso e sutil de como, em momentos diversos de nossa vida cultural, a questão do tempo foi tratada. De um modo geral, o balanço parece ter sido que ao longo da história da cultura literária brasileira, o tempo futuro foi tratado, para tomar de empréstimo um título de Philip Dick, como se estivesse sempre *out of joint*. Quer dizer, às vezes vagamente anelado, outras ignorado, outras ainda como já chegado e encerrado, como no vanguardismo paulista de 1922, e agora, finalmente, consequentemente substituído pela preocupação com o presente. De certo modo, obliquamente, o capítulo faz eco com a advertência de Lourival, de que não nos deixemos enganar, que as recordações do passado ou o desejo de futuro não nos desvie dos desafios e tarefas do presente.

"Independência e as raízes de um projeto de desenvolvimento." Dificilmente haverá modo mais conciso, claro e preciso de mostrar a radicalidade das mudanças acarretadas pela passagem de uma sociedade da condição de colônia a de Estado independente do que Pedro Fonseca conseguiu neste capítulo. Para fazê-lo, Pedro parte da própria literatura que pretende depreciar a importância dessa alteração histórica para mostrar que é dela que decorre a possibilidade de que uma sociedade se torne sujeito de seu desenvolvimento, pois, como se vê no caso brasileiro, foi a Independência que permitiu e, mais do que isso, forçou o país a ter política monetária, cambial e fiscal, o que é dizer que sem ela não poderia o Brasil vir a ter os elementos minimamente necessários para ter economia própria e decisão sobre os rumos de seu desenvolvimento econômico. Pedro completa seu capítulo mostrando como a partir da Revolução de 30 forma-se progressivamente um projeto explícito de industrialização e desenvolvimento nacional que dá continuidade à construção do Brasil moderno, a despeito das limitações severas que até hoje nos afligem.

"A Lei de Terras de 1850 e o advento do capitalismo brasileiro." O capítulo de Fabian Scholze Domingues trata de um ponto complexo e não completamente exaurido pelos estudos historiográficos dedicados à reconstituição da história da ocupação do território nacional e de seu papel no desenvolvimento econômico do Brasil. O capítulo chama atenção para vários aspectos dessa problemática complexa, pondo em relevo a desigualdade de acesso à propriedade, a herança institucional das sesmarias, as formas precárias de posse, a violência da negação do direito à moradia e à terra e procura mostrar como essas diferentes formas de exclusão caminham *pari e passu* com um incremento gradual, na maior parte dos casos, e estonteante no caso do café e de outros produtos destinados ao comércio internacional.

"O 'mundo rural': o novo emerge sobre as raízes do passado." O capítulo de Zander Navarro tem uma posição singular no contexto desta coletânea e isso menos por tratar de um período recentíssimo da história brasileira, embora também isso o distinga, mas por apresentar organizadamente a evidência de que um dos traços que historicamente sempre marcaram negativamente a realidade brasileira está desaparecendo e sendo substituído por algo inequivocamente positivo, não obstante ambiguidades e incertezas que ainda possam sobrevir. O ponto do capítulo de Zander é mostrar que o Brasil rural entendido como o lugar do atraso da economia, da estagnação e da pobreza de um grande contingente de brasileiros e consequentemente foco de tensões sociais e políticas permanentes, está desaparecendo, substituído pelo extraordinário crescimento do agronegócio brasileiro. Mais do que isso, o que a análise de Zander mostra é que embora o dinamismo atual do agro brasileiro esteja vinculado a um cultivo dominante, o da soja – como ocorreram no passado ciclos de prosperidade com o café, o açúcar, ou a borracha –, há agora várias diferenças fundamentais: distintamente do passado, a soja não está presa regionalmente, mas se expande pelo país afora engendrando o extraordinário crescimento econômico e a prosperidade de imensas áreas novas pelo país inteiro; em segundo lugar, essa expansão se faz com ganhos de produtividade ligados e dependentes íntima e intensamente da pesquisa tecnológica e em conexão com um importante conjunto da produção industrial ligado ao montante e à jusante da produção agrícola; em terceiro lugar, esse avanço se perfaz com agentes cuja mentalidade é a do empreendedor capitalista, éthos que se derrama para outras áreas do setor primário brasileiro como o do cultivo do algodão e sobre a pecuária nacional. O resultado disso é, então, uma mudança profunda em um traço central da identidade histórica brasileira.

"Projeto econômico da Ditadura Militar e a longevidade dos nossos anos de chumbo." O capítulo de Carlos Paiva faz não apenas um exame minucioso, abrangente e grandemente esclarecedor das políticas econômicas concebidas e aplicadas no país a partir de 64 e ao longo de todo o ciclo do regime militar, mas mostra convincentemente que a performance econômica extraordinária ocorrida no Brasil entre 1964 e 1980 expressava e dava consequência a uma compreensão clara dos desafios impostos ao país para afirmar-se exitosamente na dinâmica econômica mundial a partir de uma posição de dependência tecnológica, financeira e industrial. O que significa dizer que os governos militares tinham um projeto bem estabelecido de desenvolvimento e uma ideia do que fazer com o Brasil, muito embora, obviamente, esse projeto se autoentendesse como um projeto de desenvolvimento capitalista, indiferente às desigualdades inerentes a esse sistema. Mas Paiva vai além e mostra que esses elementos são suficientes para nos fazer entender que as ameaças golpistas do governo Bolsonaro, e seu eventual êxito, são incomparáveis com o que puderam fazer e fizeram os governos militares, pois as aspirações ditatoriais de Bolsonaro não estão apoiadas, contrariamente ao que se viu em 1964, em uma visão clara de como superar os impasses atuais de nossa sociedade, nem é capaz de efetivamente soldar o apoio dos setores mais dinâmicos e poderosos da economia e da sociedade brasileira. No entanto, diz-nos ainda o capítulo, uma ideia clara do que é preciso fazer no Brasil tampouco têm as correntes de esquerda e mesmo as do centro político, o que permite prever que o mais provável é que o zigue-zague em que nos perdemos nos últimos anos não terá fim próximo.

"A esquerda no poder: apogeu e declínio de um experimento constitucional (2002- 2016)", de Cícero Araújo e Leonardo Belinelli, trata dos antecedentes imediatos da situação crítica em que se cumpre o bicentenário do Brasil. O texto mostra como o que se denomina de "social-liberalismo", próprio dos anos dos governos petistas, ao mesmo tempo que teve êxito em resgatar significativamente parte da chamada dívida social, amadureceu mal e desgastou-se profundamente, permitindo que o país tenha sido lançado "*na deriva em que hoje se encontra*". O texto, ao mesmo tempo em que analisa as causas desse desgaste progressivo, propõe, não sem plausibilidade, que a origem sociológica desse desgaste, ou de classe, como se costumava dizer, encontra-se no fato de que as políticas do PT aparentemente esqueceram os vastos contingentes que constituem as classes médias do país, desenvolvendo suas políticas em benefício das camadas mais desprivilegiadas da sociedade brasileira e, na outra ponta, em benefício da grande burguesia. Análise que incluiu também atenção especial ao que o texto denomina de "câmara invisível", esse espaço de corrupção semiescondida empregado para dar aos governos condições de governar em uma situação de fragmentação partidária e congressual, típica do chamado presidencialismo de coalizão.

Uma última preliminar sobre o estatuto do livro

Por fim, um último registro a fazer é que embora esta coletânea não tenha assentado seu foco no exame dos desafios hoje enfrentados pelo país – pois isso a levaria a uma análise da conjuntura presente que, para ser bem-feita, estenderia o trabalho para além dos limites editoriais que fixamos para o projeto, incluindo nesses limites a recomendação de ênfase à nossa história pregressa –, isto não quer dizer que não nos apercebamos de que, mais uma vez, nestes dias em que estamos a viver, o destino do Brasil esteja em jogo, diante de um divisor de águas, frente a uma situação em que os parâmetros institucionais fixados pela Constituição de 1988 estão sendo postos à prova e no qual há risco de um passo regressivo, no qual, uma vez mais, as Forças Armadas, autoadjudicando-se arbitrariamente a condição de últimos intérpretes da vontade nacional, violem a integridade do processo eleitoral.

Oxalá não tenhamos que nos confrontar com um tão funesto desfecho, pois isso seria comprometer nosso país com a ideologia retrógrada, comprada nos obscuros armazéns da extrema direita internacional, protagonizada pelo atual presidente. Presidente que, embora se cubra de verde e amarelo, recusa a evidência de que no tempo presente o desprezo pelo estado constitucional de direito é a mais ostensiva traição do verdadeiro patriotismo. Porque o que este implica e requer, nesta terceira década do século XXI, é mantermos o ponto alto de desenvolvimento institucional que hoje temos – o de sermos uma das grandes democracias do mundo – e fazer desse patrimônio jurídico e político a base da construção de uma sociedade mais próspera, mais justa, mais educada, porque, sem isso, preservados os níveis de pobreza e desigualdade que hoje temos, o Brasil nunca será um país desenvolvido, deixando-nos, mais uma vez, longe, muito longe de ser *o assombro do mundo novo e velho* que, no alvorecer de nossa Independência, D. Pedro I nos vaticinou. Por certo, a simples preservação da integridade dos ritos eleitorais está muito longe de nos garantir a realização de um tão ambicioso destino, mas, sem ela, voltaremos à primeira casa desse jogo de devagar se vai ao longe que tem sido o penoso processo de construção do Brasil que almejamos.

1
Ainda as veleidades libertárias no Brasil

Lourival Holanda

Num primeiro momento pode pairar algo de duvidoso sobre toda comemoração oficial: o risco de, na circunstância, a hagiografia sufocar a exigência crítica; o perigo da instrumentalização da história na releitura retrospectiva. No entanto, nada diminui sua pertinência; antes, o desgoverno sob o qual vivemos atesta sua necessidade. A independência de 1822, naquelas condições, foi o que a conjuntura permitiu; vale voltar a ver o trajeto de alguns projetos anteriores que marcaram a história de insucessos nos quadrantes de cá, na América Latina. A independência não foi bem um projeto de nação, conjunto, consensual. Faltava, para isso, a consciência, a vontade conjunta – que a leitura democratizada teria proporcionado. A falta de suporte, de leitura e de participação, talvez indique a origem da fragilidade do poder popular – e o seu contraponto perverso, os governos autoritários.

Há sim uma zona de incerteza e contradições sobre esse legado. Não é razão para negligenciar a celebração, mas, antes, de procurar suas raízes fundas que ainda agora alimentam nossa precária cidadania. A celebração pode restaurar o passado – não para imobilizá-lo, mas para ressignificá-lo e, assim, incorporá-lo às demandas do contemporâneo.

Ainda agora a superstição grassa: um messianismo espúrio se arma em pleno século XXI, como crueza da História. No entanto, os tantos tiranetes acostumaram o povo a um certo histrionismo patético na figura do líder carismático; seja na versão retórica do dó de peito, seja na versão do palavrão para simular o popular. Caricatura perversa do poder. Mas, vamos festejar nosso bicentenário, sim; embora ainda abertas essas chagas no corpo nacional.

Seria cegueira não ver as conquistas sociais, o alargamento de liberdades pontuais: o 13º salário (para quem dispõe de um trabalho); uma maior margem de segurança para os direitos da mulher; o casamento gay; a sanção à penalidade sobre o preconceito. (Mas, no fundo, o preconceito é mesmo um caso de *pena*: o racista é um estúpido que se autoacusa: recusando o *outro*, está acusando a estreiteza de seu espaço mental miúdo: põe fora o que não cabe em si; é preciso ter largueza para acolher).

Nossos autores ditos *românticos* – mas que foram realistas sonhando mudança na estrutura social – já são românticos a partir do lugar onde estão: escrevem desde Paris – todo distanciamento já é um pouco romantização. A importação da *pose* romântica foi oportuna, necessária, ali. Eram os ares do tempo: tanto corriam na *Revue des deux mondes* como na *Nitheroy*, em 1836. Eles ditavam o norte na questão de formação de uma nacionalidade, com Manuel de Araújo Porto-Alegre, Gonçalves Dias, Francisco de Sales Torres Homem e Gonçalves de Magalhães. Figuras complexas; algumas vezes poetas pífios e, no entanto, de largueza de pensamento social. Julgá-los com os rigores que o contemporâneo estabeleceu como únicos é redução de retina: é se deixar enceguecer pelo totalitarismo do presente.

A literatura sempre age por viés oblíquo; às vezes de distância, até: Chateaubriand põe o espírito independente de Montaigne na árvore ideológica da Revolução Francesa. Claro, há sempre o risco de um certo *bovarismo* político: ontem, como hoje, tendemos a acreditar que pensamos quando adequamos esquemas e análises estrangeiras às práticas sociais. Há *bovarismo* quando o diálogo se empenha em seguir, cego, o que uma dada retórica faz parecer evidente.

Nos primeiros tempos da colonização, o Brasil mal sabe de si; e sequer traz qualquer veleidade de se desprender da Metrópole. É só bem depois de um século e de alguma circulação de livros que o Brasil esboça uma imagem de si. A modernidade acentua a importância social do texto; página é espelho: lugar da projeção de si pelo viés do outro. Impossível decalcar-se, reconhecer-se, tomando-se tal qual a medida do outro: toda leitura distancia. É só na incompreensão da leitura que se dá a adesão total ao texto – e sob condição da demissão de si. Por isso o dogma confirma o crente, mas anula o leitor crítico: pede adesão, não inteligência interativa. O livro determinou um tipo de civilização: a Índia traz em seu centro certos textos, como o Bhagavad Gita ou o Mahabarata; a civilização islâmica tem no Corão seu núcleo central; a Bíblia é o eixo da cultura judaico-cristã; também a Odisseia, feita pela tradição grega, perfaz o caráter grego. O impasse colonial decorre daqui: ignorava a riqueza do imaginário indígena e desviava o movimentado imaginário africano, estranho e recente; sobre esse vácuo precisava erguer uma imagem de si. Ou: inventar-se a partir de elementos tomados de empréstimo a um inventário alheio.

Faltou, portanto, desde cedo, o suporte que alicerça um projeto político popular: sem instrução mínima ficava difícil a participação; sem povo, sem essa adesão, qualquer projeto, ainda que generoso, se resolve em mera veleidade libertária de poucos. Em pleno fervor revolucionário de 1791, na França, Condorcet tinha consciência dessa urgência: a instrução deve ser universal, quer dizer, se estender a todos os cidadãos, oferecer a todos os meios de prover a suas necessidades, de conhecer e de exercer seus direitos e cumprir com seus deveres, dizia no Memorial sobre a instrução pública. As Américas de cá careciam dessa base – fundamental e fundante.

É assim que boa parte da história da América Latina oscila entre, de um lado, a adequação – submissão e subserviência – de uma certa burguesia colonial ao Projeto da Metrópole e, de outro, a insurgência intermitente de um projeto libertário que, no entanto, só aparece de forma mais notável a partir da segunda metade do século XVIII. Sobretudo porque, como era escassa a circulação dos livros pelo cerceamento da censura colonial, o país não podia ter de si senão uma imagem pífia. Portanto, sem grande autoestima. A celebração do bicentenário retoma essa memória para evitar a inflação da percussão de um gesto – entre o fato e sua fabulação didática.

Os habitantes locais não visualizavam sequer um esboço de distinção entre lá e cá. É uma característica do Império o esforço de homogeneização: em Goa ou em Recife, tudo devia repetir Lisboa. Ora, hoje, face às novas realidades acontecidas pela reviravolta operada pelas redes sociais, o sentido do *lá*, do *longe*, recebe uma outra configuração: a noção euclidiana de espaço é revertida. Portugal ou Goa estão mais próximos, se tenho um *mouse* à mão. E já não vejo aquela realidade com risco de espelhamento ou medusação – porque os modelos sociais se multiplicam. No entanto, o controle do livro, no momento colonial, permitia pouco.

E, sobretudo, pensava-se o *Outro* – os índios ou os negros, naquele momento – como uma alteridade irredutível ao Projeto português; exceto de modo *instrumental* – ou seja: necessários e circunstanciais; enquanto mão de obra. Não se pode pensar ainda em rejeição ou reação local a qualquer projeto de independência senão apenas pelos que detinham certo acesso à hierarquia social. E estes eram, na maior parte, formados e chamados a repetir o sistema político português – num condicionamento da educação da época, quando, em todos os sentidos, contava mais fazer uso da memória que da inteligência (*Tantum scimus quantum memoria tenemus* – sabemos só o que guardamos na cabeça – era um axioma da época). Ora, o projeto de independência, como o da autonomia individual, não se faz sem risco; tampouco no consenso. Urge coragem, determinação e um programa. No mundo eclesial isso fica claro quando pensamos no caso específico do século XVI: os estudos que dirigiam a ordem do bem pensar exigiam seguir a regra rigorosa da *Ratio*, estabelecida desde 1559, e que só confirma o direcionamento da Igreja, já desde 1542, com a criação da Congregação da Santa Inquisição; no plano cívico, era preciso prudência dentro do encurralamento da Censura que se estendia ao segmento estatal. As pesquisas do historiador Richard Morse evidenciam a importância deste direcionamento na estrutura política, jurídica e, também, econômica das possessões ultramarinas: a estrutura de centralização se mantém na formação política subsequente. Aí vai estar situada a radicação do poder populista, do caudilhismo e outras pragas da política latino-americana – que, como no inferno de Dante, consiste num retorno periódico. A celebração do primeiro centenário, em 1922, resultou numa barulhenta e salutar vontade de renovação, a famigerada Semana; na celebração a que agora nos atemos, vale augurar que uma mudança radical de direção política inaugure um tempo de restituição do país a si mesmo. A devastação desses últimos anos foi vasta e funda. Por isso volto à tônica: celebrar é também cobrar.

Portanto, logo de início temos um problema: como pode uma comunidade, como a colonial, imaginar-se *outra* se, de fato, sequer sabe o que ela mesma é? E é na produção intelectual, nos livros, que uma sociedade moderna se faz, reflete e se perfaz. A questão da identidade fica agravada pelo pensamento que elimina a consciência da diferença na fusão que força entre o mundo da Metrópole e o dos colonos. Se, no século XVI colonial, quase não se registra reivindicação local de qualquer diferença com Portugal é, sobretudo porque o Brasil não tem ainda um espelho onde ver-se, onde medir-se com o outro: os livros é que fazem essa mediação criando um distanciamento crítico entre a Colônia e a Metrópole. O problema da circulação dos livros se agrava mais no Brasil pela dificuldade que Portugal cria com a censura cerrada que não só toca a circulação do que se permite chegar ao Brasil, como também interdita que aqui se produza e edite qualquer pensamento próprio. A questão era projetar uma suposta *identidade* com a cultura da Metrópole. Hoje, já damos pouco ou nenhum crédito a esse erro de lógica que consiste em fazer uma componente – o irredutível Brasil daqui – subsumir à uma agregação imperial possível. A libido de pertencimento – o fanático de um clube de futebol, de uma região, de um credo – é uma noção mais prejudicial e primária que construtiva; sobretudo pela força do ódio com que exclui. A libido de pertencimento ainda causa maiores danos que entre os ratos.

Na realidade colonial, no entanto, não havendo circulação de livros, cuja divulgação nas Américas de cá fica proibida desde, pelo menos, as Cédulas Reales de 1531, os projetos libertários tardam ou vêm como expressão de apenas uma parcela ínfima da sociedade: os letrados. A realidade totipotente dos novos meios ajuda a ver a dificuldade dos projetos de mudança social naquele momento. Hoje, uma pacata, mas lúcida dona de casa, na Bélgica, convoca por e-mail uns poucos à causa não separatista; em breve, uma multidão se reúne na Grand Place de Bruxelas. Ontem madame Bovary se ensimesmava, um livro à mão; hoje, uma mulher, por solidariedade, sai de si e ganha o mundo. A mudança de meios faz a mudança de mundos.

A América Latina não conhece nenhuma experiência de revolução burguesa – durante muito tempo foi uma classe desaparelhada ideologicamente para urdir um projeto de maior monta: vê surgir levantes e revoltas, que não têm o fôlego forte e largo que uma revolução requer. A indignação ou o entusiasmo carece, para surtir efeito, de mãos e mentes reunidas num ideário. Mas são poucos os que leem, raros os que discutem um programa de mudança, e menos ainda os que ousam se lançar na contracorrente dos poderes de plantão. O Brasil guardará, desde então, o estigma do retardamento no acompanhar o diálogo com o movimento intelectual que fervilha em outros quadrantes. O *Quixote* sai em 1605, quando a Espanha atravessa uma crise de desencanto com a decadência política, e a luz clara e crua de seu texto reflete, pelo realismo de suas situações populares, pungentes e picarescas, aquele momento espanhol. Já desde o ano seguinte tem-se notícia de sua leitura no Peru. A tradução em língua *vernácula* vem pela tipografia Rollandiana, de Lisboa, em 1794. Agora com a *licença da mesa da comissão geral sobre o exame e censura dos livros*. Há um hiato considerável entre sua aparição na Espanha e a circulação no Brasil. As traduções, sobretudo neste momento, não independem da geopolítica das línguas: a censura as cerceia (sobretudo quando controlam as traduções e sua circulação) e, assim, não escapam ao mapeamento do poder. No 4º círculo do Inferno, Dante põe um nobre castelo onde estão isolados os escritores, poetas, intelectuais que não podem fazer circular sua produção. Interditar a livre circulação de ideias é de fato um inferno para quem, criando, carece delas. Dante o sabia bem, ele que, na refrega com o papa Bonifácio VIII, foi punido com o exílio. A falta de interlocução é, quase sempre, letal para o artista. Sustentava o partido que pretendia conferir maior poder ao Estado e não reforçava a pretensão papal de estender seus poderes espirituais. É uma imagem emblemática da situação do escritor e suas ideias em dias duros. Hoje, com a disseminação das redes, o espaço público não é mais um projeto, mas uma prática cotidiana. Com seus riscos, perigos e possibilidades.

Sem essa prática de um espaço de interlocução – que até então foi a leitura na página, a que hoje se acrescenta a tela do computador – essa sociabilidade democrática, como a chama o historiador François Furet, o Brasil não forja uma imagem de si. Esta interdição de deixar circular livre o livro vai ser, mais que negativa, nefasta aos interesses locais de autonomia. No entanto, no Brasil de então as coisas não se passam com a relativa franquia das colônias hispânicas. Basta ver que a primeira tipografia no México se estabelece quase ao mesmo tempo em que, na França, há um grupo liderado por Du Bellay que faz a *Defesa e Ilustração da Língua Francesa*, que respondia à pressão dos classicizantes constituindo um programa vernáculo: o que importava numa posição de garantia dos valores culturais veiculados pelos textos. No momento, a Portugal importa menos a defesa da língua do que a defesa dos limites e das riquezas potenciais da Colônia, guardados sob sigilo. Ainda aqui, um paralelo pode deixar mais evidentes as distâncias entre um tempo e outro, o colonial e o contemporâneo: a noção de *posse* muda, rápido e radicalmente. Naquele momento, a noção de capitalização e posse passa pelo modelo de acumulação e conservação localizadas; enfim: *reserva* – na dupla acepção da palavra: os portugueses proibiam a divulgação do que era encontrado aqui. Ainda há pouco, prevalecia essa ideia quando se pensava em Biblioteca, Museu, Bolsa: reunir para conservar. Hoje, os novos meios libertam do antigo centralismo e prevalece a circulação rápida:

capital de giro, obras acessíveis, leitura de livros alargadas em *links*. As novas tecnologias – de informática e de comunicação – organizam e possibilitam redes e mais redes. Tudo se acumula, se concentra e se permuta desde o computador. O suporte e o transporte revalorizam as coisas. As antigas acumulações convergiam para um ponto (banco, museu, biblioteca); agora, através das redes, tudo vai e versa sobre o universal. O *próprio* da propriedade, na configuração atual, é ser um bem comum.

Certamente um exemplo da política mercantilista local, ainda sob a égide do segredo, do cerceamento da informação pelo suposto risco da cobiça estrangeira, é o livro de Antonil (sintomático: o jesuíta já publica com pseudônimo, estando sob dupla censura: a civil e a religiosa) *Cultura e opulência do Brasil*: o livro é apreendido e destruído pelo governo português. Mas a nossa história cultural é muito desigual quanto a essa produção liberal. Só esporadicamente encontramos esses leitores *modernos* (se dermos ao termo o sentido de leitores que submetem o lido à dúvida, ao exame, à análise). O Governo Português não se empenhou em criar aqui universidades, ao modo das colônias da Espanha – que já contavam com quatro bons centros acadêmicos. Basta lembrar que a primeira tipografia aparece cedo no México, no Peru, na Argentina. Precedem em quase duzentos anos a criação da Imprensa Real no Rio de Janeiro. Mesmo assim, aqui e ali, alguns liam Rousseau, Fénelon, Hobbes, Locke e Adam Smith, cuja leitura favorecia um colonialismo econômico mais rendoso e menos oneroso que o puramente político e territorial. Tal leitura influiu em muito na condução dos nossos negócios públicos.

Assim, houve, com a não circulação dos livros, um vácuo, apontado por Capistrano de Abreu como *um vazio de Projeto nacional*. Como criar um Projeto nacional sem os livros que o alimentam e perfazem? Sem o debate público? Daí a relativa falta de estima cívica na primeira metade do XVIII, e vai resultar, por longo tempo de marasmo, nas insurgências febris dos movimentos nativistas posteriores. Os primeiros movimentos libertários, como o dos estudantes brasileiros que estudavam em Montpellier – Vidal Barbosa, Joaquim da Maia e Mariano Leal – que mais tarde serão os fundadores do Movimento Mineiro, vão se apropriar do mito libertário circulando largamente na França de então. Até temos um nordestino, Frei Manuel Arruda, que estuda Medicina em Montpellier e que, três anos antes dos Mineiros, permite o prenúncio de que vêm ventos de certo pensamento crítico, cientificizante, que se instalaria aqui de modo mais eficiente, a partir de Azeredo Coutinho no Seminário de Olinda, posteriormente um celeiro de formação de um pensamento progressista. Esse leitor de Adam Smith, de Locke, de Rousseau olha as Revoluções, a Francesa e a Americana, como possibilidade de emulação da parte do Brasil. Um pouco como Frei Servando Teresa de Mier, ainda nas Américas de cá, sonhava adaptar o modelo ianque à realidade latina. Os Estados Unidos eram uma utopia em andamento: natural que servisse de experiência modelar e de esperança de corrigir os erros da colonização espanhola, assim como os da portuguesa. (Ainda no século XIX, a democracia americana parece ainda ser modelo. É no século XX que esse baluarte da liberdade também instiga e protege os tiranos latino-americanos.)

Como aos nossos mineiros, não faltava generosidade social, ainda que faltasse, sim, certa lucidez com relação às estratégias políticas: a pequena parcela que lia, discutia e formava projetos emancipatórios não tinha o apoio da burguesia financeira ou política que poderia ser de capital importância para um movimento desta envergadura. E mais, senão sobretudo: não havia a adesão da força popular. Tal descompasso seria um dos pontos fracos dos sucessivos projetos libertários da América Latina (onde um Fidel Castro, durante a Revolução Cubana, entrando em Havana esperado e ovacionado por um milhão de cubanos foi um gesto tão exemplar quanto raro).

Há casos excepcionais bem antes que beiram limites, como o do padre Bartolomeu de las Casas, no mundo espanhol e, entre nós, o do padre Antônio Vieira. Consciências que, com custo, desposam causas locais. Las Casas faz uma defesa quase incondicional do indígena. O padre Vieira é, como ele diz, um homem *dilacerado:* se ele faz a defesa do índio e do negro, com relação a este fica dividido entre a *necessidade* do negro para o sistema colonial e o escândalo cristão que é a escravidão, como repete nos três sermões que prega expressamente para os *pretos*. Certo, Vieira não entende ainda qualquer veleidade de projeto brasileiro independente de Portugal, mas sua consciência crítica agudiza o dilema que as gerações seguintes tentarão resolver.

Ainda sobre a difusão difícil dos livros no Brasil, vale lembrar uma ou outra brecha aberta pelo acaso da história, como no caso do padre Manuel da Rocha Ribeiro que publicou em Lisboa, em 1758, o *Etíope resgatado*. O livro é interessante porque radicaliza as ideias do padre Vieira nos três sermões sobre os escravos. Enquanto Vieira quer humanizar as condições dos negros, que ele entende necessários ao sistema, o padre Rocha Ribeiro pede a extinção do regime escravista – sendo o primeiro brado declaradamente abolicionista no Brasil. Surpreende que o texto tenha passado pelo crivo do Santo Ofício, num primeiro momento; depois, pelo Ordinário, e por fim pela censura do Passo. Um livro radical, por certo, mas uma vez mais, uma voz isolada. Ontem a tesoura da censura o cerceou, hoje a pesquisa do período a negligenciou.

O projeto libertário se revela, em muitos momentos da história, como utopia (em sua acepção de algo que o presente inviabiliza, mas que, no entanto, é enviado ao futuro como possibilidade). A concepção da liberdade para os nativos para Las Casas é um exemplo, raro naquele momento, de empatia, de mudança de trajetória ideológica norteada pela honestidade intelectual. O projeto libertário de Frei Caneca e o de Bolívar (*Carta de Jamaica*), quase simultâneos, diz de um mesmo fervor libertário que varria o horizonte latino-americano entre os anos 20 e 30 do século XIX. Em Ayacucho, em 1824, no Peru, a batalha emblemática dos projetos libertários de nossas Américas pode servir de referência: o general Sucre (tenente de Bolívar) vence as forças do vice-rei La Serna; também em 1824, no Recife, Frei Caneca e sua adesão à República do Equador respondem aos anseios de Bolívar por uma pátria livre do jugo da Metrópole.

Mas foi também assim em outros quadrantes: os quatro sargentos fuzilados em La Rochelle, em setembro de 1822, como Frei Caneca e os seus no Nordeste, queriam uma Assembleia Constituinte. E, como a esses *liberais* não se dava nem ouvidos nem voz, eles criam um complô, a *Charbonnerie*. Dela fazem parte altos espíritos, como o Marquês de Lafayette, Victor Cousin, Edgar Quinet. É evidente, neles, a boa intenção – e é escandalosa a indiferença do povo naquele momento. A alta voltagem da energia que os movia não tomava o grande público. Sem democratização da leitura, que adesão, que participação é possível? Sem adesão popular, que revolução ou movimento de independência é exequível?

No Brasil daquele momento, a leitura da Declaração dos Direitos Humanos é certamente um avanço. Seus entusiasmados intérpretes esquecem, no entanto, de pensar as circunstâncias históricas locais que relativizam seu alcance. Como os golpes do pugilista, carecem, para dar força dos punhos, do equilíbrio dos pés. É preciso levar em conta a realidade social do chão cultural a partir do qual é lida. São adequadas para tais liberdades? Tomou-se a precaução de alicerçar sua legitimidade no apoio popular? Mas quem lia ali, além destes doutos arrebatados pela causa social? A Constituição da Venezuela – copiada da dos Estados Unidos – fazia Bolívar repetir Montesquieu: as leis devem ser próprias dos povos que as fazem. No plano político tanto como no cultural, nossos intelectuais do século XIX repetem fórmulas felizes na experiência europeia ou na ianque, e que aqui já o são menos. A importação de modelos apazigua o intelectual instado pela pressão do momento em responder a complexidade cultural. Mas modelos e fórmulas, quando negligenciam a componente local, apenas trazem soluções epidérmicas, triviais e temporárias. E, como sua solução ilusória dispensa, no calor do entusiasmo, maior análise dos problemas reais, mais se agrava e agudiza aquilo que pretendem sanar. Nossos intelectuais e homens públicos colocaram neste quadro seus projetos de emancipação social. A independência deve depender das condições reais para ser verdadeira. Daí os tantos impasses teóricos. Ontem e, *hélas!* hoje. Esta classe tem, na juventude, tutores; e na maioridade, senhores.

Não seria justo pensar nosso anseio de independência negligenciando o contexto latino-americano. O cuidado em salvaguardar valores da tradição latino-americana já aparece, desde cedo, em alguns pensadores, como é o caso de Simón Rodríguez, de grande importância na formação de Simón Bolívar, o

Libertador. Ao lado dele numa mesma largueza ideológica estão Monte'Alverne, Evaristo da Veiga e, especialmente, Hipólito da Costa Pereira, além de Frei Caneca. Trazem em comum o desejo de liberdade, a vontade de autonomia a partir das realidades locais. Já são, nesse momento, vozes que encontram um tom concorde, já menos sós, como só esteve o médico mineiro Melo Franco – morto em 1823, no mesmo ano em que Hipólito da Costa Pereira, que escreve uma obra ousada, *O Reino da Estupidez,* que a Inquisição não perdoa e em razão da qual o prende. Se reforço aqui a *sozinhidão* (o termo é de Guimarães Rosa) de um pensamento social, ainda que lúcido e generoso, é para mostrar o ponto fraco dos Projetos emancipatórios latino-americanos: falta-lhes a leitura do povo, fundamental para sua força de adesão. Hipólito da Costa Pereira já vem com o cuidado de, mais que informar, formar a opinião pública.

Anos mais tarde, fazendo um balanço da pretensa força social da literatura, José Veríssimo, no prefácio de *Estudos brasileiros,* vai dizer: "A literatura [...] é sem ação ou influência em um povo como o nosso, que não lê e nem ao menos possui bastante desenvolvido e forte o sentir nacional para, a exemplo de outros, receber dos seus escritores e pensadores, por uma espécie de assimilação inconsciente, ensinamentos e ditames". Veríssimo cedo se dá conta da dificuldade de renovar um país sem essa democratização da leitura – que, em certos momentos cruciais da História, serve como elemento agregador daquilo a que chama de *o sentir nacional.* Portanto, a crítica brasileira só acontece de fato muitos anos depois, com o que se convencionou chamar a Escola do Recife. No Peru também havia um movimento que aliava a crítica aos desmandos coloniais com os projetos de emancipação política, desde o *Mercúrio Peruano,* de 1791. Talvez não seja ocioso lembrar que é por esses anos que, desde Olinda, O bispo Azeredo Coutinho, reformador e representante oficial da Ilustração nos trópicos, expõe seu *Ensaio econômico sobre o comércio de Portugal e suas colônias.* Outro exemplo: Eugenio Espejo publica, não sem dificuldades, *Memorias sobre el corte de Quina* e *Voto de un ministro Togado de la Audiencia de Quito,* com o objetivo de propor melhorias para a economia da região.

Com esses homens se cria uma deriva cultural que, no entanto, só vai florescer uma geração mais tarde, quando, a partir de 1836, se forma um esboço de Projeto nacional autônomo. Já na entrada do século XX, Manuel Bomfim se ocupa em estudar as especificidades da sociedade e da história do continente em *A América Latina* (1905). Bomfim tem um pensamento corajoso por sua independência, quando a maior parte de seus coetâneos está impregnada pela ideologia propagada pelo evolucionismo spenceriano. Manuel Bomfim faz a crítica da leitura de Darwin aplicada à sociedade – contra a qual o próprio Darwin advertiu – evitando tomar uma analogia (o *struggle for life*) como se fosse um conceito. Fosse, e a vida social seguiria um rumo cego, sem a deriva da cultura, que pode trabalhar no sentido de um aperfeiçoamento social. Lento, é certo, mas onde *tudo é fase de metamorfose*, para dizer ainda com Guimarães Rosa. O cuidado de Bomfim é vital sempre para sanear e impedir que a reflexão se converta em reflexo da vulgata, seja ela marxista, psicanalítica ou outra.

No Recife, a chamada *geração de 70* opunha à visão tradicional, uma ousada visada teórica mais leiga e crítica do mundo social. Sílvio Romero, em artigo na *Revista Brasileira*, em 1879, fala da *prioridade de Pernambuco no movimento espiritual brasileiro*. Foi um movimento seminal e disseminador, de força crítica eficiente – aquela que, aos poucos agrega, toma depois as camadas populares, que a partir daí criam na direção proposta. Como exemplo, temos o movimento de Gilberto Freyre, nos meados dos anos 20; o de Ariano Suassuna, desde os anos 70; e, hoje, a grande efervescência vinda da ressurgência da diversidade cultural dos quadrantes do Estado de Pernambuco; como luminoso exemplo disto temos o Maracatu Nação Pernambuco: precisão nos passos, plasticidade de muita beleza e apresentando no palco a variada riqueza dos ritmos de Aliança, de Nazaré da Mata, do frevo. Isso é, certamente, a continuidade e criação do poder popular, na memória em movimento de Freyre ou Suassuna. (Claro: com esses movimentos muita coisa espúria, não genuína, passa, e por puro oportunismo; mas que o tempo se ocupa em depurar).

Uma parte considerável dos intelectuais e pensadores políticos do século XIX trazia ainda, e de modo marcante, o sinal da dependência: seja ela teórica, em alguns casos, seja tecnológica. Na falta de um pensamento local mais independente, eles serão os que tomam como referência os Estados Unidos ou a Europa: mais *gerenciais* (Darcy Ribeiro) para quem importa importar açúcar, café e, também, os bens tropicais e os metais preciosos, para responder a uma demanda alheia real e uma modernização simbólica. Entre o pão e o aço, como será o desafio e o desastre da economia brasileira desde os anos 70, optou-se por um parque industrial reluzente – o campo, a caatinga nordestina, ou mineira, entregues ao pardo da má consciência nacional. Mais gerenciais que libertários esses políticos seguem a tradição incrustada na cultura brasileira. Os Planos Diretores se repetem e repetem sua tara: a falta de participação efetiva, que o voto mascara mal. É inclusive a adequação das velhas forças conservadoras ao neocolonialismo que ainda rege boa parte da nossa elite intelectual e política. O pensamento de Darcy Ribeiro estende ao Brasil a reflexão dura que sobre as colônias fez a crítica crua de Juan Bautista Alberdi: formamos homens estranhos à sua própria cultura, desconhecendo sua realidade e, consequentemente, inábeis para qualquer tarefa de emancipação real do povo. *La instrucción superior en nuestras repúblicas no fue menos estéril y inadecuada a nuestras necesidades. Qué han sido nuestros institutos y universidades de Sudamérica sino fábricas de charlatanismo, de ociosidad y de presunción titulada?* Entre nós, a mesma constatação faz Sérgio Buarque, no já clássico *Raízes do Brasil*.

Num primeiro momento tal empreendimento parece um projeto renovador – porque é modernizador, tecnológico-científico; mas, é doutrinador: prepara e sorrateiramente arregimenta as novas inteligências para o mercado exterior. Um proletariado externo dos países ricos, para conforto deles. Projeto civilizador? Não: repressor ainda. Ontem reprimia o negro, o índio por *bárbaros;* e o mestiço: duplamente bárbaro. (Embora, na experiência mexicana o *criollo* fosse aquele remanescente colonial que teimava em manter, com os laços coloniais, os privilégios. Porque, se o poder político e militar estava em mãos dos espanhóis, o poder do comércio estava com os *criollos*.) Entre nós, por muito tempo valeu o vezo nobiliárquico. O orgulho de sangue, quando o de caráter era matéria rara. Antônio José Vitorino Borges da Fonseca dá a público sua *Nobiliarquia pernambucana*: na mesma direção dos *criollos*, cá também se difundia uma legitimação do poder pelo viés do mérito alheio – dos antepassados. (Frei Caneca dizia, com uma graça cruel, que o orgulho dos sobrenomes era coisa infantil: o infante, nada tendo ainda feito de valia, apela para os pais.) E era preciso desjudaizar as origens (origens são sempre supostas, um começo demarcado por um arbítrio), como a *Nobiliarquia* que faz publicar em Roma o Conde de Barcelos. Com ironia resguardada diz a socapas Frei Joseph Queiroz (4º bispo do Grão-Pará): porque muita fidalguia descendia de Rui Capão... O *orgulho de ser nordestino* hoje é pensar o contemporâneo enquanto tradição, fusão e inventividade cultural.

As nossas veleidades libertárias nasceram em contexto complexo. As nobiliarquias pretendiam criar uma prosápia, um passado de linhagem propriamente brasileira. No entanto, sempre houve um patriarcado movendo a Independência precoce; interesses de classe, mais que nativismo. No Rio, 1794; na Bahia, quatro anos depois, 98; entre nós, 1801. Orgulhos feridos na recolonização da Corte. O ponto fraco sendo sempre o mesmo: as *correntes ilustradas* não ganharam os que podiam promover a emancipação política – os senhores de terra e a alta burocracia. Prevalecem os acadêmicos, os de zelo genealógico, das linhagens – a prosápia. Daí a palavra severa de Frei Caneca: a nobreza *vaidade pueril, sem formar corpo*. O que resultava dessa atitude não poderia ser diverso: o gosto verboso; o individualismo; a consequente amoralização; a mania genealógica; a heráldica; o bacharelismo. Em 1757, Dom Domingos de Loreto Couto, monge beneditino em Olinda, publica um livro que se singulariza já pela defesa do índio na formação do povo brasileiro: *Desagravos do Brasil e Glórias de Pernambuco* – que agradava a Capistrano de Abreu pelo indianismo ali propalado, sobretudo pela sua irredutibilidade à cultura europeia. Em 1755, dois anos antes, portanto, Pombal decretou livres os caboclos – e começou a moda de fazer-se descendente dos indígenas. Era, de certa forma, uma reação à *nobiliarquia* de Borges da Fonseca. Mudados os tempos, mudam-se também as reivindicações. Findo o tempo do Pai, configurado na imagem da autoridade metropolitana que se põe enquanto modelo, começa a assunção do Filho, uma sociedade que assume seus valores, com distanciamento e empenho nos valores locais e contemporâneos. Como a função do *corregedor*, fiscal da distribuição da justiça ainda colonial, os tempos atuais propõem o alargamento dos *possíveis* – e não há como morigerar sobre as *possibilidades*.

Loreto Couto não tem a largueza de vistas de um Las Casas. Ou sequer a força de um Vieira – para quem, mesmo assim, o índio só é visto porque é englobado no Projeto colonial português. Vieira traduz o ponto fraco da modernidade europeia: pensar o outro a partir de si, de casa – que então se universaliza e se totaliza. Daí a coerência de dentro da gramática do poder: a *redução* dos índios; seu *descimento*. (O étimo é ótimo em sua clareza porquanto dá, na língua de origem, as possibilidades semânticas orientadoras: revela no *reducere* tanto o reconduzir, tirar de seu espaço cultural – o *descimento* – como o trazer para si: medi-lo com meu padrão; daí o consequente *subjugar;* aqui a *redução* dos índios indica a retração mental do colonizador: quando a alteridade é grande, quando não consigo entender o outro, procuro reduzi-lo a mim. Fenômeno que sofremos em todo gesto racista: o entendimento real do outro ultrapassa meu espaço mental – que resulta, portanto, em solução de rejeição.) Vieira corrige o sistema, mas não o rejeita. É só depois que cai em desgraça, junto à Corte e vai para o Maranhão, em 1652, que ele se dilacera internamente e vê melhor a questão indígena. Não antes. Certamente por isso Capistrano de Abreu diz dele: um diplomata ambicioso convertido em missionário sincero.

Algumas vezes algumas vozes se levantam a partir do ponto de escuta local, como as *Cartas mexicanas* do padre Moxó. Tempos depois, o texto de Loreto Couto vai na mesma direção: a da reabilitação do elemento autóctone. O texto do pernambucano precede, no entanto, o do mexicano Francisco Clavijero, *Historia antigua de México* (1780). As circunstâncias de um mau momento histórico findaram favorecendo o mexicano: depois da expulsão dos jesuítas, em 1767, Roma acolhe muitos de seus cronistas, críticos e demais estudiosos das coisas de nossas Américas. É o começo de um alargamento da consciência emancipatória dos que se ocupavam com um pensamento extramuros claustrais ou dos gabinetes vendo a rua. Nos meados do século XIX, talvez mesmo em 1857, *los liberales* mexicanos tenham precedido os nossos de 1870, especialmente os da Escola do Recife, e indo além de seus limites, com Capistrano de Abreu, Sílvio Romero e Tobias Barreto. Já a partir daqui há uma preocupação em fundar uma escola popular, como a de Escada, e com a divulgação do saber como instrumento emancipatório – cujo *desideratum* é já o ideal de uma democratização da leitura.

Só no começo do século XX alguns intelectuais, como Manuel Bomfim, redefinem um Programa mais sintonizado com as reais necessidades do Brasil. Nem sangue nem solo: são as estruturas sociais que presidem e que definem as elites e suas crises. A crença de Bomfim na educação é partilhada por muitos intelectuais, desde Sílvio Romero a Euclides da Cunha: a esperança de que, nos caminhos atrozmente abertos pelos soldados republicanos no esquecido mundo do sertão, viesse enfim o mestre-escola.

A palavra de ordem de todo regime autoritário atento contra a independência intelectual. Durante muito tempo a escola deu mais prova de memória do que de inteligência. Isso era claramente um reflexo de uma visão social de supostas certezas, que inviabilizava as dúvidas. Hoje, despertamos aos poucos da letargia dogmática. E, se falamos do nefasto afastamento dos livros na Colônia de ontem, urge estar atento à colonização mental do apego às teorias em voga. As estruturas mais fecundas nascem é dos pequenos desvios, das bifurcações, das mutações. Os meios uniformes são sem energia. A segregação, a exclusão, o fechamento sobre si, o medo do outro, engendram a esclerose, a regressão – e, a longo prazo, a morte intelectual. Ou, e não menos letal como prática intelectual, essa esquizofrenia feliz de quem se crê dono de uma verdade, ainda que departamental.

No momento cultural contemporâneo percebe-se uma retomada, em diversos setores, de uma busca identitária que, sem repetir ou negar os projetos anteriores, assinale um projeto mais igualitário para nossas Américas. (Há, no entanto, aqui e ali, figuras como a de Hugo Chávez, com pretensões a ser Simón Bolívar: macaquear um leão é ainda ser macaco, não leão.) É, portanto, um passo, não pequeno, que vai da assimilação ideológica anterior a um socialismo crítico e criador, necessário ao presente nacional como contraponto ao desencanto político que ameaça desagregar as forças dos mais jovens numa indiferença aos Projetos sociais. A forma mais deletéria de renúncia é, certamente, a passividade a que pode levar a enxurrada de espetáculos com que a mídia subtrai a capacidade de indignação e reflexão. Não podemos perder o norte: ontem, no Peru, simbolizada pela batalha de Ayacucho em 1824; ou no Recife, ainda em 1824, quando o Leão do Norte se impunha, bravo; e com o heroísmo mais exemplar que efetivo dos grandes gestos sem o agregador social, na figura de Frei Caneca: não se espera que um grito dure, mas que seja ouvido; e desperte, na dormência social, o potencial da memória fecunda.

Quando se celebra o bicentenário no momento cultural contemporâneo percebe-se uma retomada, em diversos setores, de uma busca (além da propalada e sediciosa busca identitária) que, sem repetir ou negar os projetos anteriores, assinale um projeto mais igualitário para nossas Américas. Assim, vale tomar a referência da celebração do bicentenário para refontizar a força dali advinda ao longo desse tempo. Porque a memória histórica pode ainda e sempre ser guia como o presente é, seguramente, uma arena; mas, é preciso que o futuro se reabilite a ser a construção coletiva de um desejo, uma aspiração da grande maioria da comunidade de um outro momento social. Celebrar a independência, mais que mero momento de memória, é uma atitude política; é a exigência de um acordar crítico.

Referências

ALBERDI, Juan Bautista. *Grandes y pequeños hombres del Plata*. Buenos Aires: Depalma, 1964, p. 31.

BENJAMIN, Walter. Sobre o conceito de história. In: *Obras escolhidas*. Trad de S. P. Rouanet. São Paulo: Brasiliense, 1997.

DRAY, William. *Philosophical analysis & history*. Nova York: Greenwood Press, 1966.

DUBY, Georges. História social e ideologia das sociedades. In: *História*: novos problemas. Rio de Janeiro: Francisco Alves, 1995.

EISENSTEIN, Elizabeth L. Some conjectures about the impact of printing on Western Society and Thought: a preliminary rapport. In: *Journal of Modern History*, mar-dez. 1968.

GAGNEBIN, Jeanne-Marie. *Sete aulas sobre linguagem, memória e história*. São Paulo: Imago, 1997.

GINZBURG, Carlo. *Mitos, emblemas e sinais*: morfologia e história. São Paulo: Cia. das Letras, 1983.

HOLANDA, Lourival. *Fato e fábula*. Manaus: Editora da Universidade do Amazonas, 1999.

HOLANDA, Sérgio Buarque. *Raízes do Brasil*. Rio de Janeiro: José Olympio, 1987.

KONETZKE, Richard. *América latina. II: Época colonial*. Madri: Siglo XXI, 1972, p. 314.

SOUSA SANTOS, Boaventura de. *Introdução a uma ciência pós-moderna*. Rio de Janeiro: Graal, 1989.

WHITE, Hayden. *Meta-história*. São Paulo: Edusp, 1992.

2

Jornalismo, escravidão e política na Independência

Juremir Machado da Silva

Pode realmente o passado se infiltrar no presente e produzir consequências? Há 200 anos o Brasil separava-se de Portugal. Nascia uma nação. Como se deu esse processo? É possível, por simples rememoração dos acontecimentos, estabelecer comparações entre épocas diferentes? Proclamada a independência, o Brasil passaria a experimentar um conflito entre poder executivo e poder legislativo, entre o imperador e a assembleia constituinte. O jornalismo desempenhou papel importante na cadeia de eventos que levaram à ruptura com Portugal e também nas polêmicas que resultaram na dissolução da constituinte por D. Pedro I, naquilo que pode ser chamado de o primeiro golpe de Estado do novo país. A independência deixou o principal problema da época sem solução: a escravidão. Poderia ter sido uma independência com abolição. Não o foi. Poderia ter sido uma independência sem um príncipe português como imperador. Não o foi. A continuidade imperou, indo do escravismo à relação com Portugal. No tratado de reconhecimento da separação, o soberano português insistiria no direito de ser considerado imperador titular do Brasil, postulando poder assinar "Imperador e Rei D. João VI".

Uma nação teria o seu DNA, uma espécie de elemento contido na sua fundação capaz de se reproduzir e de explicá-la a cada momento, ainda que isso não seja demonstrável pelos métodos científicos? O modo como o Brasil rompeu com Portugal já traduzia o que o país seria e como se comportaria a cada necessidade de ruptura? Por exemplo, na abolição da escravatura e na Proclamação da República? Ruptura com algum grau de continuidade? Libertos transformados em semiescravos, um regime republicano com uma aristocracia do café, passagens de um sistema a outro com alguma violência, mas sem banhos de sangue, o que se repetiria na Revolução de 1930 e até na forma como a ditadura de 1964 se autoconcederia anistia, em 1979. No corte do cordão umbilical com o colonizador, como se sabe, haveria resistência em alguns estados, em especial na Bahia, no Maranhão e no Pará. Nada, porém, que pudesse receber o rótulo geral e aterrador de "guerra da independência". Que país é este? O que diz a certidão de nascimento sobre a sua personalidade? Como tentar compreender as marcas de sua fundação no tecido que se esgarça com o passar da história?

Três visões sobre a Independência

Há muitas maneiras de se fazer o inventário dessa ruptura com muito de continuidade. Uma delas é revisitando o que sobre a independência foi escrito em momentos diferentes. O caminho escolhido aqui será o da releitura de três textos de autores de relevância incontestável pelo trabalho individual ou de equipe, métodos totalmente diferentes e ideologias distintas: *História da independência do Brasil*, de Francisco Adolfo de Varnhagen (1816-1878), o visconde Porto Seguro; *As razões da Independência*, de Nelson Werneck Sodré (1911-1999); e o primeiro capítulo, "A herança colonial: sua desagregação", de *O Brasil monárquico: o processo de emancipação*, dirigido por Sérgio Buarque de Holanda (1902-1982). Se o primeiro faz o trabalho de um cronista, aquele que apresenta a crônica dos acontecimentos, o segundo busca analisar os fatos à luz de uma visão de mundo, o marxismo, enquanto no terceiro texto, o mais breve – embora de obra monumental e longa –, o que se tem é uma tentativa acadêmica de abordagem do episódio, costurando análise e interpretação. Se uma perspectiva quer contar a história como ela teria sido e a outra quer inseri-la num modelo fixo, uma grade de leitura, a terceira possibilidade quer-se modernamente científica.

O presente relê o passado à luz das suas perspectivas. Ainda que a ideia de fato histórico tenha sido desconstruída ao longo do tempo como parte de um olhar positivista iludido com sua própria precisão e tudo tenha passado a ser visto, numa formulação simplificadora, como dependente do ponto de vista de quem faz a interpretação, alguns elementos resistem e, ainda que óbvios, parecem desafiar as relativizações mais categóricas. A independência teve como protagonista um príncipe português chamado Pedro, que se tornaria o imperador Pedro I do Brasil. Pode-se discutir o conceito de protagonista, mas o príncipe não será outro. Muito mais aberta é a leitura do papel representado por cada ator no drama dos acontecimentos. D. Pedro, inicialmente, não via a hora de ir embora. Não só ficou – fazendo da sua decisão um "fato" – como aceitou uma nova dimensão das suas possibilidades. Não seria infundado perguntar: Pedro fez a independência ou a independência fez Pedro?

O que diferentes historiadores enxergam nesse processo que ainda provoca paixões, polêmicas, disputas? D. Pedro foi protagonista ou marionete? Manipulador ou manipulado? Qual foi o papel de José Bonifácio, que ficaria conhecido como "patriarca da independência"? Qual o peso de jornais e jornalistas nas lutas pela emancipação? Não é o caso, portanto, de recontar o que está fartamente contado e analisado, mas de observar como foi contado e analisado. Eis o ponto.

A Independência segundo Varnhagen

Durante muito tempo se considerou fastidiosa a leitura das obras de Varnhagen. *História da independência do Brasil*, porém, mostra-se uma deliciosa crônica recheada de intrigas, disputas pessoais, reviravoltas e paixões. Em certo sentido, o autor destaca o papel dos indivíduos, pressionados pelas circunstâncias, na definição de acontecimentos que se tornariam históricos. No limite da caricatura, pode-se sugerir uma tese: o Brasil é o resultado de uma série de mal-entendidos, ressentimentos e acertos de conta entre os influentes da época. A família real estava confortável no Brasil desde 1808. Quase poderia agradecer a Napoleão pela oportunidade que, sem o chamado "bloqueio continental", não teria aparecido. D. João VI não tinha vontade de retornar a Portugal. Havia encontrado no Rio de Janeiro um lugar entre exótico e paradisíaco para habitar. A revolução desencadeada no Porto, em 1820, provocou um terremoto na zona de conforto do soberano. Pensou inicialmente em enviar o seu filho, Pedro, para arrumar a casa ou negociar com os insatisfeitos.

Publicada em 1916, na *Revista do Instituto Histórico e Geográfico Brasileiro*, com notas de José Maria da Silva Paranhos Júnior, o Barão de Rio Branco, o livro do final da vida de Varnhagen já se constituía na época em documento relevante sobre o seu tema. Além disso, o autor fora diplomata e historiador, apelidado até de "Heródoto brasileiro", de renome no século XIX. Não se trata de resenhar a sua obra, mas de aproveitar o seu enfoque para entender como ele viu o processo de nascimento do Brasil como nação. Para ele a opinião de D. Pedro sobre a separação mudou em função da sua entrada na maçonaria no ápice dos acontecimentos. Até então ele fazia parte de outra entidade secreta, o "Apostolado". D. João VI, por seu turno, estava espremido entre as opiniões dos seus conselheiros áulicos mais influentes, que se contrariavam em quase tudo, o Conde dos Arcos e o ministro do Reino Thomas Antônio Villanova Portugal, que pugnava pela não aceitação de qualquer rasura nas atribuições e poderes do rei. Em 7 de janeiro de 1821, Thomas Antônio, comentando parecer do conde de Palmela, que viera de Portugal para assumir o Ministério dos Estrangeiros e Guerra, remetido a D. João VI, disparou uma mensagem sem ambiguidades nem futuro: "V.M. deixe-se estar no seu trono; e nem falar em Constituição" (*apud* VARNHAGEN, 2019, p. 50). Não seria assim.

Acontece que Portugal estava farto de não ter o seu rei em casa, de submeter-se a ingleses e de ter perdido vantagens comerciais em função do novo estatuto do Brasil na estrutura do Reino. A instalação das Cortes em Portugal não era conversa para assustar o rei do outro lado do oceano. A maçonaria portuguesa reclamava a volta do soberano. Os brasileiros pediam o contrário. De Londres, o jornalista Hipólito José da Costa, editor do *Correio Braziliense*, alertava que dois reinos com um só rei nunca satisfariam a dois povos quanto ao lugar em que este deveria morar (*apud* VARNHAGEN, 2019, p. 47). Os ânimos se acirrariam dos dois lados do Atlântico. D. João VI tentava ganhar tempo. Um impresso clandestino, em francês, circulou com a pergunta que a ninguém calava: "Devem, nas presentes circunstâncias, el-rei e a família real de Bragança voltar para Portugal, ou ficar no Brasil?". Não faltaram especulações sobre a identidade do autor, o que, do ponto de vista do resultado, era o menos importante. Varnhagen (2019, p. 53) considera que, pelo uso da língua francesa, devesse ser do "publicista" Silvestre Pinheiro. Como em muitas situações, quando se olha o passado, o que importa mesmo são as pistas relativas ao principal: a questão fervia na pena de jornalistas, nas discussões de maçons, nas mentes de militares e nas elucubrações de políticos.

O que temiam os brasileiros com uma volta do rei? Temiam aquilo que em Portugal não era segredo: a recolonização do Brasil. A imposição de uma constituição ao rei, limitando os seus poderes absolutistas, não rimava necessariamente com posturas mais liberais em relação às colônias que haviam feito a glória do império. Na antiga metrópole corria um ar de insatisfação, não poucos eram os que se sentiam humilhados, entendendo que teria acontecido uma inversão de posições, com a colônia assumindo o papel de cabeça do reino. As medidas em discussão, como o projeto de supressão de tribunais ou a divisão do Brasil em pequenas colônias, com governos próprios, escandalizavam os representantes brasileiros nas Cortes, entre os quais Antônio Carlos Ribeiro de Andrada, irmão daquele que se tornaria figura central no processo de ruptura entre Brasil e Portugal, José Bonifácio. Outro Andrada, Martim Francisco, entraria em conflito com a Junta de São Paulo ao se colocar como contato privilegiado com o poder real. A relação desigual entre os deputados nas Cortes (130 de Portugal e 70 incompletos do Brasil (VARNHAGEN, 2019, p. 106) não favorecia qualquer equilíbrio na balança de interesses tão diversos.

Finalmente, depois de idas e vindas, caberia a D. João VI partir. O filho ficaria como regente dentro da ideia de uma figura real em cada lugar. Ao longo de dois anos correriam em paralelo duas crises em potencial. As Cortes de Portugal cresceriam em poder até exigir o retorno de D. Pedro. A família Andrada, com Martim Francisco no Ministério da Fazenda, e José Bonifácio como o conselheiro mais influente junto ao príncipe, acumularia desavenças. Note-se que o ponto aqui não é fazer o levantamento minucioso de cada fato, no longo encadeamento que levou à independência do Brasil, mas salientar como Varnhagen vê a história. Para ele, interesses pessoais, intrigas políticas paroquiais, vaidades e até imprevistos ajudam a definir os rumos de eventos importantes. José Bonifácio é apresentado como um homem de fortes tendências autoritárias. Exemplo disso seria o desentendimento com a Assembleia Constituinte encarregada de dar a primeira Carta Magna do império brasileiro. Deputados queriam que, aprovado o texto, o imperador tivesse de se submeter a ele. Bonifácio pretendia que a Constituição fosse sancionada pelo chefe do Executivo.

Não era, obviamente, mera questão de método. O conflito entre executivo e legislativo assumiria enormes proporções. Um lado suspeitaria que o outro quisesse impor a sua ditadura reduzindo-lhe atribuições. Nascia o Brasil como um país sem vocação para a independência e a interdependência dos poderes? José Bonifácio entraria em choque com Gonçalves Ledo, um dos redatores do *Revérbero Constitucional Fluminense*. A briga, para Varnhagen, seria primeiramente por posições de prestígio na maçonaria. Ledo teria dado a D. Pedro o posto de José Bonifácio. A questão de fundo, porém, era a suspeita por Bonifácio, que inicialmente nem tinha interesse na ruptura com Portugal, de que Joaquim Gonçalves Ledo se inclinasse para a constituição de uma república. Ledo havia sido pela eleição direta dos constituintes. Bonifácio, vitorioso, pela eleição indireta. Os pontos de discórdia se acumulariam e as retaliações também. Ledo, com o triunfo inicial de José Bonifácio, depois de proclamada a independência, teve de esconder-se para não ser preso, apesar de ter sido o autor do manifesto/decreto de 1º de agosto de 1822, dirigido aos brasileiros por D. Pedro: "Por meio dele, justificava o príncipe a sua resolução de ficar no Brasil, de se declarar defensor perpétuo e de convocar um Congresso". Além disso, "recapitulava as providências iniquamente contra o mesmo Brasil, as desfeitas sofridas pelos deputados brasileiros em Lisboa, os planos das cortes para desunir as províncias uma das outras" (*apud* VARNHAGEN, 2019, p. 192).

José Bonifácio escreveria o manifesto de 6 de agosto de 1822 destinado às nações, convidando-as a estabelecer relações diplomáticas com o Brasil. Nada simpático a Bonifácio, Varnhagen (2019, p. 194) diz que "pecava por ser extenso, e, para ser dirigido aos governos estrangeiros, por falta de moderação e conveniência". A largada para o processo de ruptura estava definitivamente dada. Muitas seriam as questões de forma: o soberano brasileiro deveria ser chamado de rei ou de imperador? Muitas seriam as discussões sobre datas: a independência do Brasil deveria ser contada a partir da proclamação feita em 7 de setembro de 1822, em São Paulo, às margens do riacho Ipiranga, em reação à exigência das Cortes de retorno do príncipe a Portugal, ocasião em que D. Pedro voltava de Santos, ou a partir de 12 de outubro do mesmo ano, quando, na data do seu aniversário, o príncipe português foi oficialmente aclamado imperador dos brasileiros? Cada uma dessas datas tem o seu peso, do simbólico ao funcional, do efetivo, com suas molduras e possíveis ampliações, ao administrativo e cartorial.

A desconstrução do 7 de setembro não é nova. Já Machado de Assis, em crônica de 15 de setembro de 1876, comentava com ironia (1957, p. 120): "Grito do Ipiranga? Isso era bom antes de um nobre amigo, que veio reclamar pela *Gazeta de Notícias* contra essa lenda de meio século". E mais: segundo o ilustrado paulista não houve nem grito nem Ipiranga. Houve algumas palavras, entre elas *Independência ou Morte*, as quais todas foram proferidas em lugar diferente das margens do Ipiranga. Varnhagen (2019, pp. 202-9) descreve, contudo, quadro a quadro a cena da proclamação, com suas testemunhas e gestos, entre os quais o major Antônio Ramos Cordeiro e o carteiro Paulo Bregaro, que alcançaram D. Pedro pelas quatro horas da tarde levando para ele a correspondência da princesa Dona Leopoldina e de José Bonifácio sobre as ordens de Lisboa. A separação já era um fato.

Cair e levantar-se fazia parte do jogo político. As sublevações aconteciam com frequência e deixavam marcas. A propósito da queda em desgraça de Martim Francisco Andrada em São Paulo, Varnhagen (2019) escreveu: "Abusando do apoio que recebia da presença de José Bonifácio no Ministério, pretendia o dito seu irmão fazer sempre prevalecer na Junta todas as suas opiniões e propostas. Reagira a Junta, por dignidade própria, contra o pretendido despotismo". José Bonifácio chamou à Corte os desafetos do irmão e genro, liberando a presidência da Junta de São Paulo para Martim Francisco. A jogada resultou em motim. O poderoso Bonifácio abriria devassa para apurar os responsáveis pelo levante. Martim Francisco receberia como prêmio um ministério. Ministro do Reino, José Bonifácio propôs dividir a sua pasta, criando um ministério, ou secretaria da Justiça, para qual seria chamado Caetano Montenegro, liberando a Fazenda para Martim Francisco.

Era tráfico de influência o que fazia Martim Francisco? Atuou José Bonifácio em defesa dos interesses da sua família? Apropriava-se da coisa pública em benefício familiar? Varnhagen pesava a mão? Era José Bonifácio um autoritário intrigante com sede de poder e implacável com seus adversários? Na contenda com Gonçalves Ledo, este juraria não ser republicano e ser vítima de perseguição. A Constituinte seria instalada em 3 de maio de 1823. Ledo fora eleito para dela fazer parte. Obrigado a esconder-se, teria o seu lugar ocupado pelo suplente, justamente Martim Francisco de Andrada. D. Pedro I discursou na instalação dos trabalhos. José Bonifácio teria introduzido no discurso parágrafos controversos para que a carta constitucional a ser construída e aprovada "merecesse a sua imperial aceitação" e fosse por ele defendida "se fosse digna do Brasil e dele" (*apud* VARNHAGEN, 2019, p. 278). Não faltaria constituinte para sugerir que se o imperador não gostasse da constituição poderia não se submeter a ela renunciando. Tal lógica cristalina não prosperou.

Demasiadamente insatisfeito com os rumos da Constituinte e com o texto que ela poderia produzir, D. Pedro I, estimulado por José Bonifácio, ameaçaria "apelar ao povo para que decidisse entre ele e a Assembleia" (*apud* VARNHAGEN, 2019, p. 286). Num clima desses manter-se no topo ou desabar era questão de tempo. Todos os ingredientes das disputas políticas que se tornariam recorrentes estavam dados: conflito entre executivo e legislativo (viria o tempo do judiciário), disputa pelo controle da opinião pública, críticas à demagogia dos liberais, ou seja, os mais progressistas, ameaças de romper o circuito representativo recorrendo diretamente ao povo, ódios e polarizações.

Quem caía em desgraça só podia recorrer à generosidade do imperador. Ledo pediria o básico, que se instaurasse o devido processo legal para apurar seus supostos crimes. Enquanto argumentava ser totalmente improcedente acusá-lo de republicanismo, observava: "Não sabe porventura o mais pedante rábula em matérias e formas de direito que é nula e improcedente qualquer inculpação uma vez que não existe corpo de delito?" (*apud* VARNHAGEN, 2019, p. 252). José Bonifácio reagia com devassas contra arruaceiros e "perturbadores da ordem". De intriga em intriga, de confronto em confronto, com uma ala querendo submeter o imperador a uma constituição e outra querendo submeter a constituição ao imperador, chegou-se à dissolução em 12 de novembro de 1822. Não havendo ainda uma Constituição em vigor podia o imperador dissolver a Constituinte ou isso era simplesmente um golpe de Estado?

Varnhagen procurava os estopins dos grandes acontecimentos em ocorrências do cotidiano, verdadeiros *fait divers*. A polarização em torno da Constituinte passaria a opor brasileiros e portugueses, brasileiros natos e brasileiros adotivos. No jornal *A Sentinela*, artigos de "um brasileiro resoluto" passaram a atacar oficiais do exército nascidos em Portugal. Correu que os textos saíam de uma "botica" no Largo da Carioca. Passando em frente ao estabelecimento, o major José Joaquim Januário Lapa, advertido sobre quem seria o articulista, entrou e, usando a sua bengala como arma, esfolou certo David Pamplona, que negou os fatos. Ilhéu português, ele seria apresentado como brasileiro por interessados na exploração do incidente. Martim Francisco e Antônio Carlos Andrada tornaram-se de imediato os seus grandes defensores. O caso pulou da botica para o parlamento, incendiando-o e não deixando quase nada em pé. Os ministros portugueses, da Guerra e da Justiça, pediram para se afastar.

A crise resultaria na dissolução da Constituinte e na desgraça dos Andrada. O decreto imperial acusava a Assembleia Constituinte de não ter cumprido o juramento de "defender a integridade e independência do Império e de sua dinastia" (VARNHAGEN, 2019, p. 331). Outra assembleia era imediatamente convocada. Não faltaram gritos pedindo que se declarasse o imperador fora da lei. Mas era tarde para vencer. José Bonifácio partiria para o exílio na velha Europa.

Jornais e jornalistas

Todas essas intrigas, polêmicas e debates tinham um catalisador: a imprensa. Jornais e jornalistas tiveram papel decisivo no processo de separação entre Brasil e Portugal. Não é descabido dizer que a independência brasileira é um genuíno produto da era do impresso. Entre os jornais que se digladiaram naqueles tempos que levariam ao nascimento do Brasil independente é possível citar *O Conciliador do Reino Unido*, editado pelo futuro Visconde de Cairu, que, como Inspetor dos Estabelecimentos Literários, exercia o papel de censor, recomendando praticar a liberdade de imprensa com moderação e cuidado. Ele defendia dois reinos unidos por uma monarquia constitucional.

Varnhagen, foco desta parte da análise, destaca a atuação de *A Malagueta*, do incendiário português Luiz Augusto May; *Revérbero Constitucional Fluminense*, de Joaquim Gonçalves Ledo e Januário da Cunha Barbosa; *O Espelho*, de Manuel Ferreira de Araújo Guimarães; *Correio do Rio de Janeiro*, de João Soares Lisboa; *A Sentinela da Liberdade à Beira do Mar da Praia Grande*, de Cipriano Barata; e *O Tamoyo*, atribuído aos irmãos José Bonifácio e Antônio Carlos de Andrada, que teria impacto no momento da dissolução da Constituinte. Jornalismo significava, de maneira geral, linguagem agressiva, posicionamento político explícito e combate a oponentes. Cada veículo era um instrumento de luta em defesa de alguma causa cristalina.

A Malagueta, fundada em dezembro de 1821, era pela separação imediata, contra as Cortes portuguesas e, na sua percepção, independente, contra tudo e todos, de um liberalismo radical, e fustigava, com seu polemismo visceral, uns e outros. O *Revérbero Constitucional Fluminense*, publicado entre setembro de 1821 e outubro de 1822, evoluiu da defesa de um reino unido à constituição de um Brasil independente. *O Espelho*, editado a partir de outubro de 1821, não se furtava ao coloquial, com palavras de baixo calão. O *Correio do Rio de Janeiro*, lançado em abril de 1822, era liberal e de posições firmes. A *Sentinela da Liberdade à Beira do Mar da Praia Grande* atuou nos meses decisivos da Constituinte, a partir de 5 de agosto de 1823. *O Tamoyo*, criado em 12 de agosto de 1823, tendo como redatores Vasconcelos Drummond e França Miranda, tinha por objetivo defender os pontos de vista dos Andrada nos conflitos que os opunham aos liberais.

Não é possível deixar de citar também o *Correio Braziliense*, de Hipólito José da Costa, que circulou até dezembro de 1822, e o *Despertador Brasiliense*, atribuído a José da Silva Lisboa, sem que ele o assumisse publicamente. Isabel Lustosa (2000) e Nelson Werneck Sodré (1966) são boas fontes sobre o assunto, ainda que aqui o foco seja o olhar de Varnhagen. O que diz o historiador diplomata sobre a atuação dos impressos na crise da independência? Citava carta D. João VI reclamando da "força com que falam em Constituição" as gazetas (2019, p. 60), destacava os artigos do *Correio Brasiliense* (sic), "a respeito do modo único de ser possível levar-se a união" (2019, p. 112), lidos em meio aos debates sobre onde deveria ser fixada a sede da monarquia. Assinala a publicação do primeiro número do *Revérbero* e o aparecimento de *O Espelho* enquanto D. Pedro ainda planejava voltar a Portugal.

O processo completo que levaria à independência do Brasil foi marcado por previsões impressas e acertos verificáveis. Varnhagen (2019, 140) dá uma prova da leitura correta dos fatos feita pelo polemista Luiz Antônio May, redator de *A Malagueta*, que "lembrava a máxima de Duprat – que o barco que levasse para a Europa a família de Bragança deixaria a Independência no Brasil". Jornalista era quem escrevesse em jornal. Fazer jornalismo era combater por alguma causa. Não se pensava em encobrir posições sob as máscaras da neutralidade, da imparcialidade e da objetividade, categorias que impregnariam o século XX com seus malabarismos filosóficos. Naqueles anos turbulentos, em que publicar podia resultar em duras penas, jornalismo era um meio de luta. Tomar posição era uma obrigação objetiva. O resultado podia ser simplesmente a tendenciosidade. De certo modo, tudo já estava lá: as tentações autoritárias, a política como instrumento de interesse pessoal ou familiar, as perseguições a adversários, os complôs, as notícias falsas, a defesa de privilégios, o conflito entre progressistas (liberais) e conservadores, o choque entre os poderes, o artifício emergente da relação direta com o povo para curto-circuitar o sistema de representação, a imprensa como poder corrosivo, a política de conciliação de aparentes inconciliáveis.

A relação entre a imprensa e o governo nada teria de amistosa. A entrada de Martim Francisco de Andrada no ministério provocou faíscas, ainda mais que o decreto assinado pelo regente, mas certamente com a lavra de José Bonifácio, destacava o nomeado por proteção "pelas suas distintas qualidades, grandes conhecimentos e singular adesão à causa do Brasil" (*apud* VARNHAGEN, 2019, p. 187). O príncipe precisava preocupar-se com providências de todo tipo, inclusive um decreto "regularizando de algum modo o direito da liberdade de imprensa, para evitar os desmandos dos jornais, e especialmente os do *Correio do Rio*". O que havia? O *Correio do Rio* "fazia guerra cruel ao Ministério em tal crise". Como era comum, José Bonifácio mandaria prender o redator do jornal por "delito de imprensa", a ser julgado por "um júri de oito homens bons" sobre 24 indicados (VARNHAGEN, 2019, p. 190).

Se não se pode falar em predominância da racionalidade argumentativa, num ambiente saturado de paixões, o olhar de Varnhagen, ao mesmo tempo em que pesa sobre José Bonifácio, não deixa de enfatizar o papel da imprensa como elemento de aceleração das tensões. Do seu jeito, os jornais da época já conseguiam fiscalizar o governo, denunciar as suas omissões ou falsificações e exigir esclarecimentos. Parte da imprensa queria um Brasil independente, com ou sem monarquia, e mais democrático. Outra parte acompanhava o governo e seus conselheiros na tentativa, como aconteceria nos anos 1820, de ceder o menos possível, fazendo mudanças, mas mantendo a maioria dos privilégios. A Constituição que finalmente seria consumada representaria essa capacidade de dar o mínimo com o máximo de luta.

Varnhagen (2019, p. 239) resumia o cenário do final do ano de 1822 em termos de conquistas e projeção: preparava-se a aclamação do imperador, em 12 de outubro, e depois a coroação de D. Pedro I, que aconteceria em 1º de dezembro daquele ano. Enquanto isso, dava José Bonifácio "tréguas à vingança dos seus ressentimentos contra os que ele chamava de seus inimigos, quer pela votação no Grande Oriente, a favor do chefe da Nação, quer porque lhe faziam oposição nos jornais". Bonifácio seria de "índole boa", mas forjado por uma "educação" autoritária em Portugal, como intendente de polícia no Porto, sob a influência de um "Governo despótico", o que o levaria, por exemplo, a prender o jornalista João Soares Lisboa, do *Correio do Rio de Janeiro*, por ter elogiado "o príncipe por seus sentimentos democráticos, visto não haver no dia 12 concedido títulos e outras mercês". O jornalista seria intimidado pela polícia a renegar suas ideias, fechar o jornal e sair do país. Já o presidente da Câmara, José Clemente, "recebeu uma insinuação para pedir a sua demissão" (VERNHAGEN, 2019, p. 240).

JB não toleraria oposição. Depois de uma primeira e breve queda, voltariam os Andrada ao poder, segundo Varnhagen (2019, p. 247), sem "a menor contrariedade, nem da Maçonaria, nem da imprensa, nem da Coroa, humilhada e desprestigiada" e assim "cegos na embriaguez do triunfo, chegaram a tantos atos de arbitrariedade, despotismo e triste vingança, que vieram a causar o seu próprio descrédito". Foi exatamente assim? Diversas respostas são possíveis. Para Varnhagen, convicto do que escrevia, José Bonifácio empurrava D. Pedro para uma postura despótica e inquisitorial por dificuldade de lidar com divergências e críticas públicas ou publicadas. Durante os trabalhos da Constituinte, Muniz Tavares apresentaria um projeto que permitiria "expelir do Brasil, dentro de três meses, todos que ele considerasse como suspeitos de não de todo áditos à causa da independência (2019, p. 281). Era concordar ou ser expulso do país. Pegar ou largar.

Outro deputado, Joaquim Manuel Carneiro da Cunha, da Paraíba, "chegou a dizer que havia medo de escrever a favor da liberdade, porque os escritores eram presos ou deportados" (*apud* VARNHAGEN, 2019, p. 283). O Brasil já aprendeu a lidar com a liberdade de imprensa? Ou a imprensa adaptou-se de tal forma aos governos que o problema maior é o de liberdade de expressão? O polemista de *A Malagueta* seria espancado diante da família por ter publicado artigo atacando violentamente os Andrada. No episódio da dissolução da Assembleia Constituinte, com o surgimento do jornal *O Tamoyo*, defendendo os atos dos Andrada, o clima deteriorou-se totalmente. Uma comissão criada para tratar da crise depois das bengaladas em Pamplona sugeriu "que se fizessem algumas restrições na liberdade de imprensa, até se pôr em execução a lei que a devia regular" (2019, p. 329). O comentário de Varnhagen (p. 329) não poderia parecer mais pertinente: "Não podia dar-se um parecer mais judicioso e mais em harmonia com os desejos do Governo". Mas os Andrada, já fora do ministério, foram contra, por terem seus jornais censurados. A discussão, salienta o historiador, só poderia terminar de "modo extraordinário, por um golpe de Estado".

Dissolvida a Assembleia, ordenou-se a expatriação dos presos políticos, entre os quais os irmãos Andrada. Determinou-se que eles poderiam levar suas famílias para o exílio, "segurando-lhes a pensão anual de treze mil cruzados" (*apud* VARNHAGEN, 2019, p. 347). Para os solteiros, caberia metade da pensão. O Brasil já era Brasil. O Conselho de Estado aprovou uma devassa contra os jornais, "servindo de corpo de delito alguns números do *Tamoyo* e da *Sentinela da Beira do Mar da Praia Grande*, para se indagar a parte que tiveram nas últimas perturbações". José Bonifácio voltaria e seria nomeado por D. Pedro tutor do seu filho quando o imperador abdicou e deixou o Brasil. O monarca, depois de dar o seu golpe de Estado, decretou que tivesse força de lei, como salienta Varnhagen (2019, p. 351), "com o fim de regularizar desde logo a liberdade de imprensa", um projeto apresentado em outubro daquele ano no parlamento. Como detalhe pitoresco, diga-se que o redator do *Correio do Rio de Janeiro* seria anistiado e, instalado em Pernambuco, passaria a publicar o jornal *Desengano Brasileiro*.

Razões de Nelson Werneck Sodré

Em comum com Varnhagen, Nelson Werneck Sodré teve o gosto pela história do Brasil, pelo tema da Independência, a formação militar e o olhar atento ao papel da imprensa nos acontecimentos do século XIX. Sodré, porém, seria um nacionalista marxista. O seu livro *As razões da Independência* é mais uma história econômica, que começa com o Tratado de Methuen (1703) – pelo qual Portugal se comprometeu a entregar o seu mercado para os panos ingleses, e a Inglaterra a admitir os vinhos portugueses – e vai até o período regencial brasileiro, posterior à abdicação de D. Pedro I, com as revoltas ocorridas nas províncias.

Se em Varnhagen predominavam os homens e suas intrigas, em Sodré terão primazia as estruturas e suas manipulações, com algumas passagens em que os homens e suas paixões irrompem. O próprio talento de John Methuen, "hábil diplomata", parece ter contado muito para a fixação do acordo que levaria seu sobrenome. Sodré deteve-se na partida da família real para o Brasil, que mostra como uma artimanha da Inglaterra para explorar ainda mais a sua presa: "Canning instruiu Strangford e o almirante Sidney Smith que obtivessem a decisão de fuga" (SODRÉ, 1965, p. 134). Por trás de cada decisão política, um dado econômico. Lateralmente uma leitura fortemente moralizante das atitudes das elites, como se elas, movidas por seus interesses econômicos, pecassem por não o contradizer (1965, p. 135): "Foi esse ambiente trágico em que um povo era abandonado por seus governantes, preocupados apenas em salvar-se que Strangford" exploraria.

A Corte que viria se instalar no Brasil é descrita como venal, "expressão de uma classe dominante corrupta" (1965, p. 136), em que cada um colocava os seus interesses pessoais acima de tudo. Nesse sentido, os irmãos Andrada seriam apenas continuadores dessa tradição. Se a população chorava desesperada, as elites queriam apenas salvar a própria pele e o que desse dos seus valores. Sodré (1965, p. 141) cita Oliveira Lima para reafirmar que a "honestidade não era, como já houve ensejo de recordar, um traço característico da sociedade brasileira em tempo d'El-Rei D. João VI". Da transferência da Corte para o Rio de Janeiro até a independência do Brasil, passando pelas mais diversas disputas de poder, tudo se explicaria por essa trama de determinação econômica e de um egoísmo marcado pela desonestidade.

Entre idas e vindas, hesitações e disputas, censuras e perseguições, definia-se o caráter da nova nação: "O Brasil seria um país autônomo, estruturando a sua autonomia sob o domínio da classe senhorial, os proprietários de terras e de escravos" (1965, p. 182). Tudo mudaria para que o essencial permanecesse. Autonomia com um príncipe português, herdeiro do trono da antiga metrópole, figuraria com uma preocupação permanente com uma nova fusão em algum momento:

> Os aspectos externos do problema ficam situados com clareza nas negociações para o reconhecimento da autonomia pelas nações europeias. Os aspectos internos ficam situados na luta que começa logo após a proclamação da autonomia, entre as forças que pretendiam assegurá-la, recusando um retorno à subordinação a Portugal, mas tão somente indo até esse limite, e as forças sociais até aí contidas, e agora com relativa liberdade de manifestação, que pretendiam aprofundar, sob vários aspectos, o processo de separação, algumas admitindo até a mudança de regime, todas desconfiadas da ação do Imperador Constitucional, pela ambiguidade de sua posição; prevalecerão as primeiras, nitidamente, no período inicial da fase; prevalecerão as segundas, embora sem a mesma nitidez, no segundo período, que culmina com a abdicação do imperador. (SODRÉ, 1965, p. 182)

A conciliação, intermediada pela Inglaterra, custaria caro ao Brasil, que pagaria pelo reconhecimento de Portugal, ainda mais que se queria fechar o acordo a tempo de comemorá-lo em 7 de setembro de 1825: os negociadores brasileiros "a tudo cederam, salvo a insignificantes alterações, tudo não só em virtude da finura do negociador [Charles Stuart], como principalmente do ardor, que dos nossos se apoderou, de publicar o reconhecimento no dia 7 de setembro" (VARNHAGEN, 1965, p. 382). D. Pedro escreveria ao pai anunciando o valor concedido de dois milhões de libras esterlinas, dos quais D. João VI poderia "tirar já para si, por indenização das suas propriedades, a quantia de 250 mil libras" (VERNHAGEN, 2019, p. 385). Colonizador e escravistas nunca se viram como devedores por tudo o que haviam amealhado. O mais importante, porém, estaria na forma de gestão e exploração do novo e autônomo país. O imperador parecia dar com uma mão e tirar com duas na busca de um equilíbrio de contradições, mantendo em pé uma estrutura enviesada e profundamente desigual:

> Em novembro de 1823, agravadas as hostilidades entre o partido dos brasileiros e o partido dos portugueses, que se definiram na Constituinte, o Imperador fechou-a, criou um Conselho de Estado com dez membros, todos brasileiros de nascimento, entregou o governo das províncias a elementos ambientados em cada uma, pondo termo ao regime das Juntas, e determinou a elaboração de uma Constituição que baixaria, como ato seu. Era obrigado a fazer algumas concessões, todas formais: a recrutar entre brasileiros o Conselho de Estado – quando o essencial estava na constituição e nos poderes deste – a fazer da Constituição outorgada uma via daquela que vinha sendo elaborada pela Constituinte – quando o essencial estava no fato de ser outorgada e, mais do que isso, no fato de que as garantias de liberdade eram amplas na letra e restritas na realidade, em uma como na outra das cartas políticas. (SODRÉ, 1965, p. 183)

Para que se tenha uma ideia precisa do que surgiria desse caldeirão de confrontos basta dizer que a Carta aprovada em 25 de março de 1824 ficaria conhecida como a "constituição da mandioca":

> Limitava extremamente a consulta eleitoral, entretanto, negando direito de voto aos não católicos, aos criados de servir, aos empregados no comércio, aos administradores de fazendas e fábricas, aos religiosos e a todos os que tivessem renda anual inferior a cem mil réis por bens de raiz, indústria, comércio ou emprego. Essa renda era calculada pelo preço de mercadoria de uso corrente: a mandioca. (SODRÉ, 1965, p. 183)

Não se tratava de aproveitar a separação de Portugal para se criar um país para todos, ou, ao menos, para a maioria, mas de garantir que a minoria teria os seus privilégios assegurados na tranquilidade da lei maior. Não se tocaria na mais infame das instituições, a escravidão. Não é desproposital dizer que aí já estão as raízes do conservadorismo brasileiro (SILVA, 1996, 2017), esse edifício hierárquico, aparentemente maleável, que atualiza a sua solidez a cada momento demonstrando enorme capacidade de resiliência. Passados duzentos anos do nascimento da nação, o Brasil continua a ser de muito poucos. A desigualdade ainda é a sua identidade mais nítida.

A desagregação da herança colonial[1]

Num plano mais amplo, a perspectiva do texto toma a ruptura como um processo que passa pela "malquerença entre súditos de um mesmo rei" (HOLANDA, 1970, p. 9), entre português e "brasileiros", ou portugueses de Portugal e portugueses do Brasil. A transferência da família real para o Rio de Janeiro daria fôlego aos súditos do Novo Mundo. O retorno de D. João VI a Lisboa inverteria novamente a relação de forças. A pergunta que se imporia com o passar do tempo seria de uma clareza impressionante: "Sobre que títulos se sustentaria a tutela, senão sobre pobres argumentos cuja inconsistência as luzes do século vinham clareando?" (1970, p. 10). Em outras palavras, o que justificaria que o Brasil continuasse colônia se, ao longo dos séculos, o iluminismo vinha mostrando a fragilidade dessas relações e hierarquias?

Os submetidos começariam a desconfiar de uma matriz cujo "obscurantismo cobiçoso da mãe-pátria queria para sempre jungida ao seu atraso e impotência" (HOLANDA, 1970, p. 10). Por que, sendo mais rico e com mais potencialidades, continuar atrelado a uma máquina falida e voraz? A vinda da família real para o Brasil agravaria, por um lado, a percepção de que algo claudicava nessa vinculação já sem aura. Instalada nos trópicos, a Corte mostra a suas entranhas. Se "tem por onde afagar as vaidades brasileiras", como capital do império, "põe a descoberto, por outro lado, com o imenso séquito de funcionários, fâmulos e parasitas que a acompanham, a debilidade de um domínio que a simples distância aureolara, na colônia, de formidável prestígio" (1970, p. 11). O charme desaparece de uma vez por todas. Só restam as vísceras, a espoliação, os gastos inúteis, uma horda perdulária.

Esse tipo de vinculação se atualizava pela força, pela crença e pela ideologia: a servidão renovada em função do fascínio exercido por uma parte sobre a outra. Quando isso cai, o caminho está aberto para o rompimento. O Brasil dos anos de D. João VI vê chegarem estrangeiros de todos os tipos e profissões. Ideias circulam, valores se alteram, novidades aparecem, certo cosmopolitismo ganha terreno. Portugal equilibra sua dominação com base num jogo complexo e ambíguo: manter a unidade do imenso território sul-americano e, ao mesmo tempo, dar certa margem de manobra às províncias para evitar que, unidas, levantem-se contra a matriz. O processo de separação será repleto de ambivalências: "Acontece que, representando abertamente um movimento antiabsolutista, a revolução portuguesa de 1820 também é, em certo sentido, e

---

1. Esse volume da imensa obra dirigida por Sérgio Buarque de Holanda contou com a participação de Célia de Barros Barreto, Pedro Moacyr Campos, João Cruz Costa, Pedro Octávio Carneiro da Cunha, Sérgio Buarque de Holanda, Carlos Oberacker, Olga Pantaleão, Eurípedes Simões de Paula, Amaro Quintas, Arthur César Ferreira Reis, José Antônio Soares de Souza e Dorival Teixeira Vieira.

desde os primeiros passos, um movimento antibrasileiro" (HOLANDA, 1970, p. 13). O que é bom para Portugal não o seria para o Brasil.

Se privilégios de classe são questionados por lá, encontrarão formas de preservar-se aqui. Ou, por uma espécie de aceleração patológica, "o que em Lisboa constitui obra de radicalismo, no Rio de Janeiro vai adquirir, por força, o sabor do despotismo" (HOLANDA, 1970, p. 14). Não há uma correia de transmissão linear. O liberalismo português encontrará adeptos fervorosos no Brasil, mas também será cozinhado e transformado em outra coisa, num processo de separação litigiosa e, ao mesmo tempo, buscando um acordo. O caso do radical Cipriano Barata postulando um "Brasil independente e libertário", porém, na sua reação às Cortes instaladas em Portugal, "aliado, não obstante, da Áustria, reduto do absolutismo" (1970, p. 14), é sintomático. Já estava aí o Brasil atual com suas coalizões contraditórias e inusitadas?

Nascia o Brasil independente à sombra de um "defensor perpétuo", como se precisasse de um tutor para não ir rápido demais ao pote da liberdade. Esse arranjo inicial se quebraria em 1831, obrigando o imperador a partir, deixando, contudo, seu filho para reinar mais tarde aos cuidados de José Bonifácio, que havia dado mostras de não querer ceder à pressa dos mais afoitos. Tudo se questionaria. Por exemplo, se "enquanto Reino, o Brasil se achara livremente unido a Portugal por um pacto revogável, e de que só o despotismo das Cortes o levara a julgar caduco semelhante pacto", essa quebra de entendimento seria "se não o móvel, a justificativa da emancipação" (HOLANDA, 1970, p. 17).

Em relação à Banda Oriental, porém, o Brasil acabaria por se comportar do mesmo modo que havia sido tratado por seus algozes. Não se pode esperar que nos processos históricos, em que predominam interesses e estratégias de poder, os atores se comportem como se estivessem preocupados em mostrar coerência para uma plateia invisível pronta a cobrar pelos deslizes e contradições. A formação do Brasil independente foi o resultado de uma série de acontecimentos articulados em torno da maturação de uma nova visão de mundo. O absolutismo declinava, ainda que tivesse seus momentos de reação e retorno, o que o próprio D. João VI experimentaria brevemente.

> No Brasil, o processo de emancipação importou mais na medida em que destruiu inveteradas peias, que embargavam o passo, do que pela introdução de práticas vigorosamente revolucionárias. Só por esse lado parece admissível, apesar do seu exagero, o dito de Armitage de que o Império progredira mais em nove anos do que a colônia em trezentos. (HOLANDA, 1970, p. 39)

O Brasil monárquico fomentaria a sua elite, distribuindo títulos à farta, criando barões como Portugal jamais havia visto e valorizado. A ruptura considerada possível, e necessária, havia sido feita. As próximas, a abolição da escravatura e a república, exigiriam quase sete décadas de maturação. A palavra democracia ainda não estava na boca do povo, muito menos nos lábios ou mentes das classes dirigentes. As rebeliões do período regencial seriam sufocadas com muito sangue, especialmente de negros. Conservadores e liberais se revezariam no poder, ao longo do Segundo Império, quase como faces da mesma moeda.

Se Francisco Adolfo de Varnhagen focou nas intrigas entre os homens de poder e Nelson Werneck Sodré nas estruturas e forças econômicas, a equipe de Sérgio Buarque de Holanda buscou razões singulares ligadas ao imaginário político e filosófico da época. Ao fim e ao cabo, como costuma acontecer, são visões antagônicas e complementares. Delas emanam elementos complexos, do imprevisto ao inevitável, do demonstrável ao especulativo, das teses aos fatos. Resta pensar sobre outras facetas de personagens como José Bonifácio.

A questão da escravatura

A escravidão poderia ter sido tema central da independência. Não o foi. Ao menos, explicitamente. Werneck (1965, p. 12) chega a desculpar-se por não tratar do assunto: "Algumas questões importantes, como o estudo da revolução bolivariana e o do tráfico negreiro, importantes para o conjunto do quadro que pretendemos reviver, não puderam ser consideradas, pois exigiriam extensão demasiada". Se exige muito, nada se dá. Os mais de três séculos de escravidão marcam o Brasil indelevelmente. Essa é a sua chaga mais profunda. Já no momento da separação houve uma tentativa de apresentar a nova nação como miscigenada. Varnhagen (2019, p. 222) cita um artigo do jornal *O Espelho* sobre o 12 de outubro de 1822, dia pomposo da aclamação do português Pedro de Alcântara como D. Pedro I, imperador do Brasil:

> Pelas dez horas da manhã saiu sua Majestade Imperial, acompanhado de Sua Esposa e da Sereníssima Princesa D. Maria da Glória, da Paço da Boa Vista, com o trem seguinte: precedia a Guarda de Honra de Sua Majestade, composta de paulistas e de fluminenses e por batedores dois exploradores e oito soldados da mesma Guarda. Seguiam-se três moços da estribeira, sendo um índio, outro mulato e o terceiro negro.

O mito das três raças e da mestiçagem já se mostrava como instrumento de simbologia política. À época da instalação da Constituinte, em maio de 1823, dá conta Varnhagen (2019, p. 280) da passagem pelo Rio de Janeiro da fragata inglesa Júpiter, tendo a bordo lorde Amherst, nomeado governador da Índia Inglesa, encarregado de ouvir o imperador brasileiro sobre a "cessação do tráfico africano". O mesmo Varnhagen (2019, p. 282) informa que José Bonifácio apresentou "memórias escritas" sobre a "civilização dos índios", a transferência da capital para a comarca de Paracatu e "um trabalho a respeito da extinção do tráfico". José Bonifácio pensava também na Amazônia.

Uma cópia da representação abolicionista daqueles dias atribulados de José Bonifácio ganharia impressão em 1825. O "patriarca da independência" tinha o que dizer sobre a persistência de uma instituição tão abominável (*apud* Silva, 2017, p. 66):

> Nela me proponho mostrar a necessidade de abolir o tráfico da escravatura, de melhorar a sorte dos atuais cativos, e de promover a sua progressiva emancipação. Quando verdadeiros cristãos e filantropos levantaram a voz pela primeira vez na Inglaterra contra o tráfico de escravos africanos, houve muita gente interesseira ou preocupada que gritou ser impossível ou não política a abolição porque as colônias britânicas não podiam escusar um tal comércio sem uma total destruição. Todavia, passou o *bill* e não se arruinaram as colônias.

Conservador autoritário por um lado, progressista por outro, José Bonifácio, com os 32 artigos do seu projeto, queria uma abolição gradual, ao seu estilo de mudar conservando. Os seus argumentos, porém, podiam ser tomados como revolucionários (*apud* Silva, 2017, p. 72):

> A sociedade civil tem por base primeira a justiça, e por fim principal a felicidade dos homens; mas que justiça tem um homem para roubar a liberdade de outro homem, e o que é pior, dos filhos deste homem, e dos filhos destes filhos? Mas dirão que se favorecerdes a liberdade dos escravos será atacar a propriedade. Não vos iludais, senhores, a propriedade foi sancionada para bem de todos, e qual é o bem que tira o escravo de perder todos os seus direitos naturais, e se tornar de pessoa a coisa, na frase dos jurisconsultos? Não é pois o direito de propriedade que querem defender, é o direito da força, pois que o homem, não podendo ser coisa, não pode ser objeto de propriedade. Se a lei deve defender a propriedade, muito mais deve defender a liberdade pessoal dos homens, que não pode ser propriedade de ninguém, sem atacar os direitos da providência, que fez os homens livres, e não escravos.

O tráfico seria proibido pela primeira vez em 1831, pela chamada lei Feijó, que não "pegaria", tendo sido feita para "inglês ver", vigorando o contrabando, e, pela segunda vez, em 1850, graças à lei Eusébio de Queirós. As leis gradualistas só chegariam em 1871 (Ventre Livre) e em 1884 (Sexagenários). Contra a primeira votaria um dos intelectuais mais influentes da época, o escritor José de Alencar, para quem "a escravidão caduca, mas ainda não morreu; ainda se prendem a ela graves interesses de um povo. É quanto basta para merecer o respeito" (*apud* Silva, 2017, p. 57). Na longa luta contra a escravidão, brilhariam brancos – como Joaquim Nabuco, Antônio Bento e Rui Barbosa – e negros como Luiz Gama, André Rebouças e José do Patrocínio. O Brasil independente não tinha pressa em ser melhor.

José Bonifácio queria que fosse mais rápido, tendo defendido educação, ciência, universidades e até a proteção à natureza. Como não era um personagem plano, raso, exibia várias facetas. Em várias delas, esteve à frente do seu tempo. Era muito cedo para triunfar. Esteve no poder, caiu, voltou, caiu novamente. Enquanto isso, o Brasil avançava a passos lentos. Há quem defenda que enfim se torne independente.

Referências

HOLANDA, Sérgio Buarque de (dir.). *O Brasil monárquico*: o processo de emancipação. São Paulo: DIFEL, 1970.

LUSTOSA, Isabel. *Insultos impressos*: a guerra dos jornalistas na Independência, 1821-1823. São Paulo: Cia. das Letras, 2000.

MACHADO DE ASSIS, Joaquim Maria. *Obras completas*. v. 24. Rio de Janeiro, São Paulo, Porto Alegre: W. M. Jackson Editores, 1957.

SILVA, Juremir Machado da. *Raízes do conservadorismo brasileiro*: a abolição na imprensa e no imaginário social. Rio de Janeiro: Civilização Brasileira, 2017.

_____. *Anjos da perdição*: futuro e presente na cultura brasileira. Porto Alegre: Sulina, 1996.

SODRÉ, Nelson Werneck. *As razões da Independência*. Rio de Janeiro: Civilização Brasileira, 1965.

_____. *A história da imprensa no Brasil*. Rio de Janeiro, Civilização Brasileira, 1966.

VARNHAGEN, Francisco Adolfo de. *História da Independência do Brasil*. Brasília: Funag, 2019.

3
O nascimento de uma nação na biografia de um homem trágico

Renato Steckert de Oliveira

"Tempo, dinheiro e firmeza eram as bases em que eu devia fundar os meus nobres projetos: faltou-me dinheiro, e com ele correu rapidamente o tempo sem poder firmar a felicidade do meu país. A filha da puta da morte [...]"

José Bonifácio de Andrada e Silva

As origens

Nos meados do século XVIII a vila de Santos, no litoral da Província de São Paulo, era não só modesta como decadente. A descoberta do ouro nas Minas Gerais deslocara o eixo econômico da Colônia para aquela região, e Santos, que já havia conhecido dias de glória, regrediu. O porto era utilizado pela navegação costeira, e "podia passar-se um ano sem que arribasse navio nacional ou estrangeiro" (PRESAS, 2013, p. 28). Um documento cartográfico de fins do século XVIII mostra "uma vila de ruas estreitas e becos solitários, acocorada rente ao mar. [...] Uma pequena fortaleza denominada de Monte Serrat, sete templos, quatro capelas, [...]. O prédio, que foi do colégio dos jesuítas, o Arsenal de Marinha, a Casa do Trem bélico, a Câmara e Cadeia com o pelourinho, a Alfândega, constituíam os principais edifícios" (SILVA SOBRINHO, 1963, pp. 159-61).

Um recenseamento de 1783 apontou 3.123 habitantes na vila, população aumentada para 3.372 em 1799, dos quais menos de um terço, exatamente 1.001, eram brancos (SILVA SOBRINHO, 1963, pp. 159-61). "O elemento servil coalhava quase sempre as ruas da vila. Eram negros vendedores de aves, negras que ofereciam castiçais de latão e outros objetos de uso doméstico; pertenciam à mesma raça quase todos os barbeiros, sapateiros e até carpinteiros e pedreiros" (SILVA SOBRINHO, 1963, pp. 159-61).

Dos personagens que encimavam a ordem social santista, entre os quais a família dos Andrada ocupava lugar de destaque, as figuras proeminentes, do ponto de vista intelectual, eram o presidente da modesta Câmara de quatro vereadores, bacharel por Coimbra, e o vigário.

Aí viveu José Bonifácio até os catorze anos, tendo nascido em 13 de junho de 1763.

Pela linha paterna, era neto de um alto funcionário reinol emigrado para o Brasil em fins do século XVII. Seu pai, já nascido no Brasil, foi Coronel do Estado Maior do Regimento de Dragões Auxiliares, embrião de força militar organizada para a defesa da Colônia, tendo ainda exercido cargos na administração colonial e acumulado grande fortuna como dono de terras e no comércio. Um dos seus tios paternos foi o primeiro paulista a formar-se em medicina, havendo ainda clérigos e juristas entre eles. As tias que casaram deram origem a "numerosa e alta progênie", tendo mesmo um dos primos de José Bonifácio estado presente na comitiva de D. Pedro quando do famoso grito.

Embora com menos cabedais e de origem menos notável, a família materna não era desprovida de posses.

Dos seus onze irmãos, o mais velho foi padre, tendo exercido funções eclesiásticas na Província de São Paulo, e uma das irmãs foi camareira-mor da Imperatriz Leopoldina. Dois dos irmãos mais novos, Antônio Carlos e Martim Francisco, formaram com ele a "tríade dos Andrada" no turbulento período do pré e pós-Independência. (MENDONÇA, 1963, pp. 164-9.)

Enfim, uma família da elite colonial.

Formação inicial

Pouco se sabe dos estudos iniciais realizados em Santos. O documento cartográfico do século XVIII não faz referência a nenhuma escola – o que aliás era o padrão da colonização portuguesa – salvo "o prédio que *foi* do colégio dos jesuítas". O ambiente familiar certamente facilitou uma educação diferenciada com relação aos demais meninos da vila. Pais alfabetizados, de elevada posição social e tios padres lhe ofereceriam um caminho privilegiado de acesso não só às primeiras letras como de contato com as humanidades, clássicos latinos inclusive, que constituía o núcleo da cultura portuguesa setecentista.

Aos catorze anos foi para São Paulo, onde permaneceu por três anos, estudando sob a direção do bispo diocesano no seminário do palácio episcopal. A ideia era preparar-se para os estudos teológicos, o que acabou não se concretizando, embora tenha requerido a habilitação *de genere*, passo preliminar para um jovem de então ingressar na carreira eclesiástica.

Este período, assim como o da infância em Santos, sobre os quais há pouca informação direta, passa quase despercebido na biografia de Bonifácio.

Mesmo um biógrafo atento como Otávio Tarquínio de Souza dedica-lhe poucas páginas, ainda assim com algumas generalidades. Menciona o desenvolvimento da veia poética do personagem e sua dedicação intensa aos estudos, que parece ser inata. "O bispo frade possuía," assevera o biógrafo, "para o lugar e para o tempo, uma boa biblioteca, e José Bonifácio, frequentando-a teve sem demora a certeza de que nascera para as atividades do espírito, para ser o que foi mais tarde – um homem de pensamento, um sábio, transformado depois pela força das circunstâncias em guia político, em estadista, em pai da pátria" (SOUZA, 2018, p. 52).

Ora, se a força das circunstâncias leva um sábio dedicado às coisas do espírito à política, ao reino da ação, o que não farão com um adolescente inteligente e curioso, já apto à reflexão, característica dos indivíduos cuja sensibilidade para o mundo é mediada pelo hábito precoce da leitura? Que circunstâncias foram essas que levaram este adolescente a dar um giro em seus interesses, a ponto de não aceitar uma carreira eclesiástica que lhe daria brilho e projeção social, a exemplo de seus tios e do próprio irmão mais velho, ou uma carreira no mundo das Leis, para a qual seus cabedais e posição social lhe encaminhariam naturalmente, e enveredar por assuntos que aparentemente não faziam parte dos horizontes culturais do ambiente em que vivia? Algo deve ter se passado aí, neste período crucial que vai dos catorze aos dezessete anos, no qual se molda um adulto.

O personagem central desse período é Dom Frei Manuel da Ressurreição, o bispo sob o qual José Bonifácio estudou. Ele quase não é citado pelos biógrafos de Bonifácio. Mas podemos ler, na página web da Arquidiocese de São Paulo dos dias atuais, que "As ideias iluministas foram incentivadas pelo bispo na capital paulista".[1] Ora, incentivar "ideias iluministas" no ambiente acanhado da São Paulo da segunda metade do século XVIII é algo que por si só deveria chamar a atenção.

Pertencente à ordem franciscana, Frei Manuel da Ressurreição foi nomeado Bispo de São Paulo em 1771, quando Portugal estava às turras com o Vaticano por força das ideias do então ministro do Reino e dos Negócios Estrangeiros, o marquês de Pombal. A nomeação era prerrogativa da Coroa, sendo depois sancionada pelo Papa. Como demonstrou em inúmeras ocasiões, em sua cruzada pela modernização do Reino, o marquês não pegava leve quando se tratava de assuntos religiosos. Embora tenha visado especialmente os jesuítas, que, ao longo de dois séculos de íntima relação com a Coroa, haviam acumulado um poder econômico e político nada desprezível, e dos quais havia se livrado em 1759, qualquer religioso sobre o qual pesasse a mais leve suspeita de insubordinação era implacavelmente perseguido. Assim, as circunstâncias exigiam que o novo bispo fosse identificado com a política do marquês. A fidelidade de Frei Manuel

---

1. Disponível em: < https://arquisp.org.br/historia/dos-bispos-e-arcebispos/bispos--diocesanos/dom-frei-manuel-da-ressurreicao>. Acesso em: 13 de ago. de 2022.

foi comprovada no ato mesmo da confirmação da sua nomeação pelo Papa: em vez de dirigir-se para sua nova Diocese, o rei o despachou para a Bahia, que enfrentava sérios problemas de desordem administrativa, onde exerceu as funções de Governador Geral por três anos, o que deixava claro como eram geridas as relações entre Igreja e Estado no período pombalino. Para a Diocese de São Paulo foi nomeado um procurador, e só em 1774 o novo bispo assumiu diretamente suas funções.

Uma das suas primeiras medidas foi reabrir a antiga escola dos Jesuítas, fechada pela *razia* pombalina, dedicando-a, obviamente sob nova orientação, à formação inicial de padres, mas aberta aos leigos. Isto o indispôs com o governador da província, para quem a religião deveria confinar-se às pompas rituais, o que não intimidou o bispo – aliás, em sua tumultuada convivência com o governador, particularmente autoritário mesmo para os padrões da época (TOLEDO, 2012, pp. 266-8), Dom Frei Manuel nunca deixou de demonstrar que tinha as costas quentes.

Foi esta a escola frequentada por José Bonifácio em seu período na capital paulista. A estrutura curricular era o normal, com Lógica, Retórica e Teologia no centro. Mas, algo incomum, Dom Frei Manuel instituiu o ensino obrigatório do idioma francês, sendo ele mesmo o professor. Idioma que, é bem verdade, já era corrente nas cortes europeias mais refinadas, o que não seria o caso do Brasil Colônia. Tampouco era um idioma de acesso a autores importantes da teologia católica – pelo contrário, era o idioma da maior parte dos autores que, em nome da Razão, punham em xeque a cosmovisão medieval que compunha os alicerces da dogmática católica. Assim, para entendermos um pouco das sutilezas e ousadias do novo bispo, e seguindo a pista aberta pelo site da atual Arquidiocese, vale a pena uma rápida visita à sua biblioteca, que com certeza estava franqueada aos seus alunos, pelo menos aos melhores. Entre seus 1.548 volumes figuravam, ao lado de clássicos gregos e latinos e teólogos da mais rígida ortodoxia católica, "autores imbuídos de ideias jansenistas, galicanas, iluministas e até nomes que foram condenados e postos no *Index*". Por cúmulo, até mesmo uma coleção completa da *Encyclopédie* de D'Alembert e Diderot, que, com seu objetivo de "mudar a maneira comum dos homens pensarem", havia sido explicitamente condenada pelo Papa Clemente XIII (JOHSON, 1975).[2] Algo mais, portanto, do que "uma boa biblioteca para o lugar e para o tempo" – tratava-se, isto sim, de uma biblioteca claramente situada nas lutas do tempo.

---

2. Dom Frei Manuel da Ressurreição faleceu em 1789 sem deixar testamento, sendo seus bens minuciosamente inventariados após sua morte. Seus livros, que formavam a maior biblioteca de São Paulo, foram registrados um a um. Do inventário constam ainda dois retratos do Marquês de Pombal.

A biblioteca e o ensino de Dom Frei Manuel certamente mexeram com a cabeça do jovem inteligente, curioso e inquieto. Além disso, devem ter contribuído para que, nos conflitos íntimos da adolescência, a sensibilidade erótica ganhasse foros de liberdade que não existiriam numa formação rigidamente católica. Ela esteve presente já nos seus primeiros devaneios líricos, dedicados às graças sedutoras de uma ingrata Derminda (Derminda, esses teus olhos soberanos / Tem cativado a minha liberdade; / Mas tu cheia, cruel, de impiedade / Não deixas os teus modos desumanos), datando dos seus dezesseis anos.[3] Sensibilidade erótica que, no que interessa à compreensão do personagem em formação, deram pulso a uma paixão pela vida que não condiria com a de um sábio contemplativo, coisa que nunca seria. Assim, frente à perspectiva de uma carreira eclesiástica, venceram as musas e a sensualidade da Natureza:

> Vós me nutriz os ternos pensamentos / Quando à sombra das árvores copadas / Sombrios vales frescos, / A rédea inteira solto à fantasia! / De beleza em beleza divagando / Sôfrega a mente me vai nos olhos; / Depois meiga saudade / manso e manso do peito se apodera... / tudo o que vejo então me pinta Eulina.[4]

Em 1780 Bonifácio parte para Coimbra, com uma escala no Rio de Janeiro que se prolongou por quase outros três anos. Nenhum programa específico, a não ser flanar pela cidade que, sede da administração colonial desde 1763, já era a mais importante do Brasil, ao encontro das suas duas grandes paixões, então rapaz de pouco menos de vinte anos: mulheres e livros. Das primeiras dão testemunho mais sonetos, dentre os quais um dedicado a uma certa Alcina: "Adeus, fica-te em paz, Alcina amada, / Ah sem mim sê feliz, vive ditosa; / Que contra meus prazeres invejosa / A fortuna cruel se mostra irada. [...]".[5] Dos segundos ficou o registro, fictício ou não, de uma visita à biblioteca do Mosteiro de São Bento, então a melhor do Rio. Folheando os livros e comentando-os com um amigo que o acompanhava, José Bonifácio deu tais mostras de cultura e amadurecimento intelectual que, quando se deu por conta, estava rodeado por quase todos os monges do mosteiro (SOUZA, 2018, pp. 54-6). Exageros à parte, esta anedota testemunha uma familiaridade com autores e livros que

---

3. José Bonifácio adotou o pseudônimo literário de Américo Elysio. O soneto consta do seu único livro de poesias, por ele mesmo organizado e editado na França em 1825, durante o período em que esteve exilado, sob o título *Poesias soltas de Américo Elysio* (Bordeos, 1825). O autor acrescentou a seguinte nota explicativa sobre o soneto: "Foi feito tendo o A. de idade 16 anos. Este e os dois seguintes são os únicos frutos da sua musa juvenil, que conserva; e só por isso os estima".

4. Id. – Cantata 1ª.

5. Um dos três sonetos da "musa juvenil". O Autor acrescentou a seguinte nota: "Improvisado na partida para Portugal em 1783. Tinha então o autor 18 anos." A data sugere que Alcina seja a fusão arcádica da Pátria e da Mulher.

deveria ser de todos conhecida, e que só pode ter sido adquirida na biblioteca de Dom Frei Manuel da Ressurreição.

Os anos na universidade: um percurso pelo iluminismo da periferia europeia

Em outubro de 1783 José Bonifácio chegava à universidade formadora da elite intelectual e da burocracia do Império Português, a Universidade de Coimbra. Para um moço com seus cabedais, era um caminho natural: entre os séculos XVI e XIX mais de 3 mil brasileiros lá estudaram, sendo 1.887 no período 1720-1820 (RODRIGUES, 1990). Embora em menor número, Coimbra também recebia alunos de outras partes do Império.

Dez anos antes da sua chegada, mais precisamente em 1772, a universidade sofrera uma profunda reforma por iniciativa e sob a autoridade do Marquês de Pombal. Até então seu ensino organizava-se pela *Ratio studiorum*, o método pedagógico dos jesuítas imposto em 1559 quando estes conseguiram o monopólio das atividades educativas no Império Português.

A *Ratio studiorum* previa três grandes áreas de ensino: Teologia, de longe a mais importante; Filosofia, baseada na leitura escolástica de Aristóteles e Santo Tomás de Aquino; Humanidades, abrangendo Retórica e Humanidades propriamente ditas, tendo como núcleo a leitura dos clássicos da cultura latina, além de Gramática (FRANCA, 1952 [2000]). As formações "profissionais", especialmente Leis e Medicina, pressupunham a frequência em disciplinas das diversas áreas.

Durante dois séculos a elite dirigente de um império em que o sol nunca se punha, com interesses comerciais em todo o globo, foi formada com base nesta cosmovisão, enquanto os soberanos da Europa Ocidental buscavam consolidar seu poder com base nas ciências naturais emergentes e em suas aplicações práticas. Foi contra esta situação que o Marquês de Pombal se insurgiu, transformando em ação as vozes e o descontentamento crescente de intelectuais e membros da elite reinol em face da decadência da monarquia; decadência que identificavam com o "jesuitismo". As reformas do período pombalino, alcançando todas as esferas da administração do Estado, foram um esforço titânico para tirar da letargia política, moral e econômica um Estado que, pela voz de um dos seus principais visionários, já concebera-se a si mesmo como tendo sido instituído pelo próprio Cristo, com a missão apostólica de conversão das gentes mundo afora (VIEIRA, 1670 [2000b]), e que, por isto mesmo, sua fraqueza seria só aparente, posto que sua ação era fundada na religião (VIEIRA, 1645 [2000a]).

Do conjunto de reformas, a mais importante, pelo menos do ponto de vista do longo prazo, dada a importância estratégica da instituição, foi a da Universidade de Coimbra, aliás implantada por um reitor brasileiro de nascimento.[6] A reforma foi precedida de um diagnóstico sobre a situação da universidade, realizado por uma "Junta de Providência Literária" instituída pelo Marquês de Pombal, a cujo extenso relatório ele acrescentaria sua assinatura, demonstrando não se tratar de um "parecer" externo à sua iniciativa, mas de uma convicção pessoal sua.

O relatório era um libelo contra o "jesuitismo", e seu título não deixava dúvidas:

> Compêndio Histórico do Estado da Universidade de Coimbra no tempo da invasão dos denominados Jesuítas e dos estragos feitos nas ciências e nos professores, e diretores que a regiam pelas maquinações, e publicações dos novos estatutos por eles fabricados.

A enumeração dos "estragos" é detalhada em quatro "prelúdios" e três capítulos. O título do terceiro "prelúdio" resume a obra:

> Dos estragos que os mesmos Jesuítas acumularam na destruição de todas as Leis, Regras e Métodos das Universidades de Lisboa e de Coimbra, até introduzirem na segunda delas os Estatutos por eles fabricados com que, desterrando as Artes e Ciências, sepultaram esta Monarquia nas trevas da ignorância. (POMBAL, 2018)

Já no primeiro parágrafo do Compêndio lia-se que

> Já não há, por felicidade nossa, neste presente tempo, quem possa duvidar com alguma aparência de razão de que todos os estragos, que no Moral e no Físico desta Monarquia se viram no meio dela amontoados pelo longo período dos últimos dois séculos, foram horrorosos efeitos das façanhosas atrocidades dos denominados Jesuítas. (POMBAL, 2018)

Tamanha simplificação da realidade acabaria cobrando seu preço. De qualquer forma, as mudanças introduzidas na universidade foram radicais e orientadas não apenas para uma atualização dos métodos e organização do ensino, como, o que é mais significativo e importante, insistia na "utilidade prática" da formação universitária. Isto implicou uma revolução principalmente no ensino de filosofia, cujo centro passou a ser a Filosofia Natural, com ênfase em áreas como química, física e o que hoje denominaríamos geociências, além de uma revolução pedagógica através da instituição de laboratórios de ensino e da introdução do método experimental na formação e treinamento dos estudantes,

---

6. Tratava-se de Dom Francisco Lemos de Faria Pereira Coutinho (1735-1822), nascido na Freguesia de Santo Antonio da Jacutinga, na atual Baixada Fluminense, no Rio de Janeiro, e formado em Direito Canônico pela Universidade de Coimbra (MARTINS, 2012).

em contato direto com a natureza. As "saídas de campo" organizadas pela universidade levaram a que, pela primeira vez, o governo português passasse a contar com informações pormenorizadas e objetivas sobre fauna, flora, geologia, morfologia e composição dos solos das diversas regiões de Portugal, com o fim de estimar seus potenciais produtivos, assim como a Coroa organizou missões científicas para estudar as características das suas possessões de além-mar.

Há, portanto, uma boa dose de simplificação ao interpretar-se a reforma como uma simples atualização, uma tentativa de superar o atraso relativamente ao que acontecia nos meios universitários europeus. Não devemos esquecer que a grande reforma do sistema universitário europeu somente teria início mais de três décadas depois, com a Universidade de Berlim, ainda assim encontrando enorme resistência em países como a França, que em lugar de uma reforma da universidade medieval promoveu um sistema distinto, baseado em "Faculdades" burocraticamente articuladas, com forte interferência do Estado, o que não contribuiu para as funções dinamizadoras cumpridas pelo modelo humboldtiano. Não havia, portanto, "modelo europeu" a ser seguido. Tratava-se de alinhar a universidade aos esforços de modernização do Estado português, tanto do ponto de vista da constituição de uma burocracia esclarecida, rompendo com a axiologia religiosa que até então a orientava, quanto de superar o mercantilismo primário das relações da Coroa com suas possessões de além-mar. O Iluminismo abriu os olhos da parcela da elite do Império (incluindo naturais de Portugal e das colônias, brasileiros principalmente) que tomou o poder com o Marquês de Pombal, oferecendo uma crítica sistemática à visão de mundo católico medieval.

Portugal fez as coisas ao seu modo, e o seu modo era o pragmatismo. Assim, se a Filosofia Natural, incubadora do método experimental e das ciências da natureza, nasceu, nos meios intelectuais europeus, da crítica epistemológica interna à tradição escolástica, sua adoção em Coimbra foi menos motivada pela questão epistemológica do que pela utilidade prática dos conhecimentos dela advindos. Os Estatutos da universidade pós-reforma são esclarecedores a este respeito. Mais do que definir e normatizar o quadro institucional da universidade, eles descem a minúcias sobre o modo como os professores deveriam se ocupar dos diversos conteúdos de ensino, deixando de lado os aspectos "acessórios" dos eventos, fatos e conhecimentos apresentados aos estudantes, os aspectos por assim dizer "estéticos", enfatizando o potencial de aplicação e utilidade deles. Deste ponto de vista, a reforma pombalina chegou a ser vista como referência para países nos quais a universidade ainda representava uma âncora escolástica, a criar dificuldades para a consolidação do Estado nacional laico, como era o caso notório da França pós-revolucionária.

Ainda de acordo com o caráter cosmopolita da Coroa portuguesa no período, que praticamente não criava distinções entre seus súditos naturais do Reino e os das suas possessões de além-mar, os filhos da elite colonial brasileira foram especialmente incentivados a seguir os cursos de Filosofia Natural de Coimbra. Tratava-se, em suma, de recrutar os próprios súditos coloniais para as pesquisas sobre fauna, flora, geologia etc., que deveriam municiar a Coroa de informações sobre suas possessões. Assim, enquanto nos demais países europeus a condição de "naturalista" era reservada a indivíduos cujas posses lhes permitiam dedicar-se à Ciência de forma desinteressada, em Portugal estes converteram-se em "naturalistas da Coroa", e como tal em "profissionais da ciência" vivendo dos seus salários, o que foi uma peculiaridade da formação do campo científico no Portugal setecentista.[7]

Este foi o ambiente no qual José Bonifácio completou sua formação. Quando chegou a Coimbra, Portugal estava no auge da "viradeira", como ficou conhecida a reação ao governo de Pombal a partir da morte do rei D. José I e a subida ao trono de sua filha D. Maria I. Rainha beata ao extremo, D. Maria I restaurou vários privilégios eclesiásticos e reabilitou a nobreza que havia caído em desgraça sob Pombal. No entanto, grande parte das reformas deste, principalmente a da universidade, foram preservadas, apesar de processos movidos contra alguns professores e estudantes acusados de ateísmo ou heresia. Mais que isto, a Rainha aproveitou a base dessas reformas para lançar uma série de iniciativas que davam curso às tentativas de modernização do Estado, se não com base no despotismo esclarecido que caracterizara Pombal, ao menos criando instituições que davam ânimo às novas ideias, demonstrando que os tempos eram outros e o passado ficara no passado.[8] Também foram de seu governo as expedições científicas à Amazônia brasileira, às possessões da África e Ásia, organizadas e dirigidas por professores e ex-alunos da Universidade de Coimbra, além da fundação da Real Academia de Ciências de Lisboa.

Assim, uma parcela significativa dos estudantes era sensível às novas orientações. Neste caso, a qualidade interessava mais do que a quantidade, e cada jovem naturalista formado compensava à larga o investimento feito na reforma.[9]

---

7. Apesar do novo incentivo – uma formação nas áreas de Filosofia Natural era um passaporte seguro para cargos de prestígio no Reino –, para desespero dos reformistas, a maioria dos estudantes continuou preferindo as tradicionais carreiras de Leis, o que diz muito do caráter da sociedade e do seu código axiológico. Por outro lado, as novas exigências impostas para a formação em Medicina, outro dos cursos de prestígio da Universidade, a colocavam além da maioria das universidades europeias, o que fez com que os estudantes abdicassem de Coimbra para buscar universidades menos exigentes.
8. Entre outras, criou a Real Biblioteca Pública da Corte, a Academia Real da Marinha e a Academia Real de Ciências de Lisboa, referida adiante.
9. "O sucesso dessa política pode ser percebido quando notamos que, num curto período de vinte anos, vamos encontrar Alexandre R. Ferreira atuando na Amazônia; Joaquim Vellozo de Miranda e José Vieira Couto, em Minas Gerais; José Mariano da Conceição Vellozo, no Rio de Janeiro; José de Sá Bethencourt e Manuel (cont.)

Foi o caso de José Bonifácio, para o que sua familiarização prévia com a crítica à "maneira comum dos homens pensarem", haurida na biblioteca de Dom Frei Manoel da Ressurreição, certamente foi um importante estímulo. Assim, após matricular-se em Direito – *noblesse oblige!* – matriculou-se nos cursos de Filosofia e Matemática, formando-se em Filosofia em 16 de junho de 1787 e em Direito em 5 de julho de 1788. Não consta registro de sua formação em Matemática, autorizando a hipótese de que seu interesse nesta era puramente instrumental, como complemento e aprofundamento de sua formação em Filosofia Natural. Pelo Direito nunca se interessou efetivamente, salvo, eventualmente, ter-lhe encontrado alguma utilidade nos diversos cargos administrativos que ocupou em Portugal, e sobretudo na sua atividade política no Brasil. A carreira que efetivamente seguiu foi a de Naturalista. Não a de um sábio contemplativo, mas a de um cientista comprometido com os resultados práticos do seu trabalho na vida das pessoas e da sua Pátria – a Pátria Portuguesa.

É razoável supor que os anos de formação em São Paulo, onde tivera acesso a obras francamente não ortodoxas e, mesmo, acusadas de heresia religiosa, além de autores iluministas, fortaleceram seu sentimento de independência e autonomia intelectual a que a inteligência naturalmente favoreceria. A formação em Coimbra fortaleceria esse sentimento, não pela Universidade em si, da qual não guardou grandes e positivas recordações (MONTEIRO, 1982)[10], mas pelos contatos com os meios intelectuais mais avançados que se desenvolviam em torno da universidade, normalmente constituindo redes que alcançavam todo o império (POMBO, 2015, pp. 1-20). Bonifácio não perdeu tempo ao aproveitar as oportunidades que as novas instituições proporcionavam, ao organizarem um "campo" científico até então desconhecido, enquanto reagia ao obscurantismo teológico reabilitado pela Rainha com o que marcaria sua personalidade pela vida afora: a altivez.

(cont.) Arruda da Câmara, no sertão nordestino; João da Silva Feijó, em Cabo Verde e depois no Ceará; Joaquim José da Silva, em Angola; Manuel Galvão da Silva, na Índia e depois em Moçambique; Hipólito Pereira, nos Estados Unidos, México e Canadá, apenas para citar alguns desses estudiosos brasileiros a enviar exemplares botânicos, zoológicos e mineralógicos para o Jardim Botânico e o Gabinete de História Natural da Ajuda, em Lisboa" (PEREIRA, 2012).

10. Alguns biógrafos, entre os quais Otávio Tarquínio de Sousa, o dão como coautor de uma sátira sobre a universidade, um longo poema intitulado *O Reino da Estupidez,* que circulou anonimamente nos anos em que era estudante, e foi publicado posteriormente tendo como autor o também brasileiro Francisco de Melo Franco, seu contemporâneo na universidade, onde formou-se em medicina. O poema circulou em mais de uma versão, e embora a universidade seja o alvo principal, é Portugal que está em questão logo na sua abertura: "A mole Estupidez cantar pretendo / Que distante da Europa desterrada / Na Lusitania vem fundar seu Reino" (REINO, 1818). Sobre as diversas versões do poema, ver MONTEIRO, 1982.

Terminada a formação universitária, a Academia Real de Ciências de Lisboa agregaria o novo conjunto de circunstâncias que marcariam sua vida.

Da Academia Real de Ciências de Lisboa aos centros da ciência europeia

As academias e sociedades científicas proliferaram no século XVII europeu, refletindo o esgotamento das universidades medievais, seja em face da revolução científica em marcha no período, seja das novas necessidades, em termos de aplicações práticas de conhecimentos científicos, trazidas pela crise do mercantilismo e pelo desenvolvimento das primeiras tecnologias industriais.

Este segundo aspecto levou ao progressivo esvaziamento das universidades nos países onde essas transformações eram mais visíveis. Nestes – a Alemanha era o caso mais visível[11] – o desprestígio crescente das universidades era acompanhado pela expansão de cursos "técnicos", muito mais pertinentes do ponto de vista das mudanças que se operavam na base dos sistemas produtivos. Nestas condições, como assinala Collins (2005), o desaparecimento das universidades teria sido culturalmente moderno. A reação acadêmica surgiu na Alemanha com a "Universidade Humboldtiana", que, num verdadeiro programa político orientado pelo idealismo filosófico, abriu a universidade ao experimentalismo científico, submetendo-o, no entanto, ao que a velha escolástica medieval melhor sabia fazer: a exegese dos textos – não mais dos textos sagrados, por suposto, mas dos "textos" do conhecimento baseado nos métodos de investigação empírica, questionando seus fundamentos e seu estatuto de realidade.[12] Este movimento esteve na base do desenvolvimento da crítica epistemológica moderna, levando a universidade – por uma via que nada tem do pragmatismo empiricamente orientado – ao encontro da vida prática, salvando-se a filosofia num movimento que foi crucial para o desenvolvimento da Modernidade ocidental. Por isto, assinala o mesmo Collins (2005, p. 621), "institucionalmente, o período que vai

---

11. O Império Prussiano, por razões que aqui não vêm ao caso, não conheceu o mercantilismo, pelo menos no grau em que o conheceram a França, a Inglaterra e, sobretudo, Espanha e Portugal. Isto certamente tem a ver com o fato de que aí as exigências de organização racional do Estado com base numa burocracia qualificada e funcionalmente eficiente, bem como os desafios do conhecimento técnico da realidade como base para uma economia cujo acesso à expropriação colonial era limitado, se colocassem de forma relativamente precoce. Além disso a Reforma Protestante contribuiu poderosamente para isto, desencadeando um amplo movimento de alfabetização e elevando o trabalho à condição de testemunho da fé, além de conferir um sentido ético ao conhecimento metódico da natureza, concebido como adoração da obra do Criador.

12. O prefácio à *Fundamentação da metafísica dos costumes*, de Kant, constituiu uma síntese deste programa.

de 1765 até o presente é um só". Suas sementes institucionais, no entanto, foram plantadas pelas academias e sociedades científicas, desde a primeira, a Academia dos Linces, fundada em Roma em 1603.[13]

Quando Secretário da Academia Real de Ciências de Lisboa, o próprio José Bonifácio vai demonstrar a mesma compreensão sobre o papel das Academias e Sociedades Científicas europeias como decisivas para o avanço das ciências em face do engessamento do ensino universitário, situando aí a fundação da Academia de Lisboa, embora enfatizando as vicissitudes da história portuguesa. Depois de traçar um panorama sobre a evolução da ciência no Ocidente, no qual demonstra um grau de erudição no mínimo incomum (erudição, aliás, demonstrada nos discursos anuais como Secretário da Academia, abrangendo, além das ciências naturais, a música, a literatura, a história, a linguística etc., não como exibicionismo barroco, mas como suporte do desenvolvimento do raciocínio), conclui, para o caso português, que

> Se a Universidade que [D. Diniz] fundou, se os estudos que tanto patrocinara, fossem mais cuidados e favorecidos pelos seus Sucessores; de certo veria o Mundo erguer-se, como por milagre, neste canto da Europa d'entre o estrépito das armas uma Nação poderosa e culta [...]. Se o imortal Infante D. Henrique tivera podido firmar e organizar melhor a Corporação de Sábios, dados exclusivamente à Astronomia e à Náutica, que formara em Sagres; se o reinado pacífico e filosófico do senhor Rei D. Duarte não tivera sido tão abreviado, que progressos não teriam feito os Portugueses em toda a espécie de saber humano! [...] No Reinado grandioso do senhor D. João V, começarão a luzir de novo em Portugal as Artes e as Ciências, que só ganharão pés, e se firmarão de todo no solo Lusitano pela queda dos Jesuítas [...]. Começaram então a sentir os Doutos d'entre nós a necessidade de reunir suas forças em Corporações Literárias [...] mas ficou reservado aos dias gloriosos de Maria I ver nascer e firmar-se com o seu favor e proteção uma Academia Real de Ciências. (SILVA, 1816)[14]

---

13. O nome, Academia dos Linces, certamente não foi escolhido aleatoriamente pelos sábios que a constituíram, entre os quais Galileu Galilei. Como se sabe, o lince é um animal que se caracteriza pela agudeza do olhar, constituindo-se numa boa metáfora para o desenvolvimento do conhecimento baseado na observação direta da natureza, ao contrário da coruja de Minerva, que só alça seu voo depois do crepúsculo.

14. Fidelino de Figueiredo situa o surgimento das academias em Portugal em 1628, com a Academia dos Singulares. Seguiram-se a Academia Real de História Portuguesa e a Academia Portuguesa em Roma, fundadas por D. João V em 1720, a Academia Litúrgica Pontifícia, em 1747, e a Arcádia Lusitana, esta fundada por iniciativa de poetas e literatos em 1756. Com seu estilo de um conservadorismo algo saboroso, Figueiredo sustenta que "As instituições deste tipo devem-se à França, ao espírito mundano e gentil que da convivência literária pelos salões aristocráticos fazia exibição de elegâncias (cont.)

Como já assinalamos, a reforma pombalina da universidade esteve menos preocupada com a epistemologia do que com as aplicações práticas da ciência. Seja pelo peso da tradição católica-medieval (o "jesuitismo"), seja pelo próprio fato de tratar-se de uma sociedade com menos dinamismo interno, sem o substrato de uma nobreza feudal capaz de sustentar prerrogativas em face da Coroa – prerrogativas que, em grande parte da Europa, estimularam nobres a colocarem sob sua proteção incontáveis filósofos e teólogos dissidentes, o que tonificava uma vida intelectual com crescentes graus de autonomia –, o despotismo esclarecido à la Pombal procurou trazer para dentro da própria universidade as funções de uma Academia de Ciências – o que leva a crer que, mais do que inspirar-se nas universidades europeias, Pombal estava atento à decadência destas, interessando-se muito mais pela experiência nova das academias e sociedades científicas. Assim, os estatutos da universidade reformada previam uma

> Congregação Geral [das Ciências], a qual tenha por Instituto trabalhar no progresso, adiantamento, e perfeição das mesmas Ciências [Matemática, Medicina e Filosofia Natural]; do modo que felizmente se tem praticado, e pratica nas Academias mais célebres da Europa... (ESTATUTOS, 1772 [1972], p. 5)[15]

Essa "Congregação Geral" não chegou a ver a luz do dia, e os professores mais entusiasmados com a ideia, entre os quais o naturalista italiano Domingos Vandelli, trazido à Universidade por Pombal, acusavam a "letargia" da instituição como responsável. O impasse foi superado por um tio da rainha, o duque de Lafões, que havia sido exilado por Pombal e conhecera as Academias da França e de Berlim durante o exílio. A ele juntaram-se o próprio Vandelli e um professor de matemática de Coimbra, o padre José Correia da Serra. Ainda que com divergências internas importantes – Lafões e o padre José Correia defendiam um modelo mais identificado com o iluminismo filosófico, enquanto Vandelli advogava uma instituição de fomento às aplicações práticas da ciência – conseguiram, graças aos recursos econômicos e políticos do primeiro, colocar a Academia de pé. O lema escolhido, *Nisi utile est quod facimus, stulta est gloria* (Se não for útil o que fizermos, será vã a nossa glória) atestou que a chama acesa por Pombal continuava a ser alimentada, mesmo por seus inimigos.

(cont.) e donaires, de requintes de opinião e expressão [...]. Foi da necessidade, que sentiram alguns belos espíritos, de elegante e doutamente conversarem, que nasceu a Academia Francesa" (FIGUEIREDO, 1915, p. 298). Uma opinião com a qual seus fundadores, dois séculos e meio antes, certamente teriam dificuldades em concordar.

15. Essa "Congregação Geral das Ciências" foi proposta pelo reitor D. Francisco de Lemos (BRAGA, 1894: 61).

A atividade da nova instituição não se resumia, no entanto, às questões práticas da vida econômica e da administração imperial. Tratava-se de reconstruir o próprio *sentido do Império*, resgatando sua história e cultura num todo sistematizado e coerente, abrangendo todo os domínios da sua existência. Neste sentido, pode-se dizer que o período em que D. Maria I esteve efetivamente no exercício das suas funções, suas iniciativas, contraditórias que fossem, foram além das de seu pai D. José I e seu Ministro do Reino, o Marques de Pombal. Em oposição ao refundacionismo desses, que fazia tábua rasa do que não se encaixava nos seus propósitos, tratava-se agora de ressignificar a História como fundamento de um projeto que, com alguma dose de licenciosidade moderna, poderíamos chamar de nacional-desenvolvimentista. Assim, na concessão do Privilégio Real de que passa a contar a Academia, a rainha menciona,

> entre os objetos, que formam o Plano da sua Instituição, o de trabalhar na composição de um Dicionário de Língua Portuguesa, o mais completo que se possa produzir; o de compilar em boa ordem, e com depurada escolha os Documentos que podem ilustrar a História Nacional, para os dar à luz; o de publicar em separadas Coleções as Obras de Literatura, que ainda não foram publicadas; o de instaurar por meio de novas Edições as Obras de Autores de merecimento, e cujos Exemplares forem muito antigos, ou se tiverem feito raros; o de trabalhar exata e assiduamente sobre a História Literária destes Reinos; o de publicar as Memórias dos seus Sócios, [...] que contiverem novos descobrimentos, ou perfeições importantes às Ciências e boas Artes [...]. (PRIVILÉGIO, 1819)

Ao determinar que as publicações da Academia seriam por conta do erário real, a Rainha expressa um zelo nacionalista que não surpreende no contexto:

> [...] se Eu não me dignasse de privilegiar as suas Edições, para que se lhe não contrafizessem, nem se lhe reimprimissem contra sua vontade, ou mandassem vir de fora impressas, em detrimento irreparável da reputação da mesma Academia [...]. (PRIVILÉGIO, 1819)

A Academia compunha-se de sócios honorários, efetivos e correspondentes. Entre os primeiros, o corpo de maior prestígio, estavam membros da nobreza, funcionários da Corte e da administração do Estado, membros do alto clero e militares. Os segundos concentravam professores de Coimbra e de colégios religiosos, além de profissionais sem vínculo acadêmico, enquanto os últimos eram recrutados entre portadores de títulos acadêmicos. Estes, embora de menor status na hierarquia da instituição, eram os principais responsáveis pela sua produção. Entre os sócios correspondentes no ano da fundação havia sete luso-brasileiros, cinco dos quais eram naturalistas e matemáticos formados em Coimbra, "sendo posteriormente enviados quer para expedições de demarcação dos limites do Brasil, quer para a realização de viagens filosóficas aos territórios coloniais" (SILVA, 2015).

Segundo Silva,

> três eram os polos em que se ancorava a malha geográfica da ACL – Portugal, Brasil e resto da Europa – e diversos foram os motivos e processos de recrutamento dos acadêmicos que configuraram esta dispersão geográfica. Portugueses e luso-brasileiros ligavam-se pela trama colonial e os estrangeiros do resto da Europa enquadravam-se numa estratégia de busca de prestígio e de validação cultural por parte de uma Academia periférica que havia começado *depois de haver tantas do mesmo gênero, em que atualmente florescem muitos Homens célebres.* (SILVA, 2015, pp. 135-6)[16]

A participação brasileira cresceu de importância nas primeiras décadas. Minoritários em relação aos sócios correspondentes estrangeiros quando da sua fundação, tornaram-se majoritários alguns anos depois (SILVA, 2015). Esta participação crescente não significou apenas um "reconhecimento" do talento dos jovens representantes da elite colonial, tampouco uma pretensa "conquista" destes apesar do "preconceito" dos reinóis (preconceito que aliás não existia), como uma leitura nacionalista dos fatos poderia supor. Pelo contrário, foi o resultado de uma política consciente da Coroa de engajá-los, súditos plenos que eram, no processo de modernização do Império. Para além dos aspectos quantitativos, o êxito desse "recrutamento ideológico" pode ser aquilatado por um fato: o primeiro secretário da Academia, o português Luis Antônio Furtado de Castro do Rio de Mendonça e Faro, visconde de Barbacena, permaneceu no posto até 1787, quando foi nomeado governador da Província de Minas Gerais. Neste cargo, dois anos depois dirigiu a devassa repressão aos Inconfidentes, incluindo o exílio de muitos deles e o suplício e morte de Tiradentes, o que não causou qualquer reação entre os membros da Academia nascidos no Brasil, tampouco entre os brasileiros comissionados pela Coroa em missões ou cargos administrativos nas possessões portuguesas.[17] Este aspecto é fundamental para se

---

16. A citação em itálico é do Plano de Trabalho da Academia.

17. Conforme assinala PEREIRA (2012) nem sempre a historiografia nacionalista conforma-se com a realidade dos fatos. À época da conjuração mineira, João da Silva Feijó, naturalista formado em Coimbra e nascido no Rio de Janeiro, era secretário de governo em Cabo Verde, para onde foram degredados alguns conjurados. Segundo um historiador da conjuração, lá "foram tratados com atenção e tiveram todos o melhor agasalho", pois no peito do Secretário "palpitava um coração brasileiro" (PEREIRA, 2012, p. 29). Quanto a José Bonifácio, duas décadas depois do acontecido apresentou uma memória à Academia de Ciências contendo "Instruções práticas e econômicas para os Mestres, e Feitores das minas de ouro de desmonte e lavagem no Brasil [...] que talvez [...] possa ser de suma utilidade aos Mineiros do Brasil, poupando-lhes tempo, braços, e mil despesas inúteis, com que se perdem a si, e arruínam o Estado, sem saberem ao menos aproveitar todo o ouro que lavram" (SILVA, 1816). Uma objetividade técnica que não deixava dúvidas sobre o lado em que se encontrava.

compreender o caráter das transformações operadas no reinado de D. Maria I e seu impacto na elite imperial, especialmente entre a sua parcela não titulada que percebia claramente as oportunidades de ascensão numa sociedade que, apesar dos escolhos medievais, começava a valorizar o esforço e o talento individuais.

Admitido como sócio livre da Academia desde 1789, Bonifácio identificou-se rigorosamente com a linha traçada pelo programa da instituição. A primeira "memória" que submeteu aos colegas, sobre a pesca da baleia no litoral da província de Santa Catarina (SILVA, 1790), antecipava a orientação da maioria dos trabalhos científicos que elaborou na vida, discutindo as formas de aperfeiçoar as técnicas de exploração dos recursos naturais de Portugal e das possessões do Império à luz do conhecimento científico, avançando inclusive por considerações de ordem econômica, o que, de resto, era comum entre os membros da Academia ligados às ciências agrícolas e demais "ciências úteis".

No início de 1790 tem início a grande jornada de Bonifácio pela Europa, que durará pouco mais de dez anos. Novamente a hagiografia sublinha a "inteligência extraordinária" do personagem e sua inadaptação aos meios intelectuais acanhados de Portugal, o que teria sensibilizado o duque de Lafões, presidente da Academia, que, utilizando seu acesso privilegiado à Rainha, teria convencido esta a premiar o jovem mancebo com uma excursão por algumas das principais instituições científicas europeias, acompanhado de um brasileiro "também de grande merecimento" (SOUZA, 2018, p. 66) e de um português.

Na realidade, não se tratava de brindar um jovem talentoso com um périplo de dez anos por centros intelectuais mais avançados à custa do erário, o que seria no mínimo inusitado. Por mais que fugisse à norma, tratava-se de investir no aperfeiçoamento de jovens cientistas visando prepará-los para o serviço da Coroa. O objetivo da missão era claro: "adquirirem por meio de viagens literárias e explorações filosóficas os conhecimentos mais perfeitos da Mineralogia e mais partes da Filosofia e História Natural", segundo um roteiro preciso, incluindo os professores com quem deveriam estudar, definido sob a autoridade do Ministério dos Estrangeiros e da Guerra (SOUZA, 2018, p. 66). O outro brasileiro de "grande merecimento" era Manuel Ferreira da Câmara Bethencourt e Sá, nascido em Minas Gerais numa rica família ligada à exploração de minas de ouro, que ingressou na Universidade de Coimbra no mesmo ano de José Bonifácio, tendo igualmente concluído os cursos de Direito e Filosofia Natural. Em suma, um perfil semelhante ao de José Bonifácio, que posteriormente se ocuparia também da administração de assuntos da Coroa, especialmente em mineralogia, inclusive no Brasil (VARELA, 2006, pp. 223-60). Quanto ao português, tratava-se de Joaquim Pedro Fragoso da Mota de Siqueira, também naturalista formado em Coimbra, que igualmente desempenhou diversos cargos por nomeação régia, foi vice-secretário da Academia de Ciências de Lisboa, e, como resultado de sua participação na missão, "traduziu do francês e do alemão 'livros elementares [...] sobre diferentes ramos da economia rural e tecnologia', que enriqueceu com anotações destinadas a torná-los 'mais inteligíveis e úteis a nossos lavradores'" (FONSECA, 2011).

A comissão chegou em Paris, início da missão, em meados de 1790, onde permaneceu por três anos. Pouco se sabe dos detalhes da estadia de Bonifácio na cidade, salvo os cursos que seguiu e as "memórias" científicas apresentadas, entre as quais uma sobre os diamantes do Brasil que lhe valeu a admissão na Société d'Histoire Naturelle de Paris. Souza cita cuidados na aparência e no vestuário, além de *histoires de cul* que teriam ficado registradas em um caderno de memórias (SOUSA, 2018, p. 67).

No entanto, além do reconhecimento rapidamente conquistado nos meios científicos que frequentou e das aventuras românticas que protagonizou, uma outra personagem estava presente na Paris do início da década de 1790: a Revolução. Ela com certeza não passou indiferente a Bonifácio e seus companheiros de estudos, quanto mais não seja porque seus professores não lhe eram indiferentes. Um deles, o abade René-Just Haüy, quase foi executado por negar-se a jurar fidelidade ao novo regime[18], enquanto Jean-Antoine Chaptal, médico, pioneiro da indústria química e militante girondino, chegou a ser preso em 1793.[19] Também revolucionário era Antoine François Fourcroy, membro da Convenção, onde dirigiu o Comitê de Instrução Pública, e o Comitê de Salvação Pública depois do 9 Termidor.[20] Mesmo o botânico Antoine-Laurent de Jussieu, aristocrata de antiga estirpe, estava longe de ser indiferente (GENEIX, 2022). Isto para ficarmos nestes exemplos.

Se não há registro pessoal de suas impressões e reflexões sobre a Revolução em ato, tampouco, ao que se saiba, dos seus parceiros há registros das dificuldades que encontraram. Em uma carta de Joaquim Pedro Fragoso conservada nos Arquivos Nacionais de Portugal, datada de 1 de dezembro de 1792, quando se preparavam para a segunda etapa da missão, o naturalista

> informa das dificuldades que sente para sair da França devido à conturbada conjuntura política e social e às medidas preventivas adotadas pela antiga Assembleia Legislativa, atualmente denominada de "Convencional". Se não conseguir passaporte, partirá pela diligência de Estrasburgo: porque ainda que corra o risco de ser assassinado, ou pelo menos, ser preso "ele

---

18. Disponível em: http://xray-exhibit.scs.illinois.edu/books/hauy.php. Acesso em: 23 de mar. de 2022.

19. Disponível em: https://www.universalis.fr/encyclopedie/jean-antoine-chaptal. Acesso em: 23 de mar. de 2022.

20. Disponível em: http://www.sabix.org/bulletin/b23/fourcroy.html. Acesso em: 23 de mar. de 2022.

me é menos sensível do que o desagrado de Sua Majestade". Avisará da sua partida.[21]

Experiências como esta, que no ambiente instável da França revolucionária muito provavelmente não foram as únicas, certamente contribuíram para alimentar o verdadeiro horror que Bonifácio manifestou, ao longo de toda a vida, pelas revoluções e pelo que qualificava como tentativas de impor uma nova ordem baseada em ideias metafísicas sem qualquer relação com os fatos e a experiência histórica dos povos.[22] Sobretudo quando podia comparar o que via com a experiência, que conhecia através da literatura política da época, do constitucionalismo inglês.

De Paris a comitiva seguiu para Freiberg, na Saxônia. Devastada pela Guerra dos Sete Anos (1756-1763), a região havia se recuperado graças à exploração de suas reservas minerais, e para isto a fundação da Universidade de Minas e Tecnologia de Freiberg, a Bergakademie, em 1765, tinha sido fundamental. Além de ser a primeira universidade tecnológica do mundo na área de mineração, inovou na articulação entre ensino teórico, pesquisa e formação prática dos seus estudantes. Foi aí que Bonifácio desenvolveu sua formação teórica e prática que o preparou para suas descobertas no campo da mineralogia, realizadas principalmente na Suécia e Noruega[23], e onde os estudos teóricos foram complementados pela prática nas minas da região, o que significava trabalhar como operários mineiros – a este nível desciam as exigências das *Instruções* recebidas de um governo preocupado em formar cientistas "com os pés no chão". A combinação entre teoria e prática seguiu-se pela Áustria, Hungria, Itália, Suécia, Noruega, Dinamarca, além de uma rápida passagem pela Inglaterra, redigindo memórias científicas, algumas das quais traduzidas em vários idiomas, tornando-se sócio de entidades científicas[24],

---

21. Disponível em: http://portal.arquivos.pt/record;jsessionid=CB5DC75DB4E29D43BBF070C4F28C0737?id=oai%3APT%2FUM-ADB%3A1410043&s=6i1mM. Acesso em: 23 de mar. de 2022.

22. "Todo governo em revolução só faz descontentes, e não sabe ser constante em medidas e sistema perde necessariamente o seu crédito e poder. Em qualquer revés as ambições dos partidos tomam um porte hostil." (DOLHNIKOFF, 2000, p. 111.)

23. Uma descrição detalhada das descobertas de José Bonifácio no campo da mineralogia e seu significado para a época encontra-se em Coelho (1877, nota 8).

24. Além da Academia Real de Ciências de Lisboa, José Bonifácio foi sócio das seguintes sociedades científicas: Academia de História Natural de Paris, Sociedade Mineralógica de Iena, Sociedade Lineana de Iena, Academia de Ciências de Berlim, Academia de Ciências de Estocolmo, Academia de Ciências de Turim, Sociedade Geológica de Londres, Sociedade Werneriana de Estocolmo, Sociedade de História Natural de Paris, Sociedade Filomática de Paris, Sociedade de Física e de História Natural de Genebra, Sociedade de Filosofia de Filadélfia e Academia Imperial de Medicina do Rio de Janeiro.

colecionando admiradores[25] e estabelecendo relações com alguns dos mais importantes cientistas e eruditos do tempo.[26]

Retorno a Portugal: engajamento, fidelidade à coroa e o caráter do Estado

O retorno a Portugal ocorreu em fins de 1800. José Bonifácio estava em plena maturidade – 37 anos – e com uma reputação de cientista consolidada nos principais centros europeus.

Por que voltar? A pergunta pode parecer despropositada quando o acontecido, na História, é suficiente para sua aceitação como manifestação positiva de uma sucessão factual empiricamente verificável. As ações humanas, no entanto, resultam de opções motivadas, cujo sentido pode ser apreendido justamente pelas opções descartadas. Ora, certamente não faltariam oportunidades para José Bonifácio seguir uma carreira de cientista em algum dos países visitados, ou mesmo de administrador nas suas áreas de competência sem os transtornos que encontraria em Portugal. Ele chegou mesmo a receber um convite do príncipe da Dinamarca para assumir o cargo de superintendente das minas da Noruega, então província dinamarquesa. Dado o status do convite, as coisas certamente se arranjariam com o governo português, o que significa que seu retorno, assim como dos seus colegas de jornada, especialmente do seu "compatriota" brasileiro, não foi apenas uma imposição de ordem administrativa – houve uma componente de *decisão*. Que, para ser compreendida em toda a sua extensão, deve ser analisada num contexto preciso: no período compreendido entre final do século XVIII e primeiras décadas do século XIX a maioria dos nomes da cultura portuguesa era formada por nascidos no Brasil (COELHO, 1877, pp. 4-5).[27] Este

---

25. Mais tarde, dele diria o engenheiro de minas, professor de metalurgia e, depois, precursor da sociologia empírica Frédéric Le Play, que "[...] *Mr. d'Andrada a fait de telles découvertes que son pays devrait lui dresser des statues qui puissent perpétuer la mémoire immortelle d'un des plus grands savants d'une époque si féconde en grands hommes* [...]". (SOUZA, 2018, p. 72).

26. Numa biografia de Alexander von Humboldt, editada em Leipzig em 1872, lê-se que "Os companheiros de Humboldt em seus estudos eram entre outros, estes que haviam de ser depois os mestres da ciência: Leopoldo von Buch, o dinamarquês Esmark, o português Andrada, o espanhol Del Rio." (COELHO, 1877, p. 8).

27. Coelho cita entre os principais o poeta Pereira Caldas; Antonio de Moraes e Silva, autor do principal dicionário da língua portuguesa do período; Hipólito José da Costa, "o patriarca dos jornalistas de Portugal e do Brasil"; D. José Joaquim da Cunha de Azeredo Coutinho, bispo de Elvas, "na ordem cronológica o primeiro economista português"; Francisco Vilela Barbosa, futuro marquês de Paranaguá, geômetra e professor; Manuel Jacinto Nogueira da Gama, futuro marquês de Baependy, professor (cont.)

não é um fato puramente circunstancial. Ele significa que os brasileiros eram exatamente isto: portugueses nascidos na principal possessão do império, e que nem por isto alimentavam qualquer laivo de sentimentos independentistas. Pelo contrário, sua identidade e seu sentimento de pertença eram voltados à pátria que os formou, a pátria portuguesa. Conceda-se a seu favor que, não tendo se formado no ambiente da Corte, estavam relativamente imunes aos vícios desta, e, via de regra, a decepção que experimentavam ao entrar em contato com esse ambiente, jovens que saíam do acanhado mundo da Colônia em busca das luzes do centro cultural do Império, a Universidade de Coimbra, rapidamente se transformava em espírito crítico, não raro mordaz. Isto, nem de longe, os afastava do mundo português.[28] Antes, alinhava-os aos intentos modernizadores do Império. Constituíam, por assim dizer, a nata do espírito pombalino. Voltar a Portugal, portanto, era um imperativo moral e político.

Uma vez em solo português, as oportunidades de retribuir o investimento que a Coroa fizera em sua formação, de demonstrar sua fidelidade de "vassalo e bom português", não se fizeram esperar. A lista de incumbências, cargos e responsabilidades administrativas que recebeu pelas duas décadas seguintes foi certamente maior do que a de qualquer outro luso-brasileiro – alguns poucos naturais do Reino podem ter lhe igualado, mas dificilmente superado. Não há

(cont.) da Academia da Marinha, tradutor de obras clássicas de hidráulica "e (que) aplicara a química moderna a importantes problemas da vida industrial", além dos naturalistas frei José Mariano da Conceição Velloso, Alexandre Rodrigues Ferreira, João da Silva Feijó, Manuel Ferreira de Araújo Câmara, Mello Franco e Elias da Silveira. A estes, e sem esgotar a lista, poderíamos acrescentar o nome do reitor da Universidade de Coimbra à época da reforma.

28. Um dos nomes citados por Coelho como naturalista é o presumido autor do poema satírico *O Reino da Estupidez*, o médico Francisco de Mello Franco. Nascido em Paracatu, MG, Mello Franco formou-se na Universidade de Coimbra em 1786. Ainda estudante, foi condenado pelo Santo Ofício e expulso da universidade sob a acusação de heresia e dogmatismo, tendo sido autorizado a retomar os estudos após cumprir um ano de prisão. Estabelecendo-se em Lisboa, foi um dos mais importantes médicos portugueses do seu tempo, autor de obras de referência em puericultura e medicina social, além de polemista em temas políticos e filosóficos. Membro da Academia Real de Ciências de Lisboa e de uma Comissão para o Adiantamento da Medicina Nacional, em 1792 fez parte da junta médica que declarou o impedimento de D. Maria I por problemas mentais. Foi nomeado médico da Real Câmara em 1793 e recebeu a comenda de Cavalheiro Fidalgo em 1796. Por fim, em 1799 tornou-se deputado extraordinário na Junta do Protomedicato. Foi dos mais assíduos correspondentes de José Bonifácio. (FREITAS, 2020)

razão para ocuparmo-nos dos detalhes.²⁹ O que interessa é o sentido que dão à sua biografia de homem plenamente identificado com sua condição de súdito do Império, e do sentido de missão com que desempenhou os cargos e responsabilidades recebidas, boa parte, aliás, sem qualquer retribuição financeira.

Esta identidade é explicitada com todas as letras pelo próprio Bonifácio em seu discurso de despedida da Academia Real de Ciências de Lisboa em 1819, pouco antes do seu retorno ao Brasil. Ao anunciar sua partida, declara que "é forçoso deixar o antigo, que me adotou por filho, para ir habitar o novo Portugal, onde nasci. Assim o requer a gratidão, e o ordena a vassalagem" (SILVA, 1820).

"Novo Portugal", "vassalagem", são termos que não deixam a menor dúvida sobre a visão de mundo de quem está falando. Além do que, deixam no ar a ideia de que iria cumprir uma missão, se não por mandato expresso do Soberano, ao menos por sentimento de dever como vassalo – dever certamente partilhado com outros vassalos com as mesmas ideias e propósitos de regeneração do império português nas novas circunstâncias. E acrescenta algo que sublinha seu caráter: "Seria porém ingrato e desumano, se me esquecera ao mesmo tempo do quanto devo a todos os honrados Portugueses [...]". Referindo-se ao período em que viajou pela Europa, explicita claramente o sentido com que encarou a missão:

> Mandado pela Augusta Rainha a Senhora D. Maria I, de imortal memória a viajar a Europa, e aprofundar-me nas Ciências naturais, principalmente nos ramos da Química, Mineralogia, e Montanística [...]. Consolei-me com a esperança de ajuntar novos cabedais de instrução, com que um dia pudesse melhor satisfazer aos vossos fins; e desvaneço-me de que entre as Nações e Sábios da Europa não desonrei jamais o nome de Acadêmico, e de bom Português. (SILVA, 1820)

"Satisfazer aos vossos fins como bom Português" – eis aí, em toda sua inteireza, o vassalo orgulhoso em participar dos desafios do Estado e da Coroa.

---

29. Entre 1800 e 1819 José Bonifácio desempenhou as seguintes funções: Professor da Universidade de Coimbra na Cadeira de Metalurgia, por ele criada; Intendente Geral das Minas e Metais do Reino, com responsabilidades em todas as possessões do Império (seu companheiro da missão de estudos na Europa, Manuel Ferreira da Câmara Bethencourt e Sá, foi seu subordinado quando nomeado para a Intendência das Minas da Província de Minas Gerais); Administrador das Minas de Carvão de Buaros; responsável pela recuperação das fundições de ferro abandonadas de Figueiró dos Vinhos e Avelar; Diretor do Real Laboratório da Casa da Moeda de Lisboa; Superintendente das Sementeiras dos Pinhais dos Areais das Costas Marítimas; Superintendente do Rio Mondego e Obras Públicas de Coimbra; Diretor das obras de Encanamento, dos Serviços Hidráulicos e Provedor de Finta dos Magalhães; Chefe da Polícia do Porto após a expulsão dos franceses.

Desafios que não foram poucos, num período crucial de convulsões e revoluções que abalaram as principais monarquias europeias até os alicerces, e em que o pequeno Reino lutou como pôde para manter-se na cabeça de um imenso império, enfrentando não apenas ameaças e guerras externas como a letargia interna. Letargia que nada tinha a ver com o "caráter português" ou coisa do gênero, mas com a evolução do "caráter" do Estado português, o que remete ao plano das determinações históricas objetivas.

Não queremos com isto dizer que haja um determinismo histórico inelutável, em relação ao qual as ações humanas não passariam de epifenômenos. Os homens fazem sua história, mas nas condições determinadas pela História – este é o lugar comum que, no final das contas, melhor expressa as intrincadas relações entre ação e contexto. Para elevar o intrincado ao plano da complexidade, podemos dizer que o horizonte das ações possíveis, tal como compreendido pelos agentes, é constituído pelos elementos do mundo vivido que moldam sua personalidade social, isto é, seu "modo de ser" no universo comunicacional do seu lugar e sua época – moldam, enfim, um *habitus*.[30]

Para compreendermos a formação desse "caráter" do Estado português e das formas do agir dos seus integrantes, impõe-se a leitura de Faoro. "A Península Ibérica formou, plasmou e constituiu a sociedade sob o império da guerra" (FAORO, 2012, p. 17). Esta frase, que abre sua monumental obra sobre a formação do patronato político brasileiro, pode soar como um truísmo – afinal, não há, na história humana, exemplo de uma sociedade que tenha se formado sem o recurso da guerra. Mas há guerras e guerras! A particularidade, no caso, é que se tratou de uma guerra fundacional: a sociedade portuguesa formou-se no processo mesmo da conquista do território dos mouros. Reunindo elementos até então dispersos através de ações temerárias "cujo êxito geraria um reino e cujo malogro lançaria à miséria um conde"[31] (FAORO, 2012, p. 19), "a Coroa conseguiu formar, desde os primeiros golpes da reconquista, imenso patrimônio rural [...], cuja propriedade se confundia com o domínio da casa real, aplicado o produto nas necessidades coletivas ou pessoais, sob as circunstâncias que distinguiam mal o bem público do bem particular, privativo do príncipe" (FAORO, 2012, p. 18). "Do patrimônio do rei [...] fluíam rendas para sustentar os guerreiros, os delegados monárquicos espalhados no país e o embrião dos servidores ministeriais, aglutinados na corte" (FAORO, 2012, p. 19). Assim, "a singular história portuguesa, sulcada interiormente com a marcha da supremacia do rei, fixou o leito e a moldura das relações políticas, das relações entre o rei e os súditos" (FAORO, 2012, p. 18). "Entre o rei e os súditos não há intermediários: um comanda e todos obedecem. A recalcitrância contra a palavra suprema se chamará traição, rebeldia à vontade que toma as

---

30. As referências principais, por óbvio, são Jürgen Habermas e Pierre Bourdieu.
31. Afonso Henriques, Conde de Portucale, primeiro rei de Portugal em 1112.

deliberações superiores. O chefe da heterogênea hoste combatente não admite aliados e sócios: acima dele, só a Santa Sé, o papa e não o clero; abaixo dele, só há delegados sob suas ordens, súditos e subordinados" (FAORO, 2012, p. 19). Em suma, "guerra, ascendência do rei com a rede de seus agentes cobrindo o país, controlando-o e dirigindo-o, domesticação sem aniquilamento da nobreza – são os traços que imprimem o caráter à sociedade nascente" (FAORO, 2012, p. 23).

A resultante deste processo é o Estado patrimonial, em tudo oposto ao Estado feudal. A supremacia do rei assentada sobre um patrimônio territorial que lhe pertence como propriedade sua é diferente da supremacia resultante de negociações permanentes entre sujeitos cuja moralidade intrínseca impõe limites ao unilateralismo das vontades. Lá, "o rei, quando precisava do serviço militar da nobreza territorial, pagava-a, como se paga a um funcionário" (FAORO, 2012, p. 20), funcionário que estava sempre disponível para o serviço do rei. Aqui,

> o elemento militar [...] caracteriza a situação de uma camada (estamento) vinculada ao soberano por um contrato – um contrato de *status*, calcado na lealdade, sem subordinação incondicional. [...] Politicamente, a camada dominante, associada ao rei por convívio fraternal e de irmandade, dispõe de poderes administrativos e de comando, os quais, para se atrelarem ao rei, dependem de negociações e entendimentos. [...] O serviço ao rei e o serviço aos senhores, por meio do conceito de vassalagem, não constituem uma obrigação ou um dever – forma um apoio livre, suscetível de ser retirado em qualquer tempo. (FAORO, 2012, p. 37)

Privada de autonomia, a nobreza titulada portuguesa acabará por se confundir com os funcionários da corte, até que estes lhes disputem o status, submetidos que estão, todos, à vontade unilateral do rei, que pode tirá-los do anonimato ou condená-los à vala comum.

Este sistema traz em si algo de moderno, no sentido de que a ausência das mediações sociais e políticas garantidoras do status dos agentes no feudalismo permitia, ao menos em tese, a emergência de um certo grau de racionalidade na escolha dos agentes administrativos da Coroa. Sendo privativa do rei, essa escolha podia ser objeto de uma racionalidade técnica, diferentemente da racionalidade orientada pelos valores da honra e do reconhecimento, que motivavam a escolha dos seus auxiliares pelo soberano do Estado feudal. Racionalidade técnica, diga-se, que foi decisiva na fase da expansão ultramarina, quando se instalou uma verdadeira meritocracia na escolha dos responsáveis pelas missões de exploração e conquista de novos territórios. Meritocracia fundada em critérios técnicos aperfeiçoados por uma atividade sistemática de ampliação dos conhecimentos técnicos e científicos de todos os aspectos envolvidos na atividade náutica: engenharia naval, astronomia, cartografia, meteorologia, oceanografia etc., áreas nas quais os portugueses estiveram muito mais avançados do que todas as demais nações europeias da época – outro elemento da modernidade precoce do reino.

Mas o caráter do Estado patrimonial acabaria por sepultar a aura e as virtudes da "ínclita geração" dos filhos do fundador da Dinastia de Avis, que consolidou este Estado, e seus contemporâneos. Tendo o Estado como empresa sua, os sucessores do Mestre de Avis transformaram um reino agrícola em empresa comercial, a ponto de comprometerem a atividade agrícola e criarem barreiras quase intransponíveis para o desenvolvimento de uma economia industrial. Em segundo lugar, o verticalismo absoluto das relações de poder e prestígio social, dependentes da vontade do rei como vértice incontestável, fez com que a ascensão pelo mérito, que, bem ou mal, caracterizara "a nação épica de *Os Lusíadas*" (FAORO, 2012, p. 45), fosse, ao longo de dois séculos, sendo substituída pela arte da intriga e da dissimulação, métodos mais eficazes de participação nas benesses de uma Corte cada vez mais ensimesmada, que já não acompanhava nem compreendia o alcance das transformações que se operavam em seu entorno, mas que detinha o controle dos fios da vida dos seus súditos.

A intriga e a dissimulação tornaram-se modo de conduta aconselhado aos gentis-homens e candidatos a gentis-homens[32], método na administração pública[33] e conduta aconselhada ao rei na condução dos negócios públicos.

Este sistema de corrupção interna da vontade de governo encontrou no príncipe regente e futuro imperador D. João VI sua expressão fiel: um monarca que agia não por decisões, procurando antecipar-se às circunstâncias e traçando um rumo estratégico para seu governo, mas que buscava moldar-se às circunstâncias, buscando nelas algum proveito imediato que lhe permitisse a sobrevida até o momento seguinte, equilibrando-se entre conselheiros que não raro contradiziam-se mutuamente, empenhados em preservar suas posições junto ao trono e afastando, pela intriga, aqueles que, preocupados com a definição de metas estratégicas, pudessem empanar a administração do dia a dia, a que se reduzira a política de Estado. Esse amolecimento das entranhas da Coroa mostrou-se sem disfarces quando da decisão, ou indecisão, ou ambas, de transferência da Corte para o Brasil na iminência da invasão francesa em 1807.

---

32. "[...] vê tudo e olha pouco; vigia porque, como dizem, a quem vela, tudo se lhe revela, mas com os olhos no que procura, dissimula o que vê [...]." No trato com as autoridades, "acomodar a vontade com a sua em um voluntário e forçoso cativeiro". (LOBO, Francisco Rodrigues – *Corte na aldeia*. Lisboa: Sá da Costa, 1951, *apud* FAORO, 2012, p. 100.)

33. "À proporção que as rendas do estado diminuíam com tais descaminhos e dilapidações, as despesas aumentavam cada dia mais, por novas mercês de pensões consideráveis, e novos empregos que se conferiam pela insistência dos pretendentes, em pessoas incapazes de os exercer por mais de uma razão." (4 de junho de 1822.) (RIHGB, 1863, pp. 145-86.)

Ora uma fuga, ora uma retirada estratégica, discutida, tergiversada, negada, aprazada, transferida durante meses, concretizada finalmente na undécima hora, com os soldados franceses já praticamente à vista, numa operação logística impressionantemente planejada em segredo, garantindo o embarque de cerca de 15 mil pessoas num total de 16 embarcações protegidas por 4 navios da esquadra inglesa! Protegidos ou tutelados, conforme a ênfase que se dê à leitura dos fatos em seu contexto.

A transferência da Corte para o Rio de Janeiro poderia ser compreendida como uma jogada estratégica que não apenas contornaria o perigo representado por Napoleão, como reconfiguraria a visão do império, transformado num Império transatlântico. Mas ela apenas revelou o desossamento do Estado. A primeira invasão francesa, quase alcançando os calcanhares da família real em fuga, acabou derrotada pelo que restava de capacidade organizativa do exército português, pelo estado lastimável da tropa invasora e pelo providencial auxílio da Inglaterra. Esta já vislumbrava a possibilidade de transformar Portugal em praça forte para a contenção do expansionismo napoleônico, bem como ambicionava as oportunidades econômicas e políticas de ter o país como uma espécie de protetorado.[34] Assim, vencida a primeira onda invasora, os ingleses puseram mãos à obra para a reorganização do exército português, nomeando para tal um dos seus generais, que se desincumbiu rapidamente da tarefa, tomaram ao seu encargo a manutenção, incluindo o soldo, de 20 mil soldados, além manterem tropas suas no teatro de operações, de tal maneira que na segunda invasão os franceses enfrentaram a ação conjunta de tropas portuguesas e inglesas – sob comando inglês.

A mobilização para enfrentar a segunda invasão, mais bem preparada, com um exército superior e melhor equipado, mobilizou toda a nação[35], incluindo a Universidade de Coimbra, que por ordem do governo formou um "Corpo Militar Acadêmico" composto por professores e estudantes. Nele,

---

34. "Antigo e de longa data era já o desprezo que os ingleses mostravam para com os portugueses, porque reputando-os nulos, debaixo das vistas da política e das coisas da guerra, nenhuma consideração lhes davam a um e outro respeito, sendo somente o tempo, e as suas multiplicadas derrotas quem os desenganou, quanto ao segundo ponto, obrigando-os a se ligarem finalmente conosco: quanto porém aos interesses comerciais, a sua política nunca deixou de explorar utilmente a monarquia portuguesa, que aliás reputavam como um mercado de muita vantagem para as suas compras e vendas, particularmente depois da descobertas das auríferas minas do Brasil." (SORIANO, 1871, pp. 408-9.)

35. "[...] a rapacidade, o despotismo, os morticínios, os incêndios, os roubos e a pilhagem a mais escandalosa, a par de inauditas violências, praticadas durante essa invasão, pungiram no mais íntimo de alma todas as classes da nação portuguesa, levando esta à desesperação, e a sacrificar tudo quanto há de mais caro no mundo, incluindo a sua própria dignidade, para sacudir o tirânico jugo francês, que por fim aniquilou de todo." (SORIANO, 1871, pp. 411-2.)

José Bonifácio assumiu o cargo de major, logo promovido a tenente-coronel, além de assumir a responsabilidade pela execução de fortificações na cidade de Coimbra.

Com a cidade do Porto ocupada pelos franceses, o Corpo Acadêmico teve ação militar efetiva para isolar o invasor na cidade ocupada até sua expulsão definitiva em maio de 1809 (SORIANO, 1871, pp. 217; 223-4; 261).

Os cargos de major e tenente-coronel são citados pelo próprio José Bonifácio em seu pedido de jubilação da cadeira de lente de metalurgia da Universidade de Coimbra, datado de 26 de abril de 1813, onde cita igualmente o cargo de presidente do Conselho de Segurança e Polícia do Exército durante a campanha do Vouga[36], "em cuja comissão lhe foi preciso empregar a maior probidade, prudência e atividade".[37] A "probidade, prudência e atividade" incluiu o sentenciamento de soldados suspeitos de simpatia para com o inimigo à pena capital. A energia empregada no cargo certamente influenciou em sua nomeação para a Intendência de Polícia da cidade do Porto, como interino, tão logo a cidade foi retomada aos franceses. Pouco depois é afastado sob acusação de "ser fogoso, violento, apaixonado" (COELHO, 1877, p. 21). Recompor a vida social quando os laços morais sofreram com a crise de autoridade pela ausência da Corte e as brutalidades da guerra pode ser fatal a uma personalidade voluntariosa, cheia de si, quando tem o poder de polícia ao seu alcance. Métodos policiais, aliás, não foram estranhos às providências tomadas por José Bonifácio para afastar seus adversários no turbulento período do pós-Independência no Brasil.

Este engajamento militar lhe deu justificado orgulho. No entanto, na referência que faz no já citado discurso de despedida na Academia Real de Ciências de Lisboa, tempera o orgulho com a reivindicação da identidade portuguesa. Ainda que eivada pelo empolamento retórico da circunstância, a referência ao fato não deixa de ser interessante:

> Em outubro de 1809 voltei ao vosso grêmio [a Academia, da qual estava afastado desde 1806], depois de acabada a gloriosa campanha do Porto, em que desbaratado fugiu longe de nossas raias o ambicioso Soult [Nicolas Jean--de-Dieu Soult, comandante das tropas francesas durante a segunda invasão], que nada menos projetava, que inundar com suas bárbaras falanges todo o Portugal. Em tão arriscadas circunstâncias mostrei, Senhores, que o estudo

---

36. O Batalhão Acadêmico tomou parte nas batalhas travadas entre os rios Vouga e Douro, em 1809, das quais resultou a retomada da cidade do Porto.

37. Pedido de Jubilação de José Bonifácio. Disponível em: <http://historialuso.an.gov.br/index.php?option=com_content&view=article&id=4041:pedido-de-jubilacao-de--jose-bonifacio&catid=190&Itemid=215>. Acesso em: 13 de ago. de 2022.

das Letras não desponta as armas, nem embotou em mim aquela valentia, que sempre circulara em nossas veias, quer nascêssemos aquém, ou além do Atlântico (SILVA, 1820).

Numa curta frase Bonifácio enlaça portugueses e brasileiros numa mesma corrente sanguínea que a vastidão do Oceano não dissolve.

Uma síntese interpretativa do período luso-europeu: um iluminista na periferia do centro

Este discurso é pronunciado com a idade de 56 anos. Tendo chegado a Coimbra antes de completar vinte anos, o tempo passado fora do Brasil teve duas fases distintas.

A primeira foi a formação propriamente dita, incluindo a Universidade, o ingresso na Academia Real de Ciências de Lisboa e a viagem de aperfeiçoamento pela Europa. Ao todo foram dezessete anos, nos quais o éthos utilitarista do Portugal pós-pombalino, característico da universidade e da Academia, perfeitamente expresso na divisa desta, foi tensionado pelo cosmopolitismo da razão aurido durante o périplo europeu.

A Europa da última década do século XVIII já vivia em plena revolução científica. A ciência de descobrimentos rápidos[38] já comprovara sua eficácia, e com ela a ideia de uma razão universal emancipadora da humanidade já estava operando. Experimentalismo e raciocínio matemático aplicados ao estudo da natureza constituíam o centro da revolução científica, e na medida em que se articularam com a filosofia – tendo em Kant o grande fomentador desta articulação, mostrando que o que a filosofia tinha a dizer da Nova Era era decisivo para lhe dar o rumo – transformaram-se numa nova visão de mundo, num modelo de organização racional da sociedade. Motivados pelo avanço rápido das novas descobertas e das novas questões que elas descortinavam, formavam-se redes de pesquisadores e filósofos, algumas delas conscientemente articuladas a partir

---

38. O termo é de Randall Collins (COLLINS, 2005, p. 534). A ideia é que a revolução científica não significou a aparição da ciência, que, de uma forma ou de outra, existiu em várias civilizações antes da Europa do séc. XVII. A revolução consistiu no desenvolvimento de uma "maquinaria" para se realizar descobertas rapidamente, que colocavam novos problemas que por sua vez seriam resolvidos rapidamente no futuro. No centro dessa "maquinaria" estava a articulação das matemáticas, sobretudo a partir da obra de Descartes, com o desenvolvimento constante de novos instrumentos de observação da realidade empírica, a partir das experiências pioneiras de Galileu Galilei. É em torno dessa "maquinaria" que se formam as redes transnacionais de sábios que, a partir do século XVII, dominarão o espaço intelectual europeu, constituindo um campo autônomo de reflexão que suplantará a escolástica medieval.

de centros organizativos, fossem eles universidades ou sábios bem situados nos círculos econômicos e políticos da época. A primeira consequência dessas redes foi a constituição da autonomia do campo científico[39], o que significou a emergência de novas práticas sociais, seja entre os pesquisadores, seja entre os círculos com os quais eles se relacionavam. Afinal, a ciência, constituída em sua autonomia, não será mais uma atividade ornamental e puramente especulativa, praticada pelos círculos sociais de maior sofisticação das sociedades estamentais e sem compromisso com a vida prática. Ela desenvolver-se-á tendo como compromisso a busca da verdade: "verdade" atestada seja pela repetibilidade dos experimentos científicos, seja pela eficácia das novas descobertas no aperfeiçoamento e no alcance das atividades humanas. Repetibilidade e eficácia prática das novas descobertas serão a garantia da objetividade do conhecimento, desbancando o método especulativo, o que imporá ao campo científico a permanente busca pelo consenso, com consequências para o sistema social como um todo.

Seria pouco crível que José Bonifácio passasse dez anos entre alguns dos principais círculos intelectuais europeus sendo imune a esse ambiente, dele aurindo apenas os conhecimentos que pudessem ser úteis aos propósitos de modernização de um Estado periférico. Sobretudo ele, que certamente já despertara sua sensibilidade para as luzes do século, ainda durante a adolescência, naquela biblioteca do bispo de São Paulo. Tudo leva a crer no contrário. Ele próprio foi um pesquisador, e suas descobertas no campo da mineralogia o colocaram na linha de frente do que se fazia nas instituições onde trabalhou. Os convites e a adesão às inúmeras sociedades científicas dos países por onde passou atestam isto, e suas relações com alguns dos personagens mais eminentes que encontrou, entre os quais Alexander von Humbolt, mais do que ilustrarem o "reconhecimento da Europa ao moço santista", mostraram que ele foi um igual entre iguais. Aliás, seus discursos como Secretário da Academia Real de Ciências em suas sessões anuais mostram um personagem não apenas cultivado, mas culto, isto é, capaz de articular um vasto conhecimento em vários campos do saber como elementos de argumentação prática, justificando seus julgamentos e suas tomadas de posição desde um ponto de vista universal.

Mas, se não reduziu todas as experiências vividas na Europa (uma década!) ao utilitarismo português, é evidente que se comportou como um bom súdito.

A segunda fase, de exercício das mais diversas funções administrativas ligadas à sua formação científica, foi em grande parte um acúmulo de frustrações. Não bastava o espírito de missão e o voluntarismo para vencer a inércia e as disfuncionalidades resultantes do "caráter" do Estado e do governo. Desde a

---

39. "Lo nuevo fue que los intelectuales ya no alababan a sus patrones, sino que forjaban un nuevo terreno político e intelectual." (COLLINS, 2005, p. 527.)

Universidade até as instituições que deveriam dar suporte aos inúmeros cargos de que foi comissionado, nada funcionava, e suas relações de proximidade com personagens da mais alta hierarquia do Reino foram consumidas em reclamações, queixas e pedidos de providência sobre questões muitas vezes ridículas, mesmo assim raramente atendidas. Em relação à Universidade, denunciava explicitamente que o "péssimo estado" em que se encontrava o curso onde lecionava a cadeira de Mineralogia era proposital! (SOUZA, 2018, p. 102; COELHO, 1877, nota 17.) Em suma, um reino de intrigas que inviabilizava o projeto desenvolvimentista do qual se sentia parte.

Assim, embora tivesse optado pela permanência em Portugal quando a Corte se transferiu para o Rio de Janeiro, finda a guerra contra os franceses inicia uma série de petições dirigidas ao Príncipe Regente solicitando permissão para retornar ao Brasil. Petições sucessivamente negadas, até obter autorização em 1819.

O retorno ao Brasil: a missão

Por que a insistência em retornar ao Brasil? Explicações de ordem sentimental não dão resposta. Em primeiro lugar, a dimensão subjetiva das relações pessoais – familiares e outras – eram distintas das que vivemos hoje, seja pela dificuldade física das comunicações à distância (longas viagens implicavam incorporar explicitamente a perspectiva de rompimento definitivo de laços pessoais), seja pela precariedade do suporte material da vida em geral. A Europa da primeira metade do século XVIII recém havia saído do seu *Ancien Régime* biológico (BRAUDEL, 1995), no qual a suscetibilidade a epidemias, incluindo a fome, impedia a expansão da vida e das expectativas que lhe são associadas, seja da vida coletiva (durante largos períodos o crescimento populacional foi nulo, quando não negativo), seja da vida individual (a expectativa média de vida mantinha-se extremamente baixa comparada aos níveis atuais). Mesmo que as camadas privilegiadas da sociedade, numericamente ínfimas relativamente ao total da população, sofressem esses constrangimentos em menor grau, elas compartilhavam, no essencial, do fatalismo com que o comum das pessoas encarava a vida e suas relações. O fato de que Bonifácio permanecera 37 anos fora do Brasil, período no qual perdera o pai, bem como certamente já haviam deixado de existir a maioria dos adultos que acompanharam sua infância e juventude (sua mãe morreria menos de dois anos após seu retorno), mostra que a estruturação de uma vida individual, seu cotidiano e suas relações obedeciam a normas e critérios que não podem ser inteiramente compreendidos a partir de padrões atuais.

Por suposto, as várias petições encaminhadas ao Príncipe Regente argumentavam com questões pessoais, principalmente questões de saúde (o que parecia ser uma norma neste tipo de petição) associadas à fadiga pelo desempenho das inúmeras funções de que era responsável, o que certamente continha boa dose de verdade. Mas José Bonifácio já dera provas suficientes de ser um homem de ação. Nesta perspectiva, o já citado discurso de despedida na Academia Real de Ciências levanta, por trás da retórica de ocasião, o véu das verdadeiras motivações, e vale a pena lê-lo.

Muito temos já feito, Senhores, mas muito nos resta ainda por fazer. Bem desejara eu concorrer de perto para pordes em obra o que na vontade já trareis executado: mas é necessário apartar-me para longe, e descontinuar a instrução que de vós tenho recebido. Consolo-me ao menos com que ainda dos sertões da inculta América forcejarei por ser-vos útil com os frutos tais quais do meu pobre engenho e talento, se em mim o há. [...] Consola-me igualmente a lembrança de que da vossa parte pagareis a obrigação em que está todo o Portugal para com a sua filha emancipada, que precisa de pôr casa, repartindo com ela das vossas luzes, conselhos, e instruções. E que país esse, Senhores, para uma nova civilização e para novo assento das Ciências! Que terra para um grande e vasto Império! Banhadas suas costas em triângulo pelas ondas do Atlântico; com um sem-número de rios caudais, e de ribeiras empoladas, que o retalham em todos os sentidos, não há parte alguma do sertão, que não participe mais ou menos do proveito que o mar lhe pode dar para o trato mercantil, e para o estabelecimento de grandes pescarias. A grande cordilheira que o corta de Norte a Sul, o divide por ambas as vastas fraldas e pendores em dois mundos diferentes, capazes de criar todas as produções da terra inteira. Seu assento central quase no meio do globo, defronte e à porta com a África, que deve senhorear, com a Asia à direita, e com a Europa à esquerda, qual outra região se lhe pode igualar? Riquíssimo nos três reinos da Natureza, com o andar dos tempos nenhum outro país poderá correr parelhas com a nova Lusitânia. Consideremo-la agora pelo lado político, um Reino com Clero abastado, mas sem riqueza inútil, com poucos morgados, com os sós Conventos precisos, e com pouca gente das classes poderosas, que muitas vezes separam seus interesses particulares dos da Nação, e do Estado; de que mercês precisa? [...] a fundação da Monarquia Brasílica fará uma época na História futura do Universo.

A perspectiva que se descortinava era clara: a "filha emancipada" era o Reino do Brasil, equiparado ao de Portugal no Reino Unido de Portugal, Brasil e Algarves. Vasto império que "deve senhorear" a África! Riquíssimo por natureza, e, diferente de Portugal (o acento crítico é evidente!), "com Clero abastado, mas sem riqueza inútil, com poucos morgados, com os sós Conventos precisos, e com pouca gente das classes poderosas, que muitas vezes separam seus interesses particulares dos da Nação, e do Estado".

Em que pese, portanto, o justificado cansaço e as frustrações com a administração pública de Portugal, Bonifácio não *retornou* ao Brasil – tratava-se, isto sim, de aproveitar as circunstâncias favorabilíssimas para construir o novo centro político do Império transatlântico. Situado "quase no meio do globo" e livre dos vícios da Pátria Mãe, a nova Lusitânia poderia cumprir o destino de que a antiga não fora capaz. Este era o projeto.

A perspectiva pecava pelo exagerado otimismo. A situação da ex-Colônia elevada à categoria de Reino estava longe dessa visão idílica. Em primeiro lugar, a situação econômica mudara radicalmente. Não haveria sentido transferir-se a Coroa para o Rio de Janeiro se o vínculo da submissão comercial à Metrópole se mantivesse, Metrópole agora governada por prepostos locais, praticamente desprovida de um governo central capaz de lhe assegurar sequer a continuidade, prestes a ser pilhada por Napoleão e quase reduzida à condição de protetorado inglês. Assim, a primeira providência tomada pelo Príncipe Regente, ainda na escala em Salvador, foi decretar a abertura dos portos brasileiros às "nações amigas", frustrando, num altaneiro e inesperado ato de soberania que logo seria amaciado, as pretensões inglesas de herdar o exclusivismo comercial com a nova sede do Reino. Garantindo o escoamento da produção local, essa abertura garantiu à Coroa suas rendas e seu trem de vida, tanto quanto deu origem a uma nova classe comercial, desvinculada dos interesses de Portugal.

A par das mudanças econômicas, criou-se um Estado condizente com o novo estatuto da ex-Colônia – vale dizer, replicou-se, no Brasil, as estruturas governativas do Estado português, com sua riqueza inútil, seus muitos morgados e com muita gente das classes poderosas confundindo o público com o privado, às quais desde logo se garantiu o sustento "colocando-lhes na boca uma teta do Tesouro" (FAORO, 2012, p. 288).

José Bonifácio não seria desconhecedor do que se passava, pois o arquiteto desse plágio era um dos seus amigos mais próximos, dom Rodrigo de Souza Coutinho, o conde de Linhares, português, nomeado ministro da Guerra e dos Negócios Estrangeiros quando da instalação da Corte no Rio de Janeiro, com ascendência sobre todo o ministério dada sua proximidade com o Regente. Através dele Bonifácio tentara fazer com que seus pedidos de permissão para retornar ao Brasil cheguem a D. João, e é ele que admite seu pouco empenho na causa:

> Apesar do desejo que tive sempre de o ver aqui, e que espero que se verificará brevemente, [...] nunca deixei de lembrar-me da falta que fará ao Real Serviço no Reino, e por isso é que me não viu tão ativo neste ponto. (SOUZA, 2012, p. 105)[40]

---

40. Carta de dom Rodrigo de Souza Coutinho, conde de Linhares, a José Bonifácio, em 26 de abril de 1810, apud SOUZA, 2018, p. 105).

A menção à "falta que fará ao Real Serviço no Reino" não é simples manifestação de polidez, deixando, antes, entrever o engajamento de ambos no mesmo projeto político, o que supunha a troca de informações sobre empreendimentos econômicos, visitas de comissões técnicas da Europa ao Brasil, abertura de minas de ferro, estabelecimento de fundições etc. (SOUZA, 2018, p. 105).

Projeto cujas fragilidades não escapavam aos observadores mais lúcidos. O que poderia efetivamente transformar-se num império transatlântico foi minado na origem pelo caráter do Estado português. Quando da transferência da Corte para o Brasil, Portugal não possuía mais uma burocracia pública capaz

> não só de elevar o Brasil ao grau de prosperidade de que as suas circunstâncias físicas o fazem suscetível, mas em consolidar por meio de místicos interesses políticos e comerciais, a união dos diversos e preciosos membros da monarquia, que a natureza pôs tão distantes uns dos outros, espalhados pelas quatro partes do globo". (RIHGB, 1863, p. 148)

O autor destas linhas, autoexilado em Londres às vésperas da Independência, traça um panorama desanimador do período da permanência da Corte no Brasil.

> Treze anos que sua majestade esteve no Brasil nunca houve ministério que merecesse esse nome. Só no princípio pareceu querer-se formar um ministério completo; mas no pouco tempo que durou, os ministros que o compunham não obravam de concerto: não havia conselhos regulares; não se tratava senão de negócios de rotina, pois de outros nem se queria ouvir falar. Pôs-se portanto de parte até o pensar nos grandes planos que as urgências mais vitais da monarquia exigiam se combinassem com discrição, e se pusessem em prática sem perda de tempo. A este curto ministério, do qual resultaram mais males do que bem à nação, seguiu-se uma série de ministros moribundos que se sucediam uns a outros, encarregados além das suas, das pastas interinas das outras repartições; o que fez que o mesmo manejo dos negócios de rotina, ficou pela maior parte nas mãos dos subalternos, e de certos cortesões consultados no gabinete secreto, que interessados em perpetuar a sua influência, enganavam el-rei, fazendo-o crer que a administração pública não podia ir melhor, que os negócios se faziam muito bem com as pastas interinas, que um ministério unido e regular seria perigoso, pois daria a lei, e ataria as mãos ao soberano. (RIHGB, 1863, p. 147)

"Gabinete secreto", enganos a el-rei e louvor à intriga como método de governo! Mesmo o ambicioso projeto que daria forma ao que, com a transferência da Corte para o Brasil, estava inscrito como possibilidade objetiva e, por que não dizer, exigência das circunstâncias históricas do reino – o projeto do Reino Unido de Portugal, Brasil e Algarves – não foi obra da Coroa nem ideia do Príncipe Regente. A ideia surgiu no Congresso de Viena[41], através do chefe da delegação francesa, que a sugeriu a um dos membros da delegação portuguesa, o conde de Palmela. A preocupação manifesta era incluir a mais rica colônia americana no novo concerto das monarquias europeias subsequente às guerras napoleônicas, elevando-a à categoria de Reino, evitando assim o acontecido com a revolução nas ex-colônias inglesas na América, além de oferecer resistência ao estado de sublevação em que se encontravam as colônias espanholas. A proposta, portanto, surgia no contexto de uma geopolítica global conservadora, desenhada por um dos mais hábeis estrategistas do congresso, Talleyrand, que, apesar de representar o país derrotado, exercia grande influência nos quatro grandes países – Reino Unido, Áustria, Rússia e Prússia – no desenho da nova ordem conservadora da Europa, fundada no conceito da legitimidade das monarquias históricas e na formulação explícita do princípio segundo o qual a ordem internacional deveria ter como base um acordo de interesses entre as grandes potências (PEREIRA, 2016).[42]

Acolhida pela delegação portuguesa, a proposta foi aprovada pelo congresso e só posteriormente comunicada ao Príncipe Regente no Brasil. Juridicamente, a ideia era inovadora: dois reinos unidos por um soberano comum e administrados por poderes executivos locais nomeados pelo rei. No entanto, a adoção da nova fórmula pelo ainda Príncipe Regente D. João em 16 de dezembro de 1815 (ele viria a tornar-se rei em março de 1816, com a morte de sua mãe D. Maria I) deu-se pela metade: a instalação do governo local em Lisboa, que, em princípio, deveria ser ocupado por seu filho D. Pedro, não constou da Carta de Lei instaurando o Reino Unido, o que pareceu ao povo português, tanto o

---

41. O Congresso de Viena realizou-se entre 1814 e 1815, após a derrota de Napoleão por uma coalizão dos exércitos do Reino Unido, Áustria, Prússia e Rússia, e teve como objetivo restaurar a ordem monárquica na Europa sob liderança destas quatro nações. Enquanto o Congresso se realizava, Napoleão fugiu a ilha de Elba, onde havia sido confinado, e retomou o poder na França, sendo definitivamente derrotado na batalha de Waterloo em 1815, sendo desta vez exilado na ilha de Santa Helena, no meio do Atlântico.

42. O princípio de manutenção da paz internacional com base em acordos das grandes potências mantém-se até hoje. Ele substituiu o sistema do Tratado da Westfália, baseado na igualdade formal das monarquias que o constituíram, independente do seu tamanho e poder real, e constitui o núcleo do sistema da ONU, através do Conselho de Segurança. O princípio constituiu, em última análise, não um sistema de promoção da paz internacional, mas de contenção da guerra, vista pragmaticamente como realidade impositiva e incontornável, dentro de limites considerados aceitáveis.

"povo miúdo" quanto a burguesia comercial que se sentia desprotegida face às limitações impostas pela tutela inglesa[43], que o país regredira à situação de colônia de sua antiga colônia, dando combustível à revolução liberal do Porto em 1820 e à crise que se seguiu entre os dois reinos.

Dada a devastação de Portugal em decorrência das invasões francesas[44], não havia dúvidas de que, se chance houvesse de reerguer o Império na dimensão que os novos tempos exigiam, essa chance estava no Brasil. Bonifácio não perdeu tempo.

A rápida trajetória de profeta armado a profeta banido

Munido do Iluminismo pombalino e disposto a trabalhar em prol do Reino Unido de Portugal, Brasil e Algarves com a liberdade que o país novo lhe propiciaria, José Bonifácio desembarcou no Rio de Janeiro em outubro de 1819. Como a perceber que não seria através da Corte que se acercaria do centro dos acontecimentos políticos, não aceitou os cargos que lhe foram oferecidos (auxiliar do ministério e reitor do Instituto Acadêmico, ainda a ser constituído) e transferiu-se para Santos, a vila natal. O mês de abril de 1820 passou-o com seu irmão Martim Francisco em pesquisas mineralógicas na Província de São Paulo e visitando empreendimentos que, aos seus olhos, simbolizavam o futuro do novo Reino, como uma fundição de ferro em Sorocaba (SOUZA, 2018, p. 118).

Enquanto isto, a crise chega ao auge em Portugal, e em 24 de agosto eclode a revolução no Porto. Em Lisboa, os revoltosos depõem a Junta Governativa presidida pelo inglês Beresford e constituem uma Junta Provisória que convoca

---

43. O presidente da Junta de Governo de Lisboa, nomeado pelo Regente D. João por "sugestão" dos ingleses, era o general britânico William Beresford, o mesmo que reorganizara o exército português depois da derrota dos franceses na primeira invasão e comandara a resistência à segunda invasão.

44. Estima-se que de 1807, ano da primeira invasão, ocorrida em novembro de 1814, ano seguinte à derrota da terceira invasão, a população de Portugal tenha diminuído em três quartos, chegando a menos de meio milhão de habitantes. "Beresford fizera soldados todos os que não eram frades, nem desembargadores, nem cônegos e capelães cantores, ou castrados. Não havia cultura, nem indústria, nem gado, nem pesca." (OLIVEIRA LIMA, *História de Portugal, apud* PEREIRA, 2016.) Os ingleses também deram sua contribuição: "talaram e saquearam o país. O que se passara no velho reino, desde a saída da Corte, era para matar de uma vez o espírito da raça, ou para revigorar o sentimento da nacionalidade tão batida de infortúnios. Assim que, em grande parte por esforço seu, se viu o povo português desafogado das tropas do Imperador, passou a ficar sob a tutela dos ingleses" (ROCHA POMBO, *História do Brasil*, v. iv. São Paulo: Melhoramentos, 1961, p. 9, *apud* PEREIRA, 2016).

as Cortes Gerais e Extraordinárias da Nação Portuguesa para elaboração de uma Constituição, exigindo a volta de D. João VI a Portugal.

A partir daí os acontecimentos se precipitam. Em 1º de janeiro de 1821 a Província do Pará se rebela e constitui uma Junta Governativa que se declara favorável a um governo constitucional, o que significava, na prática, um rompimento com a Corte do Rio de Janeiro. Ao Pará seguem-se a Bahia e o Maranhão, e em 12 de março o governador geral da Província de São Paulo declara-se a favor de um governo constitucional, convidando José Bonifácio para a organização de uma Junta Provisória de Governo, convite imediatamente aceito. Imaginar José Bonifácio recebendo o convite plácida e inocentemente instalado em sua casa em Santos seria ignorar a natureza dos homens e dos acontecimentos políticos. Bonifácio indica o próprio governador para presidir a Junta e assume a vice-presidência.[45] O que basta para estar à dianteira dos acontecimentos daí para a frente.

Em 24 de abril D. João VI resolve atender as exigências das Cortes portuguesas e embarca para Portugal, deixando seu filho D. Pedro como Príncipe Regente.

A situação não poderia ser mais tumultuária.

Como já assinalamos, a abertura dos portos e a liberdade de comércio criou uma classe de proprietários que já não vivia como seus antecessores da época fausta da Colônia, que buscavam o enriquecimento rápido para, tão rapidamente quanto possível, voltar à Metrópole, ou gravitavam em torno desta. Agora estavam ligados ao país – o que estava longe, por si só, de significar a adesão a um eventual projeto independentista, mas percebiam a terra como o lugar dos seus negócios. Desta nova realidade surgiam interesses, que por sua vez davam azo a uma vida intelectual que, embora restritíssima, nem por isto era menos ávida em consumir as novas ideias que o liberalismo europeu produzia e em metamorfosear aqueles interesses, fantasiosamente ou não, em suporte para um novo país, autônomo e republicano. As restrições de um Regimento Diamantino, por exemplo, o odioso *Livro da Capa Verde*, eram coisas do passado, mas isto significava apenas que os movimentos de revolta contra a Metrópole já não eram apenas reativos, e sim que exprimiam novos projetos políticos. Aliás, posto que a "Metrópole" estava situada no Rio de Janeiro, as revoltas convertiam-se em sedições anti-imperiais, como a Revolução Pernambucana de 1817, de cunho republicano, na qual um dos irmãos de José Bonifácio, Antônio Carlos, esteve diretamente envolvido.

---

45. A escolha dos integrantes da Junta teria se dado por aclamação popular. Não havendo normas definidas para a eleição, o próprio José Bonifácio teria proposto que a população reunida em frente à sede da Câmara aclamasse os nomes por ele indicados (SOUZA, 2018, p. 130).

Mas esta sociedade que começa a diversificar sua composição também sofre da crise da economia montada durante o período colonial. Paulatinamente, o Brasil passava a ser um fornecedor secundário das *commodities* que movimentavam o mercado mundial do início do século XIX, sofrendo com a concorrência do açúcar das Antilhas e o de beterraba da Europa, além da concorrência do algodão dos EUA. Com o esgotamento da produção aurífera, as exportações brasileiras caem vertiginosamente entre 1750 e 1800, e a situação de crise do setor externo da economia perdurará por boa parte do século XIX, naquilo que Celso Furtado (2003) denominará de "estancamento das exportações".

No entanto, se a crise do setor externo compromete o financiamento da Coroa e das contas públicas, no setor interno a situação é outra. Neste, a economia se move num dinamismo muito maior do que o apreendido pelo conceito de "economia de subsistência", com que a historiografia econômica, em muito dependente dos registros oficiais, normalmente vê as coisas. Longe de ser um setor marginal, o setor interno gera e acumula riquezas, e de um modo que normalmente escapa à vigilância da Coroa e do seu fisco, posto que sem registros formais. Numa população constituída em sua imensa maioria por analfabetos, com limitado acesso à massa monetária concentrada nos negócios de importação e exportação, a economia aí cresce como que reencontrando as virtudes originais do *mercado*, no qual se intercambiam mercadorias, mas também e sobretudo muita conversa. À falta de dinheiro, as trocas baseiam-se na confiança mútua dos agentes, sendo o *fiado* a verdadeira instituição que regula e expande uma tessitura social que vai na contramão da tendência à atomização da sociedade determinada pelo patrimonialismo econômico e político (CALDEIRA, 2017).[46] O *fio do bigode*, valendo mais do que o contrato escrito, mostra a disposição dos agentes em apostar na palavra e na honra como ativos econômicos principais. E, numa sociedade desde sempre desprovida de livros e imprensa escrita, o mascate cumprirá um papel crucial na circulação das novidades e informações, conectando comunidades geograficamente distantes, de outra forma condenadas ao isolamento.

Em suma, o setor interno da economia articula sociedades na sua origem circunscritas local e regionalmente. Aquilo que era o resultado de uma divisão mais ou menos arbitrária do país em províncias, originadas nas antigas Capitanias desenhadas segundo as conveniências da Coroa, começa a adquirir um grau maior de organicidade, até o ponto de se poder falar nos *paulistas*, nos *mineiros*,

---

46. Vale aqui uma referência a Homero. Em sua longa espera pelo esposo Ulisses, Penélope, ao pé do tear, *fia* sua palavra a seus pretendentes. No seu caso, o *fiar* é um estratagema, forma de ir adiando indefinidamente a resposta. Nas *vendas* do interior brasileiro, a *palavra fiada* é empenhada para sua liquidação (realização) num futuro certo e sabido, tecendo-se, assim, os liames de uma sociedade na qual a interdependência dos indivíduos é parte da sua visão de mundo.

nos *baianos*, como entes razoavelmente distintos. O mercado articula, mas não homogeneíza, tampouco oferece, por si só, uma referência comum, na qual as particularidades se reconheçam. Distintos entre si, os diversos polos regionais tendem à dispersão, não se reconhecendo *a priori* na Corte do Rio de Janeiro, distante sob todos os aspectos. Assim é que a revolução liberal em Portugal se transforma no mote para que a maioria das províncias, declarando-se favoráveis a um governo constitucional, voltem-se para Lisboa, num movimento que revela o alto grau de artificialismo da unidade que a Coroa pretende enfeixar sob seu comando.

Este é o clima no qual são eleitos os representantes das províncias brasileiras às Cortes de Lisboa, onde pretenderão participar da elaboração da Constituição de uma Monarquia Constitucional capaz de garantir os direitos de todos os súditos, sem distinção. E será o momento em que José Bonifácio avança seu programa de modernização do Reino Unido, particularmente do Brasil como sua parte constituinte. Um amplo programa reformista, apresentado sob o título de *Lembranças e Apontamentos do Governo Provisório da Província de S. Paulo para os seus Deputados,* que não será sequer discutido nas Cortes, dada a hostilidade dos deputados portugueses contra os brasileiros – hostilidade rancorosa, a reverberar a evidente inferioridade política e econômica da antiga Metrópole em face de sua ex-Colônia, mas também hostilidade de quem quer recuperar a superioridade perdida, reduzindo o novo Reino ao antigo status colonial. Mesmo a chancela do Príncipe Regente, D. Pedro, não mudará o destino do documento e de seus deputados (alguns tiveram que literalmente fugir de Portugal face às ameaças à sua segurança), apesar de mostrar que nele José Bonifácio teria um aliado em seus dias de profeta armado.

As *Lembranças e Apontamentos* valem um resumo. Dirigido ao "Soberano Congresso Nacional" de Lisboa, o documento divide-se em três capítulos: "Negócios da União, Negócios do Reino do Brasil e Negócios da Província de São Paulo". Seu propósito é o de contribuir para

> completar o Augusto projeto da nossa Regeneração Política e recíproca união [...] para que os laços indissolúveis, que hão de prender as diferentes partes da Monarquia em ambos os Hemisférios, sejam eternos como esperamos. (LEMBRANÇAS E APONTAMENTOS, 1820)

O capítulo primeiro afirmava a integridade e indivisibilidade do Reino Unido e a igualdade de direitos políticos e civis; determinava que a sede da Monarquia seria no Brasil ou alternadamente em Portugal e no Brasil; propunha a elaboração de Leis Orgânicas da União, assegurando, entre outras providências, a liberdade de comércio, "que, sem tolher a liberdade de ambos os Reinos, possa conciliar, quanto possível for, seus recíprocos interesses"; a independência e harmonia entre os poderes Legislativo, Executivo e Judiciário; a equidade da representação das distintas partes do reino nas futuras Cortes Gerais e Ordinárias da Nação Portuguesa, ou seja, o futuro Parlamento do Reino Unido.

O capítulo segundo propunha o estabelecimento de um Governo Geral Executivo para o Reino do Brasil, ao qual os governos provinciais fossem subordinados; a adaptação dos códigos Penal e Civil às particularidades da população brasileira; a catequização e civilização dos "índios bravos" e a emancipação gradual dos escravos, convertendo-os "de homens imorais e brutos em Cidadãos ativos e virtuosos, vigiando sobre os Senhores dos mesmos escravos para que estes os tratem como homens e Cristãos, e não como brutos animais"; que, "não podendo haver Governo algum Constitucional que dure sem a maior instrução e moralidade do Povo", propunha a instituição de "escolas de primeiras Letras pelo método de Lancaster" em todas as cidades, vilas e freguesias "consideráveis", com materiais de ensino "de que temos excelentes modelos na língua Alemã e Inglesa", além de colégios em cada Província "em que se ensinem as ciências úteis"; afirma ser de "absoluta necessidade" a criação de "pelo menos uma" universidade; propunha a construção de uma nova capital do Reino no interior do Brasil; a desapropriação de latifúndios ("sesmarias") improdutivos e o favorecimento da colonização "de Europeus pobres, Índios, mulatos e negros forros, a quem se dará de sesmaria pequenas porções de terreno para o cultivarem e se estabelecerem"; define uma política ambiental, obrigando os proprietários a conservarem parte das matas nativas das suas propriedades, além de definir critérios para a conservação e aproveitamento público dos rios e "aguadas"; requer atenção para o fomento à exploração mineral, vista como vetor de colonização e desenvolvimento dos sertões.

O Capítulo terceiro menciona "memórias e notícias" que os Deputados paulistas entregariam às Cortes.

O documento é assinado pelo presidente da Província, por José Bonifácio como vice-presidente e pelo Secretário de Governo. A orientação geral é a de quem percebe o país passando por alto suas contradições e conflitos internos, como se a modernização e o desenvolvimento fossem questões a serem resolvidas administrativamente, pela força das ideias, orientando ações de governo justas e necessárias. Em uma palavra, uma atitude típica do despotismo esclarecido. A visão articulada de conjunto, a cultura científica que embasa algumas proposições (a nova capital deveria ser construída "na latitude pouco mais ou menos de 15 graus" – o que a situaria na altura de Brasília...), a familiaridade com os temas da educação (a referência ao método de Lancaster para a alfabetização inicial; a referência às "ciências úteis", com a identificação das matérias correspondentes, como base para o ensino técnico; a defesa clara de constituição de uma Universidade, com indicação precisa das áreas de conhecimento e de sua organização em "Faculdades"), mostram alguém com larga visão de mundo, não comprometido com o barroquismo que ainda imperava nas mentalidades de grande parte dos personagens da época, sempre dispostos a preencher vazios de conhecimentos com empolamentos retóricos. Mostram, em suma, a presença de José Bonifácio em sua redação.

Por outro lado, a abordagem da questão do escravismo, central para a compreensão de todo o imbróglio do período,[47] mostra uma visão altaneira, pouco atenta à complexidade do problema. A defesa da sua abolição gradual não tem como objetivo a acomodação dos poderosos interesses envolvidos, especialmente no tráfico e comércio de escravos, mas o de evitar o colapso da economia, argumento de ampla aceitação para justificar o escravismo. O gradualismo da abolição deveria responder ao gradualismo das mudanças nas relações de trabalho. Já a proposta de vigilância das relações entre senhores e escravos, coibindo os abusos daqueles, revela o idealismo de quem pensa que o Estado pode tudo, uma vez livre dos escolhos da velha administração colonial. Ora, o escravismo era não só a base da economia, mas a base das relações de poder. A ausência de regras juridicamente formalizadas para a regulação do trabalho escravo – o escravismo nunca foi juridicamente instituído – criava um vazio normativo que impedia o Estado de se imiscuir nesta esfera. A admissão do trabalho escravo numa economia patrimonialista – admissão, e não instituição normatizada pelo Estado – transformava o trabalho, um dos pilares da organização de um espaço público autônomo nas sociedades modernas, em assunto a ser gerido na esfera privada das famílias, centro da engrenagem econômica da economia patrimonial. Em suma, o trabalho, como as demais relações familiares, estava submetido à vontade unilateral do *Pater Familias*, e o vazio normativo decorrente da ausência do Estado neste domínio transformava essa vontade em referente organizativo da esfera pública da sociedade, submetendo-a inteiramente ao seu domínio. Esta foi a base da descentralização do poder que já se desenhava na Colônia, e manteve-se mesmo após a vinda da Família Real. O "aqui mando eu", tonitruante nas fazendas, transferia-se, pelo acordo entre mandões que não hesitavam em falar grosso frente aos representantes do rei, para os Senados das Câmaras municipais.[48]

---

47. Já no Congresso de Viena a delegação portuguesa assumiu posição contrária à das demais nações presentes, especialmente a das grandes potências secundadas pela França, que, em nome dos princípios da Justiça e Humanidade, que o Iluminismo já havia edificado como pilares da nova cultura europeia, defendiam a proibição total da escravidão. Os portugueses conseguiram limitar essa proibição ao hemisfério norte, salvaguardando assim seus interesses na África e a base da economia da sua principal colônia.

48. Gilberto Freyre descreve fartamente "O mandonismo dos proprietários de terras e escravos. Os abusos e violências dos autocratas das casas-grandes. O exagerado (cont.)

Este poder só se dobrou frente ao poder do dinheiro, monopolizado pelos barões do comércio escravista. Estes, em face do valor decrescente das exportações agrícolas e das dificuldades crescentes do tráfico transatlântico, dadas as restrições inglesas, não hesitaram em agrilhoar os barões do açúcar e do algodão (este decadente já há mais tempo) através do encarecimento do preço da escravaria, a ponto de os escravos constituírem o maior montante do capital de uma fazenda, montante financiado a ser pago com o valor da produção, o que levava o proprietário a ficar dividido entre aumentar a exploração dos escravos, correndo o risco de diminuir sua vida útil, o que o levaria a contrair novas dívidas pela reposição das "peças" perdidas, ou a diminuir a chance de perdas moderando a exploração, vale dizer a produção, consequentemente seus rendimentos.[49]

Não obstante essa relação, que, para o proprietário rural, significava perder ou perder, formou-se, entre estes e os capitalistas do comércio escravagista, uma sólida comunidade de interesses que dominou a política, especialmente no Segundo Império, tendo no trabalho escravo o seu enlace indestrutível. Foi principalmente contra esta aliança de interesses que se chocou a política modernizadora de José Bonifácio.

Mas o seu obstáculo inicial foram as Cortes Constitucionais portuguesas. A tendência predominante entre os deputados portugueses era o liberalismo político, configurado numa Monarquia Constitucional. No plano econômico as coisas eram distintas. Num país semidestruído, a população ansiava por um Estado protetor, capaz de restaurar a dignidade nacional perdida e, sobretudo, suas rendas, aí incluídas as rendas coloniais. Assim, para o pequeno reino depauperado pouco ou nada significava a pomposidade do Reino Unido de Portugal, Brasil e Algarves. As iniciativas das Cortes visando recuperar o *status quo ante* se sucederam, até o ponto de ser aprovada a dissolução da unidade do então Reino do Brasil em um agregado de províncias portuguesas subordinadas diretamente a Lisboa.

(cont.) privativismo ou individualismo dos sesmeiros", bem como as deformações de caráter daí decorrentes que acabam por marcar as relações sociais como um todo, como o "gosto de mandar surrar" (FREYRE, 2004, p. 324).

49. "A escravidão, contrato entre a violência e a não resistencia, que tira ao trabalho a sua recompensa, e às ações o arbítrio moral, ataca igualmente as leis da humanidade e as da religião, e os povos que o têm admitido na sua organização têm pago bem caro esta violação do direito natural. Porém a geração que acha o mal estabelecido não fica solidária da culpabilidade daquilo que, pela razão que existe, possui uma força muitas vezes irresistível, e certos abusos radicais têm uma conexão tão estreita com o princípio vital de uma nação, que seria mais fácil acabar com a existência nacional, do que com estes mesmos abusos; [...] É de esperar que a alta dos preços dos negros e menores rendimentos da agricultura tornem os senhores mais solícitos no tratamento da sua escravatura" (TAUNAY, 1839).

Frente a tais agravos, muitos moderados, brasileiros e portugueses vivendo no Brasil acabaram somando-se aos independentistas, sendo José Bonifácio o caso mais emblemático. A sucessão dos acontecimentos que culminaram no 7 de setembro é suficientemente conhecida para que a retomemos aqui, passando pelo "Fico" de 9 de janeiro, que, como resposta afrontosa à exigência das Cortes de retorno do Príncipe Regente a Portugal, mostrou que a Independência já estava inscrita na ordem das coisas. O que não significa, nem de longe, que tenha sido um processo pacífico. A "transação interna da Casa de Bragança", como argumentam alguns autores, foi uma sucessão de iniciativas mais ou menos improvisadas numa realidade tumultuada, em que não faltaram cenários de uma autêntica "revolução do povo", na qual o Príncipe revelou uma *virtù* até então desconhecida, capaz de suprimir um país à Coroa paterna preservando a afeição filial e os laços dinásticos, ao mesmo tempo que garantia um Reino unitário, vencendo as tendências centrífugas de províncias desarticuladas entre si, suscetíveis, muitas delas, à influência do republicanismo que grassava nas colônias espanholas vizinhas.

Republicanismo que, se não estava no coração dos fundadores do Império do Brasil, não encontrava entre eles praticamente nenhum opositor de princípio. Dentre os principais – além do próprio José Bonifácio, Bernardo Pereira de Vasconcelos, Evaristo Ferreira da Veiga e Diogo Antônio Feijó, para ficarmos nos biografados por Otávio Tarquínio de Souza –, todos, independentemente das graves dissensões entre eles, abraçaram a causa monárquica com uma visão puramente instrumental, na convicção de que sem um forte poder aglutinador a unidade do país se esfacelaria. A consigna comum era a de uma "liberdade justa e sensata, debaixo das formas tutelares da Monarquia Constitucional". E, já que havia um príncipe à mão...

O perfil do príncipe encorajava a opção. Tendo experimentado uma relativa liberdade na sua formação intelectual, longe dos protocolos que orientavam a formação de um herdeiro numa monarquia europeia, além de ter sido mantido afastado dos negócios do Reino até as vésperas da partida de seu pai para Portugal, D. Pedro não só demonstraria razoável cultura como não tardaria em manifestar explícita adesão ao liberalismo e ao que então se denominava constitucionalismo.

Forte de sua atuação na Junta de Governo de São Paulo, José Bonifácio é nomeado ministro do Reino e dos Estrangeiros pelo príncipe Regente, o que equivalia à coordenação política do governo. Nada aí é por merecimento. Não esqueçamos que desde antes da vinda ao Brasil Bonifácio mantinha-se em contato, com a constância que os meios da época permitiam, com as personalidades com quem convivera de forma direta ou indireta em seus anos de formação e de servidor do Reino em Portugal. Muitos deles vieram ao Brasil na comitiva da família real, ocupavam cargos importantes na Corte e participaram ativamente das conspirações que levaram à Independência. Dentre estes estava o também naturalista Manoel Ferreira da Câmara de Bethencourt e Sá, seu colega na Academia Real de Ciências de Lisboa e integrante da mesma viagem de estudos à Europa, que, a exemplo de Bonifácio, ocupara vários cargos no reino. Um perfil profissional muito próximo, o que situava, a ambos, na rede de cientistas e administradores formados em Coimbra, partilhando do iluminismo português pós-pombalino. Outros ajustavam-se a este perfil.[50]

Vários desses cientistas iluministas tiveram participação destacada na conjuntura que levou à Independência e no período pós-Independência, alguns participando da Constituinte de 1823. O ponto de convergência das suas opiniões, coerente com sua formação intelectual, era a defesa da modernização do país através da liderança de um governo forte, capaz de utilizar, e impor quando necessário, soluções baseadas no conhecimento racional da realidade – uma posição que, pouco mais de um século mais tarde, seria chamada de desenvolvimentista. Sua formação, fortemente influenciada pelo que então se denominava Filosofia Natural e seu método de indução empírica para o conhecimento da realidade, levava-os a não aceitarem princípios gerais ou verdades absolutas para a explicação da realidade e da organização social. Em política, isto os aproximava do liberalismo: um governo capaz de adaptar-se à realidade dos fatos, à inglesa, em detrimento de um governo baseado em princípios universais da razão, à francesa. A questão da Independência, para eles, não era uma decorrência de qualquer atitude nativista – "nativos" eles o eram do império luso-brasileiro, pouco importando a circunstância de terem nascido no Brasil. Daí seu apego à ideia de uma Monarquia Constitucional, mas uma Monarquia Constitucional adaptada às circunstâncias brasileiras: uma sociedade dita ainda imatura, na qual o soberano, guiado pela prudência e pelo imperativo da unidade nacional, aclamado "Defensor Perpétuo do Brasil", não estivesse a priori subordinado aos interesses conflitivos de uma Assembleia Constituinte – convocada pelo próprio, sublinhe-se! – que poderiam colocar em risco a unidade almejada.

Esse grupo, fluido, acumulando várias frustrações com o sistema português, mas sem nenhuma disposição em romper de forma radical com o *status quo*, pretendendo antes uma transição negociada que lhes assegurasse maiores possibilidades de ação em suas pautas desenvolvimentistas num sistema sem os escolhos da antiga administração mas preservando a centralidade das decisões – posto que, remanescentes do pombalismo, não confiavam na plebe – constituiu a precária base de sustentação do equilíbrio de José Bonifácio entre os extremos da situação: de um lado os constitucionalistas radicais, agrupados

---

50. Na viagem de São Paulo ao Rio de Janeiro para assumir o cargo de ministro, Bonifácio foi acompanhado por João Evangelista de Faria Lobato, seu contemporâneo em Coimbra, "provavelmente enviado em missão política para demonstrar a necessidade da presença no Rio de Janeiro de seu antigo colega" (SOUZA, 2018, p. 155).

em torno da Maçonaria (Gonçalves Ledo, José Clemente Pereira e Januário da Cunha Barbosa), que almejavam a construção da soberania popular através da Assembleia Constituinte, à qual o Príncipe deveria jurar fidelidade antes mesmo de elaborada a Constituição; de outro os velhos regalistas, que formavam maioria entre os membros da Corte, advogando a legitimidade da dinastia dos Bragança como fio condutor da Nação que se estava criando. Entre os extremos, José Bonifácio, já no Ministério, traçou a complexa e em grande parte artificiosa estratégia de afirmação da legitimidade do Príncipe pela aclamação popular, sem a intermediação de quaisquer instituições, tornando-se assim a personificação da soberania – soberania nacional, e não popular.

Esta forma de conceber a legitimidade da monarquia, acolhida pelo voluntarioso e, conforme não tardou em demonstrar, autoritário Príncipe como sendo feita à sua medida, foi que permitiu a este dirigir-se à Constituinte declarando que respeitaria a Constituição "se ela for digna do Brasil e de mim". Afinal, o trono, como poder instituído, a precedia: "o imperador desfruta de um título independente da 'perigosa dependência' dos representantes do povo, título que emana 'da vontade direta do povo', de acordo com o pensamento constitucional de José Bonifácio" (FAORO, 2012, p. 324).

A atitude do Príncipe D. Pedro convertido em Imperador Pedro I logo revelará uma nítida opção de classe, que não será a do ilustrado José Bonifácio. Afrontando a Constituinte, ele afronta principalmente os liberais e suas bases sociais, que, fluidas e débeis que são no "estágio de desenvolvimento" em que se encontrava a sociedade, são formadas por aqueles agentes econômicos e sociais que vivem, expandem seus negócios e acumulam sua riqueza no mercado interno em formação, um mercado sufocado pelo peso da aliança financeira entre o grande comércio de exportações agrícolas e importação de escravos, aliança que sempre contou com a proteção da Coroa e de onde provinham os recursos da Corte. Fiéis à dinâmica econômica dessa sociedade em formação, cujos perfis regionais iam se diferenciando por força da constituição de mercados regionais – uma ossatura econômica que, nascida de baixo para cima, poderia ter a unidade nacional como resultante, mas jamais como princípio constitutivo –, os liberais mais radicais, grupo de Ledo à frente, não hesitavam frente à república e à federação. Em oposição, os barões do agronegócio necessitavam de um poder centralizado que garantisse a unidade e continuidade dos seus negócios. Que, não podendo agir sobre o mercado internacional que lhes punha em condições cada vez mais desvantajosas, lhes garantisse o provimento de seu principal insumo de produção, os escravos, sob crescente ameaça das restrições inglesas. Era isto, em suma, o que encobriam com a retórica da unidade da Nação.

Frente à ameaça do caos dos primeiros e o reacionarismo dos segundos, Bonifácio apostou que a modernização dirigida pelo alto suprimiria as bases do conflito entre os extremos. Contava para isto com o apoio da opinião discreta, tímida, típica de universitários que não disputavam o poder por desprezarem a política, mas permaneciam dispostos a ocuparem os cargos que a via bonifaciana lhes abriria. Não poupou meios para impor sua solução, e a experiência adquirida na Intendência de Polícia do Porto (e mesmo na polícia do exército português durante a luta contra os franceses) certamente contribuiu para dominar os escrúpulos morais no cumprimento da missão a que se impôs, transformando adversários em inimigos, prendendo-os e exilando-os sempre que a ocasião se apresentasse.

No "pensamento constitucional" de José Bonifácio está contido o germe daquilo que o jovem e esperto imperador, inspirando-se na doutrina de Benjamin Constant, transformará em Poder Moderador – poder incondicionado, materializado na figura do próprio imperador, instituído pela Constituição "digna do Brasil e dele" que outorgou ao país após dissolver a Constituinte eleita, prender e exilar boa parte dos constituintes radicais, entre os quais o próprio José Bonifácio, já horrorizado com o mostro que criara. A contraface deste poder é a condenação do povo à minoridade política perpétua e da democracia ao estatuto de regime de validade condicionada. Quimera de um poder nacional incondicionado, mesmo desaparecendo com o fim do império, o Poder Moderador permanecerá ao longo da República como um personagem permanentemente em busca de um autor, metalinguagem da política num cenário apartado da vida real da Nação, a seduzir os atores que escapam à volubilidade das urnas – ora as Forças Armadas, ora o Poder Judiciário – ao domínio do palco.

Assim, nas circunstâncias do pós-Independência, a via pombalina de José Bonifácio abriu passo para a via bonapartista de D. Pedro I. A demissão de José Bonifácio do Ministério encerrou seus dias de profeta armado. O pretenso déspota esclarecido tornou-se déspota *tout court*, que já não respeitava sequer a Constituição redigida sob sua encomenda, implantando, se não de caso pensado ao menos pelo resultado objetivo das suas iniciativas, as bases para a reprodução do velho Estado português, até que, por absoluto espírito de intransigência, incapaz de manter o equilíbrio entre as facções liberais e conservadoras (transformado já o liberalismo, com a prisão e exílio de seus principais expoentes, numa expressão apenas menos exclusivista dos interesses da lavoura), renunciou em favor do filho menino. Este, apenas saído da adolescência, seguiu-lhe os passos com a maestria dos caracteres macios, que adoçam os interesses brutos sob o manto das boas maneiras, do cosmopolitismo ilustrado e do humanismo de superfície. Durante mais de meio século, o filho teve tempo de consolidar o mandonismo oligárquico e afastar a ameaça do povo, até que viu crescer à sua volta o despotismo militar, o mesmo despotismo militar que José Bonifácio pensou exorcizar com a fórmula da monarquia constitucional *ad hoc*. Nesta altura, a sociedade, já divorciada desse Estado que, constituindo-se acima dela, substituía a política pela administração arbitrária, repressora, dos seus conflitos, assistia a tudo embasbacada, para repetir as palavras do cronista da Proclamação da República, enquanto o país foi dormir monárquico e acordou republicano.

O imperativo de garantir a unidade nacional pela via autoritária encontrou na aliança entre a grande lavoura e o comércio de exportação e importação (exportação de *commodities* agrícolas e importação de escravos) seu sustentáculo por excelência, seu sustentáculo de classe. Sua consequência foi sufocar a emergência de uma sociedade que lutava para se constituir como sociedade civil, cortar os laços desta com o poder político institucionalizado. A multiplicação das revoltas regionais, tratadas, todas, como ameaças à integridade nacional, constituiu o trágico cortejo desse sufocamento. A consequência no longo prazo foi perfeitamente apreendida por Euclides da Cunha, pela ótica particular que caracteriza sua abordagem: a geografia do imenso território.

> Era o crescente desequilíbrio entre os homens do sertão e os do litoral. O raio civilizador, refrangia na costa. Deixava na penumbra os planaltos. O maciço de um continente compacto e vasto talhava uma fisionomia dupla à nacionalidade nascente. Ainda quando se fundissem os grupos abeirados ao mar, restariam, ameaçadores, afeitos às mais diversas tradições, distanciando-se do nosso meio e do nosso tempo, aqueles rudes patrícios perdidos no insulamento das chapadas. Ao "cabano", se ajuntariam no correr do tempo o "balaio", no Maranhão, o "chimango", no Ceará, o "cangaceiro", em Pernambuco, nomes diversos de uma diátese social única, que chegaria até hoje, projetando nos deslumbramentos da República a silhuete trágica do "jagunço"... (CUNHA, 1913, p. 321)

Para o grande ensaísta, é "esse antagonismo formidável do deserto e das distâncias, que ainda hoje tanto impede o pleno desenvolvimento da vida nacional" (CUNHA, 1913, p. 322).

Ora, o deserto e as distâncias da geografia física foram vencidos, mas sua substância persiste na geografia política, separando o Estado da Nação, o Estado da Sociedade. Desertos e distâncias que engoliram José Bonifácio, quando a idealização de um país independente e modernizado pelo alto, pelas mãos de um Príncipe que, detentor da legitimidade privativa de "Defensor Perpétuo do Brasil", pudesse desprezar a legitimidade sempre provisória conferida pela sociedade – idealização construída, mais do que ninguém, pelo próprio José Bonifácio –, acabou por alienar os fios de condução do Estado à única classe social capaz de garantir a unidade nacional nas circunstâncias escolhidas: o agrarismo escravista.

Desenredo

Desarmado e banido para a França, o Patriarca volta-se para suas predileções literárias e reflexões avulsas, estas sem método, algumas superficiais, enquanto remói mágoas contra os "traidores"[51], frustrações contra o imperador[52] e registra impressões sobre os brasileiros que oscilam entre o panegírico e o desdém.[53] Nada de balanço crítico sistemático sobre sua trajetória, salvo observações que, mesmo levantando o véu sobre questões graves – "Talvez se pecou em repelir os democratas, e animar os mestiços e corcundas" –, não têm sequência do ponto de vista reflexivo. Em tudo, permanece a convicção de que o objetivo maior – "Queria um soberano que fomentasse a sua [do povo] instrução, o seu comércio e a sua nascente indústria [...]" – justificava os métodos – "[...] seria preciso que o imperador pusesse à testa dos negócios um homem sábio, ativo mas prudente [...] que ganhasse os chefes de fila com honras, empregos, e dinheiro oculto se preciso fosse; [...] que neutralizasse os partidos, e os reduzisse à inércia e fraqueza" – e a convicção de que os erros, no final das contas, foram de avaliação pessoal – "Errei em contar com os que criam homens de bem; achei-os frios, reflexivos só para o seu egoísmo e segurança particular".

Uma observação pessoal sobre o seu caráter – uma antecipação do sentimento pessoano, para dizer o mínimo! – redigida em 1799 num diário que não teve sequência, talvez explique essa parcimônia:

> O pouco-caso que faço das minhas ideias é o motivo por que as guardo; e creio que tarde ou nunca verão a luz. Sou melhor do que pareço; e sei mais do que mostro – donde vem isto? De preguiça? Ou do pouco-caso que faço da maior parte dos homens? Creio que de ambas as coisas. (DOHNIKOFF, 2000, p. 196)

---

51. "Os carneiros, Manuel Jacinto, Gordilho, Berquó, e outros sevandijas iguais exigiram, para sua segurança e aumentos futuros, do imperador que eu fosse deportado; porque diziam eles sem eu e meus irmãos fácil seria dominar o povo, e sossegar os partidos." (DOHNIKOFF, 2000, p. 116.)

52. "Como o Tyrrel de Godwin, orgulho insolência, ódio, falta absoluta de moralidade e de ternura fazem o seu [ilegível]; suas facécias são maledicência, e insultos; os seus brincos, grosseria; o seu amor do sexo, suja lubricidade, suas protestações de franqueza e amizade, hipocrisia, e descarada mentira. Para satisfazer suas furiosas paixões, nada há de sagrado no céu e na terra – veneno e assassinato seriam bagatelas para sua alma negra." (DOHNIKOFF, 2000: 116.)

53. "Os brasileiros são entusiastas do belo ideal, amigos da sua liberdade e mal sofrem perder as regalias que uma vez adquiriram. Obedientes ao justo, inimigos do arbitrário, suportam melhor o roubo que o vilipêndio; ignorantes por falta de instrução, mas cheios de talento por natureza, de imaginação brilhante, e por isso amigos de novidades que prometem perfeição e enobrecimento; generosos, mas com bazófia; capazes de grandes ações, contanto que não exijam atenção aturada e não requeiram trabalho assíduo e monotônico; apaixonados do sexo por clima, vida e educação. Empreendem muito, acabam pouco. Sendo os atenienses da América, se não forem comprimidos e tiranizados pelo despotismo." (DOHNIKOFF, 2000, p. 97.)

Seu retorno ao Brasil em 1829, após seis anos exilado na França, foi um lampejo de retorno à glória. Talvez, como aponta Oliveira Lima, D. Pedro I tenha pensado nele como Regente quando o chamou para ser o tutor dos seus filhos, e talvez José Bonifácio, acedendo ao convite, tenha pensado em aproveitar a oportunidade para completar a obra iniciada em 1821-22, unindo-se novamente ao príncipe de quem fora o principal conselheiro e que depois se tornara seu algoz (LIMA, 2021, p. 34). Mas já era um profeta desarmado. O período regencial que sucedeu à renúncia de D. Pedro I já refletia, por trás das contendas dos seus principais atores, o conforto da aliança de classes que agiu através do imperador na dissolução da Constituinte: a grande lavoura escravocrata e o grande comércio de importação e exportação. Sua nomeação ao cargo de tutor de D. Pedro II, bem como a posse como deputado pela Bahia em 1831 (havia sido eleito como suplente), não foram suficientes para conter o fogo cerrado que lhe dirigiu o implacável Feijó, então ministro da Justiça, convencido de que tramava a volta de Pedro I e de que sua ascendência sobre o imperador menino constituía uma ameaça para a estabilidade da monarquia. Destituído da tutoria, cassado e submetido à prisão domiciliar, foi julgado sob acusação de conspiração e perturbação da ordem pública, sendo absolvido num processo que se arrastou por três anos. Autoexilado em sua residência em Paquetá, transferiu-se para Niterói, onde morreu em 6 de abril de 1838, prestes a completar 75 anos de idade.

O que restou do legado deste homem trágico que tentou o impossível? O Brasil por ele concebido, herdeiro do despotismo esclarecido de Pombal e comprometido com a ideia de um futuro possível, não aconteceu. Restou o despotismo cru, sem adjetivações atenuadoras, que submerge o futuro no lamaçal de mediocridade, violência e boçalidade de mandões que outrora pareciam constituir uma elite.

Aquele projeto de Brasil persiste, todavia, na sempiterna disposição de se consertar as coisas "por cima", buscando soluções que afastem o perene fantasma da "revolução". Quiséramos que o bicentenário dos seus feitos possa trazer alguma luz sobre o preço a pagar pela substituição da experiência popular, confusa e contraditória que seja, pelo pretenso esclarecimento das elites.

Referências

BRAGA, Theophilo. *Dom Francisco de Lemos e a Reforma da Universidade de Coimbra*. Lisboa: Typographia da Academia Real das Sciencias, 1894.

BRAUDEL, Fernand. Civilização material, economia e capitalismo, séculos XV – XVIII. In: Vol.1 – *As Estruturas do Cotidiano:* O Possível e o Impossível, Cap. I, item 1 (*Um* Ancien Régime *biológico termina com o século XVIII*). Tradução de Telma Costa. São Paulo: Martins Fontes, 1995.

CALDEIRA, Jorge. *História da riqueza no Brasil.* Rio de Janeiro: Estação Brasil, 2017.

COELHO, José Maria Latino. *Elogio histórico de José Bonifácio de Andrada e Silva.* Lisboa: Typographia da Academia Real das Sciencias, 1877.
COLLINS, Randall. *Sociología de las filosofías. Una teoria global del cambio intelectual.* Trad. de Joan Quesada. Barcelona: Editorial Hacer, 2005. Caps. 10 e 12.
CUNHA, Euclides da. *Esboço de história política: da Independência à República.* In: CUNHA, Euclides. *À margem da história.* Lisboa: Livraria Chardon, de Lelo & Irmão, 1913.
ESTATUTOS da Universidade de Coimbra (1772). Tomo III. Coimbra: Universidade de Coimbra, 1972.
FAORO, Raymundo. *Os donos do poder*: formação do patronato político brasileiro. 5ª edição. São Paulo: Globo, 2012.
FIGUEIREDO, Fidelino. *O que é a Academia (Real) das Sciencias de Lisboa (1770 – 1915).* Revista de História. Porto: Typ. da Empr. Litter. e Typographica, 1915.
FONSECA, Teresa. O Alentejo no memorialismo ilustrado de finais do Antigo Regime. In: FONSECA, Teresa; FONSECA, Jorge. *O Alentejo entre o Antigo Regime e a Regeneração. Mudanças e Permanências.* Évora: Publicações do Cidehus; Edições Colibri, 201. pp. 17-41. Disponível em: https://books.openedition.org/cidehus/4880#ftn10. Acesso em: 25 mar. 2022.
FREIRE, Gilberto. *Casa Grande & Senzala.* 49ª edição revisada. São Paulo: Global, 2004.
FREITAS, Ricardo Cabral de. Pelas calmarias e ventos contrários. A trajetória de Francisco de Mello Franco no Rio de Janeiro (1817 – 1823). In: *Revista de História, [S. l.],* n. 179, pp. 1-29, 2020. DOI: 10.11606/issn.2316-9141.rh.2020.154075. Disponível em: https://www.revistas.usp.br/revhistoria/article/view/154075. Acesso em: 19 maio 2022.
FURTADO, Celso. *Formação econômica do Brasil.* 32ª ed. São Paulo: Cia. Editora Nacional, 2003.
GENEIX, Gilles. Trajectoires savantes, trajectoires économiques: Antoine-Laurent de Jussieu et Michel Adanson. In: *Annales Historiques De La Révolution Française, Nº407, 1/2022.* pp. 55-78. Disponível em: https://www.revues.armand-colin.com/histoire/annales-historiques-revolution-francaise/annales-historiques-revolution-francaise-no407-12022/trajectoires-savantes--trajectoires-economiques. Acesso em: 22 mar. 2022.
JOHNSON, D. Martinho. Dois bispos do século XVIII (Dom Miguel da Anunciação, Bispo de Coimbra, e Dom Frei Manuel da Ressurreição). *Revista de História*, nº 51, mar. 1975.
LEMBRANÇAS *E Apontamentos do Governo Provizorio da Provincia de S. Paulo para os seus deputados, mandadas publicar por ordem da sua Alteza Real o Príncipe Regente do Brasil, a instancias dos mesmos senhores deputados.* Rio de Janeiro: Typographia Nacional, 1821. Disponível em: https://digital.bbm.usp.br/handle/bbm/4175. Acesso em: 28 mar. 2022.
LIMA, Oliveira. *O império brasileiro:* 1822-1889. São Paulo: Faro Editorial, 2021.
MARTINS, Décio R. Brasileiros na Reforma Pombalina: criando novos caminhos da Ciência entre Portugal e o Brasil. In: *Catálogo da exposição A Universidade*

de Coimbra e o Brasil: Percurso iconobibliográfico. Coimbra: Imprensa da Universidade de Coimbra, mar. 2012. Disponível em: https://www.uc.pt/org/Textos/brasileiros/bras. Acesso em: 17 fev. 2022.

MENDONÇA, Luis Carlos Sampaio de. A família do Patriarca. In: *Revista de História,* Vol. 25, nº 55, [s.l.], 1963.

MONTEIRO, Ofélia P. Sobre uma versão desconhecida de O Reino da Estupidez. In: *Revista de História das Ideias,* vol. 4, Tomo II. Coimbra: Imprensa da Universidade de Coimbra, 1982.

NEGRÃO, Ana Maria. *O método pedagógido dos jesuítas:* o "Ratio Studiorum" (Resenha). Revista Brasileira de Educação, nº 14, [s.l.], ago. 2000.

PEREIRA, Antonio Celso Alves. A diplomacia portuguesa no Congresso de Viena – 1815. In: *Revista IHGB,* vol. 470. Rio de Janeiro: IHGB, jan./mar. 2016, pp. 77-96.

PEREIRA, Magnus R. M.; CASTRO, Gilberto de. *Coleção Ciência & Império.* In: PEREIRA, Magnus Roberto de Mello e SANTOS, Rosângela Maria Ferreira. *João da Silva Feijó. Um homem de ciência no Antigo Regime português.* Curitiba: Editora UFPR, 2012.

POMBAL, Marquês de / Junta de Providência Literária. *Compêndio Histórico da Universidade de Coimbra.* FRANCO, José Eduardo; PEREIRA, Sara Marques. Edição crítica. Porto: Campo das Letras Editores S.A., 2018.

POMBO, Nívia. A cidade, a universidade e o Império: Coimbra e a formação das elites dirigentes (séculos XVII-XVIII). *Intellèctu*s, ano XIV, n. 2, 2015, pp. 1-20.

PRESAS, José. *Memórias secretas de D. Carlota Joaquina.* Tradução revista, anotada e prefaciada por R. Magalhães Júnior. Brasília: Senado Federal, Conselho Editorial, 2013.

PRIVILÉGIO. *História e Memórias da Academia Real de Ciências de Lisboa.* Tomo VI, Parte I. Lisboa: Typographia da Academia Real das Sciencias, 1819. Disponível em: https://books.google.com.br/books?id=iyBMAAAAcAAJ&printsec=frontcover&hl=pt-BR&source=gbs_ge_summary_r&cad=0#v=onepage&q&f=false. Acesso em: 23 fev. 2022.

REINO da Estupidez [Poema], Canto I. Paris: Na Officina de A. Bobée, 1818.

RIHGB. Considerações *sobre o estado de Portugal e do Brasil desde a sahida d'El-Rei de Lisboa em 1807 até o presente.* Tomo XXVI. [s.l.]: [s.n.], 1983. pp. 145-86. Disponível em: https://drive.google.com/file/d/0B_G9pg7CxKSsV3J0bEJKSHdhQ2s/view?resourcekey=0-HmWWhZXSoJo-Q035nAGMuw. Acesso em: 23 de mar. de 2022.

RODRIGUES, Manuel Augusto. A universidade de Coimbra e a elite intelectual brasileira na última fase do período colonial. In: *Revista de História das Ideias,* vol. 12, [s.l]: [s.n.], 1990.

SILVA, José A. T. Rebelo. *A Academia Real de Ciências de Lisboa (1779 – 1834):* ciências e hibridismo numa periferia europeia. Tese de doutoramento. Lisboa: Universidade de Lisboa, 2015.

SILVA, José Bonifácio de Andrada e. *Discurso Historico Recitado na sessão pública de 24 de Junho de 1819 pelo Secretario José Bonifacio de Andrada e Silva.* Historia e Memorias da Academia Real de Sciencias de Lisboa. Tomo VI. Parte II. Lisboa: Typographia da Academia Real das Sciencias, 1820. Disponível em: https://opacplus.bsb-muenchen.de/Vta2/bsb10484944/bsb:10509690;jsessionid=38AFFC7FE04E93DAC97C7E0E24748CC4.touch03?lang=en. Acesso em 15 mar. 2022.

_____. Discurso, contendo a história da Academia Real das Sciencias, desde 25 de junho de 1814 até 24 de junho de 1815 (lido na Assembléa Pública de 24 de junho de 1815). In: *Historia e Memorias da Academia R. das Sciencias de Lisboa*. Tomo IV, parte II. Lisboa: Typographia da Academia Real das Sciencias, 1816. Disponível em: https://books.google.com.br/books?id=piBMAAAAcAAJ&printsec=frontcover&hl=pt-BR&source=gbs_ge_summary_r&cad=0#v=onepage&q&f=false. Acesso em: 20 mar. 2022.

_____. Memória sobre a Pesca das Baleias e Extracção de Seu Azeite; com Algumas Reflexões a respeito das Nossas Pescarias. In: *Memórias da Academia Real das Ciências de Lisboa*. Tomo II. Lisboa: Typographia da Academia Real das Sciencias, 1790, pp. 388-412.

_____. *Projetos para o Brasil*. DOLHNIKOFF, Miriam (org.). São Paulo: Companhia das Letras, 2000.

SILVA SOBRINHO, Costa. Santos que José Bonifácio conheceu. In: *Revista de História*, vol. 25, n. 55. [s.l.]: USP, 1963, pp. 159-61.

SORIANO, Simão José da Luz. *História da Guerra Civil e do estabelecimento do governo parlamentar em Portugal*. Lisboa: Imprensa Nacional, 1871, 2ª Época, Tomo II, pp. 408-9. Disponível em: https://purl.pt/12103/4/hg-7352-v/hg-7352-v_item4/hg-7352-v_PDF/hg-7352-v_PDF_24-C-R0150/hg-7352--v_0000_1-675_t24-C-R0150.pdf. Acesso em: 24 mar. 2022.

SOUZA, Otávio Tarquínio de. *História dos Fundadores do Império do Brasil*. Vol. 1 – José Bonifácio. Brasília: Senado Federal, Conselho Editorial, 2018.

TAUNAY, Carlos Augusto. *Manual do Agricultor Brazileiro*. 2ª ed. Rio de Janeiro: Tipographia Imperial e Constitucional de J. Villeneuve e Comp., 1839. Cap. II, pp. 5 e 11. Disponível em: https://books.google.com.br/books?id=riRYAAAAcAAJ&printsec=frontcover&hl=pt-BR&source=gbs_ge_summary_r&cad=0#v=onepage&q&f=false. Acesso em: 10 abr. 2022.

TOLEDO, Roberto Pompeu de. *A capital da solidão:* uma história de São Paulo das origens a 1900. Rio de Janeiro: Objetiva, 2012.

VARELA, Alex Gonçalves. O processo de formação, especialização e profissionalização (1783-1800) do ilustrado Manuel Ferreira da Câmara. *Revista de História*, nº 155. São Paulo: USP, 2006, pp. 223-60. Disponível em: https://goo.gl/ec3dvc. Acesso em: 23 fev. 2022.

VIEIRA, S. J., Antonio. *Sermão do Santíssimo Sacramento* (1645). In: PÉCORA, Alcir (org.). *Sermões: Padre Antonio Vieira*. Tomo I. São Paulo: Hedra, 2000a, pp. 277-93.

_____. *Sermão de Santo Antonio* (1670). In: PÉCORA, Alcir (org.). *Sermões: Padre Antonio Vieira*. Tomo I. São Paulo: Hedra, 2000b, pp. 71-97.

4

Ao ensejo do bicentenário. Notas sobre a questão da identidade do Brasil

João Carlos Brum Torres

"Rhumbs, essa palavra náutica intrigou algumas pessoas – aquelas, penso eu, para as quais os dicionários não existem. [...] Como a agulha da bússola permanece constante, embora o caminho varie, assim também se pode olhar os caprichos, ou, melhor, as variações sucessivas de nosso pensamento, as oscilações de nossa atenção, os incidentes da vida mental, os desvios de nossa memória, a diversidade de nossos desejos, de nossas emoções e impulsos, como afastamentos definidos em contraste com não sei bem que constância na intenção profunda e essencial do espírito, uma espécie de presença deste último a si mesmo que o opõe a cada um de seus instantes."

PAUL VALÉRY
Oeuvres II, p. 597

1. À guisa de introdução: variações sobre os modos de entender a identidade de nosso país

Em *O Brasil Visto de Fora*, ao abrir o capítulo *Criadores de Mitos: os Arquitetos da Identidade Nacional Brasileira*, Thomas Skidmore escreve: "Há mais de um século intelectuais brasileiros agonizam sobre a identidade nacional de seu país".[1] Na resenha dos esforços que lhe pareceram agônicos estão presentes Silvo Romero, Euclides da Cunha, Oliveira Vianna, Paulo Prado, Gilberto Freyre, Sérgio Buarque de Holanda, Vianna Moog, Darcy Ribeiro e Roberto DaMatta. Desse rol aqui não interessam as nuances das diferentes maneiras em que cada um desses clássicos abordou a questão da identidade de nosso país, mas sim a discriminação que, a partir deles, se torna possível fazer dos vários ângulos, ou, talvez melhor, dos vários planos pelos quais a atenção a essa temática veio a ser histórica e hermeneuticamente distribuída. Tampouco tentarei precisar como em suas respectivas obras esses ângulos ou planos foram ignorados ou privilegiados, combinados ou isolados.

---

1. Ver SKIDMORE, Thomas. *O Brasil Visto de Fora*. São Paulo: Paz e Terra, 1994.

Aqui importa simplesmente sublinhar que nesse grande conjunto de interpretações – ao qual, aliás, conviria agregar várias outras, dentre as quais, notadamente, as de Caio Prado Jr., Nelson Werneck Sodré, Celso Furtado, Raimundo Faoro e José Honório Rodrigues – o esforço para descobrir e fixar a identidade do Brasil ora baseou-se no amálgama heteróclito de um conceito de raça no qual vão misturados elementos de caráter biológico e cultural[2], ora incluíram determinantes ligados aos traços ambientalmente mais marcantes de nosso vasto território, a *terra*, como dizia Euclides, ora insistiram, muitos e muito, em certas características de nossa formação econômica, ora, ainda, trataram de estabelecer a figura que teria nosso país do ponto de vista da psicologia coletiva, em vista de certas disposições básicas, largamente compartilhadas por nosso povo, comportamentos típicos, que caracterizariam, por assim dizer, a alma brasileira.[3]

Mas cabe ainda incluir nesse conjunto de interpretações dominantes três outras perspectivas de análise do que constitui a identidade do Brasil. A primeira focada no levantamento de uma espécie de mosaico de estereótipos, o esforço descritivo para caracterizar certas posições sociais, identificadas como figuras típicas da sociedade brasileira, tal como o fazendeiro, o sertanejo, o caipira, o gaúcho etc. A segunda põe ênfase em certas configurações de caráter sociológico, cultural, político e econômico como a casa grande e a senzala, no caso de Gilberto Freyre, ou, numa outra vertente, o *estamento* de que fala Faoro. A terceira, enfim, a que toma a questão da identidade como concernente à dimensão simbólica da identidade nacional, entendendo-se esta expressão como referindo-se ao domínio das representações icônicas da sociedade considerada.

Nessa última perspectiva, subverte-se e inverte-se o modo direto de sondar a identidade do conjunto social que formamos, pois não se inspeciona diretamente seus componentes, sejam estes a terra, as instituições, os sentimentos populares, as configurações sociológicas ou econômicas, mas se supõe que a identidade coletiva só aparece rebatida, espelhada em um dispositivo representativo. O adjetivo *representativo* entendido aqui no sentido que adquire quando o associamos a algum tipo de imagem, seja esta a de um personagem ou evento fundador, históricos ou míticos, pouco importa; ou ainda, diferentemente, como um nome ou uma descrição definida que sejam larga e compartilhadamente lembrados e reconhecidos pelos membros do coletivo como designadores do que lhes é socialmente comum, caso em que, secundária e vicariamente, costumam ser associados a objetos sônicos, como hinos; sentenciais, como nomes e lemas;

---

2. O tema das três raças: do índio, do europeu branco e dos negros trazidos da África e dos processos de miscigenação biológica e cultural que lhes são associados recebe então grande destaque.

3. Nesse caso a atenção desloca-se para a identificação de traços culturais como a desvalorização do trabalho manual, ou as veleidades de superioridade social reveladas em expressões como *você sabe com quem está falando* etc.

físicos, como bandeiras ou monumentos.[4] Nos estudos brasileiros essa vertente de análise foi notavelmente explorada por José Murilo de Carvalho, em trabalho que, entre outras múltiplas contribuições à compreensão da história de nosso país, o inclui entre os principais intérpretes da história brasileira.[5]

2. A identidade histórica como intriga

Ora, em vista do amplo reconhecimento e da inequívoca importância desses grandes estudos, toca-me explicitar a razão pela qual, embora haurindo muito de suas lições, não me vou deter na resenha minuciosa de suas contribuições. É que, a despeito da fecundidade heurística e das aquisições definitivas que esses diferentes estudos trouxeram para nossa autocompreensão, não creio que o rol dos modos em que a questão da identidade nacional do Brasil pode ser colocada esteja fechado. É que há uma maneira de abordá-la cuja orientação principal não é elaborar uma descrição de elementos que a constituam, nem prestar atenção aos dispositivos simbólicos criados para marcá-la, mas sim traçar, por assim dizer, de dentro, o modo como no plano das decisões políticas no sentido mais amplo do termo foi sendo traçada a história do país e, nesse sentido, um modo de sondar, não simplesmente a identidade que nos constitui, mas a que *constituímos* no evolver de nossa história.

Convém, no entanto, ser mais específico na apresentação do que seja essa outra maneira de colocar a questão da identidade de conjuntos sociais, inclusive e notadamente a de países. Um modo útil de introduzi-la começa bem longe, parte da lição de Hobbes segundo a qual "é a *unidade* do representante, e não a unidade do representado, que faz que a pessoa seja *uma*", sendo essa a "única maneira como é possível entender a *unidade* de uma multidão".[6] Neste passo central de sua teoria, por representante Hobbes não está a entender símbolos, como um totem, uma bandeira, uma coroa, nem mesmo um conteúdo mental, no sentido de um conjunto de sentimentos compartilhados de pertencimento a uma grei, mas como o complexo de instituições e agências que constituem o *poder* político.

Pois bem, colocado este ponto de partida, não é difícil perceber que a identidade de um conjunto social[7] adquire existência efetiva, propriamente

---

4. Segundo essa maneira de ver, a identidade de um conjunto social é expressa pelo que a representa no sentido imagético e icônico, ou subjetivamente, como um conjunto de crenças e sentimentos, mas não como algo formado e determinado pelo próprio representando, não pelo próprio conjunto social que é, assim, figurativamente constituído. É claro que, pensada assim, a identidade é uma propriedade de segunda ordem, cujo estatuto ontológico é o de uma espécie de conteúdo mental pluridistribuído e coletivamente assumido, o que teóricos e historiadores costumam designar como o imaginário coletivo.

5. Ver Carvalho, 1990, capítulo 5. Cf. Lourenço, 2012. Cf. Nora, 1997.

6. Ver Hobbes, 1974, p. 102.

7. Talcott Parsons oferece uma definição mais estrita e abrangente de *sociedade* ao afirmar: "Definimos a sociedade como o tipo de sistema social caracterizado pelo nível (cont.)

não na estrutura econômico-social, nem nas instituições em si mesmas, nem no conjunto de crenças que o animam e que lhe compõem a figura ideológica, mas na *intriga*[8] constituída pelas escolhas e ações efetivamente praticadas nesse lugar de subjetivização da vida social que constitui o domínio do *político*, no significado em que este termo de origem schmittiana veio a assumir na filosofia política francesa, notadamente a partir das reflexões de Claude Lefort. Neste caso, a identidade coletiva é entendida como construída na dinâmica de nível primário que, rente à vida social efetiva, vai se formando pelo desdobramento articulado das necessidades e demandas originadas na ordem privada e das respostas, encaminhamentos e iniciativas que lhes dá o poder público, o Estado, o qual, convém desde logo sublinhar, *nominalmente* está sempre comprometido com a defesa do interesse público, compromisso formal que, presuntivamente, dá a justificativa última para as decisões político-institucionais e para as políticas públicas em geral.

O pressuposto desta maneira de considerar a questão da identidade das sociedades politicamente organizadas é que há uma reflexividade primária dos conjuntos sociais no sentido de que estes se formam e adquirem sua identidade quando e na medida em que há um sujeito capaz de falar e agir em nome dessa comunidade, essa capacidade sendo tácita ou explicitamente, ativa ou inercialmente, espontânea ou coercitivamente reconhecida. Como aludido acima, a expressão teoricamente mais elaborada do que, por minha conta e risco, estou chamando aqui de *reflexividade primária* deve-se principalmente a Claude Lefort e depois a Marcel Gauchet, que introduziram na teoria social a tese de que, além (i) da dimensão real das relações políticas e sociais, e (ii) do imaginário social em que se expressam crenças e sentimentos compartilhados, há que reconhecer a existência de uma terceira dimensão, a que se pode dar o nome de (iii) *o simbólico* do social.

Para o que aqui importa, o ponto mais importante dessa teorização é que, uma vez admitido que a vida social é constituída pela pluralidade de indivíduos e grupos distintos capazes de pensar e agir por conta própria (diferentemente

---

(cont.) mais elevado de autossuficiência com relação ao seu ambiente, onde se incluem outros sistemas sociais." Em seguida esclarece o que entende por *autossuficiência*: "a autossuficiência, com relação aos ambientes, significa a estabilidade de relações e intercâmbio e capacidade para controlar estes últimos em benefício do funcionamento societário". Adiante, especificando sua análise acrescenta: "[...] Uma sociedade só pode ser autossuficiente na medida em que de modo geral seja capaz de 'contar' com as realizações de seus participantes como contribuições adequadas para o funcionamento societário". Cf. Parsons, 1974, pp. 19-20.

8. Paul Ricoeur apresentou e analisou conceito de *intriga* como conceito central dos relatos, notadamente dos relatos historiográficos, especialmente no primeiro tomo de *Temps et récit* (cf. Ricoeur, 1983). Ao abrir suas eruditas análises da questão, Ricoeur escreve: "Com o relato, a inovação semântica consiste na invenção de uma intriga que, ela também, é uma obra de síntese: graças à intriga, objetivos, causas, acasos são reunidos sob uma unidade temporal de uma ação temporal e completa". Op. cit, pp, 9-10.

dos indivíduos das sociedades de insetos, formigas, cupins, abelhas, que Aristóteles e Hobbes chamaram de animais políticos), enquanto entidade unificada, a sociedade só pode constituir-se representativamente. O "só" devendo de ser entendido no sentido mais forte possível, como o lugar em que a fala e o agir em nome de um conjunto social por um chefe, um líder revolucionário vitorioso, um rei, um imperador, um secretário-geral, um partido único, um parlamento, uma estrutura institucional-constitucional, enfim, criam simbolicamente, mas simbolicamente não no sentido das representações imagéticas, icônicas, mencionadas acima, mas simbolicamente em sentido aproximado ao que Lacan deu ao termo ao repensar notadamente a segunda das tópicas de Freud – como uma condição constitutivamente necessária para que se possa considerar uma série de indivíduos e grupos sociais como constituindo uma entidade social dotada de identidade.[9] Dessa identidade protética que é a única possível para coletivos constituídos por indivíduos capazes de dizer "eu".

Convém desde logo deixar claro que reconhecer o domínio do político e da política como a dimensão do espaço social no qual, mediante as falas e ações em nome da comunidade pelo representante, a identidade coletiva vem por assim dizer a si, não significa que o *conteúdo* da identidade representada se reduza, ou seja idêntico, à fala e à ação de quem estiver a representá-la. Como dito acima, a composição e o teor da identidade social são formados pelo que sucede e resulta das interações dos membros da sociedade. Isso implica que o conceito de 'identidade social' é, não duplicado, mas por assim dizer *dobrado*, no sentido de que tal conceito é conceito da constitutiva e *contínua* articulação da fala e da ação em nome do representado *e* da ação múltipla e desmultiplicada,

---

9. Em meu texto de 1976 ("Por que filósofo?", In: Estudos CEBRAP 15), comentei esse ponto, entre outras observações, escrevendo o seguinte: "Clatude Lefort – a quem se deve um ensaio recente de explicitação sistemática desta questão [Esboço de uma gênese da ideologia nas sociedades modernas. Estudos Cebrap, nº 10] – mostrou como a vicariedade recíproca de ideologia burguesa, totalitarismo e o que denomina 'ideologia invisível', no princípio de substituibilidade que permite reconhecer como que um mesmo veio em cada uma destas formações, revela-se um problema da ideologia que excede os constrangimentos empíricos impostos pelo exercício da dominação e pelo que se poderia chamar, paradoxalmente, o pudor necessário do cinismo político. [...] O que lhe interessa é como, nos três casos, a produção ideológica ao mesmo tempo (ou se deveria dizer 'antes'?) em que procura ocultar a discriminação a *decide*, de modo que seu momento dissimulativo não pode deixar de pretender *cobrir* este inconfessável ato inaugural de divisão do universo social. A simulação de uma unidade social imaculada – a cada vez diferente, não obstante – sendo o recurso para isto utilizado. O que significa dizer que o discurso, sendo, pelo menos, cofundador das grandes divisões sociais, tem que ocultar, antes de mais nada, a si mesmo, a dimensão simbólica que o faz instituinte relativamente à articulação do social". Em João Carlos Brum Torres, *Transcendentalismo e dialética*. A passagem está nas pp. 272-3. Confira também Lefort e Gauchet (1971) e também Lefort (1981 e 1986) etc.

serializada[10] ou organizada, dos agentes que integram e compõem este último, o conjunto social de cuja vida e dinâmica o representante é representante.[11]

Se agora, a partir dessa apresentação esquemática das referências teóricas que, pelo menos em parte, dão sustentação à ideia de que, no sentido mais próprio, a identidade de um ente coletivo como um país é determinada pela intriga, pelo desdobramento da novela que tem nos diferentes períodos históricos seus capítulos, nos perguntarmos que visão da identidade brasileira é possível descortinar, o primeiro registro a fazer é que o Brasil – o Brasil como sociedade politicamente organizada e provida de identidade institucional própria – só existe a partir de 1822. Por certo, essa afirmação pode parecer implausível e inaceitável, pois usualmente nosso registro historiográfico começa com o descobrimento, vale dizer com o desembarque de Pedro Alvares Cabral na costa atlântica da massa continental então em processo de descoberta pelos europeus. No entanto, é evidente que em 1500 o Brasil não existia e que, portanto, não poderia ser descoberto. Expressar-se desse modo sendo um desses anacronismos que, em alguns casos, a historiografia se permite ao retroativamente designar, no caso que estamos a considerar, o desembarque cabralino como o encontro de uma parte da crosta terrestre que só viria a ser o território do Brasil 322 anos depois.

É verdade que 322 anos de vida colonial em sentido amplo podem reforçar a ideia de que a tese de que o Brasil não existia antes da Independência é um disparate, pois falava-se do Brasil como nome próprio de um território parcialmente coincidente com o que temos hoje muito antes da Independência e que foi lentamente povoado e organizado como uma colônia de Portugal desde 1500.

Também se pode argumentar que nem todos os países têm esta espécie de certidão de nascimento que são as declarações de independência, típicas dos de passado colonial, como exemplarmente é o caso dos Estados Unidos, do Brasil e de tantos outros. Pois é verdade que em países mais antigos, como França, Inglaterra e Portugal, para nos restringirmos à Europa Ocidental, o processo de formação e consolidação da identidade nacional é construído em muitos passos, muitas vezes compreendendo graves descontinuidades e cuja datação formal e inequívoca é sempre difícil. Seja como for, no caso de Portugal, costuma-se considerar que após a batalha de Ourique, em 25 de julho de 1139, fundou-se o reino de Portugal, tendo Afonso Henriques sido seu primeiro rei.[12]

---

10. Como saberão os leitores de Sartre, série e comportamentos serializados é o conceito introduzido na Crítica da Razão Dialética para designar comportamentos articulados de maneira não concertada, por oposição ao que é próprio de grupos.

11. Um bom esclarecimento deste ponto em relação à história brasileira encontra-se na seguinte análise do papel do Imperador no segundo reinado feita por Joaquim Nabuco, que será comentada adiante. Cf. NABUCO (1949, pp. 108-9) em "Um estadista do Império".

12. Ver Ramos, Rui (org.); Sousa. Bernardo Vasconcelos de; Monteiro, Nuno Gonçalves (2009, p. 31).

No caso da França costuma-se ter a consolidação de Clovis como rei dos francos em 486, depois da batalha de Soissons, como constituindo esse momento inaugural.[13] No caso da Inglaterra o reconhecimento do ponto em que na ilha foi estabelecido um reino unificado é mais complexo e, embora se considere que Æthelstan em 927 o fez, o mais usual é tomar a conquista normanda e a coroação de Guilherme o Conquistador na Abadia de Westminster em 25 de dezembro de 1066 como o momento em que constituiu-se o reino da Inglaterra como uma entidade politicamente unificada.[14]

Evidentemente, há algum artificialismo neste esforço de determinação precisa dos momentos constituintes de países de história muito longa, mas ele é útil não só para nos fazer lembrar que sociedades *politicamente* organizadas são *artefatos institucionais* e que, em o sendo, terão que ter sido formadas em algum ponto do tempo, mas também para nos fazer ver que esses momentos fundadores são sempre antecedidos por um conjunto de elementos e fatores que os tornam possíveis.

A analogia com as vidas humanas também pode ser útil para esclarecimento do ponto. É que, muito embora cada um de nós nasça em um certo dia e em algum ponto geográfico, de pai e mãe determinados, com traços anatômicos e mentais singulares e basicamente definidos em sociedade e época nos quais uma língua é então predominantemente falada, em um estrato social específico, tais elementos contextuais, a despeito de que constituam o conjunto inicial de dotações que antecederão e estabelecerão limites para o que poderemos vir a ser, não são o que propriamente nos constitui a biografia, cujo estabelecimento depende do que viermos a fazer do que fizeram de nós, para outra vez empregar uma fórmula sartriana. O que é também dizer que a identidade de uma pessoa, pessoa física ou jurídica, embora não se faça no vácuo e emerja em um terreno viscoso[15], é irredutível a esses condicionantes prévios.

Seja como for, no presente contexto o que importa dessas considerações bem abstratas é que neste ensaio de aproximação da identidade do Brasil como

---

13. Ver Fr. Olivier-Martin (1992, p. 8).

14. Stubbs, por exemplo, comenta: "Sob um aspecto, a conquista normanda deteve o desenvolvimento natural do feudalismo, em outro, pode-se dizer que ela introduziu o sistema feudal. [...] O Conquistador viu os males desta estrutura de governo na França e, desde o início de seu reinado, tentou governar como um soberano nacional, não como um senhor feudal". Cf. Stubbs (1921, p. 14). (reprint por Fred. B Rohtman & Co, Littleton, Colorado 1985.)

15. Creio que o sentido do adjetivo "viscoso" seja claro no presente contexto, mas, por via das dúvidas, esclareço no sentido de que por ele aludo a que, não se fazendo no vácuo, a criação de um ente politicamente novo tem presas a si, expressa ou implicitamente, determinações que são próprias da situação a partir da qual a criação se faz. Ilustra bem o ponto a declaração de um governador gaúcho que falando tão sincera e propriamente de si, disse: "*Saí da colônia, mas a colônia não saiu de mim*". Há um sentido em que isso é válido ainda hoje para todos os brasileiros.

país, a atenção não estará dirigida aos três séculos de vida colonial, mas ao que o Estado e sociedade brasileira vieram a fazer a partir e posteriormente à Independência, com base, por certo, na presença inercial, decrescente mas constante, desse passado no desdobramento do que, desde então, tem sido a história do Brasil.

É a um esboço não só muito esquemático, mas parcial e meramente exemplificativo, do que programaticamente deveria ser abordado nos termos dessa linha de análise e reconstituição histórica que o restante deste texto será dedicado.

3. O começo, a Independência

No dia 3 de maio de 1823, D. Pedro I, em discurso pronunciado por ocasião da abertura dos trabalhos da Assembleia constituinte de 1823, declarava:

> Afinal, uma Constituição que pondo barreiras inacessíveis ao despotismo, quer real, quer aristocrático, quer democrático, afugente a anarquia e plante a árvore daquela liberdade a cuja sombra deve crescer a união, tranquilidade e independência deste Império, que será o assombro do mundo novo e velho.[16]

Poucas vezes um representante maior do povo brasileiro ousou manifestar de modo tão convicto, direto e forte a crença de que a marcha da história reservava ao Brasil uma posição de destaque no concerto das nações. Por certo, a empolgação do vaticínio de que viríamos a ser *"o assombro do mundo novo e velho"* não refletia tão só o ousado impulso do 7 de setembro de 1822, a decisão de instituir e, nesse sentido, de criar um país, cujo território desde o Tratado de Madri (1750) possuía dimensões continentais, mas promanava também da comparação, ainda que inexplícita, com Portugal, cuja limitação territorial, fragilidade econômica e demográfica, bem como dependência da exploração colonial do Brasil, tornara-se ainda mais evidente depois da abertura dos portos e consequente fim do monopólio português no comércio internacional do Brasil colônia.[17]

---

16. Ver Vasconcelos e Carvalho (2019, p. 38).

17. Manifestamente, é o que se vê com clareza na mesma fala citada na nota anterior: "É hoje o dia maior que o Brasil tem tido; dia em que ele, pela primeira vez, começa a mostrar ao mundo que é Império e Império livre. Quão grande é o meu prazer vendo juntos representantes de quase todas as províncias fazerem conhecer umas às outras seus interesses, e sobre eles basearem uma justa e liberal Constituição que as reja. Deveríamos já ter gozado de uma representação nacional; mas a nação, não conhecendo há mais tempo seus verdadeiros interesses, ou conhecendo-os, e não os podendo patentear, visto a força e predomínio do partido português que, sabendo mui bem a que ponto de fraqueza, pequenez e pobreza Portugal já estava reduzido, e ao maior grau que podia chegar de decadência, nunca quis consentir (sem embargo de proclamar liberdade, temendo a separação) que os povos do Brasil gozassem de uma representação igual àquela que eles então tinham. Enganaram-se nos seus planos conquistadores, e deste engano nos (cont.)

O que presentemente mais importa, porém, é menos os condicionantes da frase do Imperador do que essa declaração de que o Brasil haveria de ser *o assombro do mundo novo e velho*. Essa mesma confiança não se repetiria em suas falas posteriores, nem nas de D. Pedro II, pelo menos não se nos ativermos à longa e monótona série das *Falas do Trono*, nas quais o reconhecimento das riquezas naturais do Brasil vem sempre associado ao que é preciso e difícil fazer para bem aproveitá-las.

No entanto, a pertinácia na construção institucional do país, calcada inauguralmente na replicação cega das instituições portuguesas, mas daí em diante constantemente focada na preservação da unidade territorial, na contenção de veleidades autonomistas de províncias e regiões, na criação, regulamentação e reforma dos poderes legislativo e judiciário, na organização dos procedimentos eleitorais, especialmente nos níveis municipal e estadual, bem como a ênfase nunca diminuída nas boas relações do Brasil com os países líderes e com nossos vizinhos são todos elementos cuja constância, invariavelmente secundada pelas manifestações e aprovações da Assembleia Geral do Império, atestam e nos permitem afirmar que seus 66 anos de existência foram dedicados à criação, preservação e expressão do país como "uma associação política de todos os brasileiros", cujo governo era "monárquico, hereditário, constitucional e representativo" como proclamado pela Carta Constitucional de 25 de março de 1824.

De 1822 a 1889 o êxito nesse trabalho de construção de uma entidade política dotada de um território de dimensões continentais, organizada como um país independente, capaz de criar as instituições necessárias à constituição e preservação da unidade política não foi poupado de desafios e dificuldades, pois as instituições políticas não se erguem no vácuo, mas estão inextricavelmente ligadas e condicionadas pelas necessidades, interesses e expectativas das sociedades que estejam a se organizar política e juridicamente. Nesse sentido, pode-se dizer que se não há o Brasil-País antes da Independência, *sociedade brasileira havia*, cabendo neste caso inverter a frase do senador Vergueiro e dizer "*havermos antecipado a nossa organização social à política*".[18]

Com efeito, nos 321 anos da história colonial, ou, se quiser ser mais preciso, foi ao longo dos 287 anos que separam a decisão de D. João III de dar início efetivo à colonização da terra recém-descoberta mediante a divisão

---

(cont.) provém toda a nossa fortuna". Id., p. 19. A debilidade financeira de Portugal na ocasião é conhecida e reconhecida por todos, para testemunho do que baste aqui um registro português atual: "Sem o exclusivo do Brasil, o valor do comércio externo português diminuiu 75$ entre 1800 e 1831. As receitas do Estado, dependentes desse comércio, caíram 38% entre 1800 e 1827. José Xavier Mourinho da Silveira comentaria: 'na História inteira, não há exemplo algum de uma semelhante descida.'" In: Ramos; Sousa; Monteiro (2009, p. 31).

18. José Murilo de Carvalho registra a frase, retirando-a do *Ensaio sobre o Direito Administrativo*, do Visconde do Uruguai. Ver Carvalho, 2013, p. 181, nota 5.

do território em capitanias a serem povoadas e exploradas, e, em seguida, a nomeação de Tomé de Sousa como Governador Geral em 1549, que iniciou a formação da sociedade que, somente depois da Independência, pôde vir a ser autenticamente chamada, se assim posso dizer, de Brasil.

Importa repetir, portanto, que se é verdade que é a fala e a ação em nome da comunidade – ou do conjunto social, se se quiser falar mais abstratamente – o que delimita e circunscreve o universo da vida em comum e o que, neste sentido, lhe fixa a identidade, não é menos verdade que o *conteúdo* da identidade representada seja idêntico à fala e à ação do representante. Além disso, convém reiterar que, propriamente, a identidade sociopolítica de um país não é fixada em dois estratos superpostos, mas, como aludido acima, se faz pela *dobra*[19], no sentido de que tal identidade resulta da constitutiva e dinâmica articulação da fala e das ações praticadas pelo representante em nome do representado *e* também da ação múltipla, recíproca e temporalmente estendida dos indivíduos e coletivos distribuídos e agregados por diferentes formas de estratificação de posições na sociedade e dos seus respectivos e diversos interesses. Conjuntos esses que compõem a sociedade cuja vida e dinâmica o representante reflete, expressa e, ao mesmo tempo, conforma. No caso de um país colonial que se emancipa, é transparente o emaranhamento dos condicionantes do que se faz na e depois da emancipação e das determinações fixadas no solo social e sobre os quais emerge e ergue-se o país novo. Nessas situações, é o próprio tempo histórico que se dobra, pois a força inercial da formação social anterior delimita e estreita o espectro do que é possível ao novo país fazer no presente.

Assim, quando o Brasil que se independentiza e se assume como pessoa de direito público senhora de seu destino, a despeito de que seja indiscutível a grandeza da obra de construção institucional então levada a termo – sobretudo se a compararmos com a fragmentação da América espanhola – não foram menos importantes as limitações, desvios, distorções, custos e perversões, que, não menos do que esse extraordinário trabalho de *institutional building*, foram decisivos para a constituição da identidade histórica brasileira.

Todavia, antes de nos determos nos aspectos mais negativos, presentes no alvor de nossa construção nacional, não será demais insistir na admirável

---

19. Estou fazendo um uso idiossincrático do conceito de *dobra* tal como construído, determinado e esmiuçado por Deleuze em *A Dobra: Leibniz e o Barroco*, pois me importa distanciar-me de sua associação com a ideia de *andar*, de planos superpostos, como quando Deleuze escreve: "Há necessidade de uma 'criptografia' que, ao mesmo tempo, enumere a natureza e decifre a alma, que veja nas redobras da matéria e lei nas dobras da alma. É certo que os dois andares se comunicam (razão pela qual o contínuo remonta à alma)". Estou pondo ênfase na noção de *continuidade de comunicação*, de comunicação, por assim dizer inconsútil, entre o representado e o representante, o que de Deleuze não deixa de admitir, como se vê em Deleuze, 1991, pp. 14 e 15 e passim.

dimensão positiva contida no momento da Independência e em seus desdobramentos mais imediatos. É inegável, com efeito, a despeito do tom derrisório que com frequência acompanha a descrição de nossa independência, a ousadia de Dom Pedro e o tamanho gigantesco da tarefa de construção institucional do Brasil-País que então se iniciou.[20]

Esquematicamente, pode-se dizer que a Independência foi o feliz desfecho do enfrentamento de dois desafios. Primeiro, como já mencionado acima, o da preservação da integridade do território herdado do período colonial[21], pois esta, em parte, se fragilizava justamente em vista da descontinuidade institucional trazida pela Independência[22]; o segundo, conexo ao anterior, foi o de encontrar e instituir a forma constitucional capaz de dar ao país nascente a estabilidade política indispensável para sua autoconstrução, o que veio a ser feito, propriamente sem solução de continuidade no plano institucional – a despeito do 7 de abril, quando os militares, na primeira das intervenções que vieram a tornar-se uma constante da história brasileira, intervieram para forçar Dom Pedro I a reintegrar o ministério liberal e o levaram nesse dia 7 à abdicação do trono em

---

20. Iniciada, é certo, como sublinha Euclides da Cunha, pelas importantes providências tomadas já por D. João VI. Ver Cunha, 1922, p. 213 e passim. Euclides vai mesmo mais longe quando escreve: "Analisando mais intimamente essa administração surpreendente, ver-se-ia que aquela figura histórica tão deselegante e vulgar de Dom João VI, lançou todos os fundamentos essenciais de nosso destino". Id., p, 228.

21. A dimensão e a complexidade desse desafio são eloquentemente apresentadas no seguinte parágrafo de Euclides da Cunha: "[...] insulados no país vastíssimo em que se perdiam, os nossos patrícios de há cem anos tinham frágeis laços de solidariedade. Distanciava-os o meio; isolavam-nos destinos divergentes; separavam-nos profundamente as divergências étnicas. A diretriz da nossa história retorcia-se sem uma caracterização precisa, em movimentos parcelares estritamente locais. E punha-se de manifesto que um corolário único: a formação de umas repúblicas turbulentas sem a afinidade fortalecedora de uma tradição secular profunda". In: À margem da história. Porto: Livraria Chardron de Lelo e Irmãos Ltda, 1922, p. 218.

22. Sérgio Buarque de Holanda, ao abrir o primeiro capítulo do volume 3 do Tomo II da História geral da civilização brasileira, a propósito desse ponto comenta: "No Brasil, as duas aspirações – a da independência e a da unidade – não nascem juntas e, por longo tempo ainda, não caminham de mãos dadas". São Paulo: Bertrand Brasil, 1993, p. 13. As mais robustas evidências dessa avaliação são a insurreição, breve mas ampla de secessão do Império, em 1824, no alvorecer da independência, que foi a Confederação do Equador, originada e liderada por Pernambuco, e, bem adiante, no período regencial, a longa Revolução Farroupilha, também de caráter republicano e secessionista. Mas também fazem parte dos desafios enfrentados pela consolidação da ordem institucional do novo país, não só as derrotas impostas aos movimentos secessionistas, mas também a contenção e repressão de revoltas de caráter político menos expressivo, mas de forte indignação social, como foram a Balaiada, a Cabanagem, a Sabinada e a Revoltas dos Malês, esta a mais importante das revoltas urbanas da população escrava.

favor de seu filho[23] –, pois, afinal, não obstante essa primeira crise, manteve-se o Império e preservou-se a dinastia de Bragança, embora com pontos críticos como foram estes do final do primeiro reinado e os do período das regências.

Neste plano, a decisão histórica fundamental tomada pelo Brasil nascente foi a da continuidade dinástica, da recusa dos impulsos propriamente revolucionários provenientes de várias frentes: da Revolução Francesa, da independência dos Estados Unidos, assim como de antecedentes mais próximos, como os movimentos emancipacionistas de Minas e da Revolução Pernambucana de 1817, ou mesmo da revolução do Porto de 1820.

No entanto, não se pode deixar de frisar, o já mencionado êxito alcançado no período imperial formou e firmou dois traços da sociedade brasileira que viriam a ter longa vida por se verem repristinados repetidamente, ainda que com as variações, na verdade, grandes, impostas pela diferença dos desafios a serem enfrentados em momentos históricos distintos.

O primeiro deles foi o da consolidação do pensamento conservador como um elemento ideológico permanente e de grande força na política nacional. Nesse momento inaugural, o pensamento expresso na decisão basilar de preservação da monarquia e da continuidade dinástica e de correlata limitação dos impulsos democráticos nos limites do reconhecimento dos direitos individuais – reconhecimento mutilado pela negação absoluta de tais direitos à população escravizada – e à adoção de mecanismos de representação restringidos, primeiro pela adoção de um sistema de voto censitário e pela constituição da assembleia de representantes por um largo período por voto indireto.[24]

---

23. A intervenção militar ligava-se à agitação popular, aos conflitos entre liberais federalistas e absolutistas, tingidos pela diferença entre brasileiros nacionalistas e portugueses, que se agravaram ao final do primeiro reinado por muitos motivos, dentre os quais a malograda guerra na Cisplatina, a precariedade financeira, a agitação e os confrontos urbanos, do qual a Noite das Garrafas foi o de maior expressão. Significativo, também, foi o fracasso da manobra do Imperador de conter a agitação pela nomeação de um novo gabinete, no qual estavam incluídos dois portugueses, e sua decisão de não aceder à pressão de restabelecer o ministério recém-demitido. Oliveira Lima transcreve parte de um despacho do encarregado de negócios da França, Pontois, em que este escreve como Dom Pedro respondeu aos que junto a si tentavam dissuadi-lo da abdicação: "Prefiro descer do trono com honra a reinar desonrado e aviltado. Não façamos ilusões. O conflito tornou-se nacional. Os nascidos no Brasil congregaram-se contra mim no Campo da Aclamação. Não querem mais saber de mim porque sou português. [...] Meu filho tem sobre mim a vantagem de ser brasileiro. Os brasileiros prezam-no. Governará sem dificuldade e a Constituição garante-lhe seus direitos". Ver Oliveira Lima, [s.d.], p.337-8.

24. Posteriormente, quando finalmente, pela Lei Saraiva, de 9 de janeiro de 1881, veio a ser admitido o voto direto, a reforma veio acompanhada de exigência censitária mais rigorosa e da exclusão dos analfabetos, o que também em nada contribuiu para a redução do enorme fosso que separava a elite do Brasil imperial da maioria esmagadora da população.

O segundo traço do perfil da vida política brasileira que, nascido no Império, tendeu a tornar-se uma característica permanente de nossa identidade foi o do estabelecimento da disposição a e da habilidade para compatibilizar interesses antagonizados por meio de negociações, contemporizações e acordos, muito embora ao longo do tempo tenha havido, é claro, casos em que tornou-se inevitável recorrer à força, como quando, para dar um único exemplo, do enfrentamento do longo movimento emancipatório e secessionístico da Revolução Farroupilha, que se prolongou por dez anos, ainda que, mesmo nesse caso, o desfecho tenha sido dado sem nenhuma penalização dos insurgentes, senão a deposição das armas.[25, 26]

---

25. Convém precisar, porém, que a divisão que se pode fazer entre as linhas dessa tendência e aptidão à resolução de conflitos sérios mediante entendimento entre as partes, ou, pelo menos, a aceitação tácita e pacífica de uma derrota política – de que são exemplos a própria Independência, a abdicação de D. Pedro I, a aceitação de modo geral inquestionada da substituição de ministérios liberais e conservadores pela Assembleia Geral malgrado as decisões monocráticas do Imperador, a pacífica e passiva Proclamação da República, a renúncia de Deodoro à Presidência da República, no final de 1890, a declaração de Getúlio em 29 de outubro de 1945 de que "já que se trata de um golpe branco, não serei eu o elemento perturbador. Pode dizer a eles que não sou mais presidente" (Ver Neto, 2013, p. 488), a introdução do arranjo parlamentarista em 1961, a transição lenta e gradual que nos levou à Constituição de 1988, mais recentemente, o impeachment da presidente Dilma – e os momentos de ruptura institucional (cujos exemplos mais significativos são a já mencionada Revolução Farroupilha, a revolução de 30 e o movimento de 1964 – depende justamente de que, nos casos críticos, as diferenças, ademais de concernirem a questões que colocam em jogo interesses sociais e econômicos de monta, envolvem também diferenças ideológicas profundas, cuja relativa paridade de forças impede a obtenção da conciliação sem a produção de um desequilíbrio drástico e ostensivo em favor de uma ou outra das correntes políticas envolvidas, um desequilíbrio que acarreta ineslutavelmente a violação do marco constitucional e dos costumes políticos vigentes até sua ocorrência. Casos, estes últimos, cujo desfecho, importa muito sublinhar, invariavelmente deram a vitória à facção que tivesse a seu favor, ou que, muito mais do que isso, fosse conduzida pelas forças militares, notadamente o Exército, ainda que contando com apoio civil significativo. Cabe também acrescentar que esse forte traço da tradição política brasileira é indissociável de uma concepção pragmática da política, distante de compromissos ideológicos assumidos como inegociáveis, e esta foi certamente uma das razões pelas quais Rui Barbosa, uma das mais ilustradas e importantes figuras da política brasileira, jamais teve chance real de alcançar a primeira magistratura do país.

26. Evidência da consciência que, já no Império, os contemporâneos tinham da singularidade desse traço que viria a se constituir em uma variante típica das mudanças institucionais do país se encontra na seguinte passagem do texto de apresentação do jornal *O sete de Abril*, em janeiro de 1833: "O dia Sete de Abril de 1831, em que a Providência concedeu a este Império, mais um favor, dando ao mundo o espetáculo (cont.)

Seja como for, a hegemonia do conservadorismo político e econômico, às vezes contrabalançado e contido por convicções liberais, outras decididamente autoritário, tornava-se então a contraface da ordem e da unidade nacional, ponto de contraste com a instabilidade dos pronunciamentos e revoluções das repúblicas latino-americanas e, como já sugerido, traço determinante da figura histórica do Brasil imperial. Repare-se, porém, que a presença de conservadorismo e autoritarismo na história brasileira não foi sempre conjugada, pois, em momentos de ruptura, como ocorreu depois de 1930, o autoritarismo se fez claramente progressista, como se verá adiante, assim como também ocorreu, embora com forma política e ideológica um tanto diversa, quando do período do regime militar iniciado em 1964. Tampouco sua presença foi sempre hegemônica, como se viu depois de 1950 e até 1964, ou, mais recentemente, durante os catorze anos de governo do PT, quando setores sociais e correntes ideológicas de esquerda, partidárias de reformas de inspiração social-democrata se impuseram e puderam exitosamente confrontar o conservadorismo reinante.

Seja como for, voltando agora, ao esquemático balanço do que fizemos de nós mesmos ao primeiro tempo de construção do Brasil independente, é também forçoso chamar atenção para face negativa desse processo de construção de nossa identidade como país. Não há como deixar de apontar as limitações, desvios, distorções, custos e perversões que, embora enraizadas nos trezentos anos de passado colonial, são inseparáveis de uma sequência de *decisões* tomadas *depois* da Independência e que vieram a perpetuar estruturas sociais, econômicas e culturais do passado, de modo que esse legado tornou-se, a cada repetição, uma opção do presente, cabendo entendê-lo como uma espécie de reafirmação das características do período colonial e de novação das responsabilidades e culpas que, irremissivelmente, a elas se associam. O que é dizer que passivos morais, políticos e sociais herdados do período colonial deixaram de ser algo simplesmente pretérito, mas vieram a tornar-se responsabilidades do presente, vale dizer: do Brasil novo, constituído pela Independência.

Por isso, para fins de avaliação do papel decisivo do momento inaugural da constituição da identidade de nosso país, é preciso sublinhar agora que, ademais da dimensão inquestionavelmente criativa e positiva formada pela preservação da integridade territorial, pela criação e estruturação jurídica de nossas instituições políticas fundamentais – como a organização e divisão dos poderes, a estrutura protofederativa, e a organização de mecanismos de representação dos interesses sociais –, há pelos menos quatro dimensões desse legado

(cont.) de uma revolução, de que o seu maior sucesso – a abdicação – não custou à Nação, uma vítima, uma só gota de sangue, um só tiro(iii)". Consultado na Biblioteca Nacional Digital, disponível em: http://memoria.bn.br/docreader/DocReader.aspx?bib=709476&pesq=abdica%C3%A7am&pagfis=1. Acesso em: 18 ago. 2022.

perverso que foram e que, pelo menos até certo ponto, continuam decisivas para a determinação da identidade histórica do Brasil.

O primeiro e mais importante desses aleijumes foi a quase interminável perpetuação do *trabalho servil*, eufemismo a que apelavam então os documentos oficiais para mencionar o escravismo, violação de um direito humano fundamental, juridicamente assentada na escandalosa extensão do direito de propriedade a seres humanos.[27] Violação estruturada, sistemática e de grande escala[28] – praticada em parte sob o abrigo da ordem jurídica estabelecida, em parte ao lado dela – sobre a qual assentaram as atividades produtivas nas terras brasílicas por quase quatrocentos anos e que no Brasil-País perdurou até praticamente a véspera do fim do Império.

À parte a mancha moral de ter mantido por tão longo tempo o trabalho escravo como base da economia brasileira, o escravismo teve perniciosíssimos efeitos colaterais, entre os quais avultam não só um prolongadíssimo desprezo pelo trabalho manual e, sob certos aspectos, do trabalho em geral, mas também uma clivagem abissal entre as classes trabalhadoras e a elite do país. Condição essa associada, como bem se sabe, por preconceitos raciais em parte atenuados

---

27. No período colonial o estatuto dos escravos obedecia às disposições das Ordenações Filipinas, que, quando da Independência, foram recepcionadas pelo ordenamento jurídico brasileiro pela Lei de 20 de outubro de 1823. No IV Livro, Título XVII, vê-se com clareza a condição de não possuidor de direitos e de mercadoria fungível dos escravos. Lê-se ali, por exemplo, "Qualquer pessoa, que comprar algum escravo doente de tal enfermidade, que lhe tolha servir-se dele, o poderá enjeitar a quem lhe vendeu, provando que já era doente em seu poder da tal enfermidade, contanto que cite ao vendedor dentro de seis meses do dia (6), que o escravo lhe for entregue". Na Carta constitucional do Império, de 1824, o artigo 6, no qual se estabelece quem são os cidadãos brasileiros, a escravidão é implicitamente mantida, pois o inciso 1, restringe a cidadania aos "ingênuos e libertos'", conforme terminologia que remonta ao direito romano. Posteriormente, o Código Penal do Império estabelece especificações para crimes e penas para os escravos, incluindo os açoites e a pena de morte. O mesmo faz o Código de Processo Criminal (Art. 75, § 2º – Não serão admitidas denúncias do escravo conra o senhor); 89 – O escravo não poderá ser testemunha (Artigos 14, 15, 16, 60, 113, 114,115).

28. Essa estruturação foi mantida depois da Independência, não obstante a pressão inglesa no sentido de enfraquecê-la e da oposição liberal. Na notável dissertação de mestrado de Tâmis Peixoto Parron, "A Política da Escravidão no Brasil – 1826-1865" (USP. Faculdade de Filosofia, Letras e ciências Humanas, 2009), é mostrado como a conjugação dos interesses da agricultura nas primeiras fases do Império com o partido conservador (os defensores do Regresso, Bernardo de Vasconcelos à frente) e as criminalizações do tráfico negreiro, estabelecidas pela lei de 7 de novembro de 1831, fossem combatidas ideológica e politicamente, e ostensivamente contornadas por uma espécie de legitimação do contrabando de larga escala de escravos africanos, dependente de um complexo sistema de financiamento, logística e burla.

pela miscigenação, menos formalizados, ostensivos e agressivos dos que caracterizaram o racismo norte-americano e sul-africano, mas não menos difundidos e cujos efeitos extraordinariamente persistentes e duradouros viriam a dar ao Brasil, até mesmo nestes nossos bicentenários dias, a tristíssima figura de um campeão mundial das desigualdades econômico-sociais.

Importa acentuar também que esse traço da identidade de nosso país, longe de poder ser simplesmente atribuído ao Estado, ao qual, aliás, são tão frequentemente debitadas todas as insuficiências, as disfuncionalidades, as mazelas e, em geral, o atraso de nosso país, tem que ser também irrecusavelmente reconhecido como uma *opção da sociedade civil brasileira*, cujos estratos economicamente dominantes lutaram denodadamente pela conservação do regime escravocrata, tido como próprio de nossa formação social[29] e cuja defesa foi longamente tida como imperativa, mesmo em face das fortes pressões britânicas em favor do abolicionismo, que, aliás, o partido escravista considerava interesseiras e hipócritas.

Além de resistências parlamentares[30], até mesmo às iniciativas legislativas da lenta e muito gradual desconstrução do sistema de trabalho assentado na escravidão[31], cabe repetir e insistir no papel fundamental da forte e ampla

---

29. Bernardo Pereira de Vasconcelos expressava bem essa posição ao dizer: "[...] 'a escravidão dos *africanos* não era tão odiosa como a representavam alguns outros senhores; que ela era *acomodada* [destaque acrescentado] aos nossos costumes, conveniente aos nossos interesses e incontestavelmente proveitos aos mesmos *africanos* que melhoravam de condição' e confirmou quanto disse com a opinião dos filósofos antigos [...]". In: *Jornal Sete de Abril*, edição de 1 ago. 1835. Disponível em: http://memoria.bn.br/docreader/DocReader.aspx?bib=709476&Pesq=%22agosto%20de%201835%22&pagfis=1117.

30. Um exemplo bem ilustrativo da resistência parlamentar ao fim do escravismo encontra-se na resposta que Martim Francisco Ribeiro de Andrada, neto de José Bonifácio, deu ao extraordinário discurso de Jerônimo Sodré, pronunciado na Câmara no dia 5 de março de 1879, o qual, segundo depoimento de Joaquim Nabuco, foi o momento inaugural do movimento emancipacionista que a partir dessa data veio a concluir-se em 1888 (Cf. Nabuco, 1976, pp. 128-9). Com efeito a resposta do Andrada tardio à pregação abolicionista de Sodré, além da defesa dos proprietários de escravos, insinuou que a reação a ele poderia ir até a secessão. É o que se lê na passagem seguinte: "Nós, os representantes das províncias do sul do Império, aprovamos a integridade deste vasto país, mas não tanto que, para conservá-la, queiramos tolerar a liquidação geral das fortunas e a destruição violenta da propriedade escrava, para que têm concorrido as grandes remessas, que nos têm feito as províncias do norte, que nos vendem por avultada soma". (*apud* CONRAD, 1975, p. 167.)

31. Desde a mais importante das leis que, como se costuma dizer, não colaram na história brasileira, a lei de 7 de novembro de 1831, conhecida como Lei Feijó, que proibia o tráfico negreiro, vale dizer a importação de escravos africanos, passando pela Lei Eusébio de Queirós, de 1850, esta de maior sucesso e cujo sentido era o mesmo; pela lei do Ventre Livre (1871), pela Lei dos Sexagenários (1885) e pela própria Lei Áurea de 13 de maio de 1888.

resistência diretamente privada à abolição, da qual significativa evidência encontra-se nas muitas e repetidas petições para a revogação da lei de 1831 feitas pelas câmaras municipais do vale do Paraíba, de Minas Gerais, de Campos de Goytacazes, da Bahia e de Pernambuco, que não faziam nada além de expressar os interesses e o posicionamento dos fazendeiros locais sobre o assunto.[32] Mas a prova maior do ancoramento do escravismo na sociedade civil brasileira talvez seja a escala e a aceitação quase geral do contrabando de escravos, formalmente proibido desde 1831, mas tácita e geralmente tolerado até pelo menos a promulgação da Lei Queirós, em 1850.[33]

A defesa ideológica e política do sistema escravocrata foi bandeira primeiro do Partido Regressista, depois de boa parte e por larguíssimo tempo do Partido Conservador, como ilustrado pelas posições do barão de Cotegipe – chefe do gabinete ministerial até praticamente às vésperas da abolição – bem afins às defendidas em período anterior por Bernardo Pereira de Vasconcelos, o mais importante e articulado defensor do escravismo. Assim, a despeito da importância e da força crescente que veio a ganhar a opinião abolicionista no país, sutil e prudentissimamente compartilhada pelo Imperador, não há como negar a longa prevalência da opção pelo escravismo na opinião pública elitizada do país, racionalizada pela tese de que a extinção do trabalho servil implicaria necessariamente não só prejuízos enormes à classe proprietária, mas a falência da própria economia brasileira e obstáculo quase intransponível ao desenvolvimento do Brasil.

O segundo dos traços negativos que nos marcaram desde a Independência é a outra face do êxito obtido na construção institucional e na preservação da integridade do território legado pela colônia: é a que nos dá a figura de um país feito de cima, não apenas no sentido em que, como viemos insistindo, politicamente a identidade de um país se determina a partir do Estado, mas também no sentido de que a dinâmica social no Brasil esteve sempre sobredeterminada por um conjunto de instituições estatais centralizador, organizador e, com frequência, controlador das iniciativas sociais, canal privilegiado da mobilidade social ascendente para quem quer que não tivesse como base a propriedade rural. Correlatos desse traço estrutural, foram, e até certo ponto continuam sendo, o sobrepeso das estruturas burocráticas, o recobrimento de enorme parte da vida social pela densa teia de dispositivos legislativos – leis, decretos, portarias, regulamentos, exigências de formalização cartorial de incontáveis atos da vida

---

32. Ver Parron, op, cit., p. 128 e nota 74.

33. A expressão mais repulsiva do que foi esse contrabando provavelmente seja o anúncio de uma nova leva de escravos com o grito "Tem galinha nova no porto", cujo mote propagandístico tinha raiz no fato de que o grupo de pessoas escravizadas que então chegavam à praia, hoje denominada Porto de Galinhas, vinha escondido embaixo de engradados de galinhas d'Angola.

civil – do qual decorreu um crescimento anômalo da regulação judiciária da vida social do país.[34]

A terceira das deformações a sublinhar foi, e em alguma medida ainda é, a *dependência*, entendido o termo como referindo-se, mais do que à crença, ao costume internalizado no período colonial – e de funcionamento quase automatizado desde então no comportamento de largas partes do empresariado brasileiro – de que os requisitos técnicos inerentes às atividades produtivas das economias modernas – seja no que tange aos grandes serviços de infraestrutura, seja nas atividades industriais e de serviços – podem ser satisfeitos muito fácil e eficazmente pela importação do que for necessário, uma vez que economias líderes colocam no mercado mundial a tecnologia adequada para obtenção dos ganhos de produtividade e o desenvolvimento da economia local. Correlata e consequentemente a esse modo de encarar o desenvolvimento tecnológico, a despeito de exceções dentre as quais, como bem sabido, no período imperial, destaca-se o do Barão de Mauá, generaliza-se a visão de que a geração endógena de progresso técnico envolve tantos riscos que é perda de tempo e desperdício de recursos preocupar-se com ela[35] – mormente no caso das indústrias tidas como *artificiais*, como se dizia ao tempo do Império e da primeira república, dependentes de insumos forâneos –, o único problema nessa frente era o de conseguir manter uma taxa de câmbio facilitadora das importações, ou, inversamente, de investimentos estrangeiros no país, pouco importando que os sucessores da metrópole colonial como provedores do progresso técnico vieram a ser a Inglaterra, a França, os Estados Unidos e a Alemanha.

Por fim, o quarto desses danosos traços da identidade nacional foi um atraso enorme da educação do povo brasileiro, que teve na extraordinária e longuíssima duração do analfabetismo e na desatenção absoluta à importância da educação de nível superior local – universidades só vieram a ser criadas no Brasil quando já bem iniciado o século XX[36] – suas mais escandalosas evidências.

---

34. Efeito colateral, e ao mesmo tempo testemunho disso, encontra-se não apenas na importância que veio a ter a burocracia judicial, mas também a extensão e o prestígio da formação jurídica e a anômala extensão do número de bacharéis no panorama profissional do Brasil.

35. Exemplo maior dessa posição é a ideia de que embora o litoral do Brasil tenha 7.491 quilômetros e o país seja um exportador massivo de produtos de grande volume e peso, como cereais e minérios, é consenso entre a elite liberal que, à vista dos repetidos fracassos de construirmos uma indústria naval, isso é algo que o Brasil não tem condições de fazer e que é estúpido insistir nessa pretensão.

36. A Universidade de São Domingos é historicamente a primeira universidade das Américas, criada em 1538. Depois vieram as de San Marcos, no Peru (1551), México (1553), Harvard (1636), primeira universidade dos Estados Unidos, Bogotá (1662), Cuzco (1692), Yale (1701), Havana (1728) e Santiago (1738).

Por certo, ao final do Império, em 1889, o Brasil já era plenamente um país, institucionalmente estruturado, universalmente reconhecido na cena internacional e, malgrado as limitações e perversões que acabam de ser aludidas, reconhecido como destinado a ser muito maior do que era até então, pois, como país ainda jovem, suas limitações e defeitos seriam naturais, e não ocultavam o potencial que tinha para vir a desenvolver-se plenamente.[37]

No entanto, o feio, cruel e constrangedor perfil econômico-social que construímos, a despeito da melhora trazida pela abolição e pelos avanços econômicos e sociais conseguidos ao longo do tempo, até hoje nos desconjunta e dá à imagem do Brasil a vergonhosa deformação que resulta de sermos os autores, os confeccionadores de uma das sociedades econômica e socialmente mais injustas do mundo.

Nesta altura, não faltaria plausibilidade a quem perguntasse: mas quem é esse nós, que fez e deu ao Brasil a figura que acaba de ser delineada? Como informalmente se diz: nós quem, cara pálida? Essa pergunta é sensata e natural, baseada na evidência de que a vida social é plural, que as decisões econômicas e institucionais não são tomadas com responsabilidade igual a todos os cidadãos de uma sociedade, que há enormes assimetrias de riqueza, poder, cultura e influência, fatores todos impeditivos de que, em nosso exemplo, se fale de um nós, do povo brasileiro como sujeito da construção coletiva ao tempo do Império.

No entanto, do ponto de vista institucional, e mesmo do ponto de vista histórico, a responsabilidade pela figura adquirida por um país não é passível de fatoração: é global e não pode ser atribuída exclusivamente a setores, a camadas e classes sociais, à elite, ou mesmo ao Governo, muito embora, internamente, no dia a dia de nossas interações frequentemente conflitivas, seja possível distinguir responsáveis e, até certo ponto, identificar culpados e inocentes.

A dificuldade envolvida neste ponto está em haver um sentido em que o país que temos, em nosso caso o Brasil, é incontornavelmente o país que nós, o povo brasileiro, como se costuma dizer no preâmbulo das constituições, fez. Por certo, não deixa de ser paradoxal, e mesmo contraintuitivo, sustentar, por exemplo, que há um sentido em que mesmo quem tenha sido um abolicionista de primeira hora responde também pela escravidão no Brasil. Impõe-se, pois, esclarecer que sentido é esse e como se constitui esse paradoxo.

Uma primeira achega para tanto está em dar-se conta que pressupor essa responsabilidade compartilhada é incontornável, pois, se a elidirmos, não se poderá entender de maneira consequente por que podemos ter orgulho ou

---

37. Bem depois, é verdade, em 1941, Stefan Zweig viria lindamente reiterar esse ponto em *Brasil, um país do futuro*, expressão cuja dilação do que anuncia, tendemos a tomar como uma maldição, escuta esta que o presente ensaio recusa a fazer sua, entendendo-a antes como uma promessa para cujo cumprimento continuamos cada vez mais urgentemente convocados.

vergonha de nossos governantes, dos acertos e desacertos de nossa história, de nossos fracassos e êxitos econômicos e culturais, de nossos sucessos e desastres esportivos, de nosso país, enfim, de nós mesmos. Se a responsabilidade por fracassos e êxitos de governantes e daqueles que, mesmo fora do âmbito político-administrativo, fosse exclusivamente deles, nós, enquanto cidadãos brasileiros, não poderíamos nos sentir nem envergonhados nem orgulhosos. Em tais casos, embora isentos da autoria de tais feitos, o caráter que eles assumem e as consequências que produzem como que se derramam sobre nós, pois, ao marcarem o todo a que pertencemos, marcam também a nós que dele somos parte, membros do conjunto cívico que é um país.[38]

Todavia, o reconhecimento de que temos sentimentos e emoções com relação ao todo de que fazemos parte, ao país do qual somos cidadãos, ainda não é tudo e não é o essencial para entendermos por que a formação da identidade de um país não pode ser fatorada. É que há uma outra dimensão de nosso pertencimento ao nosso país, que, queiramos ou não, a ele nos liga, não por sentimentos e emoções, mas normativamente. Evidência disso é, por exemplo, que, quando acatamos uma decisão judicial que contraria nossas expectativas, interesses e alegados direitos, não o fazemos por respeito às pessoas que, individualmente ou em grupo, ditaram a sentença ou o acórdão, mas sim porque as encaramos como uma expressão da necessidade que, pelo menos nas sociedades politicamente organizadas, haja uma instituição que – em nome do interesse coletivo e público, vale dizer, de todos – tenha a autoridade e os poderes necessários para dirimir os conflitos de interesse e para preservar a ordem pública. O mesmo vale com relação ao respeito e ao acatamento prático que admitimos dever ter com relação a leis, ou a decisões de caráter institucional ou de políticas públicas por meio das quais são feitas reformas na estrutura legal sob as quais vivemos, ou que são executoras de programas de economia, de educação, de saúde pública ou de assistência social, mesmo quando estes nos parecem injustificados, prejudiciais e mesmo coletivamente perniciosos, independentemente de que em tais casos possamos querer e lutar nos termos da legalidade vigente, para nos vermos livres deles. E é por essa mesma ordem de fatores que guerras não são declaradas às Forças Armadas combatidas, mas aos países, cujas sociedades são necessariamente objeto da ação bélica.

Mas convém entender também – e é aqui que, ao mesmo tempo, caímos e nos vemos mais agudamente confrontados com o paradoxo que viemos considerando – que é esse mesmo crédito de autoria que temos quando as ordens estabelecidas são derrubadas e substituídas por outras que lhes sejam antípodas,

---

38. Tem-se neste caso um fenômeno análogo ao que ocorre com os torcedores, cujo orgulho e humilhação, alegrias e tristezas variam com a performance dos coletivos pelos quais torcem, embora em absoluto tenham responsabilidade individualizada e pessoal pelo que sucede nas partidas e nos desempenhos dos atletas pelos quais torcem.

o que se torna evidente quando nos damos conta, por exemplo, que tanto o Antigo Regime quanto a Revolução Francesa constituem a identidade *francesa*, pois este adjetivo designa ao mesmo tempo a pessoa política e jurídica que é o país França e também o povo francês, independentemente do tempo em que um determinado cidadão francês se encontre. A base real e última de por que isso é assim foi original e definitivamente estabelecida por Hobbes quando doutrinou, como mencionado acima, que é o representante que dá unidade à multidão, não os indivíduos de que esta é formada[39], a despeito de que seja verdade evidente, para continuar com o mesmo exemplo, que não haveria nem Antigo Regime nem Revolução Francesa se não houvesse o povo francês, as incontáveis pessoas que viveram em França nesses dois períodos.

4. A República

Em algum lugar de sua vasta produção cultural, Jean Duvignaud, declarou: "O Império Austro-húngaro nem veio abaixo como um prédio que cai[40], nem como um navio que afunda. Dispersou-se em sementes que germinaram alhures". Do fim do Império do Brasil não se pode dizer o mesmo. Não parece que tenha ruído com o estrondo de um edifício que desmorona, mas, a crer-se em Aristides Lobo, segundo quem a Proclamação da República foi assistida por um povo bestializado, talvez se possa dizer que seu fim não teve outro som de acompanhamento que o equivalente ao agitado e surdo marulhar com que o mar recebe o corroído casco de um barco que naufraga. Quanto às sementes que deixou, tampouco se pode dizer que foram germinar em outros quadrantes, porque foi por aqui que, hibridizadas, elas deixaram sua herança.

O tom menor da Proclamação da República, a despeito de que evidentemente tenha implicado profunda ruptura institucional, deve, no entanto, ser incluído nos muitos casos em que significativas alterações na figura histórica do país se deram de modo acomodatício, em transações em que houve, como

---

39. Marx trata deste mesmo ponto no "Manuscrito de Kreusnach", ao dizer que *a democracia é a verdade da monarquia, a monarquia não é a verdade da democracia* (Ver Marx, 2005, p. 49.), mas, como tratei de mostrar em outro texto, se seu argumento de que não há poder soberano sem povo é inquestionavelmente verdadeiro, o mesmo não se pode dizer da segunda sentença, pois não pode haver povo no sentido de membros de uma comunidade unificada sem quem o represente. (Cf. Brum Torres, 1986, pp. 31-50.)

40. Sérgio Buarque de Holanda reporta, no entanto, que o terceiro Martim Francisco (Martim Francisco Ribeiro de Andrada, neto do irmão de José Bonifácio, deputado por São Paulo, republicano e federalista) "não se cansava de alinhar estatísticas para mostrar a vantagem de uma [...] separação" da Província de São Paulo em conjunto "com outras partes de um Império que 'se esboroa como um edifício velho'". Ver em Holanda, 1983, p. 276.

sempre há, ganhadores e perdedores, mas cujo transe passou longe de transformar-se em um momento agônico e cruel como os que envolvem mudanças revolucionárias.

Há algo de paradoxal nisso, pois, afinal, o passamento do Império se fez bruscamente, por ato de força de um pronunciamento militar. A explicação de por que o fim do período imperial e a passagem à República assumiram essa forma não é simples, pois nem o sentimento e as correntes políticas republicanas pareciam majoritárias e hegemônicas no país, nem as reformas institucionais que então se impunham eram incompatíveis com a preservação do regime monárquico, como, aliás, ficara evidenciado às vésperas da Proclamação da República, quando, depois de ter vencido as resistências do Barão de Cotegipe, então chefe do governo, substituindo-o por João Alfredo Correia de Oliveira, a Princesa Isabel, no exercício da regência, a 13 de maio de 1888 sancionou a Lei Áurea.

Não há, pois, como negar que há muito de desconcertante nos relatos, sem dúvida bem documentados e fidedignos, de como sucedeu a derrubada do Império e a instituição do regime republicano no Brasil. É que, pelo menos à primeira vista, o peso de fatores pessoais e de micropolítica parecem dominar a reconstituição de como veio a produzir-se a mudança institucional. Tudo parece se resolver na determinação de Benjamin Constant e do capitão Mena Barreto de convencer o Marechal Deodoro da necessidade de agir, cujo sucesso persuasivo esteve umbilicalmente ligado ao acúmulo sombrio de seus ressentimentos: ressentimento por ter sido removido do Rio Grande do Sul, preterido quando da nomeação de Gaspar Silveira Martins para presidente desse Estado, logo depois enviado para os confins do Mato Grosso para a realização de projetos inviáveis, pelo agravo, para ele não menor, de, sendo marechal, ver-se substituído pelo coronel Cunha Matos no comando das forças que chefiava em Corumbá. Personalíssimas também suas hesitações quando, uma vez retornado ao Rio, doente, é instado a valer-se de seu prestígio para fazer do Exército a base da destituição de D. Pedro e da instituição do governo republicano, pessoa a quem tinha em alto respeito.

Certamente menos idiossincráticos, expressão mais clara de sentimentos mais amplamente difundidos na opinião pública, foram os artigos incendiários de Rui Barbosa no *Diário de Notícias*[41], que pretendiam ser, como informa Luiz Viana Filho "*um eco do sentimento público*"[42], assim como certamente o era a ação de articulação civil de Quintino Bocaiuva, ou como também foi a estritamente individual traição de Floriano Peixoto a Ouro Preto, sua dissimulada recusa de mobilizar as tropas que ainda podia controlar para sustar o movimento de Deodoro.

---

41. Ver Magalhães Júnior, 1957.
42. Ver Viana Filho, 1960, p. 195.

Por certo, em última análise, eventos sociais não são dissociáveis de decisões e iniciativas de indivíduos. No entanto, não é menos certo que estas se enquadram em contextos mais amplos, em condicionamentos de caráter social que, se não as determinam no sentido rigoroso do termo, as condicionam e respondem pela inteligibilidade das condutas dos atores.[43] De um modo geral, convergem as reconstituições desses condicionantes feitas pelos historiadores que trataram da passagem do Brasil à República indo além do mero relato da trama das ações e reações de novembro de 1889, embora as ênfases colocadas por uns e outros na força de fatores econômico-sociais, institucionais e ideológicos variem. Não cabe neste texto tentar mapear as diferenças existentes no vasto, rico e competente acervo de estudos que a historiografia brasileira produziu sobre o assunto, mas, em uma apresentação breve e esquemática do que veio a produzir o fim do Império e a forma assumida por esse evento maior, os pontos mais salientes creio que são os que seguem.

Embora certamente não se possa dizer que a abolição da escravatura tenha sido a causa da derrocada de nossa variante do "antigo regime", já a proximidade cronológica do 13 de maio de 1888 e do 15 de novembro de 1889 é sinal forte o suficiente para que se atente para a conexão que haverá entre esses dois grandes eventos. Não, por certo, que a monarquia em geral seja incompatível com uma cidadania não discriminatória, reconhecedora de todos quantos vivam em um determinado espaço institucional como titulares de direitos políticos,

---

43. Joaquim Nabuco ao falar da abolição faz boa apresentação de como os atos institucionais que a efetivaram ligavam-se a fatores condicionantes de maior alcance, como se vê no modo como apresenta esse grande episódio: "Quando a campanha da abolição foi iniciada, restavam ainda quase dois milhões de escravos, enquanto seus filhos de menos de oito anos e todos os que viessem a nascer, apesar de ingênuos, estavam sujeitos até os vinte e um anos a um regime praticamente igual ao cativeiro. Foi esse bloco que atacamos em 1879, acreditando gastar a nossa vida sem chegar a entalhá-lo. Tal resultado foi devido a muitas causas. Em primeiro lugar, à época em que foi lançada a ideia. A humanidade estava por demais adiantada para que se pudesse ainda defender em princípio a escravidão, como o haviam feito nos Estados Unidos. A raça latina não tem dessas coragens. O sentimento de ser a última nação de escravos humilhava a nossa altivez e emulação de país novo. Depois, a fraqueza e a doçura do caráter nacional, ao qual o escravo tinha comunicado sua bondade e a escravidão seu relaxamento. [...]Nossos proprietários emancipavam aos centos seus escravos em vez de se unirem para linchar os abolicionistas, como fizeram os criadores de Kentucky ou os plantadores da Luisiana. A causa abolicionista exerce sua sedução sobre a mocidade, a imprensa, a democracia; era um imperativo categórico para os magistrados e os padres, tinha afinidade profunda com o meio operário e com o Exército, recrutado de preferência entre homens de cor. Operava com um dissolvente entre os partidos políticos, cujas rivalidades incitava com a honra que podia conferir aos estadistas que os empreendessem, e a própria dinastia inspirava de modo espontâneo o sacrifício indispensável para o sucesso". (Nabuco, 1976, p. 126.)

como hoje se vê e que, excetuada a admissão do direito de voto às mulheres, se viu em outros lugares e já antes do século XIX, pelo menos no caso bem conhecido da Inglaterra. Mas, mesmo no Brasil, tão lamentavelmente renitente ao reconhecimento efetivo da liberdade como um direito humano universal, a tese de que esse passo fosse incompatível com as instituições monárquicas é desmentida pelo fato de que, desde a regência de Feijó, a necessidade de substituir escravos por homens livres como base da força de trabalho do país era reconhecida, assim como o era a ideia de que a melhor forma de o fazer estava no desenvolvimento de uma política de atração de imigrantes. O próprio D. Pedro II sugeria repetidamente que a questão do trabalho servil precisava ser equacionada e que a recepção de imigrantes europeus era o caminho mais viável. Finalmente, a iniciativa e decisão da Princesa Isabel de promulgar a Lei Imperial número 3.353 atestava de que Império e trabalhadores livres estavam longe de serem tidos como realidades sociais incompatíveis, malgrado tenha vindo a se realizar o vaticínio atribuído ao Barão de Cotegipe de que Isabel ao "redimir uma raça" perderia o trono.

Contudo, essas observações, se são suficientes para que se recuse a ideia de que a abolição decretou o fim do Império, não significa negar que tenha havido conexão entre esses eventos e que o primeiro tenha contribuído para a produção do segundo. Joaquim Nabuco, com a clareza e a objetividade de costume, em sua memorável fala antirrepublicana pronunciada em 11 de junho de 1889, sustenta que essa conexão é causalmente decisiva ao dizer:

> O grosso das forças republicanas vem do descontentamento causado pela abolição. Foram as leis de 28 de setembro em 1871 e de 13 de maio de 1888 que fizeram surgir do solo as legiões que hoje avançam contra a monarquia. Com semelhante origem não creio em uma república popular.[44]

No entanto, como bem acentuado por Sérgio Buarque de Holanda, ainda que o ressentimento dos fazendeiros que tiveram que engolir a libertação dos escravos sem indenizações seja inegável e que, consequentemente, seu compromisso com a preservação do Império tenha se rompido[45], a verdade é que seu peso não foi predominantemente por muitas razões, inclusive uma relativa à própria importância econômica dos setores principalmente ressentidos, que estavam associados à parte já menos importante, na verdade decadente, da lavoura brasileira, cuja expansão, sobretudo em São Paulo, já vinha ocorrendo com trabalhadores livres.[46]

---

44. Ver Nabuco, 1949, p. 373.
45. Ver In: Holanda, 1992, pp. 283 e segs.
46. Faoro (1975, p. 482) esclarece bem o ponto ao observar: "No entente de Cotegipe foi o senhor Antônio Prado quem deu o golpe de morte na escravidão com a assembleia dos fazendeiros paulistas [...]".

Mas se o ressentimento da lavoura, uma posição de classe, da classe dominante, como consensualmente reconhecido por nossa historiografia, não é a conexão mais importante entre a abolição e a república, resta explicar que fatores ligam os dois grandes acontecimentos. Talvez o mais importante dentre eles se encontre numa espécie de efeito demonstração, pois a abolição demonstrava espetacularmente que a consistência do Império, a resiliência do marco institucional em que vivera e vivia o Brasil há mais de sessenta anos, não era sólida como um bloco de granito, mas antes plástica, suscetível a transformações e mesmo a remodelagens radicais. O que é dizer que o conjunto de crenças socialmente compartilhadas sobre o que era politicamente possível fazer no Brasil se alterara com a abolição, ampliando o leque dos caminhos que se poderia conceber como realizáveis em vista do que poderia vir a ser o futuro do Brasil.

No entanto, o desbloqueio das visões do porvir, se assim posso dizer, por si só não indica e não privilegia os rumos a seguir e, na verdade, é bem sabido que a Proclamação da República se deveu também a determinantes menos difusos de que os dessa alteração no modo de perceber o que se poderia esperar do futuro. Não há como aqui inventariar os condicionantes que garantiram o sucesso do golpe militar de 15 de novembro de 1889[47], de modo que vai abaixo uma lista curta, assumidos os riscos dessa eleição estreita.

O elemento contextual mais próximo e mais transparente para a ação de Deodoro e seus próximos foi uma série histórica bastante particular, a da chamada Questão Militar, pois as ações empreendidas em 15 de novembro de 1888 podem ser tomadas como o ponto em que, pelo menos no Império, ela foi fechada.[48] No entanto, à primeira vista, os contenciosos que a constituem parecem estar muito distantes de modificações institucionais profundas a ponto de porem em jogo e abalarem a própria forma do Estado brasileiro. Não que a dita Questão Militar não tenha tido presença e impacto na vida parlamentar e

---

47. Edgard Carone (1974, p. 7) apresenta claramente a questão quando escreve: "A Proclamação da República, no dia 15 de novembro de 1889, é o clímax de um longo processo anterior, cujas tensões e complexidades vão explodir no período ministerial de Ouro Preto. Tendências federalistas, movimentos republicanos, crises religiosas, questões militares, problemas escravagistas, sucessão imperial, predomínio político de uma aristocracia decadente, ascensão de novas camadas oligárquicas, urbanização, lenta renovação das instituições do Império, constituem o clima em que fermentam as contínuas crises imperiais e as alianças heterogêneas feitas pelos diversos grupos que lutam contra o sistema dominante".

48. Podem, porque há um sentido, como vemos em nossos dias, que, no Brasil, a questão militar não termina nunca, podendo adormecer em sono leve e com sobressaltos, como durante a vigência da Constituição de 1946, ou dormir mais profundamente, como de 1988 até agora, mas findar, como novamente somos preocupantemente lembrados, nunca findou.

no periodismo de então, mas a extensão e profundidade dos efeitos que viria a ter não deixam de surpreender.[49]

As reconstituições do sentido geral dos eventos compreendidos sob esse rótulo veem suas origens numa mudança sobrevinda no modo de avaliação e de autoavaliação da posição das Forças Armadas e, muito especialmente, do exército no complexo institucional do Império durante e depois da Guerra do Paraguai. Tratava-se de que se, por um lado, a guerra havia colocado o exército no centro das decisões mais importantes para o país, por outro, seu término o devolvia à rotina das atividades militares em tempo de paz, incluindo grande desmobilização do efetivo, cortes orçamentários em montantes proporcionados pela passagem à nova situação, em paralelo à indisfarçável preocupação da autoridade civil com o prestígio enorme ganho no pós-guerra pelos chefes militares, Osório e Caxias à frente.

Nesse contexto, a anterior normalidade de ter civis à testa das pastas do Exército e da Marinha – excetuado Caxias que foi chefe do gabinete ministerial três vezes – agora aparecia como indevida, quase uma anomalia. Acrescido a isso, havia também uma percepção mais clara da distância social que separava a maior parte do efetivo do Exército da elite civil, esta na maioria das vezes originada em famílias tradicionais, com frequência mais abonadas e de melhor educação. Desses sentimentos difusos, ao final da década de 70 e, notadamente, a partir de 1880, formou-se a tese do soldado-cidadão, cujo potencial de aumento de conflitos entre as autoridades civis e militares não tardou a se manifestar em contenciosos nos quais, como acertadamente se lê em *O Exército e a República*, página de conteúdo histórico publicada em nossos dias no site do Exército Brasileiro, é difícil "discriminar os [casos] que efetivamente ofendiam a honorabilidade militar daqueles provocados por questões pessoais ou, na fase derradeira do processo de transformação de regime, propositadamente criados para facilitar a queda da monarquia".[50] No entanto, o Manifesto dos Generais,

---

49. Edgard Carone ressalta a surpresa contida no modo como foi realizado o golpe militar observando: "A união de militares e civis republicanos, à véspera da República, é um incidente imprevisível dentro dessa crise permanente e a indecisão a respeito do momento oportuno e forma que deveria assumir a Proclamação da República, é outro sintoma da complexidade da situação". A República Velha (Evolução Política), ed. Cit., p. 7.

50. Cf. *O Exército e a República*, sem indicação de autoria, cabendo entender que essa é a avaliação que o Exército como instituição faz hoje sobre os eventos em questão. Disponível em: http://www.eb.mil.br/web/midia-impressa/o-que-vai-pela-forca? e http://www.eb.mil.br/web/midia-impressa/o-que-vai-pela-forca?p_p_id=101&p_p_lifecycle=0&p_p_state=maximized&p_p_mode=view&_101_struts_action=%2Fasset_publisher2Fview_content&_101_assetEntryId=1549936&_101_type=content&_101_groupId=10138&_101_urlTitle=o-exercito-e-a-republica. Acesso em: 9 maio 2022. Cf. Questão Militar – Discursos proferidos na Câmara e no Senado pelos Exms. (cont.)

intitulado *Ao parlamento e à Nação*, escrito por Rui Barbosa, assinado pelo Visconde de Pelotas e por Manuel Deodoro da Fonseca, publicado em *O País*, em 14 de maio de 1887, não deixa dúvida de que parte muito significativa da Força entendia que a *honorabilidade militar fora ofendida*, muito embora essa alegada ofensa viesse de questões particularíssimas. O mais significativo, porém, é justamente a desproporção entre a particularidade dos fatos que suscitam a indignação militar, a profundidade e a universalidade da reação que lhes é dada, pois, no manifesto, como bem salienta Faoro, proclamava-se em alto e bom som que "*a força armada*" não era "*mera dependência do governo, senão que constitui[a] a primeira coluna da paz e da legalidade*" e isso "*não por meio das formas jurídicas*" sob as quais o Exército deveria atuar, "*mas sobre elas, no seio da nação*, que representa diretamente e sem desvios [destaque acrescentado]".[51]

Seja como for, a sequência de eventos críticos nas relações entre os militares e o poder civil constituiu-se, mais do que no fermento, na base que levou Benjamin Constant a ser escutado por seus companheiros de farda e a Deodoro a vencer seu respeito pelo Imperador e tomar o risco de abandonar seu compromisso com o Império ao liderar o golpe militar, iniciativa que, por óbvio, a despeito de condições favoráveis, estava sujeita a algum grau de incerteza. No entanto, por relevante que tenha sido a insatisfação militar ao final do período imperial, a facilidade, a ausência de qualquer reação significativa de defesa do Império e de protesto contra a deposição de Dom Pedro, não podem ser compreendidos simplesmente como medo de enfrentamento dos insurretos.

Assim, para explicar, não a *guerra de movimento*, mas a *guerra de posição* – para valer-me do sentido muito especial que Gramsci deu a esse par conceitual – cujo desfecho foi o pronunciamento de Deodoro, é preciso trazer para o centro

---

(cont.) Srs. Barão do Cotegipe (Presidente do Conselho), Visconde de Pelotas, Saraiva, F. Octaviano, Affonso Celso e Silveira Martins. Rio de Janeiro: Imprensa Nacional, 1887; Faoro, op. cit., pp. 476 e segs.; Holanda, op. cit., pp. 339 e segs.; Barbosa, 1887; Fertig, 2017.
51. Ver Faoro, op. cit. vol. 2, p. 479. Dentre as muitas considerações apresentadas no Manifesto cabe aqui mencionar pelo menos as seguintes: "Não é também a veleidade do predomínio militar o que nos move: a consciência pública tem certeza de que o Exército Brasileiro é a mais estável segurança da paz, da legalidade, da organização civil do Estado. Seja qual for a posição a que as circunstâncias nos levem, a segurança individual, a tranquilidade pública, as instituições constitucionais, as tradições livres da nação encontrarão sempre um Exército, um baluarte inexpugnável, e em cada peito de soldado uma alma de cidadão. [...] Deploramos que a doença inquietadora de Sua Majestade não nos permita invocar diretamente o Chefe do Estado. [...] Não nos resta, pois, senão recorrer para a opinião do país, que desde o princípio esposou a nossa causa, idêntica dele, endereçar ao Parlamento este derradeiro apelo e protestar que havemos de manter-nos no posto de resistência à ilegalidade, que é o do nosso dever, do qual nada nos arredará, enquanto o direito postergado não receber a sua satisfação plena". Em Barbosa, 1887, p. 7.

do esforço elucidatório, além dessa referência à *questão militar*, outras dimensões do que ocorria no Brasil naqueles anos, pois, sem isso, esse evento maior fica reduzido ao relato anedótico da pequena e quase pacífica mobilização militar ocorrida no Rio de Janeiro, na atual Praça da República, em novembro de 1889. Pois bem, dentre os demais elementos contextualizadores relevantes para dar conta da forma como o Brasil veio à república é preciso incluir, primeiramente, a lenta mas progressiva alteração ideológica da opinião pública decorrente da difusão da ideia de que instituições republicanas seriam a forma política mais adequada para superar o perverso modo como a constituição do Império e a prática política que lhe era própria valia-se da existência de eleições e de casas parlamentares para disfarçar a falta absoluta de verdadeiras instituições representativas. De fato, a fraude eleitoral era a regra, o que meridianamente se evidenciava quando da derrubada de um gabinete ministerial, pois a convocação de novas eleições dava invariavelmente vitória ao partido que o Imperador entendia e decidia ser aquele ao qual o ministério e os presidentes das províncias deveriam ser confiados.[52] No entanto, a transformação das críticas às formas e costumes políticos do Império em convicções republicanas foi lenta, como Faoro registra:

> Os primeiros anos da propaganda republicana foram apagados e melancólicos. Os próprios radicais, nas suas mais expressivas figuras – Silveira Martins, Joaquim Nabuco, Rui Barbosa –, não se afastam do trono. O ambiente antimonárquico não desabrocha [...] O imperador, jovem de 45 anos, ria-se da rebeldia de seus súditos, recusando a negar-lhes os empregos públicos, tal como lhe sugere o Presidente do Conselho. Ninguém suspeitaria que, volvidos menos de vinte anos, o Exército abraçaria o novo credo, sugestivamente acompanhando a gravitação sul-americana, acenada no Manifesto.[53]

---

52. Esta foi uma das críticas e denúncias feitas no Manifesto republicano de 1870, publicado em um jornal novo, cujo nome foi *A República*. Ao avaliar a importância desse manifesto, Faoro assinala que seu lançamento ocorreu "*sem que ninguém lhe prestasse homenagem ou, sequer, a menor atenção*". Cf. *Faoro*, vol. 2, ed. citada, p. 449.

53. No entanto, como se veio a ver, a propaganda republicana, não deixava de impactar mesmo aqueles que na década de 1870, embora liberais, ainda a ela resistiam, como se vê no comentário de Rui a materiais publicados em *A República*. Id., p. 451. Rui asseverava: "O certo é, porém, que se o povo brasileiro adotar cedo ou tarde o sistema republicano, não há de ser pelo desejo de ver o chefe do Estado engrandecido por mais amplas prerrogativas. A posição independente do Poder Executivo perante o Parlamento é a mais grave dificuldade como o demonstra o exemplo dos Estados Unidos em 1867 [...] mas tudo isso não prova senão que os fatores das revoluções republicanas são os monarcas que não sabem resistir à tentação do governo pessoal. Nós vamos pelo mesmo caminho, talvez: e a mão que nos leva é a do Sr. Pedro II". Ver BARBOSA, Rui. O poder da Coroa e os Republicanos. In: Rui Barbosa Online, *Obras completas* (1872-1874), vol. II, tomo II, p. 71. Originalmente publicado no *Diário da Bahia*, em 21 de maio de 1873.

Com efeito, pouco a pouco, o ideário republicano se disseminara, primeiro em São Paulo, depois em Minas Gerais, no Rio Grande do Sul, no Rio de Janeiro e, chama atenção Sérgio Buarque, nas províncias do norte, em Pernambuco, onde havia "uma poderosa e velha tradição de lutas democráticas e, como em São Paulo, havia uma faculdade de Direito, onde as novas ideias poderiam fazer prosélitos".[54] Mas cabe acreditar que, em pequena escala, por toda a parte, como se pode ver, ainda que indiretamente, em vista da publicação na Bahia de um texto como este recém-citado de Rui Barbosa, estado em que, como nota o mesmo Sérgio Buarque, o ideário republicano pouco prosperou.

Todavia, o movimento ideológico que levou à aceitação geral da república não foi de modo nenhum linear, nem constituído por um programa definido que fosse dogmaticamente adotado pela opinião pública em geral. Em parte, sua prevalência deveu-se à difusão da filosofia positivista, que mesmo sem que a maçonaria tenha fechado uma posição pró-República, tinha entre os seus membros vários dos principais líderes republicanos, como Quintino Bocaiuva, Silva Jardim, Júlio de Castilhos. Ganhou força primeiramente entre os estudantes de Direito em São Paulo e em Olinda, depois avançou progressiva e importantemente no Exército, em que a influência de Benjamin Constant foi de grande consequência. Desdobrou-se finalmente com o progressivo desapego dos fazendeiros ao Império, notadamente a partir da década de 1880[55] e a verdade é que o republicanismo se espraiou difusamente, especialmente nos principais centros urbanos, embora não tivesse tido êxito na obtenção de representação parlamentar relevante.

No entanto, nesse emaranhado de influências que fizeram com que a transição do Império à República tenha se desdobrado com rapidez, cabe agregar ainda um fator de caráter, em parte ideológico, mas predominante político, que foi o crescimento da posição *federalista*, um anseio crescente de autonomia não só administrativa, mas política das províncias.

Com efeito, a partir da renúncia de Feijó à Regência e sua substituição por Pedro de Araújo Lima, acompanhada da nomeação de Bernardo Pereira de Vasconcelos como Ministro da Justiça e também do Império, fora posto fim à influência desorganizadamente autonomista das províncias, provocada pelo Ato Adicional de 1834, substituição efetivada formalmente por meio da chamada Lei da Interpretação, de 12 de maio de 1840[56], que serviu de base para

---

54. Ver Holanda, vol. 5, p. 267.
55. Cf. Faoro, op. cit., p. 453.
56. Faoro, resume seus efeitos dizendo: "As assembleias provinciais, centro do poder local, cedem em favor do poder legislativo geral. A polícia e os empregos voltam à corte, duas molas que desarticuladas do provincialismo, levarão, mais tarde, a justiça e a guarda nacional aos pés do Ministro da Justiça". Id., p. 330.

a concentração do poder político nas instituições centrais: o Trono, o Conselho de Estado, o Senado e a Câmara dos deputados, submetidas estas últimas ao controle estrito de sua composição por parte do Imperador ou, depois, menos diretamente, pelo Presidente do Conselho de Ministros. [57]

A reação provincial ao rumo assim tomado pela administração imperial, embora tardasse, dificilmente poderia deixar de se manifestar em algum momento, o que ocorreria, com força crescente, a partir do final da década de 1870, tornando-se então um dos condicionantes que contribuíram fortemente para que o término do período imperial fosse percebido como algo natural, como o desfecho mais adequado para um quadro de dependência e submissão das províncias ao governo central já não mais tolerável.

Ao tratar dessa questão, Sérgio Buarque de Holanda salienta que, muito embora na composição do poder central "as preferências regionalistas ditadas pela tradição"[58] tenham prevalecido até o fim do Império[59], algo estava mudando com a notória pujança econômica que vinha sendo adquirida por São Paulo e também pelo Rio Grande do Sul, estado que também se renovava por força da recepção dos imigrantes e seus impactos notadamente na diversificação do comércio e da indústria. Isso, nos diz ainda Sérgio Buarque, está na origem da "reação à excessiva centralização", que criara "focos de descontentamento que se tornam mais agudos naturalmente nas áreas mais dinâmicas, cujos interesses, cada vez mais exigentes, não parecem devidamente considerados".[60]

Convém, no entanto, prestar mais atenção ao modo como o federalismo veio a ser a bandeira da reação contra o centralismo autoritário do Império. A associação de republicanismo e federalismo é contingente, como se vê já no plano internacional pela diferença das estruturas políticas resultantes da Independência americana e da Revolução Francesa. No Brasil do último quartel

---

57. A circular dirigida aos Presidentes de Província por Bernardo Pereira, datada de 27 de setembro de 1837 já dava a tônica do que viria a ser a autoridade do centro político no país, ainda que expressa sobriamente. Cf. Vasconcelos, 1999, pp. 242-3.

58. Op. cit., p. 274.

59. A propósito deste ponto, Sérgio Buarque informa: "Aos 14 governos que sucessivamente chegaram ao poder após a queda, em 1868, do Gabinete chefiado pelo baiano Zacarias de Góis, a Bahia dará 26 representantes até o advento da República, isto é, mais de 20% do total de ministros nesse período. Em segundo lugar situa-se Minas Gerais, com 18 ministros. O terceiro cabe ao Rio de Janeiro, que, com o município neutro, dá 15, e ao quarto, com 12, a Pernambuco. Em seguida, com igual número de ministro, 10 cada uma, acham-se as províncias de São Paulo e Rio Grande do Sul. Entre as que se apresentam como menos de 10 ministros, destacam-se o Maranhão (6), o Piauí (5), o Ceará (4), a Paraíba (4) e Alagoas (3)". Id., ibidem.

60. Id., p. 274.

do século XIX essas duas bandeiras andaram em parte paralelas, em parte congraçadas[61], e ambas conectadas com o fim do escravismo.

Com relação à base econômico-social de ambas, Faoro, como já notado acima, sem negar que o ressentimento de fazendeiros com abolição sem indenização dos proprietários de escravos, especialmente os do decadente vale do Paraíba, possa ter contribuído para o abandono do Império pela classe, nota que o setor mais dinâmico do agronegócio brasileiro, o já então de maior peso na economia do país, estava na nova lavoura cafeeira baseada em mão de obra livre nas terras do oeste paulista, para a qual a posição republicana se baseava não no ressentimento, mas na mudança dos interesses ligados a essa profunda alteração na estruturação da produção agrícola. Neste caso, o republicanismo se associava ao federalismo, explica Faoro, porque "a teia comercial armada na Corte", baseada no escravo como garantia do financiamento, "deteriora-se rapidamente", surgindo em paralelo a necessidade nova "de recursos mês a mês, para atender os salários, num montante provável de 50 mil contos, 25% do meio circulante"[62], uma vez que os arranjos financeiros tradicionais entre os comissários, importadores e exportadores, altamente concentrados no Rio de Janeiro,[63] já não serviam para o funcionamento do sistema econômico em alteração, o que contribuiu decisivamente para que os representantes da nova

---

61. Nabuco deixa clara a forma principal desse congraçamento ao observar no discurso já citado anteriormente: "Rui Barbosa, que está representando o papel de Evaristo, é, no fundo, republicano, e eu sou monarquista. Isto me impede de acompanhar o meu ilustre amigo na campanha que ele está dando pela federação com ou sem a monarquia. Para mim a posição é de grande dificuldade por se ter de tornar a ideia federal a arma de combate dos republicanos, desde que o partido Liberal a repele". Cf. *Obras completas de Joaquim Nabuco*, vol. XI, Discursos parlamentares (1879-1889). São Paulo: Instituto Progresso Editorial S. A., 1949, p. 373.

62. Cf. Faoro, ed.cit., vol. 2, p. 458.

63. Recentemente, ao tratar desse ponto, Jorge Caldera observa: "Como não havia mais possibilidade de obter trabalho à força, era preciso dinheiro para comprar, o que requeria um volume muito maior de moeda na economia do que o existente no dia anterior ao da Abolição. Um indicador dessa necessidade, na região escravagista ligada ao Rio de Janeiro, revelou-se com as remessas de numerário feitas através das ferrovias". Em seguida, depois de fornecer dados sobre essa expedição ferroviária de numerário, Caldeira acrescenta: "Além de concentrar escravos e produção de café, a região acumulava recursos de todo o país, ali carreados pelo Governo. [...] Do lado da receita, havia a Alfândega mais importante do país, que cobrava tanto direitos de importação como de exportação. Seu movimento foi de 66,7 mil contos em 1887. Só esse dinheiro era mais do que o dobro de toda a arrecadação das províncias brasileiras nesse ano, que atingiu 32 mil contos. [...] Desse modo, a capital era o destino da maior parte da poupança nacional, em decorrência das ações de governo para captar impostos e emitir títulos da dívida". In: Caldeira, 2017, pp. 285-7.

agricultura cafeeira, forte sobretudo em São Paulo, passassem a endossar a necessidade da mudança republicana e da descentralização federativa.

Assim, a combinação dos desdobramentos econômico-financeiros da abolição, a enorme concentração de recursos na Corte e, portanto, no Rio de Janeiro, associados à crítica político-ideológica e ao pilar principal das exportações brasileiras dá bem conta de por que, como diz Faoro, ao mesmo tempo "enganara-se a opinião dos salões e dos políticos da capital", pois o "republicanismo, espraiando-se pelas cidades e fazendas de São Paulo" não tardaria a transbordar "para Minas Gerais e o Rio Grande do Sul, mantida a Corte em isolamento, dada a proximidade da província conservadora do Rio de Janeiro."[64]

Nesta altura, reconstituída, ainda que muito esquematicamente, a constelação de fatores que vieram provocar a queda do Império e a passagem à República, situados, como se acaba de ver, em planos diversos da ação social, mas todos distantes da iniciativa popular, cabe bem perguntar como fica a autoria coletiva desse capítulo da novela na qual, com viemos sustentando, o Brasil-País conforma sua identidade.

Não será o caso de dizer que o povo antes sofre, do que constitui a identidade da coletividade em que vive? Não será esta constituída em parte por uma ação de elites, em parte pela ação de fatores estruturais que fazem dos agentes, elites e mais ainda povo, antes atores do que diretores da cena e da novela em que atuam?

Em certa medida é plausível pensar assim, mas há aí um erro de princípio, pois não há vida em sociedade que não seja constituída pela ação social e não há ação social que não se concretize por meio de ações individuais. Por certo, a agregação, coordenada ou não, das ações individuais, suas repercussões e efeitos com grande frequência, escapam do intencionado pelos atores, resultando, com não menor frequência em processos e circuitos que lhes são inacessíveis, opacos, imprevisíveis e, para a maioria esmagadora dos agentes, situados além do que lhes é facultado entender.

No entanto, para esclarecimento de como esse modo de desdobramento da ação social vincula-se à questão da identidade do país no contexto histórico que estamos considerando, creio que há uma lição de Joaquim Nabuco, apresentada a propósito da relação de D. Pedro com o Império, citada mas não comentada em nota anterior, que nos abre o caminho. O que diz Nabuco nessa página privilegiada é o seguinte;

> Se tudo que é deliberado, pessoal, no seu Reinado, *exprime só uma consciência contínua, uma identidade diretora, a dele,* [ênfase JCBT] os acontecimentos,

---

64. Op. cit., p. 452.

o *in fieri*, vai além, como sempre do que quer o impulsor ou o moderador político. [...] Mas tudo isso passa-se no Inconsciente nacional, no fundo orgânico – hereditário, evolutivo – onde quase nenhuma intervenção pessoal, direta, imediata, é possível. A consciência é dele.

Como se vê, Nabuco combina os conceitos de ação e de identidade, mas delimita a extensão do conceito de identidade à consciência individual, o que, pelo menos à primeira vista, torna impossível entender a identidade de um coletivo social, pelo menos no sentido em que este texto inicialmente a propôs; a saber, compreendendo as ações que esse coletivo faz, sem requerer que esse fazer seja ele próprio autoconsciente e individualizado. Nabuco justifica essa restrição, porque impessoaliza a ação social distribuída entre os membros da sociedade, atribuindo-a às *forças sociais*, cujo sujeito encontra-se no Inconsciente nacional, caracterizado como um *fundo orgânico*, de modo e em termos que torna impossível que se lhe aplique o conceito de *identidade* por ele entendido, como evidente no texto, à maneira de Locke, como dependente da continuidade *lembrada* da sequência das vivências.

No entanto, se nos dermos conta, como dito acima, que toda ação social é dependente de ações individuais, ainda que a orientação que damos a elas seja condicionada pela posição em que nos encontrarmos na malha das relações institucionais que estruturam a vida em sociedade[65], a despeito também de que coordenação e a agregação de seus resultados dependa de processos cujo sentido pode nos escapar inteiramente, torna-se possível entender por que há um sentido em que somos sujeitos do que ocorre na vida da sociedade a que pertencemos, coautores do que nela vier a ter lugar. Nabuco, na verdade, analisa o ponto com perfeição quando diz:

> Todo dia, de toda parte, sua ação individual é anulada pela força de forças sociais, sobre cujas afinidades, reações e encontros ele não tem domínio, e isso em tal escala que o que ele faz, podendo deixar de fazer, ou o que ele deixa de fazer, podendo fazer, não tem quase alcance, comparado ao jogo

---

65. Catherine Colliot-Thélène em livro recente chama atenção sobre "o caráter central da noção de 'conduta de vida' (Lebensführung) na economia geral da sociologia weberiana", noção esta que "antes de tudo permite compreender como Weber consegue articular sem solução de continuidade os níveis de análise micro e macrossociológicos" e que lhe permitiu resolver "desde o início, ou seja antes mesmo que ela aparecesse, a oposição entre o ponto de vista da ação e o ponto de vista das estruturas". Ver COLLIOT-THÉLÈNE, 2016. Se condutas de vida padronizadas podem ser atribuídas a responsabilidades de autoria, como estou sustentando aqui, seria um ponto cuja oportunidade de discutir com a querida e inesquecível amiga Catherine perdi. Perdi lamentável e tristemente porque em meio aos dias de preparo deste texto me veio a notícia de seu falecimento.

e à obra das causas cujas atividades lhe escapa, e a maior parte das quais ele nem suspeita.

Mas convém que, ao lermos a frase, substituamos o "sua", que faz remissão ao Imperador cuja ação é dita anulada por força de ações sociais, e troquemos esse possessivo por "uma", um artigo indefinido, pois, se assim procedermos, torna-se plausível pensar que Nabuco talvez pudesse aceitar a generalização que esta troca implica: a ideia de que não é somente o representante que age na construção da sociedade em que se vive, nem o único agente que tem roubado o sentido de suas ações, nem o único sujeito capaz de lembrar e de assumir a obra feita. Se, além disso, prestarmos atenção à cláusula "o que ele faz, podendo deixar de fazer, ou o que ele deixa de fazer, podendo fazer" também veremos que Nabuco mostra com grande finura que agimos, seja ao fazermos opções comissivas, seja quando as fazemos omissivas ao ensejo da eleição, expressa ou tácita, dentre as possibilidades entrevistas à frente. Neste segundo caso, a renúncia a dar outro possível curso a processos em andamento, implicando o endosso ao desfecho que as tendências inerciais virão a provocar. Ora, com base nessas indicações torna-se possível não só entender como podemos ser sujeitos e autores do que nos foge à consciência, mas também que essa é a forma *default* da ação social e da base ontológica que nos permite dizer que, no exemplo de nossa história, somos nós, nós os brasileiros, que construímos a identidade de nosso país.

Assim, se levarmos a sério a ideia de que uma sociedade politicamente organizada é, como dissemos anteriormente, *dobrada*, veremos que nem a Independência é só obra de Dom Pedro I, nem a República só de Deodoro, mas que essa ação do representante, se é o que fecha um capítulo na novela que é a história de nosso país, e cuja intriga é o que lhe confere a identidade, constitui-se pelo modo como o conjunto das ações sociais – conjunto formado pelas incontáveis ações que conformam os condicionantes desse fechamento final – desloca-se ao longo da dobra para a zona da ação soberana do representante que, por assim dizer, conclui o desenho da figura que um povo dá a si mesmo em um dado momento de sua história.

Acrescente-se ainda, porém, que se entendermos a consciência do "ele" do texto de Nabuco como designando menos o fluxo de consciência de Pedro de Alcântara João Carlos Leopoldo Salvador Bibiano Francisco Xavier de Paula Leocádio Miguel Gabriel Rafael Gonzaga de Bragança Habsburgo-Lorena e Bourbon do que a memória institucional do Império, tal como presente e informadora da continuidade das decisões de caráter público feitas em nome do conjunto social do qual o Imperador era imperador, então é inegável que a *consciência* da obra coletiva de formação do país é dele. Dele, no entanto, não só como portador de suas lembranças individuais, mas também da memória institucional do país, figura clara de uma entidade cuja natureza abstrata de corporação é "*determinada exclusivamente pelo tempo*"[66] no qual se sucedem os incumbentes. Foi isso o que, na Inglaterra, os juristas do período Tudor mostraram ao elaborar a doutrina dos dois corpos do rei, consoante a qual não se separa a coroa do rei, mas se distingue na pessoa do rei o corpo natural e o corpo corporativo, ou, mais exatamente, o sujeito do corpo político.[67]

5. A Revolução de 30 e o consulado de Vargas: Um novo começo[68]

Cento e oito anos depois da já citada fala de Dom Pedro em 3 de maio de 1823, quando da abertura da Assembleia Constituinte, no dia 2 de Janeiro de 1931, Getúlio Vargas, então chefe do Governo Provisório, em discurso pronunciado ao ensejo de um banquete que lhe ofereciam as Forças Armadas, de algum modo retomava a mesma confiança, a mesma crença no destino do Brasil que se manifestara em nosso momento inaugural:

> Vitoriosa a Revolução, o Brasil retoma o caminho que o fará ascender ao destino que lhe compete. O gigante despertou da longa modorra, distendeu os membros entorpecidos, experimentou a rijeza dos músculos e com desassombro, se pôs em marcha, afastando todos os obstáculos que se opunham ou retardavam o seu progresso. [...] Do esforço coletivo dos brasileiros e vigilância patriótica de todos os revolucionários, ressurgirá o Brasil novo. Sente-se que esse ressurgimento se executará com rapidez, pois um sopro de esperança areja o ambiente, inspirando à Nação confiança no futuro, pela fé que lhe inspira o presente.[69]

É verdade que três anos depois, no dia 15 de novembro de 1933, quando Vargas leu sua Mensagem ao abrir os trabalhos de uma Assembleia Constituinte, o tom assumido ao evocar as lições do passado foi bem outro:

---

66. Cf. Kantorowicz, 1957, p. 387.

67. Baste, no presente contexto, apenas uma das muitas evidências textuais da doutrina inglesa apresentadas por Kantorowicz: "A razão é porque o Rei é um corpo político, e quando um ato diz 'o rei', ou 'nós', fala-se sempre na dele como Rei, e em sua Dignidade régia, o que, portanto, inclui todos os que exercerem essa função". Id., p. 407.

68. A palavra *consulado* é empregada aqui no sentido que assume, em paralelismo mais ou menos conhecido, com o que o termo adquiriu na história romana quando a República substituiu o Império, ocasião em que, embora o cargo de titular do poder soberano deixasse de ser vitalício, não deixou de existir, seu titular maior passando a ser chamado de Consul. Cf., p. ex., MOMMSEN, Theodor, 1953, livro segundo, capítulo primeiro, pp. 276 e segs.

69. Ver Vargas, 1938, pp. 83-5.

> Os povos, como os indivíduos, jamais conseguem realizar integralmente as suas aspirações. Na ânsia por atingir o melhor, consagram-se a experiências em que o ideal só é alcançado aproximativamente, através de lutas repetidas e ingentes [...].[70]

Vê-se que, embora chefe de um movimento revolucionário exitoso, as pretensões haviam se tornado mais modestas e já não era clara e peremptória a confiança de que o país viria a alcançar em breve grandeza proporcionada à sua realidade física, econômica e demográfica. A segurança na crença de um destino manifesto, se não é negada, é substituída pela afirmação realista e pragmática de que a aproximação do ideal almejado depende de *lutas repetidas e ingentes*, o que era dizer que não haveria estrada real a levar o país a sua destinação.

Não se entenderá porém a oscilação entre esses dois registros se não se esclarecer minimamente a situação que levara ao episódio revolucionário e os desafios dos problemas que nela se manifestavam. Que se manifestavam uns claramente, outros, porém, mal entrevistos, mas que, independentemente de que bem ou mal percebidos, desde então afligiam o país e restavam por reequacionar e resolver.

A melhor literatura sobre a Revolução de 30 tende a examiná-la em função de sua determinação de classe, com bem explicado por Boris Fausto em seu clássico *A Revolução de 1930 – Historiografia e História*, e conforme, aliás, ele mesmo procede na crítica que dirige a seus antecessores. No entanto, na perspectiva de análise que estamos seguindo aqui, é incontornável dizer que classes não são agentes políticos, que classes são estruturas sociais que condicionam "*condutas de vida*", e que os eventos que compõem a intriga em que se desenrola a história são acontecimentos efetivados mediante a coligação, intencionada ou não, de ações, comissivas ou omissivas, de quem vive em sociedade, e isso assim ainda que o peso do universo diferenciado dos agentes sociais na conformação produzida pela ação coletiva varie enormemente. Em movimentos revolucionários, ainda que a ação persiga objetivos explícitos, e que a ação revolucionária seja coordenada, o entendimento do que resultará

---

70. Ver em: http://www.biblioteca.presidencia.gov.br/publicacoes-oficiais/mensagem-ao-congresso-nacional/mensagem-ao-congresso-nacional-getulio-vargas-1933/view. Acesso em: 17 ago. 2022. A José Honório Rodrigues não escapou essa mudança de tom, que certamente não esperou os anos 30 do século XX para aparecer. Ele a registra observando: "Passado o entusiasmo e a confiança das primeiras horas da Independência, quando estava o brasileiro ainda fascinado pelas drogas e pelas minas, pela grandeza e possança que lhe ensinara Antonil, ele sufocou sua insuficiência diante do catálogo interminável de suas riquezas que não estavam tão à mão como lhe parecia antes e, pelas suas próprias tendências, caiu no irrealismo. [...] Não se reconheceu que o grande pecado era a pobreza, que se vencia pelo trabalho e pela poupança". Ver RODRIGUES, José Honório. *Aspirações nacionais*. São Paulo: Editora Fulgor, 1962, p. 61.

da ação empreendida é necessariamente incerto e obscuro porque toda ação revolucionária, ao adentrar em ambiente complexo e tormentoso, encontra-se sujeita a toda sorte de surpresas.[71] Por isso, para tratar de entender o ocorrido em 30, o primeiro recurso está em lembrar, ainda que esquematicamente, os fatores concretos e as articulações que levaram à formação da base político-social que levou à formação da Aliança Liberal e seu desdobramento no processo revolucionário, bem como, indiretamente, a compreensão das alternâncias de tom que se vê na fala do representante maior da Revolução e de seus desdobramentos.

Anteriormente, insistimos sobre o modo pacífico como transcorreu a passagem do Império à República, mas, em razão de exigências internas deste texto, nem menção fizemos ao sucedido com o Brasil no desdobramento daquele transe político, nem à instabilidade institucional que se estenderia por todo o período da chamada República Velha. Com efeito, proclamada a República, instituído o governo provisório, convocada a assembleia constituinte, aprovada a Constituição de 24 de fevereiro de 1891, eleito Deodoro Presidente, e, apenas nove meses depois, o fundador da República, ao ver-se fortemente contestado, fecha o Congresso (a 03/11/1891) e, quase imediatamente, vinte dias depois, vendo-se já não mais simplesmente contestado, mas desafiado e ameaçado, renuncia à Presidência inclusive por pressão militar.

Não há como enumerar e retratar aqui os desdobramentos agudamente críticos que vieram a compor vida política da República recém-instituída, mas, para pelo menos entender como veio a se produzir a segunda grande mudança institucional sobre a qual nos importa chamar atenção neste texto, há pelo menos dois aspectos crônicos dos 39 anos que separam a Proclamação da República do 3 de outubro de 1930 que é indispensável mencionar para fixar minimamente os elementos contextuais necessários ao esclarecimento do que seriam os desafios a ser enfrentados neste segundo período.

O primeiro traço maior do primeiro período republicano, reação direta contra a concentração e a centralização do poder político do período imperial, foi a consagração constitucional de amplíssima autonomia estadual, manifesta já no art. 3º do Decreto nº 1 do Governo Provisório, em que se dispunha que competiria a cada um dos Estados estabelecer seu próprio processo constituinte. O segundo foi a *naturalização*, se assim se pode dizer, da intervenção militar

---

71. Não resisto a tentação de citar e de observar que em tais circunstâncias cabe, com pertinência máxima, o que Oakeshott diz ser próprio da atividade política em geral: "Na atividade política, então, os homens velejam em um mar sem limites e sem fundo; não há nem porto, nem abrigo, nem solo para ancorar; nem ponto de partida nem destino designado. A empresa é manter-se flutuando com a quilha em equilíbrio [...] com vistas a tornar amiga cada situação hostil", Oakeschot precisando que "o mar é amigo e inimigo". Ver OAKESHOTT, Michael. Political Education. In: OAKESHOTT, Michael. *Rationalism in politics and other essays*. Indianapolis: Liberty Fund, 1991, p. 60.

nos assuntos políticos, como se a origem da República em um golpe fosse a consagração definitiva de que, no Brasil, a intervenção militar nos assuntos políticos, *sponte sua* ou a pedido, faria parte correntia e permanente da vida institucional do país.

Do entrecruzamento dessa estadualização do poder político e do recurso militar sempre à mão, formou-se a poderosa fonte da qual se originou a enorme sequência de conflitos internos nos Estados, muitos assumindo a forma de confrontos armados importantes – no caso da Revolução Federalista no Rio Grande do Sul, uma guerra civil que durou três anos e cujos custos em vidas foram muito altos[72] – motivados pelas disputas pelo poder entre correntes das elites locais, originadas seja em diferenças político-ideológicas, seja em consequência de representarem interesses sociais diversos, seja por ambas essas razões e, como sempre, também pela disputa das prerrogativas que o poder oferece.

Apreciando de maneira mais geral o que foi o primeiro período da vida republicana, torna-se evidente que, de algum modo, o Brasil já não sabia como viver ordenadamente uma vez falto o comando autoritário do Império. Tudo se passa como se o país tivesse se desorientado, perdido em consequência da Proclamação da República, a politização da Armada e do Exército sendo o sinal mais grave dessa desordem e do desconcerto cuja contenção, sempre parcial e obtida a duras custas, deveu-se à progressiva hegemonia assumida pelo Partido Republicano Paulista em articulação com Minas; articulação que, como bem sabido, a partir da eleição de Prudente de Moraes à presidência esteve na base da chamada política dos governadores.

Foi assim que se tornou possível construir, progressivamente, uma base de sustentação para o Governo Central, a qual ainda que assentada na cooperação política dos governos paulista e mineiro e conquanto logo organizada e mais ou menos equilibrada pela articulação dos interesses estaduais pelo senador Pinheiro Machado, não evitou, como observado acima, um sem-número de disputas políticas nos Estados, com frequência envolvendo confrontos armados.

É verdade que, em paralelo, malgrado a confusão política e as dificuldades financeiras sérias, o Brasil se manteve íntegro e em pé e, conquanto não tenha tido um ritmo de crescimento e afirmação como teve a Argentina no mesmo período, não ficou parado. Na verdade, o vigor da produção cafeeira renovada

---

72. Uma consulta ao índice de A *República Velha* (evolução política), de Edgard Carone, nos dá a seguinte lista: (i) o contragolpe de 23/11/1891; (ii) a revolta de Wandenkolk; (iii) a revolução federalista no RS; (iv) a revolta da Armada; (v) Canudos; (vi) a revolta monarquista de 1902; (vi) as revoluções de 1889, 1901 e 1906 em Mato Grosso; (vii) o bombardeio de Manaus em 1910; (viii) o bombardeio de Salvador em 1912; (ix) a revolução de 1914 no Ceará; (x) a revolta dos sargentos, 1914-1916; (xi) a revolução de 1920 na Bahia; (xii) a revolução de 1922 em vários estados; (xiii) a revolução de 1923 no Rio Grande do Sul.

no período republicano, sustentada no crescimento da demanda mundial e nos ganhos de produtividade trazidos pelas novas relações de trabalho e pelas torras roxas de São Paulo, deram ao Brasil vitalidade suficiente para aumentar a população urbana, para melhorar as infraestruturas e, de alguma maneira, modestamente, modernizar o país.

No entanto, as disfuncionalidades institucionais, a instabilidade política e a concentração das ações governamentais de sustentação da economia cafeeira, de base predominantemente paulista, embora por largo tempo inquestionadas[73], foram progressivamente mostrando seu desajuste com relação às necessidades de administração do interesse nacional cada vez mais sentidas e visíveis a partir da segunda década do século XX. Era como se o paralelismo entre a condução, razoavelmente adequada dos interesses econômicos da produção cafeeira, por longo tempo eixo maior da economia do país, assentado em São Paulo, e a manifesta tolerância, indiferença e impotência do centro político para coordenar a vida política, econômica e social nos Estados, denunciasse um rasgo na malha político-institucional do Brasil cuja perpetuação se tornava cada vez mais intolerável, ainda que a percepção da origem desse desajuste estrutural fosse pouco clara.

Já nos primeiros anos do governo republicano, surgiram conflitos abertos na Bahia e no Amazonas, os primeiros da longa sequência que se seguiria. Mais tarde, depois da relativa acomodação pela dita política dos Governadores, em 1922 a turbulência se agrava. Uma revolta em Pernambuco dá início a um novo ciclo de instabilidades, pois quando Hermes da Fonseca, chegado de Paris, manifesta-se contra o uso do Exército para controlar a revolta naquele estado, o governo central reage fortemente e Epitácio Pessoa ordena que se dê ordem de prisão ao ex-presidente. Seguem-se revoltas e manifestações no Rio Grande do Sul, com o apoio de Borges de Medeiros, bem como outras, menos oficiais, das quais a mais renomada foi a da revolta do Forte de Copacabana, que resultou em dezesseis mortos. Novos surtos de revolta se sucedem em vários estados; a resposta do governo foi a decretação do estado de sítio e a censura à imprensa, de modo que, como seria de se esperar, Epitácio terminou seu mandato em meio a um ambiente de insatisfação e desordem geral do país.

---

73. Boris Fausto (1975, p. 223) escreve a propósito deste último ponto: "Apesar das relutâncias iniciais, [...] o programa de valorização sustentado pelo Estado de São Paulo se impôs no nível federal, expressando a crescente identificação entre interesses cafeeiros e interesse nacional. Sob este aspecto, o esquema implantado em 1906 reforçou a predominância da burguesia cafeeira no seio da classe dominante e acentuou as desigualdades regionais. [...] Convém lembrar, porém, que, se o alcance da desigualdade no fornecimento de recursos podia ser objeto de justas críticas, o atendimento do núcleo agroexportador em crise era irrecusável para se garantir o crescimento econômico, dado o papel que o café desempenhava na economia brasileira".

Importa também observar que nesse período a população urbana das capitais, cada vez mais relevante na vida do país, tende a simpatizar com os revoltosos. Nas explicações para a origem desse ambiente geral de insatisfação, além das disputas por liderança política nos estados, destaca-se o fato de que, como observa Décio Saes, "a crise do capitalismo agromercantil" estava a ser "vivida por outros grupos sociais urbanos como um momento de privação e de degradação do nível de vida e de consumo", registro que Saes logo complementa pela ponderação de que "se a política oligárquica de 'socialização das perdas' já havia inoculado nas baixas camadas médias o sentimento da necessidade e da 'urgência' de uma mudança social", a eclosão da "crise do mercado mundial" no final da década "teve o efeito de reforçá-lo".[74]

Se se quiser ver um pouco mais de perto o quadro evolutivo dessas situações de instabilidade, é importante enfatizar que, depois de 1922, elas se tornaram crônicas. Assim, em 1923, tem-se nova irrupção revolucionária no Rio Grande do Sul, em 1924 em São Paulo, logo acompanhada de levantes novamente no Rio Grande do Sul, no Mato Grosso, em Sergipe, no Pará e no Amazonas. Nesse mesmo contexto, no qual avulta a crescente participação de jovens que no período integravam a baixa oficialidade e cujo ativismo político veio a ser conhecido como o *tenentismo*, formou-se a Coluna Prestes-Miguel Costa, cuja pouca importância militar é mais do que compensada pela imagem de uma insurgência incansável e resiliente contra um *status quo* político sempre mais amplamente considerado como intolerável e carecido de mudanças radicais.

Faoro, ao apreciar esse panorama político confuso que vai de 1922 a 1927, procura explicá-lo como a manifestação do desajuste cada vez mais evidente da descentralização federativa – a despeito do interregno de relativo controle, que, graças à ação do senador Pinheiro Machado, lhe fora dado pela política dos governadores – às necessidades da economia e da sociedade brasileira ao fim do primeiro quartel do século XX.[75] Necessidades genericamente caracterizáveis pelo anseio de um nível de vida e de consumo mais alto, como diz Décio Saes na mesma página citada há pouco, e também pela entrevisão de que isso requereria o incremento das atividades industriais e dos serviços, tanto os relativos à base da estrutura econômica, como os relativos aos transportes e à energia,

---

74. Ver Saes, 1985, pp. 82-3.

75. Faoro escreve: "Não corresponde à realidade [...] o clichê de reduzir a inquietação de 1922-1927 a mero antagonismo pessoal, sem bandeira e sem conteúdo ideológico. Falsa será, de outro lado, a confundi-la com mais um surto militarista, obra da indisciplina dos quartéis. A raiz histórica do movimento situa-se numa corrente de elos soltos, mas em formação o estuário, alimentado pelo Exército, [d]o povo e o protesto contra o domínio hegemônico da política dos governadores. A espinha dorsal, muitas na entrevista, será a reorganização do aparelhamento estatal, para a realização de tarefas políticas só exequíveis mediante reformas de maior profundidade". Op. cit., vol 2, p. 668.

quanto os serviços urbanos, como o saneamento, a iluminação pública e, mais genericamente, a diferenciação do comércio e da indústria.

Seja como for, não há como negar que nesse momento o país zigueza-gueia, os agentes políticos e o corpo dos cidadãos perdidos entre necessidades de mudança estrutural que mal identificam e aspirações políticas para as quais não encontram outra e equivocada expressão que a de reformas institucionais de inspiração vagamente liberal-democráticas, que estavam longe de vir a manifestar de modo mais adequado para o necessário enfrentamento dos desafios antepostos ao país no novo século.

Dentre estes estava a evidência de que o crescimento das populações urbanas dava um novo peso a contingentes de pessoas que tinham interesses próprios referentes ao emprego, à educação e à participação e que não se viam mais atendidos pelos mecanismos institucionais do regime republicano, que parecia impotente também em ver e promover o desenvolvimento de atividades econômicas novas, ligadas aos setores industriais e de serviços, algumas das quais precisavam dos ganhos de escala que um mercado mais unificado do que aquele que então tínhamos poderia viabilizar. O que é também dizer que se mudava acentuadamente a configuração social do país, incluindo-se em tais mudanças, além do que se costuma denominar classe média, uma nova população trabalhadora, urbana, mais informada e mais ligada aos condicionantes políticos da vida social.

Os governos de Artur Bernardes e de Washington Luís haviam começado a reagir a esse quadro complexo, antes de mais nada, para combater a desordem institucional, essa espécie de anarquia que o pensamento liberal das lideranças políticas mais lúcidas, a começar por Rui Barbosa, entendia mal e que as fazia oscilar entre as propostas de reformas institucionais e o apelo ao Exército como força disciplinadora e organizadora do país.

Nesse contexto, Washington Luís tenta combinar medidas de entendimento, de redução das tensões do período que o antecedeu, mas não a ponto de ceder a todas elas, recusando-se, notadamente, a atender o pedido de anistia geral para todos os insurgentes dos governos de Epitácio Pessoa e Artur Bernardes. No entanto, a despeito de uma melhor condução política, os protestos e insatisfações continuam, formam-se novos partidos políticos no Rio Grande do Sul e em são Paulo, entre eles o novo Partido Comunista. Nesse quadro de insatisfações generalizadas e crônicas, o movimento tenentista, expressão das insatisfações e manifestações, agora não só das altas patentes do Exército, mas também dos primeiros oficiais, dos tenentes, para usar o termo que viria a designar um movimento político confuso e difuso que, contudo, ao surgir e ao ganhar volume em suas manifestações, viria a constituir um dos fatores importantes de agravamento da desordem e da instabilidade política do período.

A despeito desse ambiente de grande instabilidade, Washington Luís insiste na candidatura de Júlio Prestes em 1930, ao fazê-lo reafirmando as pretensões de preservação da hegemonia paulista, não obstante o veto mineiro e o fato de que o Rio Grande do Sul, até então comprometido com os republicanos de São Paulo, os ter abandonado, vindo a compor o bloco oposicionista juntamente com a Paraíba. A eleição é tensa, mas Júlio Prestes é vitorioso; Getúlio Vargas, feito candidato da Aliança Liberal, perde. No entanto, as Minas Gerais, a Paraíba e, principalmente, o Rio Grande do Sul, liderados por Antônio Carlos e o próprio Getúlio Vargas, inconformados com a derrota, e cada vez mais convictos de que era preciso pôr fim à hegemonia política paulista na condução dos interesses do país, a princípio hesitantemente, conspiram, mesmo que, no Rio Grande do Sul, Borges de Medeiros reconhecesse explicitamente a vitória de Júlio Prestes e se posicionasse acima de tudo pela ordem, vale dizer, contra a quebra do regime da Constituição de 1891.

Tudo se passa, portanto, como se a hegemonia paulista já não fosse mais aceitável; minada por uma insatisfação geral, ainda que pouco articulada e pouco consciente do que haveria de pôr no lugar. O levante iniciado em 3 de outubro de 1930 desdobrou-se rapidamente, pois 32 dias depois da eclosão do movimento revolucionário, no dia 4 de novembro de 1930, Getúlio Vargas toma posse como chefe do governo provisório.

Nesse momento inicial não havia clareza nos objetivos e, muito menos, em relação às consequências da ação revolucionária. As falas de Getúlio e Antônio Carlos parecem vinculadas ao pensamento liberal, à restauração da ordem no país e, em princípio, destinadas a promover a reconstitucionalização tão logo vencidas as forças governamentais. No entanto, nas forças revolucionárias, não faltava quem, Góes Monteiro à frente[76], entendesse que a reorganização do país requeria um governo ditatorial.

Mas não foi nenhuma dessas posições que inicialmente prevaleceram. Getúlio, inicialmente, não excluiu do horizonte político a reconstitucionalização, embora recusasse a urgência de fazê-lo, defendida por significativa parte das lideranças da revolução, notadamente dos gaúchos[77], mas também da opinião

---

76. Ver Neto, 2014, p. 182.

77. No início de 1932, tendo em vista a recusa de Getúlio de dar andamento à reconstitucionalização do país, como ficara evidente não só pela proibição da realização de comícios para a defesa e exigência de que fossem tomadas as devidas providências para tanto, mas sobretudo pela inação do Governo para punir os responsáveis pelo empastelamento do *Diário Carioca*, que dava expressão aos anseios e à demanda de que se pusesse fim ao governo provisório, pediram demissão João Neves da Fontoura, Batista Luzardo, Maurício Cardoso, Lindolfo Collor e Aníbal Barros Cassal, apoiados pela surpreendente conjunção de rivais históricos como eram Borges de Medeiros e Raul Pilla. Cf. Lira Neto, op. cit., capítulos 1 e 2.

pública liberal e da elite política paulista, cujos principais líderes não tardaram a aperceber-se que, a despeito do caráter difuso do programa ideológico do novo governo revolucionário, um de seus componentes fundamentais era pôr fim à hegemonia de São Paulo, cuja implicação mais importante viria a ser a recusa da identificação automática do interesse nacional com os interesses da cafeicultura paulista, a despeito de que esta última ainda fosse o braço mais forte da economia brasileira e que, no tempo do Governo Provisório, continuasse a contar com o apoio do Governo Federal.

No entanto, Getúlio Vargas, mais do que todos, não obstante seus silêncios, hesitações, mais do que Osvaldo Aranha, mais do que Juarez Távora, mais do que Góes Monteiro, foi quem mais, ainda que pouco a pouco, foi tomando consciência do que a revolução começava a fazer e do que era preciso fazer nessa enfim entrada do Brasil no século XX. Já o discurso de posse do Governo Provisório dera disso evidência. Evidência que, embora ainda incoativa e formal, mostrava a grandeza da tarefa modernizadora que cabia ao novo governo conceber e implementar:

> O movimento revolucionário, iniciado, vitoriosamente, a 3 de outubro, no Sul, Centro e Norte do país, e triunfante a 24, nesta Capital, foi a afirmação mais positiva que, até hoje, tivemos da nossa existência como nacionalidade. Em toda a nossa história política, não há, sob esse aspecto, acontecimento semelhante. Ele é, efetivamente, a expressão viva e palpitante da vontade do povo brasileiro, afinal senhor de seus destinos e supremo árbitro de suas finalidades coletivas. No fundo e na forma, a Revolução escapou, por isso, ao exclusivismo de determinadas classes. Nem os elementos civis venceram as classes armadas, nem estas impuseram àqueles o fato consumado. Todas as categorias sociais, de alto a baixo, sem diferença de idade ou de sexo, comungaram em um idêntico pensamento fraterno e dominador: — a construção de uma Pátria nova, igualmente acolhedora para grandes e pequenos, aberta à colaboração de todos os seus filhos.[78]

Desta vez não se anuncia que a Pátria nova haveria de ser *o assombro do mundo novo e velho*, a fala é mais realista, carregada com a consciência dos insucessos e limites do primeiro século de existência do Brasil, mas não menos ambiciosa, pois, outra vez, a tarefa é construir a pátria nova. O texto ainda não diz em todas as letras, mas já se advinha o que virá: a consciência de que, para um mau jogo, para aproveitar uma passagem incidental do Leviatã, a única solução é dar as cartas de novo. Num certo sentido isso é o que será feito no longo consulado de Getúlio Vargas, embora nesse começo a dimensão propriamente construtiva do trabalho a fazer não estivesse clara.

---

78. Vargas, 1938, p. 69.

Contudo, há um sentido em que 1930 repete 1822, pois tem-se nessa repetição a mesma fé e a confiança nos destinos do Brasil, o reconhecimento de que um país se faz, que o país é uma obra e uma tarefa e que é a realização desse encargo, a *construção de uma Pátria nova*, que o Governo novo estava comprometido e todos os brasileiros convocados.

Não cabe nos limites editoriais que esse texto deve respeitar detalhar o enorme alcance das transformações políticas, sociais e econômicas que o longo primeiro período do governo de Vargas veio a produzir. No entanto, uma breve indicação geral da escala dessas mudanças é preciso fazer. Não sem antes, porém, chamar atenção para uma diferença dos modos em que a obra de construção do Brasil é feita nesses três períodos a que reduzimos nossa sondagem de como construímos a identidade do Brasil-País.

A alusão que se acaba de fazer à diferença de modos em que a obra de construção pode ocorrer também pode ser entendida como uma remissão à diferença na temperatura, se assim posso dizer, do tempo histórico, do modo como nós os brasileiros, nas diferentes estações de nossa autoconstrução nos posicionamos com relação à tarefa moldar o país que queremos.

Deixando de lado a metáfora, que alude a atitudes, ao modo de nos sentirmos com relação ao que fazer de nós próprios, o que creio que se deve distinguir na figura geral dos momentos até aqui analisados é a presença em uns e a ausência em outros da clara consciência de que a construção de um país é uma tarefa que depende de um querer coletivo e possui uma dimensão de universalidade que não pode ser ignorada. E isso porque a entrega do dinamismo social às tendências espontâneas da evolução demográfica, da divisão social do trabalho e da dinâmica dos mercados, não só produz indesejáveis consequências na estrutura de distribuição pessoal e funcional da renda, cujo efeito negativo maior é o aumento das desigualdades socioeconômicas e dos desequilíbrios inter-regionais, mas, além disso, acarreta o desperdício dos ganhos de cooperação, solidariedade, inteligência e produtividade que naturalmente decorrem da clareza com relação a um objetivo a perseguir compartilhadamente.

Essa consciência o Império teve desde o início. À República Velha ela faltou, seja pela confusão produzida pela radicalidade da reação descentralizadora, seja pela predominância quase absoluta no período da identificação dos interesses do Brasil-País aos da economia cafeeira. O movimento de 30, fruto da reação aos conflitos e desarranjos sempre mais acentuados do período republicano, como que pressentia que faltava norte ao Brasil, que adentrávamos o século XX com instituições e agenda vencidas. O que o consulado getulista fez foi progressivamente encontrar um novo rumo, compreender que o futuro do Brasil não poderia nem ser entregue à dinâmica autônoma dos Estados, nem se limitar a reformas político-institucionais, mas exigia além da centralização e concentração do poder político, a transformação econômica e social da realidade brasileira.

Como já mencionado, evidentemente, a multiplicação dos conflitos e insurgências nos Estados, a politização das Forças Armadas expressava um agressivo descontentamento com a figura dada ao Brasil no primeiro período republicano. Mas a esse sentimento difuso somava-se a percepção crescente de que os repetidos apoios estatais à preservação da economia cafeeira eram sinal de que esta estava a encontrar seus limites e que o desenvolvimento do país precisava mover-se em novas direções. No entanto, mesmo diante das recorrentes situações em que, não fosse o socorro estatal do governo de São Paulo ou do governo federal, a economia cafeeira se veria em meio a uma quebradeira geral, houve o reconhecimento de que tais eventos não eram a repetição simples de crises setoriais conjunturais, mas manifestações do fim de uma *etapa histórica* no desenvolvimento da economia e da sociedade brasileira, que foi lento e não escassamente teorizado.

Em um texto que publiquei há quase cinquenta anos e que aqui retomo em parte e muito enviesadamente, sublinhei o fato muito evidente que a crise da economia agroexportadora de então estava a ter lugar sem que se encontrasse imediatamente à mão uma solução substitutiva.[79]

Mas agora parece-me necessário perguntar: mas *à mão de quem*? No texto a que acabo de me referir, a mão que poderia, e que efetivamente veio a descobrir a solução substitutiva, era a mão do Estado. Mas, conforme a análise então exposta, essa atribuição ao Estado da tarefa de encontrar o novo caminho a ser trilhado pelo país era explicada por uma situação de equilíbrio na fraqueza das diferentes classes sociais. Fraqueza da burguesia agroexportadora baseada no café, cuja importância ímpar na economia do país estava visivelmente a reduzir-se; fraqueza por assim dizer congênita das classes médias; fraqueza juvenil da burguesia industrial e da classe operária então em formação.

Ora, isso era sustentar que o protagonismo do Estado no período que então se iniciava deveria ser entendido como decorrente de uma debilidade das classes sociais, como se estas pudessem ser diretamente os agentes e os autores do enfrentamento e dos encaminhamentos requeridos pela situação difícil em que se encontrava o país. Associadamente, também se dizia que a preocupação centralizadora refletiria a necessidade de estreitar os laços entre as diversas regiões a fim de constituir um espaço econômico, um mercado integrado.[80]

---

79. Refiro-me ao artigo que publiquei em 1974 com o pseudônimo de José Meireles, intitulado "Notas sobre o desenvolvimento do capitalismo industrial no Brasil", e ao registro do debate de que seguiu a sua apresentação. Cf. MEIRELES, José. Notes sur le rôle de l'État dans le développement du capitalisme industriel au Brésil. In: *Critiques de l'économie politique*, 16-17. Amérique latine: accumulation et surexplooitation, Éditions François Maspero, abr.-jun. 1974, pp. 91-140.

80. Cf., idem, p. 95.

Neste segundo caso a explicação da razão da centralização política então sobrevinda a partir de uma necessidade econômica parece evidentemente desviada, tendo em vista a disfuncionalidade da autonomização radical dos poderes estaduais, a desordem institucional que se tornara endêmica na primeira república, a evidente e grave perda de sinergia e convergência entre o que se passava nos polos federados, nos Estados e as necessidades globais do país. Esta foi a principal razão não apenas da centralização política que não tardaria a sobrevir, mas também da concentração do poder que a acompanhou, ainda que no desdobramento da ação governamental no período tenha se produzido também uma maior integração do mercado nacional.

Em um outro plano, passando agora a considerar de modo mais específico, a ação de governo, não há como deixar de apontar que a ação transformadora do Governo Vargas foi acompanhada pela formação e consolidação do regime autoritário, começada, aliás, já com a demorada decisão de abrir o prometido processo constituinte, que poria fim ao governo provisoriamente instituído pelo movimento revolucionário, o que só viria a ocorrer quando da promulgação da Constituição de 10 de julho de 1934.

De 1930 a 1934, a protelação da decisão de Getúlio em convocar a constituinte se devia principalmente ao temor de que ceder à pressão das lideranças estaduais, seja as do Rio Grande do Sul, seja as de São Paulo e mesmo as de Minas, que reclamavam a reconstitucionalização com urgência, abriria a porta para a devolução do país à predominância dos interesses estaduais, acompanhado da inevitável liderança paulista, quadro que acarretaria a consequente perda de foco nos desafios maiores que o Brasil precisava enfrentar sem mais procrastinações e que, em fim de contas, era a razão mais profunda da Revolução de 30.[81] Os custos políticos da decisão de manter fechado o poder até 1934 foram altos, pois

---

81. A despeito da preocupação do Governo Provisório em não precipitar a reconstitucionalização do país, o código eleitoral de 1932 deu um passo importante na busca da redemocratização, pois, com a criação da Justiça Eleitoral, tratava de pôr fim as atas das "comissões verificadoras de poderes", instrumento maior das eleições a bico de pena que caracterizaram as invariavelmente fraudadas disputas eleitorais da primeira república. Além disso, o Código estendia o direito de voto às mulheres e estabelecia o caráter secreto do sufrágio. Em livro recente, Luis Rosenfield chama atenção para a anomalia desta iniciativa decididamente democratizante em um contexto em que o governo provisório tendia a andar em direção contrária. Ao destacar o ponto, observa: "O caráter liberalizante do Código Eleitoral ainda é uma incógnita a ser pesquisada com maior profundidade pela historiografia brasileira". Ver ROSENFIELD, 2021, p. 148. Uma explicação para esse passo fora da curva talvez esteja no desejo de contemporização de Getúlio com os advogados da reconstitucionalização do país, cedendo em relação a um diploma que por si mesmo não decidia sobre a efetivação dos processos eleitorais. Com relação à política gaúcha, dado o papel central atribuído a Assis Brasil na elaboração do código, pode-se cogitar que isso era um modo de buscar a lealdade de um dos grandes líderes políticos gaúchos em uma situação em que a tensão com Flores da Cunha já começava a se manifestar.

as delongas e ambiguidades de Getúlio o levaram a praticamente romper com sua origem política no Rio Grande do Sul e a provocar a revolução paulista de 1932, elementos estes que, embora fossem radicalizados pela própria recusa do Governo de acelerar a redemocratização, atestavam que a inconformidade dos Estados, especialmente de São Paulo e do Rio Grande do Sul, com a perda da autonomia política era profunda e disposta à insurgência como se veria em 1932.

De 1934 em diante, sem perder de todo essa motivação, tendo em vista que tanto em São Paulo quanto no Rio Grande do Sul havia significativa compra de armamento para as forças militares estaduais, agregaram-se motivações de outra ordem e de outros agentes políticos.

Nessa segunda etapa foram apresentados novas contestações e desafios ao governo Vargas, desta vez, porém, com novas motivações e por agentes políticos também novos. A mais importante dessas inéditas insurgências teve origem político-ideológica sustentada em parte pelo ativismo revolucionário que a Revolução Russa e a III.ª Internacional propagaram pelo mundo e sua penetração em parte das classes populares do país. Essa oposição de origem e ideologia de pelo menos em parte externa veio a se materializar militarmente em 1935, pela denominada Intentona Comunista.[82] Não obstante rapidamente debelada, a tentativa insurrecional serviu de base para a campanha e para as providências de endurecimento do regime contra o chamado perigo comunista, endurecimento que, dois anos depois, sob a alegação falsa da descoberta de um plano para provocar uma revolução socialista no Brasil – o famigerado Plano Cohen – serviu de justificativa para a instauração do Estado Novo e o abandono por parte do governo de qualquer veleidade democrática, atitude e decisão políticas que viriam a ser novamente justificadas pelo levante integralista de maio de 1938.[83]

---

82. Neste episódio, de modo algo surpreendente, o *Komintern*, no momento mesmo em que passava a adotar a diretriz de apoio às chamadas Frentes Populares, endossou e ajudou a organizar um levante militar, o qual, não obstante tivesse Prestes tido algum êxito na mobilização de insurgentes em várias unidades militares, era evidentemente de grande risco, em vista da força repressiva do Governo, já demonstrada quando da revolução paulista de 1932. Em um artigo na revista Monde(s), David Mayer escreve: "É mais conhecido o levante de Luís Carlos Prestes, lançado e preparado, em 1935, pelo *Komintern* no Brasil. Contraditória, sob muitos aspectos, a insurreição foi planejada como uma operação exclusivamente militar, visando obter o apoio da 'bourgueoisie nacional' à causa de Prestes". Cf. MEYER, 2016/2.

83. O levante integralista, que contou também com algum apoio no meio militar – evidenciado tanto pela liberação do acesso ao pátio do Palácio Guanabara (residência oficial do Presidente e de sua família) por parte da guarda, quanto uma duvidosa e nunca claramente explicada demora no envio de tropas para contenção do mal organizado e precário ataque –, não prosperou, fracassando depois de poucas horas, sem que tivessem sobrevindo o apoio de massa dos milhares de militantes da Ação Integralista Brasileira que se poderia esperar.

Não há dúvida que nestes dois casos a vida política brasileira se via envolvida por uma alteração profunda das coordenadas políticas mundiais, pois os valores liberais-democráticos predominantes se viam contestados por toda parte e, no horizonte mais próximo do Brasil, em Portugal pelo Salazarismo, na Espanha pelo Franquismo, na Itália pelo fascismo mussolinista e na Alemanha pelo nazismo.

Ora, na série das medidas de fechamento repressivo do Estado que viriam a configurar o período cabe não só assinalar sua radicalização progressiva, mas principalmente a mudança nas motivações e nas justificativas que foram dadas para a plena assunção do caráter autoritário e ditatorial do regime, uma vez que à recusa de devolver o país aos impasses e à turbulência institucional da primeira república o Governo acrescentou então o desafio de enfrentar e dominar oposições de um novo tipo, de caráter político-ideológico, tanto no caso do movimento comunista, quanto no caso do integralismo.

Seja como for, para os propósitos perseguidos neste texto, o que agora é indispensável notar é que esse resumo esquelético da Revolução de 30 e da progressão do governo de Getúlio Vargas rumo a um Estado, não apenas autoritário, mas ditatorial, dirigido longamente por uma única pessoa, não permite entender nem a popularidade[84] de Getúlio – irretorquivelmente demonstrada tanto por repetidas manifestações de massa no período, quanto pela volta à Presidência pelo voto popular nas eleições de 1950 – nem as profundas reformas que levaram o Brasil a um novo patamar histórico ao termo de seu longo consulado. Tampouco permite entender como ele pôde ter conseguido dar uma nova figura ao Brasil-País e como, ao fazê-lo, liderou a escrita de um capítulo fundamental da novela que nos constitui a identidade.

Para esclarecer esse ponto, é preciso afastar o olho da dinâmica interna do domínio político e prestar atenção ao que denominamos anteriormente a dobra, à superfície por assim dizer contínua que liga e articula o poder com a sociedade. Não se entenda, porém, esta observação como se estivéssemos a insinuar que a política, no sentido estrito da disputa entre partidos e os conflitos e acordos da vida parlamentar, bloqueie a relação contínua que existe entre o Estado e a sociedade, pois, na verdade, se pode dizer que antes o contrário é o caso. Na verdade, sendo a política como que a membrana que junta continuamente os interesses sociais e a ação de governo, o que ela não pode deixar

---

84. A propósito dessa popularidade surpreendente, Luciano Martins comenta: "Em um país de 40 milhões de habitantes, com um sistema de comunicações em massa precário, não dispondo Vargas dos recursos pessoais de um líder carismático, é espantoso constatar o prestígio fantástico de que ele gozava junto às massas durante o Estado Novo. Ao ponto de em um Primeiro de Maio permitir-se a fala seguinte: '*Quais são as aspirações das massas obreiras, quais seus interesses?: Eu vos responderei: a ordem e o trabalho*'". In: MARTINS, 1976, p. 119.

de fazer é filtrar o conteúdo das necessidades, problemas e aspirações sociais, por autointeressadas que sejam as motivações dos políticos que as veiculam.

O que estamos sugerindo é simplesmente que a política, no sentido restrito que acabamos de sugerir, não é a única banda em que se comunicam e interagem as esferas pública e privada. E isso em qualquer contexto político, mas mormente em uma situação como a do Brasil no período pós-trinta, no qual entre 1930 e 1934[85] e entre 1937 e 1945 as casas parlamentares estiveram fechadas, sendo que a partir de 37 não só foram também extintos os partidos políticos, mas também proibidas "as milícias cívicas e organizações auxiliares dos partidos políticos, sejam quais forem os seus fins e denominações"[86], com

---

85. O art 2º do Decreto nº 19.398, de 11 de novembro de 1930, dispunha: "Art. 2º É confirmada, para todos os efeitos, a dissolução do Congresso Nacional das atuais Assembleias Legislativas dos Estados (quaisquer que sejam as suas denominações), Câmaras ou assembleias municipais e quaisquer outros órgãos legislativos ou deliberativas, existentes nos Estados, nos municípios, no Distrito Federal ou Território do Acre, e dissolvidos os que ainda o não tenham sido de fato.

86. A extinção dos partidos foi feita pelo Decreto-Lei nº. 37, de 2 de dezembro de 1937, onde se lia:
"O PRESIDENTE DA REPÚBLICA, usando da atribuição que lhe confere o art. 180 da Constituição; CONSIDERANDO que, ao promulgar-se a Constituição em vigor, se teve em vista, além de outros objetivos, instituir um regime de paz social e de ação política construtiva; CONSIDERANDO que o sistema eleitoral então vigente, inadequado às condições da vida nacional e baseado em artificiosas combinações de caráter jurídico e formal, fomentava a proliferação de partidos, com o fito único e exclusivo de dar às candidaturas e cargos eletivos aparência de legitimidade; CONSIDERANDO que a multiplicidade de arregimentações partidárias, com objetivos meramente eleitorais, ao invés de atuar como fator de esclarecimento e disciplina da opinião, serviu para criar uma atmosfera de excitação e desassossego permanentes, nocivos à tranquilidade pública e sem correspondência nos reais sentimentos do povo brasileiro; CONSIDERANDO, além disso, que os partidos políticos até então existentes não possuíam conteúdo programático nacional ou esposavam ideologias e doutrinas contrárias aos postulados do novo regime, pretendendo a transformação radical da ordem social, alterando a estrutura e ameaçando as tradições do povo brasileiro, em desacordo com as circunstâncias reais da sociedade política e civil; CONSIDERANDO que o novo regime, fundado em nome da Nação para atender às suas aspirações e necessidades, deve estar em contato direto com o povo, sobreposto às lutas partidárias de qualquer ordem, independendo da consulta de agrupamentos, partidos ou organizações, ostensiva ou disfarçadamente destinados à conquista do poder público;
DECRETA: Art. 1º Ficam dissolvidos, nesta data, todos os partidos políticos.
§ 1º São considerados partidos políticos, para os efeitos desta Lei, todas as arregimentações partidárias registadas nos extintos Tribunal Superior e Tribunais Regionais da Justiça Eleitoral, assim como as que, embora não registadas em 10 de novembro do corrente ano, já tivessem requerido o seu registo. (cont.)

o que, como se sabe, era atingido também o movimento integralista. Que isso não implicasse a separação do poder político do povo e da sociedade, é algo que Getúlio não só sabia, como tomava como justificativa colateral dos atos pelos quais alterava radicalmente o sistema de representação então vigente. Em um discurso pronunciado no Palácio Piratini no início de 1938, Getúlio dizia:

> Quando os partidos políticos se dissolveram, não foi apenas por um decreto que determinava sua dissolução, porque, quando ele foi baixado, as agremiações partidárias já não existiam. Os partidos haviam perdido sua razão de ser, ou porque não tinham programa ou porque seus programas não correspondiam às realidades palpitantes da vida nacional. Eram formas sem substância, eram bronzes partidos que haviam perdido sua sonoridade. Hoje o Governo não tem mais intermediários entre ele e o povo, não mais mandatários e partidos, não há mais representantes de grupos e não há mais representantes de interesses partidários. Há sim o povo no seu conjunto e o governante dirigindo-se diretamente a ele, a fim de que, auscultando os interesses coletivos possa ampará-los e realizá-los, de modo que o povo, sentindo-se amparado em suas aspirações, não tenha necessidade de intermediários para chegar ao chefe de Estado.[87]

Essa alegação de comunicação direta com o povo, poderia, por certo, ser uma pretensão soberba e falsa, não fosse corroborada não só pela já apontada, e largamente reconhecida, espantosa popularidade de Getúlio e por uma ação de governo que soube reconhecer as necessidades e prioridades do desenvolvimento social, econômico e administrativo do país em um momento em que elas estavam, por assim dizer, em estado nascente, razão pela qual ainda não eram reclamadas e exigidas simplesmente porque socialmente ainda não eram claramente percebidas.

A esse propósito, convém começar por ressaltar que uma primeira dimensão da obra transformadora do primeiro ciclo varguista foi dada por uma série de inovações institucionais que vieram a dar ao Estado poderes para uma intervenção modeladora da sociedade brasileira em diversificação e escala absolutamente inéditas. Tais inovações, ao mesmo tempo em que realizaram a mais profunda das reformas do aparelho estatal ocorridas em nossa história, produziram canais novos de comunicação com a base social, com o país real, na medida em que intervieram inovadoramente na estrutura das relações sociais e no rumo a dar ao desenvolvimento do Brasil. O que é dizer que se o período

---

(cont.) § 2º São, igualmente, atingidas pela medida constante deste artigo as milícias cívicas e organizações auxiliares dos partidos políticos, sejam quais forem os seus fins e denominações.

87. Ver VARGAS, Getúlio. *A Nova Política do Brasil*. V: O Estado Novo (10 de Novembro de 1937 a 25 de Julho de 1938). Rio de Janeiro: Livraria José Olympio Editora, 1938, p. 134.

Vargas impôs quinze anos de autoritarismo à política brasileira, de outra parte entregou, como hoje se costuma dizer, um aparelho de estado, uma configuração das relações sociais e um padrão de desenvolvimento econômico que, para além da simples datação cronológica, colocaram o Brasil em uma nova época.

Nos limites deste texto, não é possível nem mesmo inventariar o conjunto das transformações então produzidas nas estruturas governamentais, nas mudanças sociais e econômicas, de modo que no que segue simplesmente serão lembrados os aspectos maiores e mais conhecidos dessas transformações epocais, procurando ressaltar, porém, a relação entre as mudanças na estrutura do governo e as mudanças sociais e econômicas acarretadas por elas.

Para fazê-lo, um expediente útil parece ser tomar como fio condutor os fatores de produção – capital, trabalho e terra, ou recursos naturais – e ver como eles foram transformadoramente afetados pelas mudanças na estrutura e na ação de governo.

Um primeiro exemplo desse exercício pode ser o da criação do Conselho Federal do Comércio Exterior (Decreto nº 24.429 de 20 de junho de 1934), cuja justificação única dizia o seguinte:

> Considerando a oportunidade e a urgência de ser criado para esse fim um órgão coordenador de todos os departamentos federais e estaduais de produção do país e das suas classes produtoras, como têm feito as grandes nações, DECRETA: Art. 1º Fica criado o Conselho Federal de Comércio Exterior.

Para avaliar a importância dessa inovação administrativa é preciso notar que a criação desse Conselho, além de ter sido a primeira incorporação das atividades de planejamento na estrutura administrativa do país, embora nominalmente destinado a controlar mais de perto às relações econômicas com o exterior, era um mecanismo destinado a intervir no modo como o fator Capital deveria ser aproveitado na economia brasileira, como já se vê expresso no Art. 2º, inciso I, alíneas III e IV, na primeira das quais se lia que competia ao Conselho

> entrar em entendimento direto com autoridades e particulares no interior, como *órgão nacional coordenador*, ou através dos órgãos competentes, no exterior, para tornar efetivas quaisquer combinações que venham trazer incremento às nossas exportações ou ao intercâmbio com outros povos [...].

e, na segunda, que lhe cabia também

> aproximar entre si e pôr em contato as associações, institutos, empresas ou firmas comerciais de nosso país com as do estrangeiro; propiciando elementos, facilidades e instruções, a fim de se estabelecerem as correntes diretas do intercâmbio uns com os outros.

No entanto, não foi este o único dos instrumentos governamentais criados para intervir no modo como os recursos do capital poderiam ser levados a melhor aproveitamento pela economia brasileira, pois a ele se deve acrescentar o conjunto de institutos criados em âmbito ministerial cujo propósito era também de procurar fomentar e regrar os usos do capital em diferentes frentes setoriais. A criação do Instituto do Açúcar e do Álcool (Decreto nº 22.789, de 1º de junho de 1933), como forma de melhorar o uso do fator capital em áreas importantes da economia nacional é muito claramente destacada e explicada por Getúlio em discurso pronunciado em 1936, em reunião com as classes conservadoras de Campos, em que dizia:

> Dentro do plano de sua organização, o Instituto funciona como aparelho regulador da indústria do açúcar e seus derivados. Ao mesmo tempo em que faz sentir a sua atuação sobre a estabilidade dos preços e o volume da produção, evita as manobras dos especuladores e procura por todos os meios ampliar os mercados de consumo. Orientado com zelo, inteligência e segurança [...], o Instituto do Açúcar e do Álcool já realizou, no curto período de três anos, um trabalho de incontestável relevo, grandemente proveitoso à lavoura açucareira e à própria economia nacional.[88]

Essas intervenções setoriais feitas por meio de Institutos ocorreram em várias outras frentes, cabendo mencionar ainda o Instituto Nacional do Mate, em 1938, o Instituto Nacional do Sal, em 1940, o Instituto Nacional do Pinho, em 1941. No entanto essa intervenção reguladora e promotora do melhor uso do capital no país se desdobrou também valendo-se de outros instrumentos, como por exemplo a criação do Departamento Nacional do Café, em 1933, ou ainda do Conselho Nacional do Petróleo, em 1938, e do Conselho Nacional da Energia Elétrica, em 1939. Passos, estes últimos, ainda de caráter regulatório, mas que não tardaram a ser sucedidos pela intervenção direta na atividade econômica com a criação de um setor estatal na estrutura produtiva do país em função da criação da Companhia Siderúrgica Nacional, em 1941, da Companhia Vale do Rio Doce e da Fábrica Nacional de Motores, em 1942, da Companhia Nacional de Álcalis, em 1943, da Companhia Hidroelétrica do São Francisco, em 1945, e, também, já no segundo período da era Vargas, a criação da Petrobras, em 1953.

Mas foi também com relação ao melhor aproveitamento da terra, dos recursos naturais que o governo Vargas interveio de maneira profunda. As iniciativas tomadas nessa frente são bem ilustradas pelo Decreto-Lei nº 26.234, o Código de Águas, cujo Livro III era dedicado à regulamentação das "Forças hidráulicas: Regulamentação da indústria hidroelétrica", e, ainda mais clara e

---

88. Vargas, 1983, pp. 35 e segs.

especificamente, no disposto no Art. 147: "As quedas d'água e outras fontes de energia hidráulica existentes em águas públicas de uso comum ou dominicais são incorporadas ao patrimônio da Nação, como propriedade inalienável e imprescritível". O texto também estabelecia que a concessão federal seria a base do aproveitamento das fontes de energia hidráulica, o que já dava um passo decisivo para o que viria a constituir no futuro o grande parque de hidroelétricas com que hoje conta o país.

De mesma inspiração e também de regulamentação voltada para o melhor uso dos recursos naturais do país foi a edição do Código de Minas pelo Decreto nº 24.642, de 10 de julho de 1934, em cuja exposição de motivos encontrava-se também explicitada a intenção de dar melhor aproveitamento a essa dimensão do fator terra e no qual se lia:

> Considerando que o desenvolvimento da indústria mineira está na dependência de medidas que facilitem, incentivem e garantam as iniciativas privadas nos trabalhos de pesquisa e lavra dessas riquezas; o Chefe do Governo Provisório da República dos Estados Unidos do Brasil Resolve: Decretar o seguinte Código de Minas.

No entanto, talvez a mais importante das iniciativas de melhor aproveitamento dos fatores de produção se deu com as intervenções feitas com relação ao fator trabalho, porque estas, ademais de terem regulamentado com clareza as relações de patrões e empregados, tiveram efeitos absolutamente transcendentes ao domínio econômico, pois, sem deixarem de ser relevantes com relação a este, tiveram enormes efeitos na organização social do país. Bem ponderado o alcance de tais medidas, logo se percebe que elas tiveram grande impacto também na esfera política, pois o reconhecimento formal dos direitos dos trabalhadores e a propaganda e reconhecimento público deste fato criaram as bases para a integração das classes trabalhadoras na cena política nacional, integração que lhes deu, por longo tempo, a posição e o papel de um dos agentes políticos centrais na política brasileira, como se viu com total clareza na criação do partido trabalhista, o PTB, no dia 15 de maio de 1945.

Cabe notar, porém, que essa transposição do reconhecimento dos direitos trabalhistas para a esfera política foi concebida, como explicado por Lindolfo Collor, primeiro titular do novo ministério, não em oposição aos direitos de patronato, não no "*velho e negativo conflito* da luta de classes", mas em consonância com o "*conceito novo, construtor e orgânico de* colaboração de classes".[89] O que era também dizer que a criação do PTB foi concebida também como uma barreira contra a expansão do Partido Comunista.

---

89. *Apud* CARONE, Edgard. *A República Nova (1930-1937)*. São Paulo: DIFEL, 1976, p. 133.

Seja como for, as medidas concretas que vieram a dar efetividade a esse novo modo de enfrentar a questão social, como então se dizia, opondo-a ao modo antigo em que ela era entendida praticamente como uma questão de polícia, implicaram uma progressiva ampliação dos direitos trabalhistas. Estes foram formalmente reconhecidos pela Constituição de 1934 nos artigos 120, 121 e 122. O artigo 121 é o artigo central. Em seu caput lê-se: "*A lei promoverá o amparo da produção e estabelecerá as condições de trabalho na cidade e nos campos, tendo em vista a proteção social do trabalhador e os interesses econômicos do país*". No §1º e seus incisos são enumerados os direitos que a legislação ordinária deveria especificar e regular e que eram os seguintes: proibição de diferenciação de remuneração do mesmo trabalho por motivo de idade, sexo, nacionalidade ou estado civil; salário mínimo capaz de satisfazer as necessidades normais do trabalhador; jornada de trabalho de oito horas; proibição de trabalho a menores de catorze anos e de trabalho noturno a menores de dezesseis anos; repouso hebdomadário, de preferência aos domingos; indenização ao trabalhador demitido sem justa causa; férias anuais remuneradas; assistência médica ao trabalhador e à gestante, assegurado a esta descanso, antes e após o parto, sem prejuízo do salário e do emprego; instituição de sistema previdenciário, mediante contribuição igual da União, do empregador, do empregado, tudo em favor, como dizia o texto constitucional, da velhice, da invalidez, da maternidade e nos casos de acidente de trabalho ou de morte. Complementarmente, o artigo 120 legalizava os sindicatos, garantindo a pluralidade e a autonomia dessas organizações dos trabalhadores e o artigo 122 instituía a Justiça do Trabalho, destinada a dirimir conflitos entre empregadores e empregados. A Consolidação das Leis do Trabalho criada pelo Decreto-Lei nº 5.452, de 1º de maio de 1943, praticamente dez anos depois viria a consolidar e regulamentar esse conjunto de direitos.

À luz do enorme alcance social dessa regulamentação do "fator trabalho", para manter a expressão empregada acima e em vista de que, passados 88 anos desde então, o que vemos é um esforço contínuo para redução de tais direitos, compreende-se por que a pretensão varguista de ter uma relação direta com o povo não foi pretensão soberba e falsa.

Se agora procurarmos identificar o sentido global dessa ação concreta e incansável de intervir nos elementos mais básicos da formação social brasileira, aos quais caberia ainda acrescentar o enorme trabalho de organização interna do aparelho de Estado,[90] o que cabe destacar é que a obra foi feita a partir de duas coordenadas gerais: a convicção de que era preciso tomar o país na mão e de fazê-lo de modo a que viesse a acreditar em si mesmo, em ter presentes

---

90. As 908 páginas do já citado *Reforma administrativa na Era de Vargas*, de Beatriz Souza Wahrlich, mostra exaustivamente a grandiosidade dos esforços e transformações trazidas ao longo do período Vargas para construir administrativamente o Estado Moderno no Brasil.

suas potencialidades e passar a ter, no esforço de aproveitamento delas, o seu norte, o que naquela conjuntura requeria a construção de uma base industrial própria, capaz de, no século XX, vir a substituir a exportação de produtos agrícolas como motor do desenvolvimento do país, concepção que constituiu o caráter essencial do nacionalismo que, no plano econômico, dominou a ação de governo no período Vargas.

Nesta altura, depois de tantas vezes ver escrito nas linhas acima o nome Getúlio ou o sobrenome Vargas, o eventual leitor deste texto poderia muito legitimamente perguntar: mas se foi Getúlio Vargas quem fez tudo, o que resta da ideia anunciada ao início das considerações presentes e repetidas várias vezes de que devemos compreender a identidade de nosso país como obra nossa, como construção coletiva do país que temos?

Uma primeira resposta estaria em devolver a pergunta: mas Getúlio Vargas poderia ter feito o que fez sozinho, nos turnos que dedicou ao trabalho entre suas horas de sono, lazer, reuniões familiares e encontros com Aimée Soto-Maior de Sá, esposa de Simões Lopes?

Ainda que a tréplica a essa réplica fosse: não, ele o fez com os quadros dirigentes que compuseram variadamente suas equipes de governo, a resposta seria igualmente inconvincente. E isso porque o que quadros políticos e equipes de governo fazem são Discursos, Reuniões Constituições, Leis, Decretos-Lei, Decretos, Portarias, Editais, Fiscalizações, Pagamentos e demais atos administrativos, ações e artefatos institucionais estes que, em e por si mesmos, não educam pessoas, não tratam doenças, não constroem estradas, ferrovias, usinas, plantas industriais, nem produzem grãos e safras agrícolas, não prestam serviços de correio, ou praticam atos de comércio, ou, no próprio âmbito administrativo, não ditam sentenças, não fazem adjudicações nem cominam penas.

Mas isso ainda não é tudo, pois tais dispositivos institucionais tampouco determinam atitudes e comportamentos, pelo menos não no mesmo sentido em que as leis da física determinam o movimento dos corpos. Na verdade, convém repetir, nada se faz na dimensão especificamente social da vida em sociedade que não seja produzido por ações individuais, e o desafio que se coloca para quem procura entender o funcionamento das sociedades é explicar como se dá agregação das ações individuais, coordenadamente ou não, e a produção dos resultados coletivos.

Colocada a questão assim, em abstrato, uma resposta conhecida, dada pelo menos desde o século XVIII, é a de que o mercado é o meio mais eficaz de agregação das ações, pois, para nós humanos, dadas a inevitabilidade da divisão social do trabalho e a ainda mais inelidível preferência que damos a nós próprios, as trocas são a maneira natural e ótima para obter a agregação das ações e a coordenação das iniciativas individuais, ainda que esta resulte, por aparentemente paradoxal que isso pareça, não de intenções cooperativas, mas da busca por cada um do que egoisticamente satisfaça seu próprio interesse.

No entanto, sociedades politicamente organizadas não são mercados, e mesmo trocas que não sejam eventuais só funcionam adequadamente ao abrigo de enquadramentos institucionais e estes, nas sociedades modernas, são constituídos pelos Estados nacionais, entre os quais, aliás, cooperações e rivalidades, com frequência indutoras de conflitos e guerras, são a forma padrão de convivência.

Em vista dessa sobredeterminação política, no tempo em que vivemos – e, muito provavelmente, até que os efeitos da desordenada ação antrópica sobre as condições de manutenção da vida civilizada na terra venham impor a necessidade da criação de algum tipo de governança global – o mercado mundial é recortado nacionalmente, e o maior ou menor desenvolvimento e prosperidade de cada país depende do modo mais ou menos exitoso em que cada um organiza as relações, inevitavelmente díspares e o mais das vezes assimétricas, que entretém com os demais e, sobretudo, do modo como, em cada caso, são internamente organizadas as respectivas esferas pública e privada e fixados os termos da articulação entre elas.

Muito embora ideólogos e políticos de orientação liberal sustentem que, admitida a incontornável existência dos Estados, a função precípua dessas instituições deve limitar-se à institucionalização, ao regramento de direitos fundamentais e à preservação da ordem interna e da segurança externa, acrescida do encargo de realização de investimentos que, conquanto tenham significativas externalidades socialmente positivas, sejam de escala ou de retorno remuneratório desinteressantes para investidores privados, a verdade é que tais limites raramente são observados com rigor e que, mesmo em situações e contextos em que o respeito a eles é elevado, a responsabilidade por disfuncionalidades, quebras e crises, além de, amiúde, ser atribuída à omissão da ação estatal, invariavelmente enseja a transferência dos encargos de mitigação dos danos e de recuperação dos fracassos da ordem privada ao setor público. Sendo assim, mesmo com relação aos casos de países nos quais a visão liberal é hegemônica e que desfrutam de períodos de tranquilidade nas relações externas, é impossível deixar de reconhecer que é o Estado que, em última análise, responde pelo estado da sociedade e pelos rumos que são dados ao desenvolvimento da vida coletiva.

No entanto, em países de modernização e desenvolvimento tardio e de passado colonial, como é o caso do Brasil, a dependência do êxito no desenvolvimento e na construção de um país próspero, democrático e de razoável equilíbrio econômico e social depende crucialmente da ação estatal, não obstante essa só se efetive com relação aos problemas e recursos de que a sociedade dispõe, de modo que o caráter mais ou menos feliz de construção da identidade coletiva depende das habilitações em recursos naturais, humanos, institucionais econômicos, sociais e culturais localmente disponíveis, mas também, e não menos significativamente, da capacidade de usá-los sinérgica e produtivamente.

6. Observações finais

Se ensaiarmos fazer um balanço dos três tempos da história de nosso país que viemos considerando, o que fica claro é que os tempos da realização melhor sucedida com relação aos interesses principais do Brasil-País foram aqueles em que o poder de estado assumiu com clareza e determinação uma tarefa fundamental com relação à construção da identidade coletiva.

No Império a resposta dada aos desafios do tempo foi formada pelo conjunto das ações conscientes e denodadamente praticadas para preservação da independência, da integridade territorial e da criação das instituições políticas fundamentais do país. No período de Vargas o ponto de partida esteve na tomada de consciência, não menos clara, de que esses elementos, esses ativos da primeira parte de nossa história não bastavam para levar adiante a efetivação das potencialidades brasileiras. E isso assim, porque, ao iniciar-se a segunda terça do século XX, era evidente que precisávamos por um lado de um outro Estado, mais moderno e organizado, mais poderoso e, por isso mesmo, por outro lado, na larga banda de seu contato com a esfera privada, capaz de reorientar o desenvolvimento do país de modo mais integrado, sinérgico e ambicioso. Obra que incluía, além das iniciativas voltadas à viabilização de nosso desenvolvimento industrial – as iniciativas de fazer o que a iniciativa empresarial era incapaz de fazer –, criar os já mencionados dispositivos legislativos destinados a oferecer aos trabalhadores do Brasil condições mínimas de bem-estar, segurança e integração no novo marco societário que então estava a se constituir.

No entanto, não é possível ignorar que, mesmo nos momentos mais felizes de percurso de constituição da identidade de nosso país, a figura do que fizemos de nós mesmos nos períodos em que aqui apresentamos como positivos, não esteve livre de feiuras, de deformações que nos decepcionam e mesmo nos envergonham, pois o Império, ao mesmo tempo em que nos deixou os sucessos político-institucionais já apontados, legou-nos as aparentemente indeléveis sequelas de uma economia baseada na escravidão. O longo consulado de Vargas, a despeito dos grandes avanços trazidos pela integração da população trabalhadora nos marcos do regime de trabalho modernizadamente estruturado pela Consolidação das Leis do Trabalho e de ter lançado as bases da economia industrial que hoje temos, deixou-nos como herança essa naturalização do autoritarismo ditatorial como um recurso a apelar em situações em que o país se veja diante de disfunções e antagonismos que parecem irresolúveis sem o recurso à força.

Aliás, associadamente a isso, ambos os períodos nos deixaram como herança essa proximidade promíscua e perversa entre a preservação dos melhores interesses nacionais e as intervenções das Forças Armadas em violação da ordem constitucional, como se viu em repetidos episódios mesmo ao tempo da Constituição de 1946 e no período autoritário que a sucedeu, assim como nestes nossos bicentenários dias em que entrevemos o retorno dessa indesejada ameaça à democracia em meio às pesadas nuvens ideológicas e políticas, retorno que, sobrevindo, fará com que, outra, vez, o país, nós mesmos – no sentido desta expressão que vimos repetidamente apresentando ao longo deste texto – venhamos a dar ao próximo capítulo de nossa história a marca do autoritarismo, da regressão cultural e dos impasses perigosos e improdutivos que são próprios da vida em casa dividida, para empregar a expressão clássica de Abraham Lincoln.

Às gerações presentes, à luz também do que ocorreu no Brasil nos 68 anos que nos separam da morte de Getúlio, à luz também da patinhagem que tem caracterizado nosso desenvolvimento econômico nos vários atoleiros em que nos metemos nos últimos quarenta anos, da persistência, já quase ao fim do primeiro quartel do século XXI, de uma sociedade fraturada, na qual cinquenta milhões de pobres brasileiros vivem com dez reais de renda diária, cabe resgatar a ideia de que fazer do Brasil um país próspero, equilibrado e socialmente, no mínimo, menos injusto é uma tarefa que só será realizada se houver uma vontade coletiva decidida a fazê-lo. Criar essa vontade, compreender que deixarmos a superação desse desafio à ação livre dos mercados não é mais do que a ilusão do liberalismo, é o desafio que temos pela frente, a despeito de que o sucesso em reencontrar nosso rumo[91] seja tão incerto quanto requerido.

O "nós" aqui designa a série aberta formada pelos cidadãos brasileiros, cuja composição varia diuturnamente pela sucessão de nossos nascimentos e mortes, dos homens e mulheres que formam, sucessiva, mas continuamente, o povo brasileiro e que compõem a figura de nosso país, seja no desdobramento das ações cotidianas que constituem e integram a quase inumerável série de eventos de nossas vidas privadas, seja no comprometimento e no inelidível envolvimento que, passiva ou ativamente, temos com relação ao modo como são configuradas as esferas privada e pública do país a que nos tocou pertencer e do qual decidimos não desertar.

De algum modo, e em alguma incerta medida, às vezes infinitesimal, às vezes decisiva, dependendo dos níveis de posição social, econômica e política em que nos encontrarmos, é das ações agregadas de todos nós que poderá sair a construção de uma sociedade que nos tire da oscilação bipolar entre o orgulho e a vergonha de termos o país que temos. Um país com relação ao qual não precisamos querer que seja o assombro do mundo novo e do velho, como queria D. Pedro I, mas que, não desperdiçando suas potencialidades, deixe de ser simplesmente o país do futuro e venha ser aquele do qual possamos dizer, sem oscilações e vacilos, que é uma terra digna e boa de se viver.

---

91. A propósito de rumo, veja-se a epígrafe deste texto.

No desconcerto destes dias, em que o reacionarismo mais empedernido é forte e nos faz almejar simplesmente o retorno ao bom senso e a valorização da democracia, nos tem faltado a ambição de ter o Brasil como um país maior, situado entre os dez maiores do mundo não apenas pelo tamanho do PIB, mas como uma sociedade ao mesmo tempo próspera, social e economicamente dinâmica, aberta ao futuro, mas econômica e socialmente justa, fiel às expectativas do sofrido povo brasileiro que, não sem razões, nesta comemoração de seus duzentos anos, parece não só não ver o que comemorar, mas, pior, parece desacreditar do muito que pode e que é nosso dever fazer acontecer.

Referências

BARBOSA, Rui. *Obras completas de Rui Barbosa*. Vol. II, tomo II; Vol. XIV, Tomo I; vol. XVI, tomo VIII. In: Rui Barbosa Online, Obras completas (1865-1923).

BRASIL. Congresso Nacional. Senado Federal. *Falas do Trono*. Brasília: Senado Federal, Consultoria Legislativa, 2019.

BRUM TORRES, João Carlos. *Transcendentalismo e dialética*: Ensaios sobre Kant, Hegel o Marxismo e outros ensaios. Porto Alegre: L&PM, 2004.

_____. Identidade e representação. Notas para uma crítica dos ideais de emancipação política do século XIX e para uma reavaliação dos fundamentos filosóficos da democracia contemporânea. In*: Filosofia Política 3*. Porto Alegre: L&PM, UNICAMP/UFRGS, 1986. pp. 31-50.

_____. (publicado sob o pseudônimo de José Meireles), *Notes sur le rôle de l'État dans le développement du capitalisme industriel au Brésil*, in Critiques de l'économie politique, 16-17, Amérique Latine: accumulation et surexploitation. Paris: Éditions François Maspero, abr.-jun. 1974. pp. 91-140.

CALDEIRA, Jorge. *História da riqueza no Brasil:* Cinco séculos de pessoas, costumes e governos. Rio de Janeiro: Estação Brasil, 2017.

CARONE, Edgard. *A República Velha*. (Evolução Política). 2ª ed. São Paulo: Difusão Europeia do Livro, 1974.

_____. *A República Nova* (1930-1937). São Paulo: Difusão Europeia do Livro, 1976.

CARVALHO, José Murilo de. *A formação das almas*. São Paulo: Companhia das Letras, 1990.

_____. *A Construção da Ordem e o Teatro das Sombras*. Rio de Janeiro: Civilização Brasileira, 2003.

COLLIOT-THÉLÈNE, Catherine. *A sociologia de Max Weber*. Petrópolis: Vozes, 2016.

CONRAD, Robert. *Os últimos anos da escravatura no Brasil*. Rio de Janeiro: Civilização Brasileira, 1975.

CUNHA, Euclides da. "Da Independência à República". In: *À margem da história*. Porto: Livraria Chardron de Lelo e Irmãos Ltda, 1922.

DELEUZE, Gilles. *A dobra:* Leibniz e o barroco. Trad. Luiz B. L. Orlandi. São Paulo: Papirus Editora, 1991.

FAORO, Raimundo. *Os donos do poder:* Formação do patronato político brasileiro. 2 ed. v. 2. São Paulo: Globo-EDUSP, 1975.

FAUSTO, Boris. *A Revolução de 1930*: Historiografia e História. Brasilense, São Paulo, 1972.

_____. "Expansão do café e política cafeeira". In: *História geral da civilização brasileira.* Tomo III, O Brasil Republicano, V. I, Estrutura do Poder e Economia. São Pulo: DIFEL, 1975.

FERTIG, André. Os militares na política: O Visconde de Pelotas e a questão militar nos anos finais do Império do Brasil. In: *Estudios Históricos nº18.* La Rioja: Dialnet, jul.-dez. 2017.

HOBBES, Thomas. *Leviatã.* Trad. João Paulo Monteiro e Maria Beatriz Nizza da Silva. 1. ed. São Paulo: Abril Cultural, 1974.

HOLANDA, Sérgio Buarque de. *História geral da civilização brasileira.* Tomo II - O Brasil Monárquico. Volume 3: O Processo de Emancipação. Rio de Janeiro: Bertrand Brasil, 14ªed., 1993.

_____. *História geral da civilização brasileira,* Tomo II - O Brasil Monárquico. Volume vol 5. São Paulo: DIFEL, 1983.

HONÓRIO RODRIGUES, José. *Aspirações nacionais.* São Paulo: Fulgor, 1962.

KANTOROWICZ, Ernst H. *The King's Two Bodies:* A Study in Medieval Political Theology. Princeton: Princeton University Press, 1957.

LEFORT, Claude; GAUCHET, Marcel. *Sur la democratie:* le politique et le social. In: *Textures.* nº 2-3. [s.l.], 1971.

_____. "Direitos do Homem e política". In: *L'invention démocratique.* Paris: Fayard, 1981.

_____. "Permanência do teológico político". In: *Essais sur le politique.* Paris: Seuil, 1986.

LOURENÇO, Eduardo. *Portugal como Destino.* 5 ed., Lisboa: Gradiva, 2012.

MAGALHÃES JÚNIOR, R. *Deodoro a espada contra o Império.* v. II O Galo na Torre. São Paulo: Companhia Editora Nacional, 1957.

MARTINS, Luciano. *Pouvoir et développement économique: Formation et évolution des structures politiques au Brésil.* Paris: Antrhopos, 1976.

MARX, Karl. *Crítica da filosofia do direito de Hegel.* Trad. Rubens Enderle e Leonardo de Deus. São Paulo: Boitempo, 2005.

MEYER, David. *À la fois influente et marginale: l'Internationale communiste et l'Amérique Latine.* Monde(s), 2016/2, nº 10.

MOMMSEN, Theodor. *Historia de Roma.* Tomo Primeiro. Buenos Aires: Joaquin Gil Editor, 1953.

NABUCO, Joaquim. *Um estadista do Império.* In: Obras completas de Joaquim Nabuco. v. VI São Paulo: Instituto Progresso Editorial, 1949.

_____. Obras completas de Joaquim Nabuco. v. XI. Discursos parlamentares (1879-1889). São Paulo: Instituto Progresso Editorial S. A., 1949.

_____. *Minha formação*. 8 ed. Rio de Janeiro: José Olympio, 1976.
NETO, Lira. *Getúlio: 1930-1945*. São Paulo: Companhia das Letras, 2013.
NORA, Pierre. (org.) *Les lieux de la mémoire*. v. 1 e, *Símboles* e, no vol 3, Anne Marie Lecoq, *La symbolique de l'Etat*. Paris: Gallimard, 1997.
OLIVEIRA Lima. *O movimento da Independência: O Império Brasileiro (1821-188)*. 2. ed. São Paulo: Melhoramentos, s/d.
OLIVIER-MARTIN, Fr. *Histoire du droit français:* Des origines à la Révolution. Paris: CNRS Éditions, 1992.
PARRON, Tâmis Peixoto. *A política da escravidão no Brasil: 1826-1865*. USP. Faculdade de Filosofia, Letras e Ciências Humanas, 2009.
PARSONS, Talcott. *O sistema das sociedades Modernas*. São Paulo: Livraria Pioneira Editora, 1974.
RAMOS, Rui. (org.); SOUZA, Bernardo Vasconcelos de; MONTEIRO, Nuno Gonçalves. *História de Portugal*. Lisboa: A Esfera do Livros, 2009.
RICOEUR, Paul. *Temps et récit. 1. L'intrigue et le récit historique*. Paris: Seuil, 1983.
ROSENFELD, Luis. *Revolução Conservadora:* Genealogia do constitucionalismo autoritário Brasileiro (1930-1945). Porto Alegre: EdiPUCRS, 2021.
SAES, Décio. *Classe média e sistema político no Brasil*. São Paulo: T.A. Queiroz Editor, 1985.
SARTRE, Jean-Paul. *Critique de la raison dialectique*. Paris: Gallimard, 1960.
SKIDMORE, Thomas. *O Brasil visto de fora*. São Paulo: Paz e Terra, 1994.
STUBBS, William. *Select Charters and Other Illustrations of English Constitutional History*. 9 ed. Oxford: Oxford University, 1921.
VALÉRY, Paul. *Oeuvres* II. Bibliothèque de la Pléiade. Paris: Gallimard, 1960.
VARGAS, Getúlio. *Getúlio Vargas, A Nova Política do Brasil I: Da Aliança Liberal às realizações do 1º ano do Governo. 1930-1931*. Rio de Janeiro: Livraria José Olympio, 1938.
_____. *A nova Política do Brasil IV (novembro de 1934 a julho de 1937)*. Rio de Janeiro: Livraria José Olympio, 1937.
_____. *A Nova Política do Brasil V: O Estado Novo (10 de novembro de 1937 a 25 de julho de 1938*. Rio de Janeiro: Livraria José Olympio, 1938.
VIANA FILHO, Luiz. *A vida de Rui Barbosa*. Rio de Janeiro, São Paulo: Companhia Editora Nacional, 1960.
WAHRLICH, Beatriz M. de Souza. *Reforma administrativa na Era de Vargas*. Rio de Janeiro: Fundação Getúlio Vargas, 1983.
ZWEIG, Stefan. *Brasil, um país do futuro*. Porto Alegre: L&PM, 2022.

5

O tempo dos pêssegos: O desejo de futuro na literatura brasileira

Luís Augusto Fischer

Há um interessante fio a unir vários intelectuais, escritores e poetas que pensaram sobre o Brasil. Podemos começar do padre Vieira e sua improvável *História do futuro*, título que, para confirmar seu anacronismo, só veio a ser publicado postumamente, em 1718 (Vieira morrera em 1697), e desenvolver um percurso que alcance o Museu do Amanhã, projeto do arquiteto Santiago Calatrava inaugurado em 2015 (previsto para 2012, a tempo de enfeitar a Copa de 2014, enfrentou contratempos e falta de planejamento, coisa tão comum entre nós), no Rio de Janeiro. Ter contado no passado a história do futuro e localizar no presente um espaço de memória, um museu, para a história do que virá. Tudo leva a crer que de algum modo nos tornamos especialistas em desorganizar o tempo, ou ao menos a percepção da passagem do tempo.

Desorganizar o tempo ou vivê-lo de outro jeito: o que é que acontece com o Brasil, com os brasileiros, que nos faz contrariar algo que parece trivialmente organizado, a sucessão do tempo, um momento antes de outro, as coisas andando em sua lenta procissão rumo ao infinito? O presente ensaio pretende oferecer uma espécie de passeio por momentos significativos da cultura letrada brasileira, nos quais a ideia de futuro esteve no centro das preocupações.

Para ser justo, não é apenas no Brasil que tal acontece. De imediato vem à mente uma série de passagens da obra de Jorge Luis Borges, argentino e, tal como os brasileiros, também um atormentado com a passagem do tempo, com a ordem das coisas no tempo. Em seu famoso ensaio "Kafka y sus precursores", presente em *Otras inquisiciones*, de 1952, postula a ideia de que um grande autor, como Kafka, não *descende* de precursores, mas os *cria* – seu argumento sutil é que justamente a emergência do gênio dá a ver toda uma linhagem pregressa, que antes dele não era perceptível porque os que vieram antes não realizaram a contento uma tendência que mesmo assim intuíam. "El hecho es que cada escritor *crea* a sus precursores. Su labor modifica nuestra concepción del pasado, como ha de modificar el futuro", diz. Um europeu poderia ter pensado algo parecido?

Borges era um cultor dos paradoxos, como este que embaralha passado, presente e futuro e que retornou umas quantas vezes, em textos e entrevistas.

(Não por acaso, um de seus livros se chama *História de la eternidade*, livro lançado em 1936. Nome aparentado daquele do padre Vieira, por sinal.) Numa delas lembrou de um diálogo entretido com um amigo, com quem esperava a chegada do elevador ao térreo, onde estavam, para ascender a um andar superior. Ocorria que a então moderna máquina de transporte vertical demorava a chegar, sinalizando algum problema com os mecanismos. Borges então sugeriu: quem sabe vamos pela escada, que já está completamente inventada? O passado tem de vez em quando uma função calmante, de todo modo.

O ponto talvez máximo dessa tensão entre presente e passado se encontra numa nota elaborada para a edição de 1955 de seu livro *Evaristo Carriego* (primeira edição em 1930). "Yo afirmo [...] que solamente los países nuevos tienen pasado; es decir recuerdo autobiográfico de él; es decir, tienen memoria viva". Parece um deboche, mas é uma astúcia. A ser razoável incluir Borges em nosso raciocínio, então, é bem possível que tenhamos em mãos uma questão não brasileira, mas americana, de um desses países que nasceram da chacina de populações autóctones e da chegada de imigrantes e de escravizados.

O qualificativo do Museu do Amanhã terá algo a ver com um nome que se tornou clássico, o *Brasil, um país do futuro*, de Stefan Zweig, livro lançado em 1941 e reeditado muitas vezes, em várias línguas. Na epígrafe, se lê um trecho de carta do diplomata austríaco conde Prokesch-Osten para o também conde e diplomata Gobineau, francês, quando este hesitava aceitar o cargo de embaixador no Brasil (onde permaneceria apenas um ano, desgostoso com tudo que via): "Um país novo, um porto magnífico, o distanciamento da mesquinha Europa, um novo horizonte político, uma terra do futuro e um passado quase desconhecido que convida o homem de estudos a fazer pesquisas, uma natureza esplêndida e o contato com ideias exóticas novas".

Vai-se enroscando em si mesma, ao longo do tempo, a necessidade de trazer o futuro para o presente, febre que acomete os países daquele que uma vez foi chamado de Novo Mundo – "novo" e seus correlatos parecem ser ao mesmo tempo uma utopia e uma desgraça entre nós. Bem o observa um estrangeiro de ouvido fino, Benjamin Moser, tradutor e biógrafo de Clarice Lispector, que batiza o capítulo sobre Brasília, no livro *Autoimperialismo* (2016), de "Cemitério da esperança" – cumpre anotar que existe mesmo, na Brasília real, um Cemitério Campo da Esperança. Mais uma vez temos uma projeção de futuro, a esperança, sendo enterrada num presente imóvel, o cemitério.

Moser observa que o frenesi com que Brasília foi construída, meros 41 meses, é tributário do ufanismo, termo nascido do título do livro de Afonso Celso, *Por que me ufano de meu país* (1901), ambos sintomas do que qualifica como "ansiedade nacional" brasileira. O "espectro do progresso" estaria sobre as cabeças de nosso país como uma fatalidade: "a ideia de que a história deságua numa conclusão positiva é uma marca da consciência brasileira". Em algumas décadas, vamos dar de cara com outra versão dessa sina nas formulações do Modernismo paulista. Daqui a pouco.

É uma trajetória longa, que talvez espete suas raízes no velho sebastianismo e no espírito cruzado que animava a colonização portuguesa mundo afora. A vida mental criada e desenvolvida na colônia americana de Portugal, neste lugar que viria a ser o Brasil, se alimentou desde sempre dessa crença num futuro radioso, crença que é também uma postergação, um drible nas necessidades do presente. Para cada verso como "Já não sonho, hoje faço / com meu braço o meu viver", que Milton Nascimento canta em "Travessia", canção de 1967, ou como "Quem sabe faz a hora / não espera acontecer", de "Caminhando", canção de Geraldo Vandré de 1968, deve haver umas dez, talvez cem cantando o dia que ainda vai chegar, mas que lamentavelmente permanece preso no futuro – uma crença que tem lá seu tanto de conformista: amanhã vai ser outro dia.

Desde a carta de Caminha ao rei se pode ler esse sentido de fé no porvir. "Mas o melhor fruto que se pode tirar desta terra me parece que será salvar essa gente", ele aconselha. Salvar para o futuro, para a vida cristã regular, porque era lá adiante, nos tempos históricos vindouros ou na imaterial glória eterna, por definição algo que pertence ao futuro, que estava o Sentido da Vida. Não apenas era desconsiderado o estilo presente de vida dos indígenas, como era submetido ao horizonte salvacionista, necessariamente marcado pela escatologia.

Assim se manteve a escrita de literatura no Brasil do tempo da colônia, quase sem alteração. Fosse para louvar o exotismo, fosse para condenar modos de vida no presente, fosse ainda para simplesmente ignorar a paisagem local, os escritores foram se sucedendo aqui num horizonte letrado típico da Europa ocidental: no tempo da escrita das utopias como a de Thomas More (1516), livro que contém uma das idealizações mais canônicas dos tempos por vir, o Brasil mal começava a figurar como lugar a ser colonizado; depois, quando Portugal efetivamente se ocupou de fazer a colônia, vivemos o tempo do Barroco, em sentido amplo, marcado pela crença salvacionista católica no plano das ideias e por uma concepção de arte que, vista em contraste com o que nos trouxe o século dito das Luzes e o Romantismo, não se ocupava de falar nem do presente imediato, nem, muito menos, do futuro. Para essa mentalidade pré-moderna, mais uma vez dizendo aqui em sentido amplo, a arte não correspondia à expressão de uma subjetividade, nem à especulação de qualquer tempo vindouro, mesmo porque este já estava cifrado na perspectiva cristã do tempo, que depositava na Vida Eterna e no Juízo Final as credenciais do dito Sentido.

É na conjuntura da virada do século XVIII para o XIX, marcada pelas revoluções Francesa e Americana e pelo Iluminismo, que vai se alterar esse estado de coisas. Então, ocorrerá de algum escritor escapar ao horizonte católico, ainda inquisitorial, para produzir algo novo, que fale do presente real. Caso exemplar dessa novidade teremos em *O Uraguai*, de Basílio da Gama, publicado em 1769. Poema de intenções épicas, concebido para louvar a ação de Pombal na América portuguesa, o texto transborda do molde neoclássico e da escatologia católica para dar voz, ainda que de modo enviesado, aos indígenas brasileiros, portadores de um ponto de vista respeitável, como se lê no poema.

Tão tensa e problemática é sua forma, que o poema traz notas de pé de página do autor, Basílio da Gama ele mesmo, que ali explica ao leitor europeu que o que vai contado no poema é verdade, verdade que ele mesmo pôde comprovar. Nada, portanto, da ilusão de distanciamento e de objetualidade da matéria a ser narrada, como era regra entre os poemas épicos, que falavam do passado tido como estável, e sim a adesão aos problemas reais da vida. Nessa qualidade, o livro pode ser emparelhado com raros casos, como as *Cartas chilenas*, de Tomás Antônio Gonzaga, que circularam mal na época mas que traziam a marca da crítica ao presente, cifrada no traço cômico, explícito em cada passagem, o que levava o texto para longe daquele seleto olimpo das obras a serem levadas a sério. No *Uraguai* e nas *Cartas chilenas*, o futuro não é uma crença nítida, muito menos uma aposta cega; mas o engajamento no debate do presente permite entrever um sentido de construção do porvir: o futuro passa a ser uma possibilidade de conquista.

Em torno da Independência brasileira, datada de 1822, o tema do futuro vai aparecer de modo mais claro. Intelectuais proporão a organização de antologias de textos que tragam desenhos do novo país, da nova nação, a serem lidos nas escolas (ainda escassas), em preparação das novas gerações. Entra em cena um debate sobre o que deveria ser considerado válido para figurar ali: só autores nascidos no território agora brasileiro? Só textos produzidos depois de 1822? Ou também textos do período colonial que de algum modo tivessem sonhado, desejado, projetado o futuro, que é o país do presente?

Exatamente nesse tempo, o Brasil é visitado minuciosamente por um naturalista francês de grande talento e admirável pertinácia: Auguste de Saint-Hilaire. Em mais de uma passagem ele dá a ver suas ideias e observações sobre o que vai vendo e registrando, contrastando a experiência americana com sua vida europeia. O resultado, como todos sabemos, é magnífico como registro do tempo. Em determinada passagem do livro que escreveu sobre a parte sulina de suas viagens, relativa ao dia 19 de fevereiro de 1821, lemos o seguinte:

> mes autres domestiques se sont arrêtés sous les pêchers qui déjà sont entiérement dépouillés de leurs fruits. J'ai fait observer plusieurs fois qu'il était extrêmement rare que les Brésiliens attendissent que les fruits fussent mûrs pour les manger. Cela tient encore à ce qu'ils ne peuvent pas faire à l'avenir le plus léger sacrifice.
> [meus outros criados se acomodaram sob os pessegueiros que estão já inteiramente despidos de seus frutos. Já observei muitas vezes ser extremamente

raro os brasileiros esperarem que os frutos estejam maduros para comê-los. Isso demonstra que eles não conseguem fazer o menor sacrifício em favor do futuro.]
Voyage à Rio-Grande do Sul (Brésil), Chapitre XVI, seção "S. Borja, 19 février", p 362.

Um naturalista é alguém acostumado a tomar em conta o ciclo orgânico das plantas e dos animais: é alguém que sabe que tudo tem seu tempo. Na cabeça de um naturalista europeu, o tempo de comer as frutas corresponde necessariamente ao tempo da maturidade dos frutos. Mas no Brasil parece que não. Naquele mesmo sentido de ansiedade que Moser flagraria dois séculos depois, os brasileiros de Saint-Hilaire não esperavam nada amadurecer – e aí entra o Saint-Hilaire comentarista da cultura americana: comer os frutos ainda verdes significa nada sacrificar no presente em favor do futuro. Um europeu educado já sabia claramente, em 1820, que o futuro se prepara aqui no presente, mas o indivíduo americano nada espera.

Por quê? Pela abundância e uberdade da natureza local, tais que não demandaram dos ameríndios do futuro território brasileiro o economizar agora para depois ter e usufruir? Por algum sentido de urgência? Por não ver sentido ou mérito em organizar o futuro? Os acompanhantes de Saint-Hilaire eram, em parte maior ou menor, ameríndios, eventualmente caboclos, com algum sangue ibérico. Será esse lastro cultural a origem desse relativo desprezo pelo futuro, ou melhor, por ações que preparem o futuro?

O certo é que, para a generalidade dos letrados brasileiros das décadas iniciais de independência, o futuro, em abstrato, parecia um valor autoevidente, porque lá o país existiria. No prefácio ao seu livro tido como ponto inaugural do Romantismo entre nós – os *Suspiros poéticos e saudades*, de 1836 –, Gonçalves de Magalhães, um católico moralista que tentou combinar algo da visão kantiana da arte com sua fé e com uma visão antipovo, declara que o objetivo de seu livro é, ao lado de defender a Poesia "das profanações do vulgo", indicar "no Brasil uma nova estrada aos futuros engenhos" poéticos. Abrir caminhos que se estenderiam nos tempos por vir. O país estava apenas começando.

É bem isso que se lê em outro texto seu, publicado no mesmo ano de 1836, o "Discurso sobre a história da literatura do Brasil", tentativa de sistematizar o debate sobre o tema. Mesmo com seu elogio ao espírito religioso cristão, pouco convergente com os maiores interesses nacionalistas do Romantismo, ele crê que o Brasil tem sim condições para uma poesia original. E se entusiasma: "Nós pertencemos ao futuro, como o passado nos pertence".

Originalidade, este é um ponto-chave da retórica romântica. Ocorre que, na quadra histórica do surgimento do Romantismo, o termo "original" conheceu uma total inversão em seu significado. Quem me alertou pela primeira vez foi Ian Watt, em seu estudo *A ascensão do romance* (1957, edição brasileira 1990):

> a própria palavra "original" adquiriu nessa época [o século XVIII inglês, objeto de seu estudo] sua acepção moderna graças a uma inversão semântica [...]. O termo "original" – que na Idade Média significava "o que existiu desde o início" – passou a designar o não derivado, independente, de primeira mão.

Uma mudança muito parecida ocorreu no português, com umas poucas décadas de distância. Se tomarmos o famoso dicionário de Rafael Bluteau, português, o primeiro grande dicionário da língua, editado em 1789 (já com os acréscimos de António de Moraes Silva, brasileiro), lá leremos, no verbete "Original":

> s.m. o efeito primeiro, de que se fizerão [fizeram] copias [cópias], e assim o painel de que as tirarão [tiraram]; o exemplar de que se fez tradução, *v.g.* "*este poema tem outra graça no Original Grego*".

Ainda na derradeira edição do dicionário, já assinado apenas por Moraes, saído em 1844, logo após sua morte, o campo semântico se mantém o mesmo, assinalando que no território sempre conservador dos dicionários, necessariamente tardos em reconhecer as mudanças, "original" ainda designava aquilo que está na origem, num tempo passado, ao menos na língua portuguesa, certamente muito menos dinâmica do que a inglesa.

"Original", depois disso, passou a qualificar, como todos sabemos, não aquilo que está na origem, no passado, mas aquilo que tem origem em si mesmo: um poema romântico será original na medida em que o poeta encontrar em si, em sua sensibilidade, em seu vocabulário, algo de novo. Extrapolando: foi justamente no Romantismo que o passado perdeu força para o presente e o futuro.

Mas o futuro, de fato, ganharia, umas décadas depois, um estatuto de crença absoluta. É o que vamos encontrar na geração jovem dos anos 1870, quando a moda romântica definhava em favor de uma nova visão, agora informada pela divulgação das ciências naturais. Darwin e depois dele uma série de outros nomes passaram a entrar no horizonte de todos os leitores; "evolução" e termos correlatos ganharam prestígio. No caso específico do Brasil, essa mudança veio temperada de questões locais de alta força social, como a luta abolicionista e a luta republicana. Tudo indicava que ali e então o país se caminhava para um futuro redentor.

Quem flagrou esse movimento em pleno ar foi Machado de Assis. Não o autor de *O alienista*, novela satírica que ironiza a crença absoluta na ciência ao encarcerar o doutor Simão Bacamarte nas malhas tortuosas e cambiantes de sua própria teoria; me refiro aqui ao Machado crítico e ensaísta dos anos

1870 mesmo. Nessa década, ele produz dois ensaios prodigiosos: em 1873, a "Notícia da atual literatura brasileira", que se tornou conhecido pelo subtítulo, "Instinto de nacionalidade", e em 1879 "A nova geração".

No primeiro, Machado se livra da carga que era, no momento, a obrigação nacionalista e localista, marcas do Romantismo que o escritor dá como matéria vencida; no segundo, ele desenha uma equação de largo espectro sobre o que pensa e sente a nova geração, que alcançava os vinte anos quando ele mesmo chegava à maturidade dos quarenta anos.

"A nova geração" desde o título tem um objeto de interesse: estudar como age a geração mais recente em seus escritos, particularmente em sua poesia. Para esses novos, o Romantismo era já passado a ser repudiado: tratava-se agora de um novo tempo.

> De envolta com isso [a renegação do Romantismo], ocorreu uma circunstância grave, *o desenvolvimento das ciências modernas, que despovoaram o céu dos rapazes*, que lhes deram diferente noção das coisas, e um sentimento que de nenhuma maneira podia ser o da geração que os precedeu. [...] Um dos caracteres da nova direção intelectual terá de ser um *otimismo não só tranquilo, mas triunfante*. [...] A justiça, cujo advento nos é anunciado em versos subidos de entusiasmo, a justiça quase não chega a ser um complemento, mas um suplemento; e assim como a teoria da seleção natural dá a vitória aos mais aptos, assim outra lei, a que se poderá chamar seleção social, entregará a palma aos mais puros. *É o inverso da tradição bíblica; é o paraíso no fim.*

Os itálicos são meus e marcam três momentos de extrema clareza na visada machadiana: (a) as ciências despovoaram os céus antes fantasiosos; (b) há agora um otimismo triunfante; e (c) inverte-se uma velhíssima tradição – o paraíso sai da origem e vai para o fim dos tempos. A chave está, para Machado, na ciência, que deslindou não apenas o que já existia mas o que virá, dada a teoria da seleção natural, desdobrada na seleção social.

Importa pouco aqui observar que Machado expõe um certo ceticismo relativamente a essa visão triunfante, o que se manifesta em sua novela *O alienista*, acima mencionada, que seria publicada uns anos depois; importa que ele flagra a crença que empolga a nova geração, crença que é forte a ponto de sugerir, diz, que a justiça será um mero suplemento, um acréscimo relativamente banal, e não um complemento, um desdobramento obrigatório.

(Não será muita invenção minha lembrar que Machado de Assis foi o ponto de ancoragem para Roberto Schwarz enxergar o complexo que denominou como "ideias fora do lugar": na obra do grande escritor, diz Schwarz, se encontra compreendida, meditada e estilizada criticamente toda uma relação entre a antiga colônia e a metrópole, relação em que certas ideias, como o liberalismo, tinham prestígio mas não correspondiam a visões do mundo realmente orgânicas no contexto brasileiro. Chamo a atenção para o jogo entre as ideias e não o tempo, mas o lugar.)[1]

Machado é uma inteligência excepcional, de forma que não podemos generalizar sua percepção como sendo algo compartilhado no contexto. Ele podia duvidar dessa visão triunfalista, mas a crença neste "paraíso no fim" tomou conta da geração como um todo. Era a vanguarda, talvez a primeira encarnação nítida de uma vanguarda artística no Brasil, neste caso sendo descrita por Machado de Assis, um temperamento analítico e, portanto, não vanguardista.

Para existir, a vanguarda, qualquer que seja, precisa pressupor que o futuro (a) trará a redenção e (b) será como ela o imagina. É possível que o presente não aceite a profecia que a vanguarda faz, mas isso não faz maior diferença para ela, e pelo contrário essa rejeição do presente serve até de combustível para ela. É mais: ela não aceita ser julgada pelos critérios correntes, porque justamente ela os rejeita, de modo liminar, em favor dos critérios do futuro, que só ela conhece. Assim, sempre correndo o risco da incompreensão e o do rechaço, a vanguarda anuncia no presente que o que vale mesmo é aquele futuro que ela já sabe como será. Trata-se de um jogo de aposta; se o presente arguir a profecia, a vanguarda dirá que não pode demonstrá-lo agora, justamente porque tudo só será de fato compreendido depois. Ela pode então ser impugnada (se o presente resolver calá-la, por exemplo), ou ser ouvida e levada a sério (se o presente, num ato de fé, admitir que ela tem razão): o certo é que a vanguarda não negocia com o presente.

Pode também acontecer de a vanguarda dar com os burros n'água, ao constatar que, chegado o futuro antevisto, ele se revele frustrante para as expectativas. Algo disso se pode verificar na Primeira República brasileira. Aquilo com que sonhavam os jovens dos anos 1870 e 80 foi em boa medida desmentido. Isso se vê na figura dos "paladinos malogrados", que Nicolau Sevcenko identifica em intelectuais e escritores daquele momento, que constatavam precocemente que aquela não era a República sonhada por eles. Quando o futuro chega, ele pode não ter a cor imaginada.

Um desses escritores foi Euclides da Cunha. Militante da causa republicana desde jovem, foi expulso da Escola Militar por um gesto antimonarquista, para depois converter-se no autor de um monumento da inteligência e da sensibilidade, *Os sertões*, lançado em 1902. No livro, o autor narra e analisa sua experiência ao vivo em Canudos, interior da Bahia, onde testemunhou o massacre promovido pelo seu prezado Exército contra o povo simples do sertão. Na conhecida "Nota preliminar ao livro", uma bomba nos meios letrados do período, há um parágrafo exemplar:

---

1. Procurei fazer uma crítica minuciosa à tese das ideias do lugar em *Duas formações, uma história*.

A campanha de Canudos tem por isto a significação inegável de um primeiro assalto, em luta talvez longa. Nem enfraquece o asserto o termo-la realizado nós, filhos do mesmo solo, porque, etnologicamente indefinidos, sem tradições nacionais uniformes, vivendo parasitariamente à beira do Atlântico dos princípios civilizadores elaborados na Europa, e armados pela indústria alemã – tivemos na ação um papel singular de mercenários inconscientes. Além disto, mal unidos àqueles extraordinários patrícios pelo solo em parte desconhecido, *deles de todo nos separa uma coordenada histórica – o tempo*. Aquela campanha lembra um refluxo para o passado.

E foi, na significação integral da palavra, um crime.

Denunciemo-lo.

O tempo nos separa, disse Euclides (e eu pus em itálico), dos extraordinários patrícios massacrados. A criminosa campanha militar foi como uma volta ao passado. O futuro tinha chegado e não poupou as ilusões emancipadoras da geração da propaganda republicana.

Mas que tempo era esse que afastava Euclides e a civilização litorânea dos sertanejos, em sua percepção? Era o ritmo da civilização, talvez: no litoral vivia-se com o relógio ajustado com a Europa (mais correto seria dizer com Paris), mas no sertão estava em plena vigência o passado, que era igual a atraso. Agora não era mais apenas um tempo só, único, que descrevia todo o país: os intelectuais descobriam que a ideação chamada "Brasil" não correspondia ao país real interiorano.

Algo análogo pode ser lido no romance *Triste fim de Policarpo Quaresma* (1915), de Lima Barreto. Um modesto funcionário público entranha-se nos livros que descreviam e estudavam o Brasil do passado, em sua história, em sua cultura popular, em sua etnografia, de tal forma que Policarpo projeta uma utopia, encarnada nele mesmo, que chora ao receber visitas imitando o que ocorria entre indígenas e que se muda para a roça em busca da redenção do país. Utopia desde logo malograda, porque o Brasil real não funciona como ele imagina, e pelo contrário – o chão se recusa a produzir tanto quanto ele imaginara, e o presidente Floriano Peixoto precisa abrir uma pequena guerra para sufocar os revoltosos que querem a volta da monarquia. Policarpo se voluntaria para lutar pela República, mas também isso resulta infrutífero.

Malogrados é que não serão outros paladinos, os modernistas de São Paulo. A partir da Semana de Arte Moderna, levada à cena em fevereiro de 1922, se desenrola um novo processo, uma nova relação entre a cultura letrada brasileira e o futuro, agora a partir dessa âncora que é São Paulo, sua riqueza inédita, sua disposição para tornar-se hegemônica no contexto geral do país, coisa que ocorrerá mediante a confirmação das teses modernistas em várias instâncias de poder.

Não todas as teses, mas algumas delas. Ao longo do tempo, vários intelectuais, escritores e artistas de outras especialidades produzirão suas obras, mas apenas alguns deles serão de fato tomados como canônicos. A rigor dois grupos de modernistas da primeira hora serão afastados do panteão – de um lado os "cariocas", nativos ou residentes no Rio de Janeiro, a capital daquele tempo, gente como Graça Aranha, Ronald de Carvalho e outros; de outro, paulistas que, por variados motivos, não foram reconhecidos ao longo do processo de afirmação modernista como vozes válidas, a exemplo de Menotti del Picchia, Plínio Salgado, Guilherme de Almeida.

Uns e outros foram contestados viva e ativamente pelos intelectuais que canonizaram a versão modernista de Mário de Andrade, o principal formulador, e de Oswald de Andrade, uma espécie de filho bastardo, ou de versão esquerdista da grande movida modernista paulista. Os cariocas foram vistos como pouco vanguardistas – e a crítica paulista atirou para a beira da estrada tanto o metafísico Graça Aranha quanto o muito interessante Ronald, o mais abrangente americanista entre os modernistas de primeira hora. Já aqueles paulistas rejeitados, ou eram pouco ousados, como Almeida, ou com o tempo migraram para a direita, até mesmo a autoritária, como Plínio Salgado.

O certo é que figuras como o próprio Mário, formulador, pedagogo e depois agente político, e a seguir Sérgio Buarque de Holanda e Antonio Candido, professores da USP e referências para as gerações seguintes, serão responsáveis pela consagração de uma versão específica de modernismo, que exclui algumas variantes por entronizar um sentido impositivo de modernidade. Como é esse sentido? É nacionalista como ensina *Macunaíma*, quer dizer, pretende ser ele mesmo uma síntese superior a qualquer uma das partes que o constituem – este romance (ou rapsódia, como quis o autor) é muito maior do que qualquer das muitas lendas e mitos recolhidos em toda a geografia do país, e incorpora, subordinando, até mesmo figuras como a tia Ciata e Pixinguinha.

(Nacionalista e alegadamente bem-humorado. A rigor, lido sem a boa--vontade canonizante, o livro de Mário pode ser visto como a expressão de um fracasso: o personagem protagonista faz sexo, "brinca", com talvez dezenas de fêmeas ao largo da história, mas disso tudo não resulta nenhum filho que sobreviva. Sua jornada São Paulo adentro, parecendo ser uma trilha de conquista, resulta também um fracasso, porque Macunaíma retorna para a floresta sem a redenção que buscava. Se for lido como uma síntese representativa do país, como uma súmula alegórica do Brasil que a força econômica de São Paulo passara a protagonizar com o café – e a partir dele a indústria, a finança, tudo –, também falha: onde está figurada toda a larga experiência do latifúndio escravagista, a "plantation"? Onde estão as tensões sociais modernas, como a luta sindical que nos anos 1920 já era perfeitamente legível para qualquer observador que quisesse falar do país real? Onde estão os estrangeiros que haviam chegado às dezenas de milhares, particularmente na cidade de S. Paulo mesmo? É forçoso reconhecer que *Macunaíma*, se tomado como alegoria do país, falha miseravelmente na incorporação dessas dimensões centrais de nossa história.)

Mas mais que nacionalista, esse modernismo canonizado se considera como a verdadeira (e única) conquista do futuro. Incorporando em parte a visão debochada de Oswald de Andrade, a quem não faltou intuição de longo alcance (como o demonstra o atual debate sobre o perspectivismo ameríndio, que, na versão de Eduardo Viveiros de Castro, reconhece em Oswald uma realização literária relevante para dar a ver essa visão do mundo), o Modernismo paulista se ergueu como ao mesmo tempo brasileiro e internacionalista, propositivo e irônico, a melhor interpretação do passado e o melhor caminho para o futuro. Com esse perfil, de abrangência total, algo evidentemente mistificador se lido criticamente, consagrou-se e figura nas histórias da literatura e da cultura, das mais altas esferas acadêmicas ao chão de fábrica das escolas.[2]

Aqui voltamos à imagem dos paladinos – não malogrados como Euclides ou Lima Barreto, e pelo contrário: se podem ser considerados paladinos, serão aqueles paladinos reconhecidos como vitoriosos, porque os modernistas paulistas alcançaram importantes posições de mando, convertendo-se em figuras do mainstream. Não malogrados: são uma vanguarda que chega ao poder, primeiro na cidade de São Paulo, em que Mário figurará como diretor do Departamento de Cultura e Recreação, espécie de secretaria de Cultura, e depois em muitas outras instâncias, na medida em que o governo Vargas, mormente no Estado Novo, abrigou, num amplo conjunto amplo de novas instituições do campo cultural, ideias e interlocutores de Mário, como o Drummond chefe de gabinete do ministro Capanema[3], como o Rodrigo Mello Franco de Andrade diretor do Serviço de Proteção ao Patrimônio Histórico, como o Augusto Meyer diretor do Instituto Nacional do Livro.

No campo da historiografia literária e cultural, a vitória do Modernismo paulista de certo modo congelou a ideia de futuro. Na visão que se tornou dominante, nada pode ser mais moderno do que ele, portanto nada pode ser mais afinado com as exigências do presente, assim como nada terá surgido nem poderá surgir no Brasil que não tenha já de algum modo sido previsto, antecipado ou intuído por Mário e Oswald – assim se tem visto a coisa até hoje, como prova o recente (e para mim surpreendente) caso da captura conceitual do rap e até mesmo da literatura dita marginal pelo discurso modernista paulista: na

---

2. Para uma descrição desse processo de entronização do Modernismo paulista, ver *A ideologia modernista – A semana de 22 e sua consagração*.

3. A propósito, veja-se o estudo de Sérgio Miceli *Lira mensageira – Drummond e o grupo modernista mineiro*, assim como outros de seus trabalhos, como "Mário de Andrade – A invenção do moderno intelectual brasileiro", em *Vanguardas em retrocesso*.

visão de um protagonista do rap como o Emicida, expressa no documentário *AmarElo*, de 2019, se postulam nexos de continuidade e causalidade entre o que ele mesmo faz e o trabalho ou as ideias de Mário de Andrade. Nexos que me parece não existirem, ou quando muito serem muitíssimo remotos.

Fecha-se assim um curto-circuito que paralisa a ideia da chegada de qualquer outro futuro válido, porque o que for válido, para essa visão triunfante, já está incorporado previamente; e se for outro o futuro, que por acaso não seja enquadrável como tributário dos mesmos Andrades, profetas absolutos, esse futuro ou não será propriamente um futuro, ou não será visto como válido. O futuro não pode ser outro porque o bom futuro já chegou, em 1922.

Não quer dizer que não tenha havido embates, obras, processos que à sua maneira tenham sonhado o futuro, algum futuro, no campo das letras brasileiras, nas décadas posteriores à famosa Semana e a sua consagração crítica. A prova mais vigorosa está, creio, no que se pode chamar genericamente de Tropicália. Antes de ser vista como mais uma das infinitas variações do Modernismo paulista, a Tropicália apresentou-se como uma interpretação inventiva do Brasil, em que o arcaico e o ultramoderno vizinhavam e se atritavam, gerando uma representação muito viva e poderosa. O mesmo calor, a mesma energia que estava representada na construção de Brasília, o monumento moderníssimo no meio do cerrado bruto, a chegada do futuro em pleno sertão.

Para ficar em um exemplo, acaso um momento já bem posterior aos primeiros enunciados tropicalistas mas certamente reconhecível como um de seus frutos, veja-se a canção "Fora da ordem", de Caetano Veloso. Produzida no auge da onda de entusiasmo pela dita globalização, na virada da década de 1980, um trecho inicial de sua letra constata: "Vapor barato, um mero serviçal do narcotráfico / Foi encontrado na ruína de uma escola em construção / Aqui tudo parece que era ainda construção e já é ruína". O disco era *Circuladô*, saído em 1991, quando o passado se apresentava já como ruína exatamente ali onde o presente se projetava para o futuro, na forma de uma escola, um dos CIEPs de Brizola e de Darcy Ribeiro, quem sabe.

Depois disso, talvez nenhuma outra vanguarda, nenhuma outra utopia tenha sido formulada, ou melhor, nenhuma terá alcançado destaque público amplo como essas já mencionadas, a ponto de impregnar o debate geral. Vetores de mais recente valorização no campo da criação e da crítica literárias, a exemplo do feminismo, da luta antirracista, da expressão autônoma de escritores oriundos de condições sociais opressivas, como os ameríndios ou negros, ou ainda da luta contra a destruição do planeta pela civilização do desperdício ecocida em que vivemos, nada disso parece conter alguma volúpia pelo futuro, como acontecera antes.

Perdemos a capacidade de sonhar? Talvez não: é possível que simplesmente a sociedade brasileira tenha ficado muito mais complexa, a ponto de deixar de caber inteira no discurso de uma vanguarda, ou quem sabe tenhamos abandonado a fantasia de imaginar possível alcançar o futuro com um gesto retórico no presente. Pode ser um bom sinal.

Referências

BORGES, Jorge Luis. *Obras completas I. Edición crítica.* Buenos Aires: Emecé, 2009.
CUNHA, Euclides da. *Os sertões.* Porto Alegre: L&PM, 2016. (Edição apresentada por Homero Araújo, Guto Leite e Luís Augusto Fischer.)
FISCHER, Luís Augusto. *Machado e Borges.* Porto Alegre: Arquipélago, 2008.
_____. *Duas formações, uma história – Das ideias fora do lugar ao perspectivismo ameríndio.* Porto Alegre: Arquipélago, 2021.
_____. *A ideologia modernista:* A Semana de 22 e sua consagração. São Paulo: Todavia, 2022.
GONÇALVES DE MAGALHÃES, D. J. *Suspiros poéticos e saudades* [1836]. Brasília: Editora da UnB, 1998.
_____. "Discurso sobre a história da literatura do Brasil" [1836], In: *Fatos do espírito humano* [1858]. Petrópolis, RJ: Vozes; Rio de Janeiro: ABL, [s.d.].
MACHADO DE ASSIS, J. M. *Obra completa.* Rio de Janeiro: Nova Aguilar, 1992. Volume III.
MICELI, Sérgio. *Vanguardas em retrocesso.* São Paulo: Cia. das Letras, 2012.
_____. *Lira mensageira –* Drummond e o grupo modernista mineiro. São Paulo: Todavia, 2022.
MOSER, Benjamin. *Autoimperialismo –* Três ensaios sobre o Brasil. Trad. Eduardo Heck de Sá. São Paulo: Planeta, 2016.
SAINT-HILAIRE, Auguste de. *Voyage à Rio-Grande do Sul (Brésil)* Orléans: H. Herluison (org.), 1887. Trad. Adroaldo Mesquita da Costa. Porto Alegre: Martins Livreiro, 1987.
SCHWARZ, Roberto. *Ao vencedor as batatas.* São Paulo: Duas Cidades, 1977.
SEVCENKO, Nicolau. *Literatura como missão*: tensões sociais e criação cultural na Primeira República. São Paulo: Brasiliense, 1983.
WATT, Ian. *A ascensão do romance* [1957]. Trad. Hildegard Feist. São Paulo: Cia. das Letras, 1990.
ZWEIG, Stefan. *Brasil, um país do futuro.* Trad. Kristina Michahelles. Porto Alegre: L&PM, 2006.

6
A Independência e as raízes de um projeto de desenvolvimento

Pedro Cezar Dutra Fonseca

1. O padre não reza missa

Em 1980, o padre italiano Vito Miracapillo foi expulso do Brasil. Enquadrado no Estatuto do Estrangeiro como nocivo à segurança nacional, era pároco da cidade de Ribeirão, interior de Pernambuco, e havia algum tempo se atritava com as elites locais. Mas o estopim foi o fato de, no dia 7 de setembro daquele ano, ter-se negado a rezar uma missa comemorativa à data sob a alegação de que o Brasil "não teria conquistado sua efetiva independência".

O religioso, a rigor, repetia o que então era corrente em parte, e talvez maioria, da intelectualidade brasileira de esquerda: o desprezo e até desdém não só ao ato simbólico de D. Pedro I às margens do riacho Ipiranga, mas ao chamado processo de independência, que a rigor teria começado com a vinda da família real portuguesa para o país em 1808 e se prolongado pelo menos até 1831, com a abdicação do imperador. O entendimento predominante enfatizava que os acontecimentos de 1822 pouco teriam alterado os rumos do país: a independência fora apenas "formal", pois o rompimento dos laços com Portugal manteve aqui a face mais visível do *status quo* colonial: o poder centralizado da casa de Bragança, além das principais marcas estruturais da formação econômica e social brasileira, consagradas desde sempre por Caio Prado Jr. ([1945] 1970), então a maior referência marxista em matéria de História Econômica: a grande propriedade fundiária, a escravidão, a produção voltada aos mercados externos e a concentração de renda e riqueza, instituições que historicamente foram responsáveis por dar "sentido à colonização" dentro do contexto do mercantilismo europeu. O fim do estatuto colonial teria representado não uma "verdadeira" independência, mas a simples troca da subordinação a Portugal pela Inglaterra. Assim, no plano internacional, a substituição do colonialismo luso pelo imperialismo inglês não deixava nenhum motivo para comemorações.

A rigor, a subestimação do processo de Independência não começou com a esquerda nem com os marxistas, mas remonta ao final do século XIX, à época da Proclamação da República. Negligenciar os feitos dos monarcas e frisar sua origem europeia, antinacional, absolutista e reacionária constituiu imaginário corrente entre os defensores da causa republicana e recurso de retórica legitimador do novo regime. Como mostra com acuidade o texto clássico de Emília Viotti da Costa (1985, pp. 267 e segs.), ao expor a república vista pelo ângulo dos próceres republicanos, a interpretação dominante entre eles é que esta fora desde sempre uma aspiração nacional, mas abortada pela estratégia bragantina de perpetuação no poder e, como corolário, suas instituições vetustas, como escravidão, Poder Moderador, senado vitalício e mistura entre religião e Estado. É interessante notar que tal leitura simplificadora, e até rasa, do processo de Independência – estratégia perfeitamente compreensível no embate ideológico entre os coevos dos acontecimentos do período do fim do Império – tenha sido incorporada posteriormente por parte expressiva da esquerda – talvez mais por sua militância, já que não encontra guarida em vários autores, mesmo de matriz marxista.

É verdade que o próprio Caio Prado Jr. ([1945] 1970) menciona, à guisa de conclusão ao capítulo 2 de sua *História econômica do Brasil*, que tal caráter da colonização "gravar-se-á profunda e totalmente nas feições e na vida do país" e "prolongar-se-á *até nossos dias*" (grifos meus). Todavia, é razoável interpretar que tal ponderação deve ser entendida mais como uma reflexão histórica, com o propósito de ofício do historiador de resgatar a herança do passado sobre o presente, do que como uma conclusão definitiva capaz de dispensar mediações e a análise mais complexa dos acontecimentos das primeiras décadas do século XIX. Em direção oposta, especialmente no capítulo 14 da referida obra (intitulado "Efeitos da Libertação", enquanto o anterior chamou-se de "Libertação Econômica"), Caio Prado ressai o "estímulo econômico trazido pela liberdade comercial" e firma que "o progresso econômico do país é *geral*, e em todos os setores sente-se o influxo da *grande transformação* operada pela revogação da política de restrições que até 1808 pesara sobre a colônia". Ou seja, o fato de o país independente ser em vários aspectos um "prolongamento da situação anterior" não apagava o fato de que a transferência da corte "e a subsequente emancipação da colônia assinalam uma *nova fase* bem caracterizada em nossa evolução econômica" (grifos meus). Ressalta, ainda, que as novas atividades industriais, agrícolas ou de infraestrutura, como em portos e transportes (estradas de ferro), impulsionarão "novo surto econômico do país, porque dentro dos quadros políticos e administrativos coloniais, e ligado a uma metrópole decadente e que se torna puramente parasitária, ela não encontraria horizontes para utilizar-se das facilidades que o mundo do séc. XIX lhe proporcionava" (PRADO JR., [1945] 1970). Fica claro, portanto, que, mesmo tendo ressaltado os traços de continuidade, Caio Prado Jr. nunca chegou a negar a importância da independência com relação a Portugal; ao contrário, até a emoldura, em algumas passagens, com palavras bem generosas.

Sob as asas do mesmo *approach* teórico, mas com o uso do recurso metodológico "ruptura versus continuidade" – o qual é usado como régua para avaliar o alcance das mudanças frente às permanências, admitindo a coexistência de ambas mesmo em acontecimentos e processos históricos de transformações radicais –, Florestan Fernandes foi além, deixando ainda mais explícita a importância da data e do processo de Independência. Tal como Prado Jr., admite que há "um elemento puramente revolucionário e outro elemento especificamente conservador" (FERNANDES, [1975] 1981, p. 32). Quanto ao caráter conservador, este pouco difere do já mencionado por Prado Jr.: prende-se fundamentalmente à escravidão, à estrutura fundiária e à concentração de riqueza e poder. Já no lado das mudanças, lembra que "a simples extinção do estatuto colonial já tivera um significado socialmente revolucionário, pois a autonomia política abria as portas para a formação da *sociedade nacional*" (FERNANDES, [1975] 1981, p. 31, grifos do autor). Em seu entendimento, a marcha dos acontecimentos transcendia os limites da situação de interesses da casa reinante dos Bragança. O fim do estatuto colonial representava pré-requisito indispensável para a constituição do Estado Nacional e, com este, do capitalismo. A rigor, deflagrava o processo de revolução burguesa no Brasil – que é o objeto de investigação de seu trabalho.

Do ponto de vista político, a Independência teria superado a posição ambígua de Reino Unido com Portugal e Algarves, de 1815, e, com esta, "*a imposição de fora para dentro, para organizar-se a partir de dentro*" (FERNANDES, [1975] 1981, p. 31, grifos do autor), o que, mesmo diante da influência da Inglaterra, marcará uma relação com este país bem maior de autonomia, se comparada à situação colonial anterior. Florestan Fernandes ([1975] 1981, p. 33) também não mede palavras e frisa que "o elemento revolucionário era o componente verdadeiramente dinâmico e propulsor" e se manifestava não só no plano político mas também na economia, malgrado as continuidades: a internalização do poder, mesmo que nas mãos da elite rural, "afetou diretamente o desenvolvimento econômico"; fora justamente na esfera econômica e no nível de expansão do mercado interno que surgiram "as primeiras consequências dinâmicas da Independência e da integração nacional" (p. 33). Destarte, o liberalismo que emoldurou a imaginação das elites nativas para empolgar e respaldar a separação de Portugal, a despeito de adaptado às condições locais, não pode ser considerado como "postiço", "farisaico" ou "esdrúxulo": caberia agora aos novos dirigentes, "a partir de dentro", substituir o antigo arcabouço jurídico, administrativo, econômico, político e social. Interpretação rara em autores de formação marxista, principalmente da geração em que predominavam as concepções de infraestrutura econômica como determinantes da superestrutura política e ideológica, Fernandes ([1975] 1981, p. 61) entende que "a implantação de um estado nacional independente não nasceu e nem correspondeu a mudanças reais na organização das relações de produção". Com isso, sua análise permite depreender a ênfase dada ao significado político da Independência: a "revolução nacional" não decorreu de uma "revolução econômica"; assim, vários aspectos essenciais da estrutura econômica permaneceram e perduraram ao longo do século XIX, mas, ao mesmo tempo, "engendrava[m] um Estado nacional bastante *moderno*, mas, sobretudo, virtualmente apto à *modernização* ulterior de suas funções econômicas, sociais e culturais" (FERNANDES, [1975] 1981, p. 38, grifos do autor).

Ambos os autores, portanto, sugerem que o processo de Independência foi relevante e não pode ser subestimado, embora tenha limites em seu poder transformador – o que não é novidade nos acontecimentos históricos, mesmo naqueles para os quais é utilizado o termo "revolução" pela envergadura das mudanças que ocasionaram, como a "Gloriosa" Inglesa do século XVII, a Francesa (1789) e a Russa (1917).

Nossa principal hipótese neste artigo, numa abordagem de longo prazo, é que a Independência representou o momento inicial e necessário para a construção do projeto de desenvolvimento que tomou corpo a partir da "Revolução de 1930" – o qual, com suas virtudes e defeitos, foi o único que o Brasil conheceu até hoje centrado em uma proposta de desenvolvimento nacional e com acenos à ampliação da cidadania e da redistribuição de renda.

2. A importância da Independência

Para se resgatar a importância e o alcance do processo de Independência, pode-se ter como ponto de partida as pistas deixadas pelos próprios autores antes mencionados. Ambos, para começar, recorrem a um construto teórico que estabelece a antinomia entre sociedade "colonial" e "nacional". *A Independência, para ambos, serve de marco divisório*. Também os dois guardam o termo *colônia*, como categoria teórica, circunscrito ao período do mercantilismo, cuja relação com a metrópole se dava através do exclusivismo de comércio, no plano econômico, cabendo a ela a nomeação dos dirigentes e elaboração de leis, nos planos jurídico e político.[1] Não se confunde, portanto, com a divisão inter-

---

1. Prado Jr., a rigor, não usa uma terminologia uniforme ao longo de sua obra. Mesmo em *História econômica do Brasil*, ao tratar do processo de Independência, admite que, com este, há o fim do que se poderia chamar de "colônia". Entretanto, nos capítulos finais da obra, retoma o termo "colônia" em sentido mais amplo, ao afirmar que há "ligação do imperialismo com o nosso velho sistema colonial fundado na exportação de produtos primários" e "o sistema colonial brasileiro continua em essência o mesmo do passado, isso é, uma organização fundada na produção de matérias-primas e gêneros alimentares demandados no mercado internacional" (PRADO JR., 1970, p. 328). Essa última acepção é a usada pelo padre Miracapillo. Note que Prado Jr. faz uso do (cont.)

nacional do trabalho predominante no século XIX, sob a hegemonia inglesa, mais comumente conhecida como imperialismo, quando a relação econômica se dava entre Estados nacionais soberanos, com governos e leis decididos em seus âmbitos, e o liberalismo – e não o intervencionismo e os monopólios de concessão real mercantilistas – servia como princípio regulador das relações internacionais, ancorado na teoria das vantagens comparativas. Ambos os fenômenos, colonialismo e imperialismo, só podem ser igualados sob alto grau de abstração, apenas para denotar a assimetria internacional das relações econômicas e de poder, pois diferem em suas determinações mais concretas, sem as quais não se pode perceber como tais relações acontecem, a forma com que se extrai o excedente entre os dois polos comerciais, as instituições que regulam as "regras do jogo" e o grau de autonomia de cada um dos lados envolvidos para fazer valer seus interesses. Sem ter presente tais mediações, perde-se a historicidade (e se cai facilmente no equívoco metodológico de igualar o desigual com recorrência a um "conteúdo metafísico" sempre facilmente demonstrável através de recursos de retórica de parca evidência empírica). Por isso, os dois autores assinalam o ganho de espaço para os setores dirigentes locais a partir da Independência, fundamental nas relações de poder e com impacto relevante nas decisões econômicas, como a resistência brasileira à determinação britânica de extinguir o tráfico de escravos, o estabelecimento de tarifas alfandegárias, como a de Alves Branco de 1844, e até o rompimento diplomático, como ocorreu com a "Questão Christie", na década de 1860 – todos impensáveis na relação entre colônia e metrópole do antigo mercantilismo.

Tais episódios não são isolados, tampouco restritos a matérias de parca importância. A relação não tão submissa do Brasil ao Império Britânico, ao longo do século XIX, dá sinais sobejos do grau de autonomia que tem um país independente, mesmo que "periférico" do ponto de vista da geopolítica internacional. Hoje há mais estudos sobre o tema, capazes de derrubar ou relativizar dogmas e interpretações vigentes há alguns anos, como a participação

(cont.) adjetivo "velho" para caracterizar o sistema colonial da época portuguesa, dando a entender que o termo "colônia" pode ser estendido para o período posterior, em que haveria um "novo" colonialismo. Também é interessante já adiantar que tal interpretação, ao associar o colonialismo a um tipo de economia estruturalmente voltada à exportação de produtos primários, extravasando o contexto do mercantilismo, seria coerente, do ponto de vista lógico, com uma periodização que demarcasse 1930 como o fim da era colonial. Adiante se mostrará que até esse entendimento Prado Jr. altera ao longo de sua obra, pois em *A Revolução Brasileira*, cuja primeira edição é de 1966, defenderá que mesmo a industrialização substitutiva de importações mantém o caráter *colonial*, por depender de tecnologia externa e de investimentos estrangeiros (principalmente a partir do período do governo Kubitschek), o que se refletiria em déficits crônicos no balanço de pagamentos e aumento do endividamento externo (PRADO JR., [1966] 1987).

do Brasil e demais países da Tríplice Aliança na guerra contra o Paraguai dar-se em decorrência de imposição inglesa, assim como o veto do governo britânico à criação de indústrias de bens de consumo popular, os quais, entre outros, de certa forma respaldavam as convicções sobre a inexistência de "efetiva" independência do padre Vito Miracapillo – que apenas expressava um pensamento corrente, carente de qualquer atributo de originalidade. Todo caso, não se pode ignorar que a complexidade das relações econômicas e a crítica a tais interpretações lineares sobre as relações entre o Brasil e o Império Britânico já foram objeto de um autor que, embora não marxista, é dos mais destacados nomes do estruturalismo crítico latino-americano: Celso Furtado, em *Formação econômica do Brasil*, trabalho escrito no final da década de 1950.

No clássico capítulo 17 dessa obra, Furtado defende que, embora a abertura dos portos de 1808 tenha resultado, na prática, em mais benefícios à Inglaterra do que a qualquer outra nação, foi decretada sem pressão e até mesmo sem consulta aos ingleses, e mais por decisão de José da Silva Lisboa, o Visconde de Cairu, em relação à qual até o próprio D. João se mostrara relutante. E cita textualmente a manifestação do representante britânico no Brasil, Mr. Hill, ao Príncipe Regente, que inclusive reclamou de tal abertura ser generalizada às demais nações, quando fora uma esquadra de seu país que escoltara os navios portugueses para a então colônia com a família real e sua corte em decorrência da invasão napoleônica. Tal fato, que mostrava a frustração britânica por não desfrutar de tal prerrogativa de reserva de mercado, mereceu a ironia de Furtado (1977, p. 93), para quem os ingleses "acreditavam menos em Adam Smith do que José da Silva Lisboa". Embora admita que os privilégios britânicos foram contemplados pelo Tratado de 1810 (também nada liberal, pois concedia benefícios exclusivos a um país) e por sua ratificação como retribuição ao apoio à Independência, ao final da década de 1820, Furtado defende que não foram tais privilégios que impediram o Brasil de se transformar em uma "nação moderna já na primeira metade do século XIX, a exemplo do ocorrido aos EUA". O fim do oneroso "entreposto" português vinha ao encontro dos comerciantes e produtores agrícolas locais e ocasionou preços mais baixos para as mercadorias importadas e facilidade de crédito e de negócios mais amplos, ora feitos diretamente com Londres, o grande centro financeiro e comercial da época. A maior identidade de interesses e a "comunhão ideológica" entre as classes burguesas e comerciais de ambos os países só seriam possíveis com a Independência, já que com Portugal eram "inviáveis", uma vez que, por mero "entreposto", representava permanente fonte de conflitos. Estes, a partir daí, se dariam mais pela decisão inglesa em abolir o tráfico escravo e por pressionar, como moeda de troca, a obtenção de privilégios que não encobrem os conflitos de interesse. Furtado (1977, p. 96) explicita: "não se pode afirmar que, se o governo brasileiro houvesse gozado de plena liberdade de ação, o desenvolvimento econômico do país teria sido necessariamente muito intenso". Na primeira metade do século XIX, as maiores dificuldades da nação emergente passavam pela parca dimensão da economia monetária e da frágil base produtiva (que o café viria reverter), mas também pela dificuldade de recursos financeiros para financiar o permanente déficit do governo central. O nó da questão, como se mostrará adiante, estava num problema nitidamente circunscrito a decisões locais: quem arcará com o lado das receitas no orçamento do jovem país? Como economia agroexportadora, a alternativa sobrante era taxar as importações, dada a dificuldade de taxar as próprias exportações e os fatores de produção que as viabilizavam: a propriedade da terra e de escravos.

Destarte, a despeito do difundido pouco significado histórico da Independência, os autores aqui arrolados optaram, ao contrário, por uma periodização que estabelece sua relevância no fato de dar fim à era colonial e *abrir espaço para a construção* da "sociedade nacional": esta, portanto, não nasceu acabada, e *precisará de longo processo para se (a)firmar*. A rigor, na obra de Prado Jr., como se mostrou, não há uma única interpretação, a ponto de afirmar que tal processo não se concluíra até o período em que escrevia (início da década de 1960). Já para Fernandes a construção se deu de forma lenta e gradual, acompanhando o processo de "Revolução Burguesa" brasileira, mas teve como período decisivo o século XIX, principalmente o período das Regências e do Segundo Império. Por conseguinte, em ambos a Independência representou importante *pré-requisito* para a construção da nacionalidade. Indo adiante, para Fernandes, mais do que o ato simbólico do "grito do Ipiranga", as resultantes a destacar são a abertura de espaço para os segmentos sociais locais assumirem a direção do Estado Nacional nascente e a afirmação da ordem competitiva e capitalista, com o mercado gradualmente se firmando como instituição definidora da ordem econômica em substituição ao poder metropolitano e estatal da época do colonialismo. As consequências econômicas e sociais são trazidas à liça ao associar tal processo à modernização em seus mais diversos aspectos, indo além da simples determinação econômica, pois social, administrativa e cultural. Modernização, no caso, significava a afirmação gradual do capitalismo e da ordem competitiva, ou do processo de "Revolução Burguesa", para usar sua linguagem, mesmo que admita, tributário a Faoro (1979), que esta por longo tempo coexistirá com o patrimonialismo de herança lusitana.

Não pode, contudo, passar despercebido o fato de Fernandes explicitamente mencionar que a Independência teria impacto sobre o *desenvolvimento econômico*. Como se sabe, tal categoria teórica é mais utilizada para se referir ao século XX, com a afirmação da ideologia desenvolvimentista, principalmente após 1930, com a ascensão do projeto varguista de industrialização, com papel relevante legado ao Estado para incrementar o processo de substituição de importações e a diversificação do setor primário, em contraposição à predominância do café na pauta de exportações. Ao utilizar a expressão em sentido lato, Fernandes sugere que desenvolvimento econômico, a rigor, só pode existir com o fim do colonialismo, pois neste, devido ao fato de as decisões econômicas provirem "de fora para dentro", resulta que apenas parte ínfima do excedente é apropriado pelos setores econômicos locais, já que tanto preços quanto quantidades são estabelecidos pela política metropolitana. Assim, o investimento indispensável para a expansão dos negócios e reprodução do capital encontra-se tolhido. E, mesmo que surjam condições favoráveis em certas conjunturas, o poder político se impõe como força real "em última instância" (em contraposição à sinalização do mercado), como ilustra a proibição do alvará de 1785 de D. Maria I determinando o fechamento de manufaturas e fábricas no Brasil.

Depreende-se daí que *desenvolvimento econômico, como projeto de e para a nação, através de políticas deliberadas, aos moldes do desenvolvimentismo do século XX, só faz sentido e é viável quando há independência política.* Se não há Estado Nacional nem mesmo nação, como falar em projeto nacional? Isso faz toda a diferença porque o desenvolvimentismo supõe intervencionismo estatal: o ideário entende que se o mercado, *per se*, levasse ao desenvolvimento, não precisaria haver projeto nem políticas voltadas a tal propósito, pois ocorreria "naturalmente", ou seja, em decorrência da simples lógica impessoal do mercado. *Projeto, no caso, impõe que a política deve preceder a economia.* O desenvolvimentismo não propõe eliminar o mercado, tampouco o mecanismo de preços e as decisões descentralizadas de investimento privado – pois é fenômeno típico das economias capitalistas retardatárias ou "periféricas" (caso contrário, coincidiria com socialismo, "real" ou teórico, que obviamente é fenômeno histórico bem diverso). Todavia, para conseguir seu desiderato, o desenvolvimento – e, com este, as utopias que carrega consigo no campo ideológico, permeadas de valores como soberania nacional, melhor distribuição de riqueza, justiça social, entre outros – precisa recorrer a instrumentos de política econômica e à criação de instituições para ser posto em prática.

3. O papel da política econômica

É praticamente truísmo afirmar que só no âmbito de um Estado Nacional – e jamais em uma colônia – pode-se executar política econômica e decidir sobre a criação e vigência de instituições (órgãos, leis, códigos, regras e também, no sentido vebleniano, ideias, mentalidades, crenças e convicções) voltadas a um projeto deliberado de desenvolvimento.

Para começar, os três instrumentos de política macroeconômica, as assim denominadas políticas-meio ou instrumentais, são: (a) a política monetária;

(b) a política cambial; e (c) a política fiscal.² Nenhuma delas é possível se não for precedida da instituição que por excelência simboliza e materializa a existência de uma entidade com monopólio da emissão de moeda e de forçar seu curso, assim como de arrecadar impostos nos limites de determinado espaço geográfico: o Estado Nacional (e sua prerrogativa de monopólio de violência legítima). Vejamos, mesmo de forma sumária, cada uma dessas políticas, apenas para lembrar como respostas para determinadas perguntas, as quais, obrigatoriamente, uma nação nova independente inescapavelmente precisa decidir, pois são cruciais para o estabelecimento de qualquer pacto social e para a relação estrutural entre os poderes político e econômico:

a) Política monetária: firma a moeda nacional como a materialização mais imediata da senhoriagem real, o "universal abstrato" que medeia todas as relações econômicas privadas. As medidas para ampliar ou contrair os meios de pagamento determinarão o preço mais impactante nas decisões de consumo e de investimento: a taxa de juros. É o Estado de forma mais cabal se imiscuindo nas decisões privadas, e é de tal forma relevante para o funcionamento do sistema que os próprios liberais admitem a existência de um banco central para regular e executar a política monetária, e também advogam sua autonomia com relação ao poder político – não do Estado Nacional em si, mas do governo eleito pelo voto, como acontece nas democracias modernas.

Faz-se necessário assinalar que a execução da política monetária, assim como das demais, precisa da definição, *a anteriori*, do marco institucional que cabe à nova elite³ que assume as rédeas do Estado Nacional nascente decidir: haverá banco central? Qual será o grau de sua autonomia frente ao poder esta-

---

2. Utiliza-se normalmente a expressão política econômica para designar genericamente qualquer ação do Estado no campo da economia. Costumo salientar que tais ações abrangem medidas de escopo e envergadura diferentes, diferenciação que não pode ser ignorada pelo analista: i) as *políticas-meio*, ou os instrumentos usados visando à estabilidade macroeconômica, basicamente as políticas monetária, cambial e fiscal (esta compreende os gastos públicos e a política tributária); ii) as *políticas-fim*, formuladas ou implementadas para atingir objetivos conscientemente visados em áreas específicas, como as políticas industrial, agrária, tecnológica e educacional (quando vinculadas a motivações econômicas); e iii) as *políticas institucionais*, as quais compreendem mudanças legais, nos códigos e nas regulamentações, nas "regras do jogo", na delimitação dos direitos de propriedade, nos hábitos, preferências e convenções, bem como na criação de órgãos, agências e empresas públicas, ou mesmo privadas ou não governamentais, desde que dependam de decisões estatais.

3. Embora bastante genérico, prefiro utilizar o termo "elite" porque não se trata de uma classe ou segmento social específico, mas de um grupo heterogêneo de setores com alguma posição social e/ou de influência, englobando tanto os proprietários rurais como profissionais liberais, bacharéis, militares, jornalistas e empresários urbanos.

belecido? Como serão escolhidos seus dirigentes? Eles poderão ser demissíveis a qualquer momento pelo Executivo? Haverá definição explícita que os incumbirá de priorizar o combate da inflação ou, juntamente com esta, o crescimento do Produto Interno Bruto (PIB) e do emprego? Haverá comitê ou conselho, com representantes de segmentos sociais, que auxiliará ou determinará a definição dos responsáveis pela execução da política monetária? Bancos privados poderão emitir moeda ou será monopólio estatal? Haverá limite ou regras que regulem as emissões? E mercado de títulos? Qual o marco legal para as operações de mercado aberto, para a definição de taxas de redesconto e do encaixe compulsório? Haverá bancos públicos? E privados? A legislação fará a diferença, com prerrogativas específicas, a bancos nacionais, internacionais, estatais e privados? Como serão regulados a abertura de agências, o funcionamento do setor e o eventual socorro a bancos públicos e privados?

b) Política cambial: decorre da anterior, pois, como cada Estado tem sua moeda própria, na origem com o símbolo da cara e coroa de seu soberano, a troca entre moedas resulta em outro preço essencial para as relações econômicas privadas e entre residentes e não residentes do país: a taxa de câmbio. Como a taxa de juros, tal preço é determinado em parte pelo mercado, que é quem demanda a moeda nacional e as divisas estrangeiras, mas em outra parte pelo Estado, já que este tem o monopólio de sua oferta (e modernamente reparte com o sistema financeiro a criação de meios de pagamento, do qual as criptomoedas querem se libertar). A taxa de câmbio é determinante não só dos ganhos e perdas de habitantes de cada país, mas também impactará no balanço de pagamentos, responsável pelo registro contábil de tais transações. O equilíbrio desse balanço não é atividade privada: é atribuição precípua dos governantes e cabe a eles escolher e impor as medidas para alcançá-lo. Desnecessário repisar que em uma colônia não faz sentido falar em política monetária e tampouco cambial. A moeda que nela circula é a da metrópole; e o balanço de pagamentos é gerido em função de interesses desta, cabendo à colônia, justamente com seu déficit, contribuir para o superávit metropolitano, como rezava o ponto primeiro do metalismo mercantilista: a balança comercial favorável.

Com a independência, também se impõe aos segmentos que estarão à frente do Estado Nacional decidir: as taxas de câmbio serão fixas ou flexíveis? Haverá ou não adesão ao padrão ouro (pelo menos até as primeiras décadas do século XX)? Caso a resposta seja positiva, qual o limite de tal compromisso, ou seja, haverá "válvulas de escape" em caso de crises, diante – como é normal em economias agroexportadoras – de quebras de safra ou contração da demanda internacional? Haverá protecionismo alfandegário? Tarifas específicas ou *ad valorem*? Quem decidirá pelo tipo de tarifa, as quotas e percentagens, e pelos bens atingidos? Tais tarifas e a fixação do câmbio seguirão como princípio apenas o equilíbrio do balanço de pagamentos ou também o incentivo à produção nacional e a segmentos "eleitos"? Quem decide tais privilégios, o Executivo ou o Legislativo? Haverá liberdade para compra, venda e depósito de moedas estrangeiras? Em que limite? Haverá plena liberdade de entrada e saída de capitais, ou estas serão proibidas ou restritas? Se sim, por quem, em que circunstâncias? Só o Governo Federal poderá contrair empréstimos externos ou isso poderá ser feito, autonomamente, por cada ente federativo (estados, províncias, municípios), no caso de a opção política pregressa ter sido por um Estado federado?

c) Política fiscal: diz respeito ao orçamento público, ou seja, as receitas e despesas do governo. A despeito de sua tecnicidade (*technicality*), é onde se manifesta com mais expressão a Economia Política da política econômica, pois se trata do maior poder de decisão do Estado sobre a sociedade civil. Vale assinalar que de tal poder nenhum governante abre mão. Mesmo quando há banco central com plena autonomia, este, como ora ocorre no Brasil, tem sua responsabilidade para deliberação e execução das políticas monetárias e cambial; já a fiscal é prerrogativa do ministro responsável pela área econômica, que, em quase todos os países, é de livre nomeação e demissão do chefe do Executivo (presidente, monarca, primeiro-ministro). Sem rodeio de palavras ou melindres, o orçamento público retrata quem foi escolhido para pagar, obrigatoriamente, certa quantia, ao mesmo tempo em que determina quem vai se beneficiar com tal extorsão legítima, oficializada, de cujo arbítrio, e até violência, decorreram, ao longo da História, inúmeros litígios e revoltas, daí estar na origem dos parlamentos modernos – a Carta Magna de 1215 e a criação, na Inglaterra, das Câmaras dos Lordes e, posteriormente, dos Comuns, como instituições voltadas à limitação do poder real de determinar tais cifras de forma unipessoal ou arbitrariamente, mas que, ao assim o limitar, contraditoriamente reconhecem e legitimam o poder estatal para executá-lo. Nas colônias, a questão tributária geralmente foi variável-chave no despertar do sentimento nativista e em movimentos separatistas, como a derrama da Inconfidência Mineira e a taxação do chá como estopim da independência norte-americana.

Como corolário, ao se decidir por cada imposto e despesa, também se está arbitrando ganhos e perdas a cada segmento social, e por isso sua definição é a maior preocupação no cotidiano dos grupos de interesse, que, a rigor, medem o poder de seus *lobbies* através de seus resultados. Que impostos serão criados? Qual o peso dos impostos "de alfândega" (sobre importações e exportações, fundamentais tanto numa economia agroexportadora, como no Brasil da época da Independência até meados do século XX, mas também durante o processo de industrialização por substituição de importações)? Que bens serão gravados e isentos? Haverá impostos sobre a propriedade? Tanto rural como urbana? E sobre a renda? Se sim, com quais limites de isenção, com que faixas, e o que será definido como rendimento tributável? E sobre lucros, juros, operações financeiras, dividendos, ganhos no exterior? Se positivo, com que alíquotas? E o polêmico imposto sobre herança? E sobre compra e venda de imóveis (e de escravos, como na época imperial do Brasil)? Quem decide por isso tudo, qual o regramento legal? O que será matéria constitucional ou infraconstitucional? Haverá códigos específicos e qual o poder de alcance de leis ordinárias, decretos, portarias e outros instrumentos legais? Haverá adesão às regras clássicas orçamentárias, como da unidade, periodicidade e universalidade? Quem decide, de que forma e quais os limites para a concessão de subsídios, transferências, isenções e estímulos fiscais? Haverá teto para gastos, no geral ou em rubricas específicas? E exigência de porcentual mínimo para algumas despesas, como com relação a investimentos ou áreas tidas como carentes ou prioritárias? Como se pode alterar tal legislação, haverá flexibilidade para o governante do momento ou regra constitucional rígida? E, finalmente, no caso de uma federação: com que regras e limites estados (ou províncias) e municípios poderão criar ou extinguir impostos? Estes serão vinculados a determinadas despesas compulsórias? E o mais nevrálgico, pela experiência brasileira, pois também definidor da força política e do alcance da estrutura de poder, se mais centralizado ou compartilhado localmente: quanto da carga tributária caberá aos entes subnacionais?

Como se pode perceber, não foram poucas as tarefas exigidas aos governantes locais com a transferência de poder da metrópole para a colônia. Vale lembrar que aqui nos restringimos às políticas macroeconômicas; e que mesmo estas, a despeito de seu caráter à primeira vista meramente "instrumental", exigiam previamente decisões institucionais de vulto, sem as quais não seria possível executá-las.

Destarte, não há política econômica sem haver um Estado Nacional responsável por sua formulação e execução, e justamente estas são uma de suas atribuições mais nobres; em certo sentido, sua razão de ser. Todavia, convém salientar que o raio de ação do Estado é muito mais amplo: além das definições mais estruturantes (monarquia/república, parlamentarismo/presidencialismo, estrutura dos três Poderes, sistema de voto e de representação, existência e limites da igualdade jurídica e das liberdades civis, possibilidade ou não de trabalho escravo, direito de propriedade), abrange as demais questões atinentes às áreas do direito civil e penal, da cultura, da educação (haverá ensino obrigatório? Privado? Público? Universidades? Quem regula e controla o sistema educacional? Como se financia?), da religião (liberdade de culto? Religião oficial?), da defesa (haverá Exército nacional permanente? Marinha? Polícias, regimentos e brigadas armadas subnacionais?), da saúde e, a partir do final do século XIX, do trabalho e da previdência, com a emergência da chamada "questão social" e sua inclusão na pauta dos Estados modernos. A geração a quem a História delegou tal tarefa – no Brasil, as três primeiras décadas após a Abdicação (1831) – pode ser considerada privilegiada, pois a ela coube, mesmo com o exagero da metáfora, iniciar uma obra cuja planta ainda estava em germinação.

Por isso, tal processo é geralmente conflituoso e em muitos países se deu através de guerra civil. No Brasil, embora tenham predominado a "acomodação" e a "negociação", que lhe deram a marca da lentidão e do gradualismo, como salientam os diversos "intérpretes do Brasil" – como Fernandes ([1975] 1981) –, tais definições e escolhas não foram isentas de conflitos. A recordar que a Assembleia Constituinte de 1823, considerada como o grande marco da nova era, mesmo eleita por critérios acordados pelo imperador e fiador da Independência, foi por ele fechada e uma Carta outorgada, e esta, a despeito disso, ficou em vigência até a Proclamação da República, ou seja, por 65 anos (até hoje, a mais duradoura do país). As contestações à ordem imposta pela outorga até passaram por revisões, como o Ato Adicional de Feijó, mas as ameaças à dissolução da ordem com a eclosão de vários levantes regionais (Balaiada, Sabinada, Cabanagem, Farrapos) fizeram falar mais alto o "regresso conservador" de Araújo Lima, e, quando necessário, até golpe de Estado "branco", como foi a antecipação da maioridade de D. Pedro II. Apenas tomando como exemplo o Rio Grande do Sul, já que é onde se escreve este artigo: os quatro grandes movimentos armados de que foi palco no período tiveram a ver, pelo menos em parte expressiva, com a configuração do Estado (principalmente o federalismo e o grau de autonomia do poder local) e com impostos. Assim foi com os movimentos denominados de "Revolução Farroupilha" (1835), "Revolução Federalista" (1893), "Revolução de 1923" e, finalmente, a "Revolução de 1930" – a única a lograr caráter nacional e ser vitoriosa (não só dentre estas aqui arroladas, mas de todas as até então verificadas na História do Brasil, pois as demais insurreições armadas de outras regiões, províncias ou estados foram sufocadas a tempo e jamais implicaram alteração no poder central). Se os farrapos já exigiam mais representação ao poder local e protecionismo ao charque gaúcho, prejudicado pelas importações de países do Prata, os dois levantes civis da Primeira República, de 1893 e 1923, além da discussão de tais itens, trouxeram à liça o sistema de governo (parlamentarismo ou presidencialismo) e o grau de autonomia dos entes federados (poderia um estado da federação, por exemplo, ter um código eleitoral próprio, com regras para escolha de governador e prefeitos diferentes da Constituição nacional, como estabelecer parlamentarismo em seu âmbito, mesmo com presidencialismo em nível federal?). Um dos aspectos mais criticados pelos revoltosos de ambos os levantes, liderados pelos grandes proprietários da metade sul do Estado, era a possibilidade de implantação do imposto territorial (Carvalho *et al*. In: TARGA, 1998; FONSECA, 1983).

4. A República e o desenvolvimentismo nascente

A interpretação mais usual sobre a existência de um projeto de desenvolvimento para o Brasil remete à década de 1930, com a ascensão de Vargas, ou à década de 1950, quando estímulos ao desenvolvimento e a adoção do planejamento nas economias capitalistas se tornaram mais explícitos e foram incentivados por instituições internacionais criadas no pós-guerra, sob o impulso da reconstrução europeia e japonesa, como o Banco Internacional para Reconstrução e Desenvolvimento (BIRD), o Banco Interamericano de Desenvolvimento (BID) e, na América Latina, a Comissão Econômica para a América Latina e o Caribe (CEPAL). Não há dúvida de que tanto a década de 1930 como o pós-guerra são períodos de difusão e fortalecimento do Estado Desenvolvimentista no Brasil, mas as ideias e as práticas de medidas de política econômica que mais tarde foram reconhecidas como tal são mais antigas (FONSECA, 2004a, 2004b; SALOMÃO, 2013). Estas já aparecem embrionariamente na segunda metade do século XIX, o que sugere ter sido um processo de longa maturação e enraizado socialmente, uma busca de resposta e de soluções, pelas elites locais, aos problemas do país. De fato, diferentemente de outras ideologias que nasceram no continente europeu e foram aqui assimiladas posteriormente (como ideias "fora" do lugar ou não, pois não vem ao caso aqui entrar em tal debate que se seguiu ao clássico artigo de Roberto Schwarz (1992)[4], o desenvolvimentismo, tal como se conhece, emergiu como fenômeno típico latino-americano, em estados nacionais nascentes após superado seu estatuto colonial (embora posteriormente tenha se espalhado por outros continentes, como África e Ásia, e mesmo em países europeus com defasagem em relação aos mais desenvolvidos, como Espanha, Portugal e Polônia). Claro que tais ideias, como não poderia ser diferente, foram influenciadas tanto pelo contexto internacional como por autores de fora, como o nacionalismo de Liszt, o positivismo de Comte, o "liberalismo social" de Stuart Mill e, já no século XX, de Keynes e Rosenstein-Rodan, entre outros.[5] Mas o que interessa aqui assinalar é que a confluência delas a ponto de consagrar a criação de algo novo, resultante de tal amálgama, deu-se inicialmente na América Latina, com forte contribuição do Brasil. Não pode ser considerada sequer uma antropofagia no sentido de Mário de Andrade, em que o estrangeiro é absorvido no que interessa e o resto expelido: não havia previamente um desenvolvimentismo europeu para aqui

---

4. O artigo de Schwarz, publicado inicialmente pelo Centro Brasileiro de Análise e Planejamento (CEBRAP), em 1973, foi e é alvo de intensa polêmica. Para uma referência recente que traz uma síntese competente do artigo e avalia seu impacto, veja Fischer (2021).

5. Sobre as origens teóricas do pensamento cepalino, veja Bielschowsky (1996) e Fonseca (2000).

ser absorvido e expelido. Antes de florescerem no Brasil e em outros países latino-americanos, já havia uma fisiocracia "francesa", um liberalismo "inglês" ou um socialismo "alemão" ou "francês" – mas esse, definitivamente, não é o caso do desenvolvimentismo.

Durante o Império, nenhuma questão levantou mais polêmica do que a escravidão. Herança do colonialismo e geralmente levantada como possibilidade nos movimentos separatistas da era colonial, como a Inconfidência Mineira e a Confederação do Equador, sempre foi abafada a pretexto de dividir a luta contra Portugal, pois entre os insurretos sempre havia proprietários de terra e de escravos. Também vinha à tona uma questão bem prática: quem iria trabalhar? A possibilidade de substituir os africanos por imigrantes europeus, embora iniciada antes, só ganhou vulto com a pressão inglesa e a abolição do tráfico, em 1850, período que também marca a expansão cafeeira no oeste paulista. O Partido Republicano Paulista (PRP), fundado em Itu, em 1873, que viria a ser hegemônico na Primeira República, trazia como principais bandeiras a abolição, a república e o federalismo – não necessariamente nessa ordem. Este último era exigência local, pois a riqueza gerada pelo café, que ora via generalizar o trabalho assalariado nas plantações e na economia urbana, em contraste com a área tradicional escravista no Vale do Paraíba, impunha que os impostos ficassem no próprio estado.

A decadência do Império e as questões relevantes que trazia consigo, como as levantadas pelo PRP, ensejavam que o processo iniciado com a Independência fosse continuado e aprofundado. O desenvolvimento econômico e social como projeto nacional passa a fazer mais sentido com o fim da escravidão e da dinastia bragantina. As elites civis e militares, ciosas de legitimar o novo regime, passam a associar o período do Império a marasmo, aos favoritismos reais a uma pretensa nobreza, no fundo uma corte espoliativa, escravista e *rent-seeker*. Forja-se o imaginário da nação "jovem", qualificação que abarca uma duplicidade: de um lado, servia para justificar o *atraso* do país, pois tal juventude é referenciada em comparação com a Europa como se fosse uma questão "natural", superável com o tempo; de outro, e contraditoriamente, reconhece seus problemas, o primeiro passo para propor medidas para superá-los. Nessa conjuntura são lançadas as bases do que mais tarde se chamaria desenvolvimentismo, levando adiante o processo iniciado com a Independência. Este, a despeito de poder ser rotulado como inconcluso ou limitado, fora pré-requisito indispensável para a construção da nacionalidade e para a possibilidade de dentro dela ser gestado um projeto próprio de desenvolvimento.

Também às vezes subestimada, a Proclamação da República contribuiu para abrir espaço para a construção de um projeto nacional de desenvolvimento. A escassa participação popular, o passado monarquista de Deodoro e a adesão de inúmeros membros da aristocracia imperial à causa republicana após a Abolição ajudaram a simplificar os acontecimentos de 15 de novembro de 1889 como mera "passeata militar", como o faz Prado Jr (1969, p. 90). Embora provavelmente menos que a Independência, a República, todavia, não pode ser negligenciada quando se traz à baila não o episódio dessa data em si, mas a percepção de que fez parte de um conjunto de transformações emergentes em um curto espaço de tempo a partir de 1850, com o impulso da "lei de terras" e da "lei Eusébio de Queiroz". Esta última, ao extinguir o tráfico, já sinalizava, embora de forma gradual, para o fim do trabalho escravo, fomentando sua substituição pelo trabalho assalariado, o que de fato iria ocorrer em várias regiões do país e, em maior intensidade, em São Paulo, onde a expansão cafeeira ganhará, a partir de então, impulso sem precedentes, a ponto de chegar, em poucas décadas, a perfazer mais de três quartos do valor das exportações brasileiras. Ambas as leis, na mesma conjuntura, são ao mesmo tempo sintomas e alavancas das relações mediadas pelo mercado, pois transformam tanto a terra como a mão de obra em mercadorias (no caso desta, em "fator" ou "capital" variável, a depender do *approach* teórico, se neoclássico ou marxista, mas que apontam para a mesma direção: a liberdade formal ou informal de contrato entre capital e trabalho como fundamento das relações econômicas, e não mais o "custo fixo" representado pelo trabalho compulsório).

Indo além, a República trouxe consigo várias mudanças no âmbito político que não podem ser negligenciadas no enfrentamento da ordem patrimonialista e permeada por elementos de dominação tradicionais, muitas vezes obstáculos à ordem competitiva. Assim, devem-se lembrar, entre outras, a afirmação do Estado laico, com a separação entre Igreja e Estado; a possibilidade de todos os brasileiros ocuparem cargos públicos; a abolição de títulos nobiliárquicos; a igualdade perante a lei; e o fim do Poder Moderador, do Senado com membros com mandato vitalício e escolhidos por listas tríplices e do voto censitário.[6]

No campo econômico, cabe destacar o aparecimento das primeiras indústrias no final do Império e o impulso nos primeiros anos da República, este por meio da política "papelista", de expansão monetária, de Rui Barbosa. Nessa conjuntura, dois elementos constituintes do futuro desenvolvimentismo afloram: a defesa da indústria e a concepção de que o Estado deveria ter uma agenda mais abrangente em comparação à apregoada pelo liberalismo tradicional. Assim, em 1881 funda-se a Associação Industrial do Rio de Janeiro, por primeira vez no país uma entidade exclusive voltada aos interesses do setor, mas que também já evidencia certa importância sua, a ponto de Suzigan (1986, p. 454) afirmar que a "gênese do capital industrial ocorre no período anterior à década de 1880, principalmente das fábricas de tecidos, chapéus, calçados e algumas indústrias de metal-mecânica". Já a convicção de que caberia ao Estado

---

6. O trabalho que melhor explora a importância dessa conjuntura da abolição/República para a afirmação da ordem capitalista e competitiva é o de Saes (1985).

impulsionar um projeto com vistas a estimular o progresso e incorporar, mesmo "dentro da ordem", os trabalhadores começa a difundir-se entre os seguidores de Comte, nos quartéis, nas universidades e na imprensa. O progresso da "nação jovem" não se deveria esperar vir espontaneamente com o passar do tempo, como mera decorrência do mercado ou da "evolução natural", mas poderia ser provocado e acelerado.

À concepção mais doutrinária do positivismo, que sugeria regras para "bem administrar" o Estado, outra não menos relevante veio se somar na conjuntura, que dizia respeito ao *modus operandi* das políticas econômicas instrumentais: o *papelismo*. Ao contrário do metalismo, mais afinado com a ortodoxia, defensor do padrão ouro e de uma política monetária passiva, ou seja, com o meio circulante flutuando como reflexo da entrada ou saída de divisas, a corrente papelista admitia mais liberdade de emissão e ponderava a importância de o governo atender aos interesses da produção, ou seja, manipular a oferta monetária com vistas a estimular a economia nas safras agrícolas e contra--arrestar as fases descendentes dos ciclos econômicos através de taxas de juros mais baixas. Note-se que o papelismo, no contexto, embora acenasse para tal possibilidade, ainda estava preso nos marcos do modelo predominantemente assentado no setor primário. Mais tarde, entretanto, ele se associará à defesa da produção industrial, configurando as bases do desenvolvimentismo, pois já associava as três correntes que constituem seu "núcleo duro": projeto nacional, intervenção do Estado e industrialização (FONSECA, 2004b). O amálgama das três correntes que vinham se firmando separadamente desde as últimas décadas do Império ocorreu ainda na Primeira República, inclusive na prática em dois governos estaduais que já se chamavam de desenvolvimentistas, pois já apresentavam tal confluência: o de João Pinheiro (1906), em Minas Gerais, e o de Getúlio Vargas (1928), no Rio Grande do Sul (PAULA, 2004; FONSECA, 2004a, 2004b).

Fazendo-se um balanço, mesmo sumário, das mudanças introduzidas nesse período, pode-se afirmar que *a república trouxe consigo a afirmação do primeiro projeto de desenvolvimento capitalista para o país*: o de país agroexportador, com epicentro no café e atividades conexas, o chamado "complexo cafeeiro". Esse era o projeto dos setores cafeicultores e seus aliados e, embora tenha recebido contestação por parte de militares e segmentos fora do eixo cafeicultor, foi viabilizado politicamente após o chamado "pacto de Campos Sales", com a derrota dos partidários de Floriano Peixoto e a afirmação da República "civilista" (BACKES, 2004). Tal pacto assentava as grandes bandeiras dos republicanos, no plano político, ao consagrar, na prática, o federalismo com autonomia aos estados além do previsto constitucionalmente – o que representava um forte acerto pactuado entre as assim chamadas "oligarquias" dominantes e a dos estados de menor peso, ao assegurar a estas sua perpetuação no poder desde que não ultrapassassem certos limites, quando o Governo Federal resguardava a si o direito de intervenção (eufemisticamente, "salvação"). Todo caso, deve-se ter presente que tal projeto de hegemonia agroexportadora, ao longo da Primeira República, apesar da aparente calmaria para os padrões latino-americanos de ter um presidente eleito e empossado, sem maiores contestações, a cada quatro anos, sempre conheceu oposições encabeçadas por segmentos regionais descontentes de fora do eixo cafeicultor e militares. Assim foi nas "eleições disputadas" de 1910 (a campanha "civilista" de Rui Barbosa, com apoio paulista, contra o marechal Hermes da Fonseca) e 1922 (Artur Bernardes, mineiro respaldado por São Paulo, contra Nilo Peçanha, do Rio de Janeiro, com apoio do Rio Grande do Sul, Bahia e Pernambuco, além de importantes segmentos militares), nos movimentos dos tenentes da década de 1920 e, finalmente, na "Revolução de 1930".

5. A década de 1930 e o desenvolvimentismo como projeto nacional

Uma das maiores contribuições de Celso Furtado em *Formação econômica do Brasil* foi mostrar, sem deixar dúvidas, que a crise da economia cafeeira, que se poderia entender como a do projeto agroexportador, não se deveu apenas à crise de 1929, pois é anterior a ela: pelo menos desde o Convênio de Taubaté (1906), ficava patente a tendência à queda nos preços do café tanto por fatores do lado da oferta como da demanda. Ao manter os preços em mil-réis através de desvalorizações cambiais, o Governo Federal não deixava sinalizar aos produtores que a oferta deveria ser contida, ao mesmo tempo em que procedia a uma "socialização dos prejuízos", o que ajuda a explicar o engrossamento das oposições ao situacionismo a partir do final da Primeira Guerra Mundial (FURTADO, 1977, caps. 30-3). Também se deve lembrar que a formação da chapa Getúlio Vargas-João Pessoa – a "Aliança Liberal" – começou ainda em 1928, praticamente um ano antes do *crack* da bolsa de Nova York (FAUSTO, 1983; FONSECA, 1989). Tais trabalhos chocam-se de frente com a interpretação que atribui a "Revolução de 1930" à Grande Depressão, embora não neguem que esta, uma vez desencadeada, tenha enfraquecido mais ainda a hegemonia cafeicultora e colaborado para o redirecionamento da economia "para dentro", através de um projeto nacional de desenvolvimento centrado na industrialização.

Ao se evitar uma visão teleológica da História – procedimento pelo qual, por já se conhecer o fim do processo, este é relatado de forma a direcionar para seu resultado –, cabe ressaltar que a crise do projeto exportador trazia apenas como possibilidade, ou como um dos futuros possíveis, a industrialização substitutiva de importações, que foi a forma assumida pelo projeto desenvolvimentista no Brasil a partir dos anos 1930. Para vários países da América Latina, principalmente os menores, a crise internacional representou apenas mais estagnação e pobreza. A superação positiva da crise através da implantação de um projeto com base no mercado interno e na indústria não é nem foi "solução natural" ou "espontânea" em nenhum país do mundo, principalmente em economias não líderes, como as latino-americanas, e mais ainda em um contexto externo adverso. Sumariamente, dois quesitos se impõem: (a) pré-condições estruturais, principalmente econômicas; (b) política econômica executada com propósito deliberado de implantar o novo modelo.

Entendo por pré-condições variáveis estruturais sem as quais dificilmente se iniciaria um processo de industrialização. Destarte, para que a crise internacional pudesse propiciar uma "superação positiva" em direção a novo modelo, o país já teria, como é o caso do Brasil, de ser detentor de alguns ativos capazes de viabilizá-lo. Entre eles: (a) existência de um mercado interno suficiente para sustentar o crescimento industrial; (b) segmento social com renda e disposto a investir (Keynes) em busca de lucro, portanto capitalista (Smith, Marx) e empreendedor (Schumpeter), e não apenas rentista; (c) mercado de trabalho, ou seja, uma parte da população apta e disposta ao assalariamento, que buscasse voluntariamente emprego, ou seja, em linguagem marshalliana, firmas ou empresas demandantes de mão de obra assalariada e um mercado constituído de indivíduos que a ofertasse. Poucos países latino-americanos possuíam tais quesitos: o Brasil era um deles, juntamente com Argentina, México, Colômbia e talvez o Chile. Em trabalho clássico, Cohn (1969) analisou com acuidade alguns pré-requisitos para o caso brasileiro, ressaltando o papel da imigração, que contribuiu na construção tanto do mercado de trabalho como do mercado consumidor, além do "burguês imigrante", homens que vinham com algum capital, já com conhecimento de técnicas de produção e dos negócios de importação e exportação, e aqui pretendiam residir e ampliar seus negócios.

Por outro lado, os pré-requisitos por si só dificilmente seriam capazes de deslanchar o processo de transição de modelo de desenvolvimento sem que houvesse medidas expressamente voltadas para tal fim. Por isso é que se pode falar em *desenvolvimentismo como projeto*, já que este último termo, enquanto tal, remete necessariamente à opção consciente, deliberada, que depende de vontade e capacidade de articulação de forças políticas, as quais não brotam de forma "natural" ou espontaneamente pela lógica dos mercados ou mecanicamente de qualquer variável exógena, como uma crise internacional. Tal projeto não nasceu acabado nem estava claramente expresso no programa da "Aliança Liberal", embora este já acenasse para a necessidade da diversificação econômica, tanto do setor primário como das exportações e, de forma mais tênue, da indústria (FONSECA, 1989). Mas há evidências suficientes de que foi sendo construído ao longo da década de 1930, ao contrário do que por vezes é entendido tanto por autores de formação mais próxima do neoclassicismo (DEAN, 1971; PE-

LÁEZ, 1972) como também por afinados à tradição desenvolvimentista, como Furtado (1977) e Lessa (1981).

Neste sentido, vale assinalar que Furtado, em *Formação econômica do Brasil*, defendeu que o "deslocamento do centro dinâmico da economia" da década de 1930 se dera como "subproduto" da defesa dos interesses cafeeiros e em decorrência da desvalorização cambial que visava protegê-los, além de auxiliar o governo no ajuste do balanço de pagamentos. Tal concepção pode sugerir que não havia projeto de desenvolvimento consciente na década de 1930, ou seja, que a política econômica de tal período não poderia ser considerada como "desenvolvimentista", uma vez que "projeto sem intencionalidade", ou "inconsciente", é uma contradição em termos, já que pode ser considerado um guia de ação ou estratégia a ser perseguida, a qual exige esforço e determinação. Em meus trabalhos, como será exposto adiante, encontrei vários elementos em sentido contrário (FONSECA, 2003, 2012). Cabe assinalar que, em trabalhos posteriores, Furtado (1978) admite que só se pode falar em desenvolvimentismo quando há tal consciência, apoiando-se no conceito de ação social racional de Max Weber, a qual se associa a fins "ponderados e perseguidos racionalmente" (*Zweckrational*) e a valores (*Wertrational*). Tal posicionamento, todavia, já se encontrava anteriormente em Prebisch, para quem política de desenvolvimento significa um *esforço deliberado* de atuar sobre as forças da economia a fim de acelerar seu crescimento, não pelo crescimento mesmo, mas como meio de conseguir um melhoramento persistente da renda nos grupos sociais de rendas inferiores e médias e sua participação progressiva na distribuição da renda global.

Indo ao paroxismo, se assim fosse, ou seja, se a industrialização da década de 1930 pudesse ser considerada "espontânea", o Brasil seria caso único no mundo de industrialização sem indução pelo Estado, como ajuda a ilustrar o trabalho de Gerschenkron (2015). Em outro contrafactual, pode-se mencionar os casos de Argentina e Colômbia. A primeira também conheceu uma ruptura institucional em 1930, mas em sentido diferente do Brasil: a derrubada do governo de Hipólito Yrigoyen, de cunho reformista, e a ascensão ao poder de Uriburu, conservador e ligado aos interesses agroexportadores. A política econômica seguida, de caráter fortemente ortodoxo, propunha dobrar a aposta na divisão internacional do trabalho e no Império Britânico: a volta ao padrão ouro. Esperava-se que com essa âncora o peso voltaria a ter credibilidade e seriam atraídos capitais ao país. Só que capitais disponíveis não existiam com a quebra dos bancos na City londrina, e a prioridade inglesa, com o estreitamento dos mercados, era a importação de alimentos e matérias-primas de países da *Commonwealth*, como Austrália, Nova Zelândia e Canadá. A consequência foi o afundamento maior da economia argentina, a qual o Brasil ultrapassou em PIB dentro de alguns anos, no período do Estado Novo varguista. Já na Colômbia, diferentemente da Argentina, o governo de López Pumarejo pretendeu seguir um caminho semelhante ao do Brasil: política econômica mais heterodoxa, estímulo à indústria, taxação sobre o setor agrário, legislação trabalhista. Mas, ao contrário de Vargas, não foi capaz de formar um bloco político para lhe dar sustentação e renunciou após tentativa de golpe de Estado em 1945. Ambos os exemplos, da Argentina e Colômbia, entre outros, mostram, de forma diferente, como é importante tanto a política econômica como a formação de forças internas para viabilizar a transição da economia agroexportadora para a urbano-industrial.[7]

O governo Vargas conseguiu as duas coisas, e não porque no Brasil predominasse a acomodação ou a "índole conciliadora": a revolta de 1932 ilustra a força da reação às medidas de política econômica e ao novo governo. As exigências dos revoltosos vinham emolduradas pela volta (*sic*) à democracia e por um governo constitucional, mas seus principais líderes articulavam não a convocação de uma Assembleia Constituinte, mas o retorno à Constituição de 1891, ou seja, o mesmo marco jurídico da "República Velha". Junto com ele, a revogação de todas as leis do Governo Provisório, entre elas a legislação do trabalho e as medidas de diversificação econômica, como os impostos sobre o próprio setor cafeeiro, com que se esperava desestimular a oferta e novos plantios. Ao contrário da Colômbia, Vargas conseguiu o apoio do Exército (e dos antigos tenentes da década de 1920, ora em postos mais elevados). Usou certa astúcia ao convocar uma Assembleia Constituinte, mas com a introdução de medidas que inviabilizavam os vícios e manipulações do período anterior e eram o sustentáculo do "café com leite": voto secreto; fim do "reconhecimento dos diplomas" pelas Assembleias Legislativas estaduais, onde se anulavam as atas dos resultados das urnas; Justiça Eleitoral, passando ao Judiciário e não mais ao Executivo e Legislativo a organização das eleições e a proclamação dos eleitos; "voto classista", com o que se inseriam na Constituinte representantes de setores "modernos" ligados à produção, tanto empresários como trabalhadores; e, finalmente, o voto feminino, o qual, potencialmente, dobrava o eleitorado e procurava cooptá-lo. Todas essas medidas acenavam para o eleitorado urbano, seja de trabalhadores, seja de "classe média", cuja participação política antes de 1930 era muito baixa.

Por outro lado, a aliança com o setor rural estreitou-se com a aproximação aos produtores voltados ao mercado interno. Ao contrário de países como a Argentina, em que o equilíbrio de forças dentro do setor agrário fazia a balança pender francamente para o peso dos segmentos ligados à exportação, no Brasil havia um setor agrário voltado ao mercado interno bem mais pujante, tanto na pecuária como na agricultura, e espalhado em vários pontos do território

---

7. Para o estudo comparado dessa transição em diferentes países da América Latina, veja Segura (2014).

nacional, como nos estados sulinos, em Minas Gerais e no Nordeste. Esse setor, de onde o próprio Vargas provinha, antes de perceber a indústria como concorrente, a via como oportunidade: entendia-se, na época, que as chamadas "indústrias naturais" – utilizadoras de forma intensiva de matérias-primas locais, como têxtil, vestuário, calçados, bebidas, sabões, entre outras – valorizavam a produção do setor primário nacional, numa concepção de cadeia produtiva. Já o Exército pressionava também por indústrias mais pesadas, então ainda consideradas "artificiais", como da siderurgia, pois, embora necessitassem de altos volumes de capitais e investimentos e não houvesse grupos privados nacionais dispostos a esse risco, eram necessárias, do ponto de vista militar, para a produção de armamentos, principalmente quando se avança na década de 1930 e as possibilidades de nova guerra se tornam mais visíveis.[8] Estão assentadas as bases políticas para a construção da Companhia Siderúrgica Nacional, a primeira estatal brasileira voltada diretamente à produção. Finalmente, o pacto se completa com a disposição de não afrontar de perto o setor agrário através de duas medidas que lhe eram caras: (a) a limitação do âmbito da legislação trabalhista só ao lado urbano da economia, excluindo os trabalhadores do campo; e (b) a não implantação de reforma agrária. Essas duas definições são verdadeiro marco institucional que distingue as primeiras décadas do desenvolvimentismo brasileiro, dando-lhe um caráter bem particular, sem similaridade com o verificado em outros países na transição entre uma sociedade rural e agrária para urbana e industrial. E também ajudam a explicar por que o processo, embora conflituoso, não chegou ao ponto de guerra civil mais ampla, como Estados Unidos, México e países europeus que passaram por episódios conhecidos como "revolução burguesa".

O que mais evidencia, então, a execução do projeto desenvolvimentista, além do pacto político costurado pelo governo para viabilizá-lo e das políticas macroeconômicas adotadas nas áreas monetária e cambial, são as próprias medidas institucionais introduzidas, cuja determinação, amplitude e grau de

---

8. Essa confluência entre os interesses agrários e da indústria, mesmo das "artificiais", aparece várias vezes nos pronunciamentos de Vargas, como, por exemplo: "Por seu intermédio [do ferro] abastecem-se de águas as cidades e irrigam-se as lavouras. Dele se faz a máquina, e é a força. Por ele se transporta a energia, florescem as indústrias, movimentam-se as usinas. [...] Exploremo-las, adquirindo, com trabalho tenaz e inteligência prática, a abundância e a independência econômica. [...] Muito teremos feito dentro de breve tempo se conseguirmos libertar-nos da importação de artefatos de ferro, produzindo o indispensável ao abastecimento do país. Nacionalizando a indústria siderúrgica, daremos grande passo na escalada ao alto destino que nos aguarda. O nosso engrandecimento tem que provir da terra, pelo intenso desenvolvimento da agricultura. Mas o esforço para esse fim se esteriliza e fraqueia, ao lembrarmo-nos que todo o maquinismo, desde o arado que sulca o seio da gleba até o veículo que transporta o produto das colheitas, deve vir do estrangeiro" (VARGAS, 1938, v. 1, pp. 100-1).

intervenção não fariam o menor sentido sem se ter presente sua existência. Mesmo sem ter planejamento no sentido moderno da palavra, várias decisões acenavam para um "novo Brasil". Entre elas: a já citada legislação trabalhista; a reforma educacional de 1931, de Francisco Campos (substituição de um ensino mais formador de elites e teórico com a introdução de outro, mais profissional e voltado à preparação de mão de obra, inclusive de "pessoal de escritório", como Contabilidade e Economia, e a cursos diretamente vinculados à melhoria da produção, como Agronomia, Veterinária, Engenharia, entre outros); e os Códigos de Minas e de Águas, marcos para a definição dos direitos de propriedade, nevrálgicos num projeto de industrialização, inclusive por delimitar o alcance da propriedade privada das nascentes e do subsolo (minérios e petróleo).[9]

6. Conclusão

Conforme nossa hipótese antes formulada, pode-se, numa visão de longo prazo, perceber a "Revolução de 1930" – e principalmente o Estado Novo, no período de 1937 a 1945 – como o desfecho do projeto de construção da nacionalidade iniciado com a Independência. Com esta começou a construção do Estado Nacional e se logrou a façanha de manter a integridade territorial, vencendo todas as revoltas separatistas; mas também a escravidão, o patrimonialismo, as desigualdades e privilégios por instrumentos extraeconômicos, como de nascimento, os quais representavam barreiras para a construção da cidadania e para a generalização das relações marcadas pela impessoalidade do mercado, aos moldes capitalistas. Muitos desses óbices só foram removidos ao

---

9. Seria enfadonho arrolar aqui todos os órgãos, leis e departamentos criados na década de 1930 com relação ao desenvolvimento da indústria e da modernização do setor primário. Para uma lista mais completa, ver Draibe (1986) e Fonseca (2003, 2012). Além dos discursos de Vargas que mencionam explicitamente a industrialização como prioridade (FONSECA, 1989), citam-se: a criação do Departamento Nacional do Trabalho e do Instituto do Açúcar e do Álcool em 1933; do Conselho Federal do Comércio Exterior, do Plano Geral de Viação Nacional e da Comissão de Similares em 1934; e da Carteira de Crédito Agrícola e Industrial do Banco do Brasil e do Conselho Técnico de Economia e Finanças em 1937. A partir do Estado Novo, e certamente sob o impulso do contexto de guerra, essa política de criação de órgãos, conselhos e institutos intensificou-se. Datam de 1938 o Conselho Nacional do Petróleo, o Departamento Administrativo do Serviço Público (DASP), o Instituto Nacional do Mate e o Instituto Brasileiro de Geografia e Estatística (IBGE); de 1939 o Plano de Obras Públicas e Aparelhamento de Defesa e o Conselho de Águas e Energia; de 1940 a Comissão de Defesa Nacional, o Instituto Nacional do Sal, a Fábrica Nacional de Motores e a Comissão Executiva do Plano Siderúrgico Nacional. São do final da década de 1930 as primeiras iniciativas no campo da siderurgia, as quais resultarão na criação da Companhia Siderúrgica Nacional em 1944.

final do século XIX, com a Abolição e a República. Todavia, ao contrário de outros países, como a Argentina, que conheceu uma *Belle Époque* numa relação positiva entre agroexportação, crescimento e distribuição de renda, no Brasil isso se verificou em bem menor intensidade, talvez pelas baixas elasticidade--renda e elasticidade-preço dos bens exportáveis locais, como café e açúcar, em relação aos argentinos, como carne, lã e couro. O modelo era "exportador", mas sequer saldos positivos no balanço de pagamentos assegurava: ao contrário, ao iniciar a década de 1930, a dívida externa acumulada de décadas anteriores foi se tornando impagável, de modo que o governo, a contragosto, teve que recorrer a uma moratória temporária, sempre desgastante para o país. Enquanto isso, a produção estocada de café, somada à safra de 1931, era mais de três vezes a demanda internacional. A alteração dos rumos da economia, portanto, soava como uma imposição dos acontecimentos.

A indústria e a centralização gradual dos poderes no Governo Federal são duas faces de um mesmo fenômeno. Até 1930, pode-se perceber certa coerência entre economia e política: a descentralização econômica era acompanhada, no plano institucional, pela descentralização político-administrativa. Claro que havia comércio entre as províncias no Império e depois entre os estados, na República. Mas, afora os segmentos agrários que produziam para o mercado nacional, e que só se fortaleceram gradualmente no século XX, sob o impulso da urbanização e do fim da escravatura, o Brasil continuava, para recorrer a uma metáfora simplificadora, como fora desde a chegada dos portugueses: diversas "ilhas" regionais com parca integração econômica entre si (a não ser comercial): o café de São Paulo, o cacau da Bahia, os minérios de Minas Gerais, a borracha da Amazônia, o açúcar do Nordeste – todos impulsionados pela demanda externa. Essa estrutura econômica dava sentido ao federalismo como pacto entre os estados de maior poder político e representação, como São Paulo e Minas Gerais, e as demais "oligarquias regionais".

O desenvolvimentismo, tanto no plano das ideias e propostas quanto como política econômica efetivamente executada, em experiências regionais, teve suas origens antes de 1930, mas é a partir desse ano que tomará vulto como política de Estado, norteadora das ações do Governo Federal. A indústria viria a ser a força econômica responsável por integrar, a partir de então, o mercado nacional. Já a integração da população ao projeto, como forma de compartilhar os frutos do desenvolvimento, foi tentada, no mesmo período, por medidas como a legislação trabalhista, mas resta até hoje como obra inacabada. A trágica ironia é que chega a ser confundida, em nossos dias, com populismo ou mesmo com socialismo, quando já estava no ideário dos conservadores Auguste Comte, Stuart Mill e Júlio de Castilhos no século XIX.

Referências

BACKES, A. L. *Fundamentos da ordem republicana*: repensando o Pacto de Campos Sales. 2004. Tese (Doutorado em Ciência Política) – Instituto de Filosofia e Ciências Humanas, Universidade Federal do Rio Grande do Sul, Porto Alegre, 2004.

BIELSCHOWSKY, R. *Pensamento econômico brasileiro:* o ciclo ideológico do desenvolvimentismo. Rio de Janeiro: Contraponto, 1996.

COHN, G. Problemas da industrialização no século XX. In: MOTA, C. G. *Brasil em perspectiva*. 2. ed. São Paulo: Difel, 1969. pp. 285-306.

COSTA, E. V. D. *Da Monarquia à República:* momentos decisivos. São Paulo: Zahar, 1985.

DEAN, W. *A industrialização de São Paulo*. São Paulo: Difel, 1971.

DRAIBE, S. M. *Rumos e metamorfoses:* Estado e industrialização no Brasil, 1930-1960. São Paulo: Paz e Terra, 1986.

FAORO, R. *Os donos do poder:* formação do patronato político brasileiro. Porto Alegre: Globo, 1979.

FAUSTO, B. *A Revolução de 1930:* Historiografia e História. 9. ed. São Paulo: Brasiliense, 1983.

FERNANDES, F. *A Revolução Burguesa no Brasil*. 3. ed. Rio de Janeiro: Zahar, 1981.

FISCHER, L. A. *Duas formações, uma história:* das ideias fora do lugar ao perspectivismo ameríndio. Porto Alegre: Arquipélago, 2021.

FONSECA, P. C. D. *RS*: Economia e conflitos políticos na República Velha. Porto Alegre: Mercado Aberto, 1983.

_____. *Vargas:* o capitalismo em construção. São Paulo: Brasiliense, 1989.

_____. As origens e as vertentes formadoras do pensamento cepalino. *Revista Brasileira de Economia*, Rio de Janeiro, v. 54, n. 3, 2000.

_____. Sobre a intencionalidade da política industrializante no Brasil na década de 1930. *Revista de Economia Política*, v. 23, n. 1, pp. 133-48, 2003.

_____. Do progresso ao desenvolvimento: Vargas na Primeira República. In: Encontro Nacional de Economia, 32., 2004, João Pessoa. *Anais* [...]. João Pessoa: ANPEC, 2004a.

_____. Gênese e precursores do desenvolvimentismo no Brasil. *Pesquisa & Debate – PUCSP*, São Paulo, v. 15, n. 2(26), pp. 225-56, 2004b.

_____. A Revolução de 1930 e a economia brasileira. *Economia – ANPEC*, Brasília, v. 13, n. 3b, 2012.

FURTADO, C. *Formação econômica do Brasil*. 15. ed. São Paulo: Nacional, 1977.

_____. *Criatividade e dependência na civilização industrial*. São Paulo: Círculo do Livro, 1978.

GERSCHENKRON, A. *O atraso econômico em perspectiva histórica e outros ensaios*. Rio de Janeiro: Contraponto/Centro Celso Furtado, 2015.

LESSA, C. *15 anos de política econômica*. São Paulo: Brasiliense, 1981.

MORAES, L. S. *Estado e industrialização na América Latina nos anos 1930:* um *estudo de economia política comparada*. 2014. Dissertação (Mestrado em Economia) – Faculdade de Ciências Econômicas, Universidade Federal do Rio Grande do Sul, Porto Alegre, 2014. Disponível em: https://lume.ufrgs.br/handle/10183/103967.

PAULA, J. A. Raízes do desenvolvimentismo: pensamento e ação de João Pinheiro. *Pesquisa & Debate* – PUCSP, São Paulo, v. 15, n. 2(26), 2004.

PELÁEZ, C. M. *História da industrialização brasileira*. Rio de Janeiro: APEC, 1972.

PRADO JR., Caio. *Evolução política do Brasil*. São Paulo: Brasiliense, 1969.

_____. *História econômica do Brasil*. 15. ed. São Paulo: Brasiliense, 1970.

_____. *A revolução brasileira*. 7. ed. São Paulo: Brasiliense, 1987.

PREBISCH, R. El falso dilema entre desarrollo económico e estabilidad monetária. *Boletín Económico de América Latina*, Santiago, v. 6, n. 1, 1961.

SAES, D. *A formação do Estado burguês no Brasil (1888-1891)*. Rio de Janeiro: Paz e Terra, 1985.

SALOMÃO, I. *O desenvolvimento em construção:* um estudo sobre a pré-história do pensamento desenvolvimentista brasileiro. 2013. Tese (Doutorado em Economia) – Faculdade de Ciências Econômicas, Universidade Federal do Rio Grande do Sul, Porto Alegre, 2013.

SUZIGAN, W. *Indústria brasileira:* origem e desenvolvimento. 1. ed. São Paulo: Brasiliense, 1986.

SCHWARZ, R. *Ao vencedor as batatas*. São Paulo: Duas Cidades, 1992.

TARGA, L. R. P. *Breve inventário de temas do Sul*. Porto Alegre: UFRGS, FEE; Lajeado: UNIVATES, 1998.

VILLELA, A.; SUZIGAN, W. *Política do governo e crescimento da economia brasileira, 1889-1945*. Rio de Janeiro: IPEA, 1973.

7

A Lei de Terras de 1850 e o advento do capitalismo brasileiro

Fabian Scholze Domingues

1. A Lei de Terras e a articulação dos temas da economia política clássica

A economia política[1] clássica identifica a terra, o capital e o trabalho como os três fatores de produção fundamentais de uma economia capitalista moderna.[2] A Lei de Terras de 1850 merece especial atenção na reflexão sobre os duzentos anos de independência, pois visava à articulação desses três fatores buscando estabelecer as bases econômicas e sociais do jovem país independente sob a chancela da discussão legislativa.[3] A partir da proposta de um novo regime fundiário conjugada com uma política nacional de migração inspirada na experiência de colonização sistemática da Austrália – denominada sistema de Wakefield –, a Lei terminava com o regime das sesmarias, oriundo das Ordenações Filipinas, que privilegiavam a posse e a distribuição pela Coroa, incluindo as terras devolutas e improdutivas. Em seu lugar, a Lei de 1850 propunha não apenas alterar o regime fundiário como também estruturar a ocupação territorial e articulá-la com a questão premente da mão de obra (já que o tráfico de escravos havia sido proibido no mesmo ano), visando à colonização sistemática através da migração internacional, especialmente de origem europeia. Para tanto, a Lei previa a venda como única forma de acesso às terras públicas e a colonização financiada pela venda dessas terras a preços artificialmente altos

---

1. "A economia política é a ciência dos modos de produção, de todos em geral e de cada um deles em especial, de sua sucessão e das transições de um para outro" (GORENDER, 2016, p. 61).

2. "Os proprietários de mera força de trabalho, os proprietários de capital e os proprietários fundiários, que têm no salário, no lucro e na renda da terra suas respectivas fontes de rendimento, isto é, os assalariados, os capitalistas e os proprietários fundiários, formam as três grandes classes da sociedade moderna, fundada no modo de produção capitalista" (MARX, 2011, p. 1025).

3. Como aponta Carvalho (2003), a discussão da Lei de Terras ocorreu em termos de uma longa discussão legislativa.

como política de povoamento. O longo período de sua tramitação, sete anos no Legislativo mais quatro para ser regulamentada, assim como a sua tentativa de implementação fracassada em vários aspectos, levou Carvalho (2003, p. 346) a afirmar que "a lei não pegou". Entrementes, como o principal assunto subjacente da pauta proposta era a modernização do país, o fato de a Lei de Terras ter tramitado por onze anos até ser promulgada e ficado mais 38 anos sem ser totalmente implementada demonstra a complexidade do tema, pois implicava alterar a forma básica da riqueza nacional, até então baseada em escravos[4] e, portanto, em trabalho, para a propriedade da terra na forma de rendas. Seria por meio de um novo regime fundiário que a classe dominante iria se manter no poder e conservar a sua riqueza ao fim da escravidão, conforme escreve Maestri (2016, p. 28): "Com a Abolição, a propriedade da terra, e não mais a posse do produtor, tornou-se a base da dominação".[5] Como o verso da mesma moeda, era por meio da exigência de venda das terras públicas que os escravos quando libertos, os trabalhadores e os homens livres sem posses permaneceriam despossuídos na alvorada da República, preservando uma das estruturas fundamentais da desigualdade social brasileira – a estrutura fundiária no campo e nas cidades –, a despeito das alterações políticas, econômicas e sociais que modernizavam o país.[6]

A posse e a propriedade da terra não são questões econômicas menores, pois o preço da terra e o estabelecimento de suas dinâmicas institucionais determinam os principais preços da economia, a saber, os preços do trabalho e da lucratividade do capital. A magnitude do conflito entre capitalistas e rentistas também depende da dinâmica fundiária, uma vez que há, do ponto de vista teórico, uma relação inversa entre a taxa de lucros e a renda da terra e, portanto, um conflito em termos de apropriação do produto líquido entre as

---

4. Andrade (2019) apresenta um estudo dos inventários do período, com a classe dos negociantes como a mais representativa, e o comércio de escravos a prazo o principal motivo de dívidas, tanto ativas, quanto passivas. Com respeito à propriedade, apenas engenho, com referências aos prédios e estruturas, mas pouco ou nenhuma referência às terras.

5. "De nada valia a herança de terras desacompanhada da de escravos ou da possibilidade de comprá-los" (GORENDER, 2016, p. 417).

6. "O exame da Lei de Terras revelou que a estratégia das classes proprietárias para bloquear a ação do Estado, todas as vezes que este procura impor uma disciplina jurídica clara ao processo de ocupação das terras, desenvolve-se em três estágios: primeiro, resistir ao máximo à aprovação da lei disciplinadora; segundo, não sendo possível evitá-la, introduzir no texto dispositivos que dificultem sua aplicação; terceiro, aproveitando-se das insuficiências da lei, usar seu poder político para criar situações de fato que frustrem os objetivos da mesma" (SAMPAIO, 1996, p. 197).

classes dominantes.⁷ Conforme o modelo clássico da renda da terra de Ricardo, os rentistas são a classe social que possui antagonismo tanto com os capitalistas quanto com os trabalhadores – pelo fato de as rendas altas comprimirem salários e lucros, diminuindo a atividade econômica.⁸

Num país agrícola, a posse das melhores terras significa deter potencialmente as melhores condições econômicas dentro do processo produtivo. A posse precária, estendida a todos que não pudessem pagar por um título de propriedade – povos originários, comunidades tradicionais, escravos, escravos libertos e homens livres pobres –, torna essas populações submissas e vulneráveis à ação policial e, portanto, à autoridade estatal, dada a centralidade para a organização social do direito humano básico da moradia adequada e segura. Até hoje os despejos violentos são uma forma corriqueira de exercício do poder do Estado brasileiro, que em sua forma intrínseca constitui-se como um consórcio entre os agentes estatais e as várias empresas capitalistas ligadas ao capital imobiliário ou à expansão do agronegócio. Assim, tem-se na especulação com terras públicas uma das principais formas do capitalismo de Estado brasileiro.⁹

A Lei de 1850 vinculava assim o regime de terras e o fim da escravidão a uma outra questão fundamental para a sociedade brasileira contemporânea, mantenedora da ordem e da desigualdade social: a estrutura institucional da violência.¹⁰ A exclusão da propriedade da terra da maioria da população estava

---

7. "A renda do solo é a forma na qual se realiza economicamente a propriedade fundiária, a forma na qual ela se valoriza. Além disso, aqui estão, reunidas e confrontadas, as três classes – o trabalhador assalariado, o capitalista industrial e o proprietário fundiário – que constituem o marco da sociedade moderna" (MARX, 2011, p. 722).

8. "[A] propriedade da terra se distingue dos demais tipos de propriedade pelo fato de que, uma vez atingido certo nível de desenvolvimento, ela aparece como supérflua e nociva, mesmo do ponto de vista do modo de produção capitalista" (MARX, 2011, p. 726).

9. A especulação das terras públicas em geral depende da realização de obras públicas, em particular estradas e drenagem, e, modernamente, da existência de populações em situação de posse precária que demandem por esses e outros serviços públicos. Quando esses chegam, ocorrem os processos de valorização fundiária que provocam as expulsões, sejam violentas, via reintegrações de posse, sejam "de mercado", pela valorização fundiária, com aumento do preço dos terrenos e dos aluguéis.

10. Como descreve Gorender (2016, p. 425), a relação não apenas é violenta como também é assimétrica: "Nos começos do século XIX, registra Felisbello Freire, uma sesmaria foi concedida no termo da Vila de Jaguaripe, Bahia, em cuja área já habitavam uns cem posseiros, cultivadores de mandioca. O sesmeiro abusivamente obrigou alguns dos posseiros a comprar o trato ocupado, enquanto de outros passou a cobrar foro. O restante foi simplesmente expulso. Tollenare testemunhou a expulsão de toda uma população de cerca de 1.200 pessoas, cujas famílias havia muito tempo estavam no gozo das terras. O processo de apropriação das terras do Vale do Paraíba pelos fazendeiros de café se fez com o emprego da violência contra os posseiros ali estabelecidos, expulsos por meio dos esbulhos judiciais, da força bruta e até do assassinato".

assentada na cláusula pétrea da Lei, a exigência de que a terra estatal somente poderia ser vendida. A obrigatoriedade da venda das terras públicas, um dos poucos e relevantes aspectos que "vão pegando" da Lei, resulta na organização da violência do Estado e de seus sócios, os latifundiários, urbanos e rurais, contra o pobre, o índio e o negro liberto, completando a transição do trabalho socialmente comandado do escravo para o trabalho assalariado ao mesmo passo que mantém a desigualdade, as assimetrias e as relações de subordinação baseadas no estatuto da propriedade dentro da sociedade brasileira.[11]

Este capítulo, dedicado à reflexão sobre os duzentos anos de independência, busca, portanto, articular, a partir de temas da economia política clássica, a Lei de Terras de 1850 com os fatores de produção, terra, capital e trabalho. Busca compreender como foram acomodados esses fatores no longo período de transição e crises desde a Independência até o final do Império. Com isso, também na questão fundiária é possível obter elementos para formar a imagem do Abaporu brasileiro – bizarro em sua desigualdade e na desproporção de suas formas –, tanto pelas imensas possibilidades que se abrem ao país com o uso agrícola de suas terras férteis e infinitas, como bem explorado por Zweig e por Zander Navarro no artigo "O 'mundo rural': o novo emerge sobre as raízes do passado" desta coletânea ao abordar o caso da cultura da soja, quanto pelas imensas desigualdades e injustiças, presentes durante o processo de independência e consolidação nacional, que ainda permanecem até os dias de hoje.

2. Colonização, mercado de terras, posses e sesmarias

O modelo de colonização de Wakefield inspirava a Lei de Terras brasileira, sendo dele a origem da obrigatoriedade da venda das terras públicas.[12] Em um curto panfleto denominado *Carta de Sydney*[13], de 1829, que foi particularmente influente, Edward Wakefield propôs uma teoria da *colonização sistemática*, que visava evitar muitos dos problemas sociais e econômicos encontrados nas

---

11. Conforme Sampaio (1996): "Desde a Colônia [...] esse processo obedeceu a um único padrão. Foi sempre uma apropriação de fato, realizada, se necessário, mediante violência física ou judicial contra indígenas, quilombos ou pequenos posseiros, e legalizada, a posteriori, sob o controle dos grandes proprietários de terras".

12. Em seu curto artigo 1º, a proposta de Wakefield declara: "That a payment in money of per acre, be required for all future grants of land without exception". Disponível em: https://gutenberg.net.au/ebooks13/1306631h.html#ch-27. O sistema inglês surge após o final das guerras napoleônicas na Europa, que se via às voltas com a baixa taxa de crescimento dos salários, retornos de capital deprimidos e aumento do pauperismo, que provocavam uma série de agitações sociais. Nesse contexto, também estava presente a colonização de áreas ainda desertas do globo sob domínio britânico.

13. Disponível em: https://digital.collections.slsa.sa.gov.au/nodes/view/2651?keywords=.

novas regiões de colonização inglesa, notadamente Estados Unidos, Canadá e Australásia.

O sistema proposto buscava concentrar os novos assentamentos do sul da Austrália e da Nova Zelândia a partir de um artifício econômico: o aumento artificial nos preços das terras das colônias. Esse expediente tinha como objetivo último – argumentava seu proponente – permitir os benefícios da civilização nas novas colônias, evitando o espraiamento e a desdensificação dos assentamentos novos que ocorriam quando os preços das terras eram muito baixos, que impediam o surgimento das escolas, igrejas, mercados e administração (incluindo poder de polícia e de taxação). Ao estabelecer o preço da terra em um nível suficientemente alto que provocasse a concentração espacial nas colônias, Wakefield propunha utilizar esses recursos para subsidiar novas levas de migração, provocando, com isso, o crescimento continuado das colônias e, ao mesmo tempo, garantindo os retornos de investimento da empresa colonial aos investidores de Londres.

A despeito de ser um autor pouco conhecido e de sofrer de má reputação, as ideias de Wakefield foram rapidamente assimiladas pelas autoridades inglesas, de modo que, num curto espaço de tempo depois da publicação de seu panfleto, suas ideias passaram a ser adotadas pelas autoridades coloniais britânicas e, sendo impostas à Austrália e estando presentes em sua política colonial, se tornaram objeto de debate não apenas entre políticos, investidores e pensadores ingleses coevos como também, quarenta anos após as *Cartas de Sydney*, no Livro III de *O capital* de Karl Marx.[14]

O sistema proposto por Wakefield possuía uma série de premissas e precondições para funcionar. A premissa mais importante consistia em considerar que as terras a serem ocupadas pelos novos colonos deveriam estar vazias – despovoadas. Outra premissa importante, subjacente ao modelo e aos objetivos a serem alcançados pela colonização sistemática, era a de que os migrantes que ocupassem as terras possuíssem laços históricos e culturais com a metrópole, permitindo a criação de colônias relativamente homogêneas do ponto de vista social e cultural. Diferente panorama das terras e da colonização encontramos no mesmo período no Brasil. A despeito de possuir áreas despovoadas ou com população rarefeita, o sistema proposto para a Austrália e Nova Zelândia encontrava no Brasil um outro contexto político, social e institucional.[15] As terras

---

14. Marx se detém não sobre o panfleto de Wakefield, mas sobre seu livro de reflexão a respeito da experiência parcialmente fracassada.

15. Conforme Sampaio (1996): "Para consolidar-se, o novo Império precisava pôr fim ao verdadeiro caos que reinava na ocupação das terras inexploradas desde os tempos da Colônia – desordem que provocava conflitos, muitas vezes violentos, entre clãs de senhores de terras, gerando instabilidade prejudicial à ordem pública e à própria posição da classe na estrutura do novo Estado. Outro fator que contribuía para tornar (cont.)

mais próximas da costa já estavam ocupadas havia séculos. Já existia um regime de ordenação territorial baseado nas Ordenações Filipinas e um amplo *hinterland* em processo desordenado de povoamento, baseado nas sesmarias e nas posses, com profunda miscigenação racial e cultural. Fato notório, que levou Darcy Ribeiro a afirmar que a instituição que verdadeiramente provocou a colonização do Brasil foi o *cunhadismo*, antigo hábito indígena que considerava os cunhados como membros da família. Desse modo, o maior problema que se impunha para um regime de colonização aos moldes de Wakefield era supor uma integração econômica e social – ou seja, arranjos institucionais que implicavam mercados estáveis; arranjos que não se verificavam entre os escravos ou os povos originários e os cartórios, tabelionatos e bancos de crédito. Na prática, portanto, a primeira exigência da Lei de Terras – que estabelecia a obrigatoriedade da venda de terras públicas – implicava a negação de acesso à propriedade das terras a importantes e numerosos segmentos da população brasileira, sobretudo pelas evidências que apontavam o fim da escravidão, ao mesmo tempo que reestruturava as formas básicas de acumulação da riqueza, aceleradas pelo *Aberdeen Act* de 1845 e outros instrumentos de pressão inglesa que visavam pôr fim ao tráfico negreiro no Atlântico Sul e culminaram na promulgação da Lei Eusébio de Queiroz no mesmo ano da promulgação da Lei de Terras.

Outra questão fundamental intimamente relacionada a essa era o fato de que o sistema inglês propunha a colonização sistemática baseada no regime de trabalho livre e assalariado – outra condição que não se verificava plenamente na sociedade brasileira, ainda mais em 1850, quando da promulgação da Lei de Terras. O sistema de Wakefield reduzia de modo também sistemático o valor relativo do trabalho como forma de aumento dos lucros dos capitais investidos na empresa de colonização, de maneira que a lucratividade do sistema se baseava na exploração do trabalho em moldes capitalistas – assalariamento –, e não na escravidão.[16] Entrementes, como o sistema de venda de terras no Brasil se instaurava durante a vigência da escravidão, a tentação para o não pagamento de salários aos colonos e, portanto, a sua escravização de fato são constantes no período. O desafio não

---

(cont.) premente a necessidade dessa decisão era a perspectiva inexorável da extinção da escravatura. Os grandes fazendeiros perceberam que era indispensável vedar aos futuros libertos e aos imigrantes que fossem trazidos para substituí-los a livre ocupação das terras vazias, pois, se assim não fosse, ficariam sem mão de obra para tocar suas lavouras. A maneira de fazê-lo era editar uma lei que proibisse a livre ocupação dessas terras; promovesse a demarcação, arrecadação e venda pela Coroa".

16. "Aqui, portanto, a renda elevada se identifica diretamente com o baixo salário. Na medida em que o nível do preço do solo está condicionado por essa circunstância incrementadora da renda, o aumento do valor da terra é idêntico à desvalorização do trabalho, isto é, o alto nível do preço da terra é igual ao baixo nível do preço do trabalho" (MARX, 2011, p. 733).

apenas econômico como também social consistia, portanto, na convivência de diferentes regimes de acumulação econômica em braços, em terras, em capital, fato que dividia os processos de acumulação, contribuindo para a escassez de divisas e para o baixo desenvolvimento econômico.[17]

O sistema de Wakefield, para ser economicamente interessante aos investidores ingleses, deveria comprimir os salários e restringir a oferta de terras, de modo a garantir os lucros da empresa colonial, seja na forma de maiores retornos por unidade de capital investido (taxa de lucro), seja pela redução da unidade de terra a ser concedida para colonização (renda da terra). A maximização dos lucros da empresa colonial ocorreria pelo controle das proporções de terras disponíveis para colonização e pelo controle da disponibilidade de mão de obra, determinada pela quantidade de imigrantes subsidiados pelo sistema.[18] A princípio endividados, os colonos pagariam pelo alto valor das terras a partir da busca de formas de remuneração que lhes permitissem pagar as dívidas de viagem e das terras em moeda corrente. Neste sentido, os povoamentos já nascem conectados pelos mercados através do sistema de endividamento da mão de obra, que busca ou aumentar a produção dos seus lotes ou vender a sua mão de obra para quitar as dívidas. O resultado final desse processo de integração via mercados seria um aumento da produtividade das colônias, evitando o mal comum de baixas densidades e grandes extensões que caracterizava a migração e as primeiras colônias inglesas. Para além de questões conceituais, na prática o sistema apresentou problemas insolúveis de partida, relacionados aos desencaixes entre as duas principais características da mercadoria terra: a sua qualidade (ou fertilidade) e a sua localização. Os povoados estabelecidos situavam-se longe das melhores terras à disposição dos novos colonos, fato que trazia transtornos incontornáveis ao bom cultivo das terras.

---

17. Convém fazer a ressalva de que, embora pertencentes a uma mesma classe econômica, os proprietários de terras constituíam, conforme Sampaio (1996), "um segmento social ao mesmo tempo forte e débil. Internamente muito forte, porque apto a impor seu domínio sobre as outras classes sociais, mas, por outro lado, muito débil, porque não controla a economia do país, desde sempre dependente do capital estrangeiro".

18. A convergência de análises teóricas marxista e neoclássica nos permite entender melhor os limites econômicos que impediam a implementação de um sistema de colonização semelhante ao sistema de Wakefield concomitante ao trabalho escravo. A tendência declinante de salários proposta pelo sistema deveria ser temporária, pois teria de permitir a liberdade do trabalhador em se integrar ao sistema de mercado da colônia. A dinâmica social subjacente de incorporar o colono à sociedade colonial era, entrementes, incompatível com o regime escravista. A opção de curto prazo que os senhores faziam se colocava entre não pagar salário nenhum ou pagar um salário qualquer. Nas condições sociais vigentes, a primeira opção se constitui como um *equilíbrio de Nash*, uma estratégia dominante que faz o senhor sempre optar por não pagar salário algum, o que implicava problemas insolúveis para implantação da Lei de Terras.

No Livro III de *O capital*, Marx traz à tela outro elemento importante para entendermos a transmutação da riqueza na forma de escravos para a riqueza na forma de terras. Enquanto é um fato bem observado que os lucros seguem uma trajetória declinante a longo prazo, o mesmo não se observa com a renda fundiária. "O preço do solo pode aumentar ou diminuir na proporção inversa do aumento ou da diminuição da taxa de juros" (MARX, 2011, p. 727).[19]

Essa relação entre o preço do solo e a taxa de juros requer, para o bom funcionamento do sistema capitalista, o funcionamento de um sistema financeiro que seja capaz de realizar a intermediação entre o estoque de terras de mercado negociável e os estoques de capital oriundos das poupanças privadas. No entanto, essa adequação não ocorreu durante o nosso período de análise, pois (i) não havia interesse da classe dos proprietários de terra em incorrer em custos individuais necessários, como o alto custo das demarcações, para tornar a terra *uma mercadoria como as demais*; (ii) no mesmo ano da Lei de Terras, o tráfico negreiro foi extinto, provocando uma alta no preço dos escravos, fato que permitia que os escravos continuassem a ser utilizados para todos os efeitos como reserva de valor em transações, desempenhando o papel de garantia real em contratos até a abolição.[20]

Adicionalmente, outras características da questão fundiária trazidas por Marx aparecem na questão da renda da terra durante o período do Império no

---

19. "No progresso do desenvolvimento social, a taxa de lucros tem uma tendência à queda e que, por conseguinte, também o tem a taxa de juros, na medida em que ela é regulada pela taxa de lucro, e que, além disso, abstraindo também da taxa de lucro, a taxa de juros tem uma tendência à queda em consequência do crescimento do capital monetário emprestável, segue-se que o preço do solo tem uma tendência à alta, também independentemente do movimento da renda fundiária e do preço dos produtos da terra, do qual a renda constitui uma parte" (MARX, 2011, p. 732) ou "Relação entre o preço da terra e a renda: I. O preço da terra pode subir sem que aumente a renda: 1. em virtude da mera queda da taxa de juros, o que faz com que a renda seja vendida mais cara e, por conseguinte, aumente a renda capitalizada, o preço da terra; 2. porque aumentam os juros do capital incorporado ao solo. II. O preço da terra pode subir porque a renda aumenta. A renda pode aumentar porque o preço do produto da terra sobe; nesse caso, sempre cresce a taxa da renda diferencial, quer a renda no pior solo cultivado seja grande, quer seja pequena ou nem mesmo exista" (MARX, 2011, p. 904).

20. "Sendo mercadoria livremente alienável, o escravo se tornava objeto de todos os tipos de transações ocorrentes nas relações mercantis. Assim, pelo direito de propriedade que neles tem, escreveu Perdigão Malheiro, pode o senhor alugar os escravos, emprestá-los, vendê-los, doá-los, transmiti-los por herança ou legado, constituí-los em penhor ou hipoteca, desmembrar da sua propriedade o usufruto, exercer, enfim, todos os direitos legítimos de verdadeiro dono ou proprietário. Como propriedade, está ainda o escravo sujeito a ser sequestrado, embargado ou arrestado, penhorado, depositado, arrematado, adjudicado, correndo sobre ele todos os termos sem atenção mais do que à propriedade no mesmo constituída" (GORENDER, 2016, p. 57).

Brasil, que são a desigualdade da distribuição dos impostos, as desigualdades que emergem do desenvolvimento não uniforme da agricultura em diversas regiões do país e a desigualdade com que o capital está distribuído entre os arrendatários como elemento que pode influenciar a renda da terra (MARX, 2011, p. 758). A esse respeito, a passagem a seguir trazida por Gorender (2016) é ilustrativa. Ao nos apresentar um breve histórico dos princípios do mercado de terras, algo que já era comum durante a vigência das sesmarias, o autor mostra a essência da dinâmica econômica subjacente ao mercado de terras: a apropriação do território mediante a possibilidade de se ganhar muito dinheiro com a venda de terras públicas. A parte dinâmica desse mercado se localiza onde as atividades econômicas são suficientemente desenvolvidas para permitir a extração da renda mediante contratos de compra e venda, arrendamento ou aluguel, com a ressalva de que os métodos arcaicos de cultivo exauriam rapidamente as terras, fazendo com que novas terras passassem a ser cultivadas, fato que provocava o desinteresse dos agricultores de então num sistema rígido de demarcação da propriedade da terra. Nas terras mais distantes, a distância e localização passam a ser custos relevantes da atividade econômica, de modo que os estoques improdutivos de terras passam a obedecer a uma lógica especulativa, esperando oportunidades de crescimento econômico para obtenção dos lucros extraordinários.

> A respeito de vendas de terras, temos notícia já nos começos do século XVII, por Fernandes Brandão. Dentre os que recebiam terras de sesmaria, observou o cronista, alguns não possuíam cabedal para levantar engenhos e se viam forçados a vender suas sesmarias. O Conde de Linhares, herdeiro de Mem de Sá (por casamento com a filha do governador), vendeu em lotes grande parte de sua propriedade. Antonil nos fala de hipotecas e vendas de terras como algo rotineiro e dedica toda uma página a conselhos aos compradores de terras. Wenceslau Pereira da Silva e Silva Lisboa, no século XVIII, informaram sobre a prática corrente de operações de compra e venda de engenhos na Bahia. Em São Paulo, constatou Schorer Petrone, a compra se tornou com o tempo o meio predominante de aquisição de terras nas áreas da região açucareira mais próxima do litoral e de exploração mais antiga. No Vale do Paraíba, o incremento da cafeicultura valorizou a região e houve latifundiários que lucraram com a venda de terras antes adquiridas gratuitamente ou por preço irrisório. Por aí se vê que a disponibilidade de terras no Brasil colonial não pode ser considerada com a latitude indefinida que lhe conferem alguns autores. Fertilidade e localização estabeleciam limites e gradações à preferência dos plantadores, aos quais podia ser conveniente comprar o terreno relativamente caro no litoral, em vez de recebê-lo de sesmaria a título gratuito em região afastada e árida. (GORENDER, 2016, pp. 419-20).

3. A estruturação do mercado de crédito

> "Quando representantes da [classe dos proprietários rurais] se reuniram nos dois congressos agrícolas de 1878, ninguém falou da lei de 1850 nem reclamou sua execução [...]. E isto apesar de muitos perceberem a estreita ligação entre a demarcação e legitimação das terras e o desenvolvimento do crédito rural no momento em que o escravo deixava de ser garantia segura para hipotecas."
>
> José Murilo de Carvalho, *A construção da ordem e o teatro das sombras*

O uso das terras como garantias reais para transações financeiras não ocorreu durante o período do Império. O que se pode observar das leituras do período é que, embora a estruturação do mercado de crédito seja imprescindível para o mercado de compra e venda de terras do ponto de vista teórico, do ponto de vista histórico várias forças atuaram no Brasil imperial de modo a retardar o pleno desenvolvimento capitalista das forças de produção do campo.[21] Se em termos de desenvolvimento sustentado de longo prazo o país teria muito a ganhar com a aplicação da Lei de Terras, com as demarcações e com a regularização fundiária, do ponto de vista dos interesses institucionais, imediatos e particulares, esses divergiam em diversos aspectos. A instituição das sesmarias e o uso da posse como formas de ocupação do território estavam presentes, enraizados, e assim permaneceriam por inércia até o final do período e além, implicando a insegurança jurídica tão comum no Brasil acerca da variedade de termos e concessões de posse e de propriedade.

Os interesses imediatos se refletiam: i) nas dificuldades trazidas pelos métodos arcaicos de cultivo que exauriam os solos, fazendo com que os fazendeiros tivessem "fome de terra", avançando livremente na imensa reserva de terras vazias e devolutas (SAMPAIO, 1996, p. 3); ii) na falta de recursos disponíveis para demarcações que deveriam ocorrer por conta dos proprietários; iii) na força política dos proprietários que permitia a eles o privilégio de eximir-se do imposto territorial rural. Os custos pela demarcação e o não pagamento de impostos inviabilizavam a estrutura moderna e racional (conforme a terminologia de Max Weber) da empresa agrícola. Assim como as camadas da cebola, o regime de terras de mercado se estruturou ainda durante o período das sesmarias em

---

21. O sistema nacional de crédito rural, para ficar apenas num exemplo, é de 1965. Como comentam Ramos e Martha Jr. (2010, p. 10): "Diversos são os instrumentos de política que afetam o agronegócio. Segundo a classificação utilizada por Bacha (1997), esses instrumentos podem ser genéricos ou específicos. Os primeiros referem-se àqueles destinados à economia como um todo e, consequentemente, recaem sobre os diversos segmentos que compõem o agronegócio. São exemplos as políticas fiscal e cambial. Já os específicos afetam diretamente o desempenho do setor agropecuário. Esse é o caso das políticas de crédito rural, de preços mínimos, de seguro rural e de pesquisa e extensão rural".

certos lugares devido a peculiares vantagens de localização para a realização de atividades econômicas agrícolas conectadas aos mercados internacionais, tais quais o são as culturas da cana de açúcar, café, cacau, borracha e algodão. Nessas regiões de produção capitalista para a exportação, a dinâmica fundiária, com um ativo mercado de compra e vendas de terras, era outra. Somente nessas regiões e para propósitos muito específicos, o crédito seria concedido à atividade agrícola, e, ainda assim, majoritariamente como capital circulante, para insumos, sementes e instalações, e não para a propriedade fundiária. Esta ainda não era a principal forma de riqueza do campo, que tinha profundos vínculos com a propriedade de escravos, os quais não seriam superados durante o período em tela, a despeito de certos enclaves de prosperidade agrícola dos produtos dedicados às exportações e nas colônias de povoamento.

Dadas as dimensões da empresa agrícola no país, a questão do crédito emergiu em diversos momentos e, de certa forma, permite uma reconstrução das ideias do período relacionada à controvérsia entre metalistas e papelistas. Interessa-nos nesta discussão as condições estruturais que não permitiriam a criação de um mercado de compra e venda de terras durante o período do Império.

4. Metalistas e papelistas

O debate entre metalistas e papelistas interessa na discussão geral da propriedade fundiária, pois é através dele que se tornam mais claros os nexos – ou a falta deles – no que se relaciona à instituição de um mercado de compra e venda de terras durante o período do Império. Para que o mercado fosse efetivo, as terras deveriam ser *uma mercadoria como as demais no mercado*. Contudo, como já vimos, essa condição ainda não estava plenamente satisfeita, nem em termos práticos, pela ausência de instrumentos que fizessem valer a propriedade da terra como garantia real para transações financeiras (como a falta das já referidas demarcações, os baixos valores obtidos por grandes extensões de terra, as dificuldades de acesso e de valorização econômica das áreas, a duplicidade ou multiplicidade de registros), nem em termos teóricos, pois não havia a compreensão de que o mercado de terras somente poderia se desenvolver plenamente quando a terra se transformasse numa mercadoria livremente negociável e com a liquidez necessária ao mercado financeiro – debate premente entre papelistas e metalistas, como veremos. A grande questão que se colocava para o uso comercial da terra num país de extensão infinita estava mais relacionada às atividades econômicas que ocorriam no solo do que às suas propriedades originais e indestrutíveis. Os imensos estoques improdutivos e latifúndios pouco ou nada acrescentaram para o desenvolvimento das regiões.

Os metalistas faziam a defesa da estabilidade monetária através da adoção do padrão ouro e do monopólio da emissão por um banco público que tivesse lastro em ouro para essas emissões. Já os papelistas admitiam "o crédito, o déficit público e os empréstimos como indispensáveis para alavancar a economia" (FONSECA, 2004, p. 9). Na visão dos papelistas, não havia oferta constante e suficiente de encaixes metálicos para amparar a demanda por moeda em momentos importantes do ciclo agrícola, como são o da colheita da safra e do plantio. Os riscos associados ao crédito agrícola, como a possibilidade de não haver colheitas por questões climáticas, faziam com que, até o final do Império, a atividade sofresse de tempos em tempos com a falta de crédito e de disponibilidade de encaixes. A obrigatoriedade da conversão em ouro defendida pelos metalistas tornava a oferta de dinheiro inelástica em caso de necessidade, acarretando escassez e encarecimento da moeda.[22] Como solução, os papelistas apontavam a necessidade de haver uma pluralidade de emissões – isto é, a possibilidade de qualquer banco emitir títulos que equivaliam a papel-moeda. O mercado se autorregularia e garantiria a liquidez monetária, permitindo o crescimento e a prosperidade da economia. O aumento ou redução do meio circulante acompanharia a dinâmica econômica em cada momento. Desse modo, os papelistas articulavam uma prática econômica que permitia maior flexibilidade às flutuações das atividades agrícolas.[23] Entre os seus principais representantes destacam-se Souza Franco, Barão de Mauá, viscondes de Cruzeiro e de Ouro Preto, João Alfredo e Conselheiro Laffayette (FONSECA, 2004, p. 10). Já a discussão pelo lado dos metalistas encontrava defensores em Francisco Belizário, Torres Homem e Joaquim Murtinho. Conforme Fonseca (2004), este grupo comporia uma das vertentes – precursoras – do desenvolvimentismo, pois enxergava no crescimento econômico a principal variável a ser monitorada.

A disputa entre papelistas e metalistas repetia no Brasil a discussão de política monetária ocorrida cerca de cinquenta anos antes na Inglaterra que culminou na adoção do padrão ouro, em 1844, quando da centralização das emissões no Banco da Inglaterra.[24] Esse fato balizou a economia internacional do século XIX. O Brasil adotou o padrão ouro em 1846, através de lei específica. Assim, a moeda nacional teria uma paridade fixa de 27 pence por mil-réis. Foi

---

22. "Mauá, um de seus primeiros defensores [do papelismo], defendia o que convencionou chamar de 'requisito da elasticidade': a oferta de moeda deveria ser flexível ou elástica a ponto de não interferir negativamente nas atividades produtivas" (FONSECA; MOLLO, 2012, p. 218).

23. Curiosamente, a possibilidade de lastrear os ativos financeiros em terras como garantias reais de transações não emerge nesta discussão acerca do problema econômico de primeira magnitude que é o uso de garantias reais como forma de desenvolvimento econômico.

24. Sobre a reconstrução histórica do debate e suas implicações no Brasil, cf. Fonseca e Mollo (2012).

uma vitória dos metalistas, que teria, contudo, vida curta.²⁵ Com o crescimento continuado da economia baseada em ciclos de produção agrícola, como a economia cafeeira ao longo da década de 1850, várias casas bancárias surgiram no Rio de Janeiro. Contudo, a partir de 1857, os preços dos produtos agrícolas despencaram no mercado internacional, com graves consequências internas, fato que reavivou o debate público entre metalistas e papelistas, demandando intervenção governamental, que culmina com a reforma monetária de 1888, que buscava resolver a crise via emissão monetária. Rui Barbosa irá praticar largamente a posição flexível dos papelistas na alvorada da República.

A proibição da importação de escravos em 1850 não acabou com o costume de as garantias reais dos contratos serem dadas na forma de escravos.²⁶ Pelo contrário, a valorização do preço dos escravos com o fechamento das importações facilitava o seu uso como garantia de valor real para transações.

Enquanto durou a escravidão, o regime de terras de mercado e sua relação com o sistema financeiro não puderam se desenvolver, pois a classe dos rentistas não havia se constituído como tal.²⁷ Pouca ou nenhuma atenção era dada para a questão da propriedade da terra como ativo. Por seu baixo valor e pelas dificuldades institucionais de ser usada como garantia real, não surgiram as condições objetivas que permitissem as fortes conexões entre o mercado de terras, a produção agrícola, a incorporação urbana e o mercado de crédito durante o período do Império.

O debate teórico entre metalistas e papelistas refletia um problema estrutural de longo alcance dentro da economia brasileira, que era a falta permanente de crédito, de forma estável e barata. Assim, o que se percebe do período é uma economia frágil do ponto de vista de seu sistema financeiro. Frágil porque era uma economia desconectada em seus liames essenciais.

Diferente da situação norte-americana, em que Alexander Hamilton, o primeiro secretário do Tesouro, sistematizou desde o princípio da independência dos Estados Unidos os setores da agricultura e da indústria, dentro de uma visão de desenvolvimento das forças nacionais, o Brasil careceu de homens

---

25. "A tentativa contínua de estabelecer uma moeda conversível, sustentada em uma firme reserva de ouro, em uma sociedade periférica e pouco monetizada não era apenas impossível de ser obtida, mas reduzia enormemente as oportunidades de investimento produtivo" (PRADO, 2002, p. 97).

26. Noguerol (2003), ao estudar os inventários de Sabará e Porto Alegre, realizou amplo levantamento dos inventários do período, mostrando que o principal patrimônio inventariado eram os escravos ou as dívidas assumidas na compra deles.

27. Neste sentido, diferente de Fonseca (2004, p. 10), que supõe "que os rentistas, sempre temerosos com a inflação, deveriam alinhar-se aos metalistas", nos parece que não havia uma percepção dos rentistas enquanto *classe*, devido à multiplicidade de formas de posses e aos conflitos inerentes à ocupação desordenada do território.

com uma visão econômica integrada dos grandes mercados nacionais. Talvez, eles não pudessem mesmo existir, pois os homens são sempre frutos de seu momento histórico, dada a natureza dos dilemas que se apresentavam não apenas à economia brasileira do período, como, sobretudo, à sua sociedade e à *Weltanschauung* que a forma.

O fato de a escravidão ter penetrado tão fundo e com raízes tão fortes no país obliterou a importante questão do acesso à terra, seja rural, seja urbana, num país de terras infinitas, ao mesmo tempo que manteve e mantém a fronteira agrícola em expansão em todas as culturas que servirem à exportação, tornando o país um dos maiores exportadores de alimentos do mundo, simultaneamente à manutenção de altos índices de insegurança alimentar.

5. O capitalismo fundiário e o advento da República

Embora a iniciativa australiana de colonização tenha fracassado como forma efetiva de colonização, seu modelo formal permaneceu como exemplo da tentativa brasileira de modernização. Do ponto de vista do capital como fator de produção, a demora na tramitação da Lei de Terras, bem como a sua dificuldade de implementação, não implicou uma não ação. As melhores terras disponíveis passaram gradualmente para o regime de propriedade previsto na Lei, o que permitia a sua classificação como "de mercado", trazendo a produção moderna para exportação às bolsas de mercadorias nas praças de Londres, Antuérpia e Nova York. Já para o restante da vastidão de terras do país, onde a maioria absoluta dos moradores do país residia, havia a mais completa indeterminação do estatuto da terra – sujeita a tramoias e mutretas de toda sorte nos cartórios e tabelionatos –, acarretando a posse precária, conflitos e arbítrios, seja no campo, seja nas periferias em processo permanente de mutação e de conflito nas franjas das grandes cidades brasileiras.

Resta claro o papel do Estado como sócio maior da empresa capitalista agrícola. Enquanto as terras não possuíam interesse comercial, permaneciam abandonadas. No entanto, quando a oportunidade comercial surgia, as terras estatais passavam a ser o ativo a ser vendido aos empreendedores, estando o aparato estatal a serviço da desocupação e expulsão de eventuais posseiros e indígenas. Estes, por sua vez, permaneciam intocados caso as terras em que residiam, embora estatais, não possuíssem valor de mercado, como é o caso das beiras de rio, encostas de morros, banhados – por excelência, terras que não estão no mercado –, não por acaso os locais onde prolifera, ainda no século XXI, toda sorte de habitações precárias, como as favelas e palafitas – lugares que recorrentemente ocupam o noticiário pelas tragédias dos deslizamentos, enxurradas e alagamentos que proliferam pelo país.

A ordem social que se instaura lentamente durante o período do Império brasileiro possuía como centro dinâmico e estruturador o novo regime de terras, pois – seguindo a teoria do destino manifesto – restava claro o enorme potencial agrícola do país, com suas terras férteis, com sol e água abundantes. Seriam os mercados internacionais que determinariam a prioridade das culturas a serem desenvolvidas, seus surtos de desenvolvimento e crises, não o interesse das populações efetivamente residentes nos territórios. Claramente segregador, o regime de terras anárquico que vigora no período do Império funciona de forma compatível com "os mercados" e, portanto, com a ordem liberal e a *pax* britânica, permitindo o aumento da produção das culturas dotadas de valor econômico quando o regime privado de terras permitia a maior acumulação possível. Por outro lado, esse processo de expansão incidia sobre os posseiros, indígenas, quilombolas e trabalhadores pobres, habitantes originais, de forma violenta, mas não inteiramente sem relações econômicas e sociais, pois são inúmeras as atividades acessórias à expansão da fronteira agrícola.

A Lei de Terras de 1850 não se transformou num instrumento efetivo de colonização, mas sim de controle social e econômico dos barões do Império a serem convertidos no final do período em grandes proprietários de terras, agravando a questão das terras improdutivas e devolutas. As características mercantis do sistema brasileiro de terras, seu modo contínuo de expansão e seu conflito social explícito estruturaram diversas das formas de violência estatal e paraestatal, constituindo uma verdadeira guerra de baixa intensidade na ocupação do território, que permitiu paulatinamente ao país explorar seu imenso estoque de terras, mantendo sua unidade política e integridade territorial, expandindo a produção agrícola comercial de larga escala aos confins do cerrado e da floresta amazônica. A expansão agrícola e a articulação dos agentes estatais com os grandes empresários da aventura capitalista brasileira devem, assim, por fim, serem observadas do ângulo do *país do futuro*, ponderando que através desse custoso avanço das fronteiras agrícolas o Brasil passou a ser um dos maiores produtores de alimentos do mundo – ainda que parte significativa da sociedade brasileira viva desde sempre em insegurança alimentar[28] –, em particular com o avanço da cultura da soja – objeto de outro artigo desta coletânea – pelo interior do Brasil, trazendo prosperidade e desenvolvimento para outrora sertões improdutivos, sejam de cerrados, sejam de florestas.

---

28. A discussão de Gilberto Freyre sobre a insuficiência alimentar e nutricional nas plantações de cana de açúcar é apenas uma das ilustrações possíveis de se fazer acerca das monoculturas.

6. Considerações finais

Neste artigo estudamos a Lei de Terras de 1850 e sua articulação com alguns dos principais temas da economia política clássica. Vimos que o período conviveu com regimes de acumulação distintos, fato que debilitava o pleno desenvolvimento das forças produtivas. A constante e em muitos momentos inadequada oferta de crédito prejudicava sobretudo as atividades relacionadas ao capital circulante e pouca atenção era dada à compra efetiva de terras por meio de crédito agrícola. A possibilidade de compra de terras públicas, regida mais por influência política do que por interesse econômico e basicamente para fins especulativos, permaneceu um excelente negócio no período, especialmente depois que os capitais ingleses passaram a investir em obras de infraestrutura, como ferrovias, fato que valorizava as terras públicas, vendidas a preços irrisórios. Desta forma, um mercado de crédito para a compra e venda de terras era inútil em grande parte do território nacional, tendo apenas alcance e força de organização social em poucos lugares, especialmente nas capitais e próximo às instalações dedicadas ao comércio internacional. Em todo o resto do vasto *hinterland*, permanecia a posse, o conflito resolvido com base no direito do mais forte, em esbulhos jurídicos e na indeterminação fundiária, seja pela sobreposição de certidões de posse e de sesmarias, seja pela indeterminação geográfica, uma vez que poucas das terras fora dos circuitos comerciais de exportação eram, de fato, demarcadas.

Referências

ANDRADE, M. L. Credores e devedores na economia de Ilhéus, 1850-1888. In: ANDRADE, M. L. *Escravidão, mercado interno e exportações na economia de Ilhéus, 1850-1888*. 2019. Tese (Doutorado em História) – Faculdade de Filosofia, Letras e Ciências Humanas, Universidade de São Paulo, São Paulo, 2019. pp. 229-50.

CARVALHO, J. M. *A construção da ordem e o teatro das sombras*. Rio de Janeiro: Civilização Brasileira, 2003.

FONSECA, P. C. D. Gênese e precursores do desenvolvimentismo. *Revista Pesquisa & Debate*, v. 15, n. 2(26), pp. 225-56, 2004. Disponível em: https://professor.ufrgs.br/pedrofonseca/files/genese_e_precursores_do_desenvolvimentismo_no_brasil.pdf.

FONSECA, P. C. D.; MOLLO, M. L. R. Metalistas x papelistas: origens teóricas e antecedentes do debate entre monetaristas e desenvolvimentistas. *Nova Economia*, Belo Horizonte, v. 22, n. 2, pp. 203-33, maio/agosto de 2012.

GORENDER, J. *O escravismo colonial*. São Paulo: Perseu Abramo, 2016.

GUIMARÃES, C. G. *Bancos, economia e poder no Segundo Reinado*: o caso da Sociedade Bancária Mauá, MacGregor & Companhia (1854-1866). 1997.

Tese (Doutorado em História Econômica) – Faculdade de Filosofia, Letras e Ciências Humanas, Universidade de São Paulo, São Paulo, 1997.

HARRIS, E.; SUMMER L. C. *Understanding the Gains to Capitalists from Colonization:* Lessons from Robert E. Lucas, Jr., Karl Marx and Edward Gibbon Wakefield. Working paper nº 20-23, 2020. Disponível em: https://www.economics.hawaii.edu/research/workingpapers/WP_20-23.pdf.

LEVY, B. L.; ANDRADE, A. M. R. Fundamentos do sistema bancário. *Estudos Econômicos*, v. 15, n. especial, pp. 17-48, 1985. Disponível em: https://www.revistas.usp.br/ee/article/download/157228/152620.

MAESTRI, M. O escravismo colonial: a revolução copernicana de Jacob Gorender. In: GORENDER, J. *O escravismo colonial*. São Paulo: Perseu Abramo, 2016. pp. 17-49.

MARINGONI, G. Império de crises. *Desafios do desenvolvimento*, ano 8, ed. 67, pp. 72-7, 2011.

MARX, K. *O capital*. Edição Eletrônica. São Paulo: Boitempo, 2011.

NOGUEROL, L. P. F. *Sabará e Porto Alegre na formação do mercado nacional no século XIX*. 2003. Tese (Doutorado em Economia Aplicada) – Instituto de Economia, Universidade de Campinas, Campinas, 2003.

PEREIRA, G. Das ordenações ao ordenamento: a trajetória do direito de propriedade no Brasil. *Revista Brasileira de Estudos Urbanos e Regionais*, v. 23, 2021. Disponível em: https://doi.org/10.22296/2317-1529.rbeur.202105pt.

RAMOS S. Y.; MARTHA JR., G. B. Evolução da política de crédito rural brasileira. Planaltina, DF: Embrapa Cerrados, 2010. Disponível em: https://ainfo.cnptia.embrapa.br/digital/bitstream/item/77790/1/doc-292.pdf.

SODRÉ, N. W. *História da burguesia brasileira*. São Paulo: Civilização Brasileira, 1964.

ZWEIG, S. *Brasil, país do futuro*. Edição Eletrônica: Ed. Ridendo Castigat Mores (www.jahr.org).

8
O projeto econômico da ditadura militar e a longevidade dos nossos anos de chumbo

Carlos Águedo Paiva

> "É necessário evitar, a todo custo, qualquer incoerência do conjunto, de maneira a garantir a inexistência de conflito entre objetivos divergentes, o que impediria o seu alcance simultâneo. A preservação do conflito destruiria o sistema como tal."
>
> GENERAL GOLBERY DO COUTO E SILVA
> Do Planejamento para a Segurança Nacional

À guisa de introdução: a que vem este texto?

No dia 7 de setembro de 2021, o Brasil comemorou 199 anos de independência, mas as preparações para o evento não foram propriamente festivas. Apoiadores do Presidente Bolsonaro convocavam manifestações Brasil afora pautadas em críticas ao excesso de ingerência do Judiciário (em especial, Supremo Tribunal Federal e Tribunal Superior Eleitoral) e do Congresso sobre o Executivo. Alegava-se que "os demais Poderes não deixavam o Presidente mudar o Brasil". O próprio Bolsonaro fazia eco a esse discurso afirmando temer que o Judiciário tentasse impedir as manifestações e declarando só perceber três perspectivas de futuro para si: "estar preso, morto ou a vitória". Lideranças do agronegócio e caminhoneiros solicitavam a paralisação das atividades. Alguns chamavam uma mobilização geral em direção a Brasília. Outros organizavam o bloqueio das estradas.

A oposição, por sua vez, convocava para o "Grito dos Excluídos", cuja pauta daquele ano incluía o impeachment do presidente. Várias das manifestações pró e contra o governo estavam marcadas para locais relativamente próximos. A chance de choques entre os manifestantes era grande. Às vésperas do dia 7 de setembro, a Embaixada dos Estados Unidos requisitou que os cidadãos norte-americanos evitassem sair às ruas, e a Embaixada da China pediu reforço e proteção policial. Os motivos eram claros: o temor de que o Presidente Bolsonaro tentasse usar as manifestações – e eventuais embates entre defensores e críticos de seu governo – para decretar Estado de Sítio e dar início a um golpe na ordem constitucional com apoio militar. *Um espectro rondaria o Brasil: o espectro de um novo 1964.*

No calor da hora, publicamos um artigo tentando demonstrar que os temores de golpe – sem serem inconsistentes (dados os desejos e expectativas de apoiadores do Presidente) – subestimavam o *enorme abismo* que separava o processo que levou a 1964, assentado em um projeto político e econômico sofisticado, da mobilização bolsonarista em prol da ampliação dos poderes do Capitão-Presidente com vistas a garantir a plena realização de seu confuso projeto para o país. Nossa intenção não era subestimar a possibilidade anunciada por Marx de que a História reproduza tragédias pregressas em versão farsesca, tampouco defender o ponto de vista de que o Estado Democrático de Direito estivesse plenamente consolidado no país e não haveria por que temer qualquer ruptura da ordem constitucional. Tratava-se tão somente de defender o ponto de vista de que o governo Bolsonaro e as frações das Forças Armadas e dos grupos econômicos articulados em torno de si não têm estatura e densidade econômica, política e cultural para se constituírem como bloco histórico capaz de estruturar um projeto para o país. Muito menos para conquistar e preservar o poder pelo tempo necessário à sua implementação. Mais: acreditamos que essa fragilidade é percebida por parcela expressiva do empresariado e das lideranças políticas conservadoras. Essas lideranças não se recusariam a participar de uma repetição *farsesca* da História; mas, isto sim, se recusariam a participar de uma versão *burlesca* dela. Para que a História se repita enquanto *farsa* no Brasil, será preciso a construção e articulação de um *projeto* capaz de dar conta do enfrentamento – mesmo que parcial e insuficiente – dos principais dilemas e desafios sociais e econômicos com os quais o país se defronta no momento.

Ao contrário do que pretende boa parte dos intérpretes do golpe de 1964 e da gestão política e econômica dos anos de chumbo, entendemos que a ditadura militar[1] não apenas buscou enfrentar os dilemas abertos pelo ingresso associado e dependente do país na etapa monopolista do capital, como realizou esse objetivo de forma particularmente eficiente, eficaz e efetiva. Vale dizer: subscrevemos a tese que Florestan Fernandes defendeu em diversos trabalhos sobre o tema, como *A Revolução Burguesa no Brasil* (1981), *A ditadura em questão* (1982) e *Nova República?* (1986), e nos propomos a

---

1. Optamos, neste texto, por utilizar a nomenclatura tradicional – *ditadura militar* – para nos referirmos ao regime político vigente no Brasil entre 1964 e 1984, por oposição ao termo hoje em voga "ditadura civil-militar". Essa opção *não* se baseia na pretensão de que o papel dos agentes civis tenha sido secundário. Muito antes pelo contrário. Apenas nos parece que a generalidade da categoria "civil" traz pouco esclarecimento substantivo. Entre introduzir uma nova nomenclatura (golpe empresarial-militar, burguês-militar etc.) ou recuperar a denominação tradicional, optamos pela via mais simples.

reapresentá-la aqui, ainda que em termos distintos dos seus: nosso enfoque privilegiará a análise da política econômica dos anos de chumbo. Esse é o objeto da terceira seção deste trabalho.

Antes de ingressarmos na apresentação da tese principal, porém, sentimos necessidade de apresentar e criticar aquelas interpretações da ditadura que privilegiam sua dimensão de "excepcionalidade e irracionalidade" em detrimento do seu significado como desenvolvimento – sem dúvida, trágico e perverso – de contradições que estavam postas *ex ante* e alcançaram ser equacionadas pelos golpistas de uma forma que contemplou parcelas não desprezíveis da sociedade brasileira. Este não é um debate confortável. Seria mais fácil silenciar sobre o tema. Ou adotar um alinhamento *tout court* com aquela vertente crítica que, ao *reduzir* a ditadura à sua dimensão de terrorismo de Estado, nega-se a admitir que ela tenha gerado qualquer contribuição positiva para o processo de desenvolvimento nacional. Infelizmente, não podemos aceitar quaisquer dessas opções, porque acreditamos, em consonância com Burke, que um povo que não conhece sua história está fadado a repeti-la. Daí a necessidade de apresentar e fazer a crítica da leitura que reputamos dominante e insuficiente da ditadura militar. Esse é o objeto da segunda seção deste trabalho.

Na seção conclusiva apresentamos nossas considerações finais, retomando a questão da possibilidade de uma reedição farsesca do golpe de 1964. Do nosso ponto de vista, não há como projetar o caminho que o país adotará, pois isso vai depender, entre outros aspectos, da capacidade de formulação dos projetos alternativos – à esquerda e à direita – para o enfrentamento dos sérios desafios impostos pela continuidade do processo de desindustrialização, retomada da concentração de renda, precarização do trabalho e avanço insustentável sobre o bioma amazônico.

O LUGAR DA DITADURA MILITAR NA HISTÓRIA POLÍTICA NACIONAL

A forma da ditadura: um ponto fora da curva?

Se observamos o golpe de 1964 de uma perspectiva formal, fica evidente o contraste com todas as outras grandes inflexões políticas do país. Pensamos aqui na própria Independência (1822), na expulsão de Dom Pedro I e instauração da Regência (1831), na Proclamação da República (1889), na Revolução de 30 (1930) e na instauração (1937) e derrubada (1945) do Estado Novo. Todas essas transições se realizaram dentro de um padrão de conciliação com o passado e de preservação de elementos estruturantes da organização social e política pregressa que está ausente em 1964.

Desde logo, os agentes responsáveis pelo reordenamento político nas transições anteriores eram lideranças válidas e proeminentes na ordem anterior. O fenômeno do Príncipe Dom Pedro – que abre mão de ser herdeiro da Metrópole (e Reino Unido) para ser Imperador apenas do país cuja independência proclama – é tão somente o caso mais evidente do que virá a se revelar uma longa tradição nacional. Sua queda em 1831 foi promovida pela elite do Primeiro Reinado, que resguardará a essência da Constituição por ele outorgada em 1824 assim como a dinastia Bragança. A dimensão disruptiva da transição para a República é maior, porquanto indissociável da abolição da escravidão. Porém, a abolição é um produto do próprio Império decadente, e não da nova ordem política. Além disso, Dom Pedro II é derrubado por lideranças civis e militares que já ocupavam o proscênio da vida política nos últimos anos do seu reinado. E todas as lideranças do Império que, como Joaquim Nabuco e o Barão de Rio Branco, se mantiveram fiéis à velha ordem foram incluídas no novo sistema em papéis políticos de destaque. Igualmente bem, o golpe fatal sobre a República Velha em 1930 será dado pelo candidato derrotado nas eleições nacionais do mesmo ano. Getúlio Vargas era um homem da ordem: havia sido Ministro da Fazenda do Presidente derrubado, era Governador do Rio Grande do Sul no ano do pleito e sua candidatura teve o apoio de parcela expressiva dos governadores do país. Vale dizer: *as transições davam-se entre pares, induzindo os derrotados a reconhecerem – mesmo que a contragosto – sua legitimidade.*

Além disso, praticamente todas as rupturas anteriores passaram por processos de validação social que extrapolavam os agentes que impuseram a transição, seja através da convocação de Assembleias Constituintes, seja pela ampliação dos espaços de representação parlamentar e civil (como no caso do Ato Adicional de 1834). É bem verdade que os processos eleitorais eram excludentes e, em maior ou menor grau, viciados por clientelismos e fraudes. Porém, de 1823/1824 a 1945/1946, a lisura, representatividade e confidencialidade das eleições constituintes e parlamentares foram fortemente ampliadas.

A única entre as inflexões políticas anteriores a 1964 que não contou com posterior sanção constituinte e/ou parlamentar ampliada foi no caso do Estado Novo. Mas, se essa característica aproxima 1937 de 1964, um amplo conjunto de elementos volta a afastá-los. Em primeiro lugar, o Estado Novo envolveu a preservação no poder do bloco que havia realizado a Revolução de 30. Em segundo lugar, o golpe foi coetâneo a uma crise política dos sistemas democrático-representativos de caráter absolutamente global. Essa crise – que acabaria levando à Segunda Guerra Mundial – manifestava-se na emergência do fascismo na Europa, no recrudescimento do stalinismo na União Soviética, na prolongada guerra civil na China (com uma sucessão de governos de exceção), no avanço militarista e imperialista japonês e na grave crise da ordem liberal nos EUA, associada à plena implementação do New Deal de Roosevelt, após um longo embate com o Congresso e a Suprema Corte. Além disso, o período do Estado Novo foi relativamente curto, correspondendo, essencialmente, aos marcos da Segunda Guerra Mundial: ele emerge pouco antes da tomada da Áustria por Hitler e cessa às vésperas da queda de Tóquio. E, mais uma vez, os agentes que instauram o Estado Novo são, em essência, os mesmos que decretam seu término. A figura de Eurico Gaspar Dutra é exemplar: golpista, com Vargas, em 1937, também o será, contra Vargas, em 1945, ano em que se elegerá presidente com o apoio do mesmo Vargas. É o Brasil sendo Brasil.

Por oposição, o golpe de 1964 promoverá o expurgo radical da elite política pretérita, e não apenas do campo dos aliados do Presidente João Goulart, deposto com o golpe. Para além de figuras como Leonel Brizola, Miguel Arraes e Luís Carlos Prestes, o novo regime irá cassar os direitos políticos de lideranças centristas (como Juscelino Kubitschek) e conservadoras (como Jânio Quadros e Carlos Lacerda). Além disso, o golpe de 1964 coloca no centro do poder o alto escalão das Forças Armadas, agentes que, antes, estavam constitucionalmente impedidos de atuar politicamente. E aqui há um ponto central a entender. Ao contrário de inflexões políticas anteriores que contaram com o protagonismo de agentes que eram, *simultaneamente*, militares e políticos – como Araújo Lima, Duque de Caxias, Floriano Peixoto ou Juarez Távora –, no caso de 1964 o protagonismo cabe diretamente à *instituição* Forças Armadas. É ela que toma o poder e é ela que, por longos 21 anos, vai gerir o país.

A peculiaridade do golpe de 1964 também se evidencia no fato de que – ao contrário das outras inflexões – a transição não será objeto de qualquer sanção social através da convocação de uma nova Constituinte. Pelo contrário: já no preâmbulo do Ato Institucional nº 1, de 9 de abril de 1964, lê-se:

> A revolução vitoriosa se investe no exercício do Poder Constituinte. Este se manifesta pela eleição popular ou pela revolução. Esta é a forma mais expressiva e radical do Poder Constituinte. Assim a revolução vitoriosa, como Poder Constituinte, se legitima por si mesma. (AI-1, 1964, p. 1)

No ano seguinte, o AI-2 anuncia, em seu preâmbulo, "que a Revolução não foi; mas é e continuará [...] [a exercer] Poder Constituinte". E cumpre o anunciado: transfere para a Justiça Militar a competência para julgamentos dos "crimes contra a segurança nacional", amplia o número de ministros do STF de 11 para 16, extingue os partidos políticos e as eleições diretas para Presidente e anula a possibilidade de o Poder Judiciário apreciar os atos praticados pelo comando do regime militar. Adiante, em 1966 o governo decreta o recesso do Congresso; em 1967 é imposta uma nova Constituição (cuja apreciação pelo Congresso é meramente formal); em 1968 edita-se o AI-5, que, entre outras diretivas, elimina o *habeas corpus* no caso de crimes políticos contra a segurança nacional; e em 1969 a Constituição de 1967 passa por emendas radicais, resultando em um novo corpo legal, incluindo, entre outros instrumentos de repressão, a pena de banimento de brasileiros sem qualquer apreciação judicial. Em cinco anos, entre 1964 e 1969, toda uma nova ordem constitucional é imposta de cima para baixo. Essa nova constitucionalidade – com pequenos movimentos de arrocho e distensão – vigerá por todos os anos 70, só vindo a ser relaxada, gradualmente, no primeiro lustro dos anos 80.

Para além do plano formal, os elos da ditadura militar com o passado e o presente

Se não há como negar o caráter excepcional dos 21 anos de ditadura militar no Brasil, incorreríamos num equívoco ainda maior se ignorássemos os notáveis elementos de continuidade dos anos de chumbo com a História anterior a 1964 e – inclusive – com a História Contemporânea. Tal continuidade tem como primeira manifestação exatamente o esforço ímpar (quando comparado a outras ditaduras da América Latina da segunda metade do século XX) de "legalizar e normalizar" o golpe e a nova ordem jurídica. Como bem observaram Teles e Safatle na apresentação da coletânea *O que resta da ditadura*:

> uma das características mais decisivas da ditadura brasileira [foi] sua legalidade aparente ou, para ser mais preciso, sua capacidade de reduzir a legalidade à dimensão da aparência. Tínhamos eleições com direito a partido de oposição, editoras que publicavam livros de Marx, Lênin, Celso Furtado, músicas de protesto, governo que assinava tratados internacionais contra a tortura, mas, no fundo, sabíamos que tudo isto estava submetido à decisão arbitrária de um poder soberano que se colocava fora do ordenamento jurídico. (TELES; SAFATLE, 2010, p. 11)

Sem dúvida, essa dimensão é da maior importância para a compreensão da ditadura brasileira, mas os autores parecem perceber o sinal sem captar plenamente o seu significado profundo e tentam reduzir a preservação das eleições para cargos legislativos (e a maior parte dos executivos municipais), a tolerância para com a contestação cultural e as recorrentes reformas (in)constitucionais com vistas à institucionalização e legalização do arbítrio, como movimentos de cunho diversionista, carentes de realidade substantiva e efetividade. Isso, do nosso ponto de vista, é contraditório ao próprio projeto da coletânea: expor quanto da ditadura ainda está presente no Brasil da "Nova República". Nas palavras de Teles e Safatle (2010, p. 10):

> a ditadura brasileira deve ser analisada em sua especificidade. Ela não foi uma ditadura como as outras. [...] De fato, como gostaríamos de salientar,

há uma "exceção brasileira". [...] Ela se mede não por meio da contagem de mortos deixados para trás, mas através das marcas que ela deixa no presente, ou seja, através daquilo que ela deixará para frente.

Mais uma vez, estamos de acordo: *a ditadura não foi um ponto fora da curva*. Suas marcas e heranças estão muito vivas entre nós, inclusive no plano da política institucional, em que se busca emprestar aura de legalidade a processos carentes de qualquer base constitucional. Dois exemplos marcantes e recentes são a derrubada da Presidente Dilma Rousseff num processo de impeachment inconsistente (ainda que sancionado pelo Congresso e pelo STF) e a prisão, sem trânsito em julgado, após um processo farsesco e dois julgamentos políticos, do candidato preferencial nas eleições de 2018. Sua prisão só foi relaxada e os julgamentos só foram anulados quando o candidato apoiado pelo Estado-Maior das Forças Armadas havia sido eleito. É preciso prova maior de que a ditadura está no meio de nós?

Mas ao mesmo tempo que Teles e Safatle (2010) explicitam de forma correta a questão que urge responder, recusam os caminhos que poderiam conduzir a uma resposta consistente à questão. Desde logo, classificam como hiper-historicismo qualquer tentativa de "remeter as raízes do presente a um passado longínquo (a realidade escravocrata, o clientelismo português)" (TELES; SAFATLE, 2010). Para os autores, tal perspectiva buscaria ocultar "o que o passado recente produziu" (TELES; SAFATLE, 2010, p. 9).

O que se perde nesse movimento de recusa ao passado é a possibilidade de entender que *o que resta da ditadura hoje já estava presente e já se impunha sobre a ordem política pré-1964*. Tal como hoje, a autonomia dos governos civis do interregno democrático entre 1945 e 1961 foi limitada pela tutela diuturna dos escalões superiores das Forças Armadas.[2] E já havia muito de 1964 nos movimentos de 1930 e de 1937, nos quais os militares cumpriram um papel central, assim como também cumpriram papel central na expulsão de Dom Pedro I, na derrubada de gabinetes do Segundo Reinado e na Proclamação da República.

Além disso, ao negar valor ao "historicismo" como eixo para a elucidação das peculiaridades (e da longevidade) da ditadura, o que se perde é a capacidade

---

2. Os dois "quase golpes" mais famosos são a imposição da renúncia de Getúlio Vargas em 1954 (que levou ao seu suicídio) e a tentativa de impedir a posse de João Goulart em 1961 (que só foi "concedida" em troca do parlamentarismo). Mas esses dois eventos afamados estão longe de ser exceções. Eles apenas se preservaram na memória e no imaginário popular pelo desfecho trágico do primeiro e pela vitória de Pirro (a posse de Goulart num sistema parlamentarista) no segundo caso. Na verdade, as pressões e jogos de chantagem dos altos escalões das Forças Armadas sobre os governos civis exercidos foram cotidianos durante os dezenove anos de "normalidade democrática" e definiram, na prática, parcela não desprezível das políticas e projetos que tiveram curso e implementação.

de entender o quanto a contradição entre *legalidade formal* e *ilegitimidade real* da ditadura militar está enraizada nas dimensões "delirantes" e nas "ideias fora do lugar" que caracterizam a cultura política nacional desde suas origens.[3] Desde os primeiros anos de nação independente que o Brasil produz "leis para inglês ver".[4] E desde seus primórdios que o nosso sistema de justiça administra a lei e as penas diferenciando "os Chicos dos Franciscos". Malgrado exceções, a maioria dos juízes brasileiros evolui do "garantismo" para o "punitivismo" (e vice-versa) com velocidade, desenvoltura e sem cerimônia, a depender dos estratos socioeconômico, cultural, étnico e político dos réus.[5]

---

3. Segundo Fernandes (1986, p. 12), a sociedade brasileira "exige o delírio como uma forma compensatória do equilíbrio". A expressão "ideias fora de lugar" é de Schwarz (1977), voltada à caracterização do "liberalismo escravista". Em dois trabalhos clássicos, Fernandes (1977, 1981) vai matizar a crítica de Schwarz, trazendo à luz tanto as polarizações *utópicas* (construtivas, transformadoras) quanto as polarizações *ideológicas* (farsescas e conservadoras) do liberalismo monárquico. Em *Florestan, o obscuro, e o liberalismo monárquico* (PAIVA, 1997), buscamos reapresentar os argumentos de Fernandes resgatando elementos teóricos (mormente de caráter econômico) e históricos (analisando o sentido das lutas regenciais) que se encontravam subjacentes à leitura desse autor sem ser plenamente explicitados.

4. Aparentemente, a expressão "lei para inglês ver" tem por base a total ineficácia dos inúmeros acordos e leis para a extinção do tráfico até 1850, quando uma "lei para valer" foi conquistada pela força da Bill Aberdeen, que autorizava a marinha de Sua Majestade a abordar, resgatar escravos e afundar navios negreiros brasileiros. Esta expressão é de enorme felicidade e resgata uma dimensão essencial das legislações aplicadas ao Brasil desde o Estatuto das Sesmarias. Em sua origem (1375), esta legislação voltava-se a limitar o direito de propriedade fundiária privado, garantindo que toda terra não cultivada retornaria ao Estado e seria redistribuída. Os objetivos *formais* da lei não foram alterados quando de sua introdução no Brasil, mas seus objetivos *reais*, sim: ela transformou-se em um instrumento de controle metropolitano sobre os potentados rurais brasileiros: aqueles que ousassem elevar seus "fumos feudais" para além dos limites convenientes e enfrentar a Coroa poderiam ser expropriados "dentro da lei". A esse respeito, veja-se Fernandes (1977, 1986).

5. Na sociedade escravista, o escravo era considerado simultaneamente objeto e inimigo doméstico e as leis escravistas eram todas de exceção ao direito civil comum (MALHEIROS, 1976, pp. 52-4). Sobre a discricionariedade da Justiça brasileira na República Velha é imprescindível a leitura de Fausto (1984), em especial a introdução e o capítulo intitulado Julgamento, em que são sistematizadas as diferenças de desfechos de processos por raça, gênero e idade. Alvarez (2002) mostra como a Escola Positiva de Criminologia no Brasil emprestou ares de ciência a procedimentos e avaliações jurídicos discriminatórios. No mesmo sentido vão Silva e Hansen (2010) em trabalho seminal. Por sua vez, Semer (2021) analisa detalhadamente a seletividade do Judiciário brasileiro nos últimos anos, que é tanto econômica e racial – evidenciada na discricionariedade da caracterização de "usuários" e "traficantes" em processos envolvendo o (cont.)

Na verdade, o aparato legal da ditadura apenas formalizou e levou ao extremo as características estruturais do Sistema de Estado no Brasil: uma ideologia delirante e desavergonhada de suas ideias fora de lugar; um sistema político formalmente representativo e essencialmente autoritário, em que o poder real não se encontra onde a lei maior afirma que ele deveria estar; e um sistema de justiça em que a avaliação da legalidade ou ilegalidade dos mesmos atos e das penas devidas em cada caso é em função (para além das variáveis estritamente jurídicas) da "qualidade do réu".

Daí não se deduz que o Sistema de Estado da ditadura careça de peculiaridade. Estamos partindo do pressuposto elementar de que 1964 é um marco e o regime político sob a ditadura é muito distinto dos regimes pré-1964 e pós-1985. Só queremos lembrar que, assim como a ditadura deixou inúmeras heranças e esqueletos que assombram o presente, suas raízes e ovos de serpente já estavam à mostra e eclodindo antes do golpe. E, por isso mesmo, para entender a ditadura, é preciso retroceder no tempo. Esse movimento é fundamental, ainda que não seja suficiente.

Simultaneamente, é preciso tentar entender a *lógica da ditadura*, o que só é possível pelo resgate daquilo que lhe é peculiar, onde ela "inova". Só aí poderemos entender seu sentido no tempo, sua razão de ser. Retomemos o correto gancho deixado por Teles e Safatle (2010): "a legalidade aparente [é]... uma das características mais decisivas da ditadura brasileira". De que "legalidade aparente" exatamente os autores nos falam? Não se trata de "qualquer lei para inglês ver". Pelo contrário: trata-se da lei que procura legalizar *formalmente, explicitamente, a discricionariedade*. A grande novidade da legalidade ditatorial encontra-se no fato de ela *precisar dar expressão formal a uma seletividade que, antes e depois, se impunha "sem precisar dizer o seu nome"*. A legalidade da ditadura é explicitamente contraditória. Ao tentar legalizar o sistema de justiça militar, que julga a partir de preceitos *incompatíveis* com as regras jurídicas universalmente admitidas (ainda que raramente aplicadas), *a ditadura se denuncia*, o que nos leva à verdadeira questão: por que a ditadura comete esse gigantesco "ato falho"? Por que ela precisa se desnudar, anunciar o que faz?

Do nosso ponto de vista, há duas razões para tanto. Em primeiro lugar, os agentes sociais sobre os quais vão incidir as medidas punitivas seletivas e discricionárias da ditadura *não* são a "arraia-miúda". Como regra geral, são lideranças e militantes políticos oriundos de estratos socioeconômicos e culturais superiores.[6] E, nesse caso, não seria possível confiar na seletividade e

---

(cont.) tráfico de drogas – como social e política – evidenciada no acelerado julgamento e indevida prisão de Lula, em contraste com as inúmeras prescrições de processos contra políticos mais "bem relacionados" e filiados a agremiações conservadoras.

6. "Segundo os dados de *Brasil: nunca mais*, tabulados por Ridenti, 4.124 pessoas foram processadas durante o regime militar. Das 3.698 cuja ocupação é (cont.)

discricionariedade useira e vezeira do sistema nacional de justiça. Era preciso construir um novo sistema.

Mas por que, então, não se adotou o caminho mais simples (seguido por outras ditaduras latino-americanas) de realizar o combate à subversão como uma "guerra interna", sem tentar emprestar qualquer formalidade legal às perseguições, aos encarceramentos, às torturas e aos assassinatos? Por que a necessidade de explicitar e dar aura de legalidade às prisões, às torturas e aos assassinatos dos "terroristas"? Do nosso ponto de vista, porque essa (pseudo) legalidade servia de escudo para futuros julgamentos, para que os atos não pudessem ser punidos posteriormente. Isso significa afirmar que os promotores do golpe e os principais gestores do período ditatorial tinham consciência de que: 1) o regime implantado em 1964 tinha prazo de validade; e 2) que era necessário garantir *ex ante* a impunidade, que seria assegurada posteriormente pela "anistia recíproca" (a subversivos e torturadores). *O que envolve afirmar que o golpe de 1964 foi um projeto pensado para viger por um período que seria, simultaneamente, longo e finito.*

Como regra geral, a intelectualidade crítica nega que a ditadura tivesse um projeto claro. E, cremos, contam-se nos dedos das mãos aqueles que concordariam com a tese de que este foi um projeto bem-sucedido. Isso é trágico, pois ao se perder essa dimensão perde-se a capacidade de entender aquele que, do nosso ponto de vista, é *o esteio econômico-material do respaldo político-ideológico do esqueleto autoritário da ditadura.*

Não se trata de negar que a preservação desse entulho está alicerçada *imediatamente* em determinações legais[7] e político-ideológicas. Trata-se, isto sim, de tentar entender por que, passadas quase quatro décadas do fim da ditadura, a superação do entulho autoritário não foi realizada pelos governos democráticos nem ganhou expressão popular. Na verdade, desde pelo menos 2013, o país vive um movimento oposto, marcado pela crescente expressão de grupos conservadores que já não têm qualquer pejo em elogiar a ditadura e em demandar o seu retorno.

É fato que não se pode entender a recente inflexão à direita do espectro político brasileiro sem levar em consideração a dimensão internacional desse processo. A eleição de Trump nos EUA em 2016, de Bolsonaro no Brasil em

---

(cont.) conhecida, 906 – praticamente uma em cada quatro do total, formando o maior grupo – eram estudantes. Seguem-se os 599 profissionais liberais com formação superior (16,2%) e os 319 professores, representando 8,6% do conjunto. Conforme o mesmo autor, dos 9.459 envolvidos em processos – como denunciados, indiciados ou testemunhas – para os quais há informações sobre escolaridade, em torno de 60% tinham curso universitário, quase divididos por igual entre os que já haviam completado a faculdade e os que ainda estavam na graduação" (ALMEIDA; WEISS, 1998, p. 326).

7. A esse respeito, recomendamos muito a leitura de Zaverucha (2010) e Suarez (2019).

2018 e de Boris Johnson no Reino Unido em 2019, bem como o crescimento dos partidos conservadores na maior parte dos países europeus, é expressão particular de um mesmo movimento. E as determinações desse movimento são essencialmente comuns no Brasil e no mundo: a demanda por um retorno ao passado, a um período em que o crescimento econômico era puxado pela indústria e por um padrão de inclusão social que se realizava pelo trabalho assalariado em sistemas fordistas ou similares. *Ocorre, contudo, que no caso brasileiro há um elemento adicional: o auge desses "anos dourados" de crescimento e inclusão pelo trabalho industrial foram os anos da ditadura.* Mais: o processo de expansão da economia nos anos da ditadura não se deu *a despeito* das políticas econômicas dos governos militares, mas *em função* destas mesmas políticas. Trataremos desses temas na próxima seção.

A DITADURA ENQUANTO PROJETO

Prolegômenos para a crítica da crítica vulgar à ditadura

Tal como apontamos na seção anterior, a leitura que propomos aqui está longe de ser hegemônica entre intérpretes da ditadura. Para além das compreensíveis resistências morais e políticas em reconhecer qualquer positividade em um regime inconstitucional e sanguinário, esta visão busca apoio em dois argumentos. O primeiro é que os anos finais da ditadura militar foram marcados por uma grave crise econômica, que: 1) teria resultado das políticas econômicas equivocadas dos anos 60 e 70; e 2) se desdobraria na estagflação dos anos 80 e da primeira metade dos anos 90. O segundo argumento é que a ditadura foi palco de um permanente embate entre militares "linha-dura" e "moderados" e entre economistas e tecnocratas liberais e desenvolvimentistas. Como identificar um único projeto nesse mar de embates e vitórias eventuais e contingentes?

Desde logo cabe esclarecer que, a despeito da ampla difusão do senso comum crítico, o primeiro dos dois argumentos expostos no parágrafo anterior – o de que a gestão econômica da ditadura teria sido desastrosa – não tem respaldo em qualquer análise econômica séria do período. Pelo contrário, parcela não desprezível da produção acadêmica crítica do início dos anos 70 ia justamente no sentido de tentar entender os determinantes do extraordinário sucesso da gestão econômica da ditadura. É justamente esse o sentido de três trabalhos clássicos da época: *Dependência e desenvolvimento na América Latina*, de Cardoso e Faletto, "Além da estagnação", de Tavares e Serra, e *O capitalismo tardio*, de Cardoso de Mello. E fora da Economia Política Crítica o consenso era ainda maior. Entre neoclássicos e keynesianos grassava virtual unanimidade acerca da correção das políticas em curso, malgrado este ou aquele eventual problema de ajuste fino.

Esse era o quadro geral vigente até, pelo menos, os primeiros sinais de esgotamento do Milagre, na virada de 1973 para 1974. A partir de então, emerge uma polêmica sobre a pertinência do II Plano Nacional de Desenvolvimento (II PND) que vai contrapor economistas de extração liberal a economistas defensores da intervenção do setor público na promoção do desenvolvimento industrial. Mas, *como regra geral, os economistas de perfil heterodoxo e situados à esquerda do espectro político irão saudar o ousado movimento do governo Geisel.* Tal saudação – evidentemente – não envolve desconhecer graves problemas de execução de um projeto que se realizava num momento em que a economia mundial sofria uma radical inflexão, com pressões inflacionárias crescentes estimuladas pelos dois choques do petróleo (1973 e 1979). Em especial, as críticas vão se voltar para a excessiva – e, em grande parte, desnecessária[8] – dependência externa no financiamento aos pesados investimentos realizados no país.

Trataremos desse tema com a devida atenção mais adiante. Mas importa entender desde já que, mesmo críticos acerbos da ditadura, em trabalhos voltados justamente à identificação dos equívocos de gestão econômica do período, vão reconhecer que as reformas financeiras dos anos 60 *não* tinham por *objetivo* a extroversão financeira. Em essência, buscava-se garantir isonomia nos padrões de financiamento entre blocos de capital nacional e internacional. Em um trabalho sintomaticamente intitulado O *grande salto para o caos*, que busca apontar a centralidade da extroversão financeira na gestação da crise dos anos 80, Tavares e Assis vão afirmar, por exemplo (entre inúmeras outras passagens), que

> O regime favoreceu o investimento externo em geral, mas *as condições do mercado financeiro internacional* [...] *favoreceram mais que proporcionalmente o capital de empréstimo em comparação com o de risco*. Este último permaneceu condicionado pela legislação a um teto de remessa de lucros elevado (12% ao ano [...]). Contudo, as remessas por conta de serviços de empréstimos não estavam sujeitas a teto algum. [...] Dessa forma, tanto o sistema de financiamento interno quanto o externo estimulavam a tomada de empréstimos pelas empresas, de preferência a investimentos de risco. *Certamente, essa jamais teria sido a intenção original do ministro Bulhões, embora fosse o resultado concreto de sua obstinação em dar às empresas aqui instaladas acesso direto aos créditos em moeda no mercado internacional.* [...] Evidência de que, nos primórdios do regime, houve uma intenção genuína de se estimular o mercado de ações como instrumento efetivo de capitalização da empresa nacional, o Decreto-Lei 157 introduziu o privilégio fantástico pelo qual o contribuinte podia aplicar parte de seu imposto na compra de

---

8. Para entender esse ponto, é essencial a leitura de Cruz (1983).

ações novas de companhias abertas, com a condição de apenas mantê-las disponíveis por um tempo (TAVARES; ASSIS, 1985, pp. 20-1).[9]

Evidentemente, reconhecer que as determinações da crise dos anos 80 foram antes *externas* do que *internas* não implica eximir os gestores da política econômica da ditadura de quaisquer responsabilidades sobre ela. Ao subestimarem as consequências secundárias (e não almejadas) da legislação permissiva com relação à tomada de empréstimos, os gestores foram corresponsáveis pela crise. Mas o são, essencialmente, no mesmo sentido em que os gestores econômicos dos diversos governos da Nova República – de Sarney a Bolsonaro, passando por FHC, Lula e Dilma – são corresponsáveis pela desindustrialização brasileira.[10] Há responsabilidade? Sim. Mas a responsabilidade por impor uma política que leva a resultados não almejados é distinta da responsabilidade por impor uma política cujos resultados socioeconômicos deletérios são previamente conhecidos, mas tratados como "subproduto" da conquista de outros fins, sejam eles pretensamente mais elevados (a ordem pública), sejam eles inconfessáveis (ganhos privatistas deste ou daquele bloco de capital e/ou corporação).

Na verdade, veremos que, no apagar das luzes da ditadura, na gestão Figueiredo e sob a batuta de Delfim, as estratégias adotadas em defesa da sustentação da rentabilidade capitalista contribuíram, sim (e, ousamos supor, com algum nível de consciência), para retirar viço do setor público e comprometê-lo com a rolagem de uma dívida descomunal, que viria a comprometer a capacidade de enfrentamento dos graves problemas sociais do país pelos governos subsequentes. Mas essa *não* era a lógica dominante da ditadura. Não, pelo menos, até a crise emergir por determinações essencialmente externas. Nos fins de

---

9. Vale notar que, segundo Tavares e Assis (1985), um dos fatores que estimularam a extroversão financeira foi, justamente, a preservação da lei de remessa de lucros instituída por João Goulart antes do golpe de 1964, a qual penalizava os investimentos diretos, mas não o capital de empréstimo (cujo retorno na integralidade para o centro financeiro externo era garantido por definição).

10. Analisar a evolução da participação do VAB da indústria de transformação (VAB-IT) no VAB total (VAB-T) da economia brasileira é uma tarefa de grande complexidade em função de mudanças metodológicas na classificação de setores e atividades industriais e formas de cálculo e atribuição de valor agregado ao longo do tempo. Não nos cabe tratar deste tema aqui, mas parece-nos apropriado dar uma *ilustração* da evolução relativa do VAB-IT tomando por referência os dados disponibilizados pelo Instituto de Pesquisa Econômica Aplicada (Ipea) em seu site. Segundo o Ipea, entre 1947 e 2021, a participação da indústria de transformação no VAB-T oscilou e foi de 35%, valor alcançado no ocaso da ditadura, entre 1984 e 1985. Nos últimos anos do governo Sarney, a porcentagem era inferior a 30%. Caiu para algo em torno de 15%. Nos últimos anos do PT era pouco superior a 12% e em 2021, com Bolsonaro, a participação chegou a 11,2%, a mais baixa da série de 75 anos.

festa, é comum alguns arroubos, em especial se são festas de despedida dadas por inquilinos que acabaram de sofrer despejo. Mas é importante não confundir a exceção com a regra. Esses arroubos não eram o padrão de funcionamento do Estado ditatorial.

A verdade é que entre 1964 e 1980 (vale dizer: abstraídos os quatro anos finais do ciclo ditatorial, marcados pela crise), a taxa média anual de crescimento do Produto Interno Bruto (PIB) brasileiro foi de 7,79% e o crescimento médio anual do Valor Adicional Bruto (VAB) industrial foi de 8,41%, do VAB agrícola foi de 4,54% e do VAB de serviços foi de 8,23%. Se compararmos com a performance pré-golpe tomando o mesmo número de anos (17) por referência, chegaremos a taxas anuais de variação discretamente inferiores: 6,82% de crescimento para o PIB, 8,75% para o VAB industrial, 3,91% para o VAB da agropecuária e 7,16% para o VAB de serviços.[11] Mas a diferença no que diz respeito à variação da renda *per capita* é mais expressiva: dado o decréscimo da taxa de variação da população – de 3,17% ao ano (a.a.) nos anos pré-golpe para 2,71% ao ano nos anos posteriores –, temos que a renda *per capita* nos primeiros dezessete anos da ditadura se elevou, em média, 4,94% ao ano (havendo se multiplicado por 2,27), por oposição a 3,69% no período anterior (quando se multiplicou por 1,85).[12] E, como a renda por indivíduo mais do que duplicou no período, mesmo com a elevação da concentração, processou-se uma melhoria substancial nas condições de vida em todos os estratos da população. Isso resultou na queda acentuada dos níveis de pobreza absoluta, tal como nos explica Sonia Rocha, em seu trabalho *Pobreza no Brasil: afinal do que se trata?*:

---

11. As mudanças nas *metodologias* de cálculo do PIB e dos VABs setoriais (assim como as mudanças das organizações responsáveis pelos cálculos) dificultam sobremaneira o cálculo e a comparação das taxas anuais de variação. Tal como no caso referido na nota anterior, optamos por tomar os cálculos realizados e sistematizados por um grupo reconhecido de pesquisadores em vez de realizarmos nós mesmos esses cálculos. No caso, adotamos os dados disponibilizados no "Anexo Estatístico 1889-2010" de "A Ordem do Progresso" (ABREU, 2014). Esse trabalho contou com o apoio e consultoria de diversos pesquisadores do Departamento de Economia da Pontifícia Universidade Católica do Rio de Janeiro (PUC-RJ) e disponibiliza informações sobre 43 variáveis macroeconômicas (a maior parte delas, sob a forma de taxas de variação) nacionais para os 122 anos entre a Proclamação da República (1889) e o último ano do segundo mandato do Presidente Lula (2010).

12. Os dados sobre população são dos Censos Demográficos do IBGE e foram extraídos de https://educa.ibge.gov.br/professores/educa-atividades/17664-a-populacao-cresce.html. O cálculo da taxa de variação anual da população e da renda per capita foi realizada pelo autor. Tomamos a média da variação da população nos anos 50 como *proxy* da variação em todo o período pré-golpe e a taxa média de variação nos anos 60 e 70 como *proxy* da variação no período pós-golpe.

Para o país como um todo [na década de 1970], a proporção de pobres caiu à metade, de 68% em 1970 para 35% em 1980, tendo ocorrido decréscimos de incidência de pobreza de forma sistemática em todas as regiões e estratos independentemente de suas características específicas. O número de indivíduos com renda familiar per capita inferior às linhas de pobreza específicas declinou de 61,1 milhões em 1970 para 41,3 milhões em 1980, apesar de o crescimento da população ainda ter se situado no patamar elevado de 2,5% ao ano. (ROCHA, 2011, cap. 4, n.p.)

Em suma: a despeito da séria crise dos quatro últimos anos do período ditatorial, não há como negar que o Brasil apresentou uma performance econômica extraordinária entre 1964 e 1980. As taxas de crescimento eram tão elevadas que permitiram um acelerado processo de inclusão social, e as políticas de renda privilegiaram a elevação dos lucros e dos rendimentos da classe média Vale dizer: a despeito da inclusão social não se encontrar entre as prioridades do projeto da ditadura.

O que nos remete novamente à questão enunciada na abertura desta seção: qual era o projeto da ditadura? Havia algum projeto?

Como não poderia deixar de ser, há muito menos acordo sobre a existência ou não de um projeto global que teria dado origem ao golpe e sustentado a ditadura do que sobre a performance econômica do período. Não podemos esgrimir *dados* sobre *intenções* da mesma forma que fazemos ao tratar de produção industrial, renda disponível, escolaridade ou subnutrição. Por isto mesmo, podemos encontrar virtualmente todas as posições entre intérpretes da ditadura. Desde a posição de um Celso Castro, para quem

> foi clara a falta de organização e coordenação entre os militares golpistas. Mais do que uma conspiração única, [...] a imagem mais fidedigna é a de "ilhas de conspiração", com grupos unidos ideologicamente pela rejeição da política pré-1964, mas com baixo grau de articulação entre si. *Não havia um projeto de governo bem definido*, além da necessidade de se fazer uma "limpeza" nas instituições e recuperar a economia. (CASTRO, FGV-CPDOC, s.d., o grifo é nosso.)

Até a posição de René Dreifuss, para quem o golpe teria sido planejado por instituições e *think tanks* financiadas e/ou apoiadas por grandes empresários – como o Instituto de Pesquisa e Estudos Sociais (IPES), o Instituto Brasileiro de Economia (IBRE) e o Instituto Brasileiro de Ação Democrática (IBAD) – em associação com militares da direção da Escola Superior de Guerra (ESG). Estes agentes e instituições teriam planejado, desde a temporalidade do golpe (DREIFUSS, 1981, cap. VI), até as linhas estruturantes das reformas políticas e econômicas que seriam implementadas após a tomada do poder (DREIFUSS,

1981, caps. VIII e IX). Para o autor, o equívoco das interpretações tradicionais do golpe de 1964 apenas começa pelo fato de a maioria dos analistas o classificarem como "militar", quando, de fato, ele representa

> o estabelecimento no Brasil de um novo bloco de poder multinacional e associado [...] [que] deu origem a uma elite orgânica, [...] [a qual cumpriu] diversos estágios de organização para a ação, em seus esforços para moldar, tanto a economia, quanto o sistema político, com vistas a favorecer seus interesses e consolidar sua expansão. (DREIFUSS, 1981, p. 482)

A oposição entre as duas perspectivas é clara e incontestável. E ela vai se reproduzir em inúmeras outras polêmicas, como, por exemplo, o grau de continuidade nas políticas econômicas e sociais dos distintos governos ditatoriais. Porém uma parte substantiva destas controvérsias é de ordem semântica. Se os lermos com a devida atenção, veremos que Castro e Dreifuss sequer tomam o mesmo objeto em consideração. A questão para Castro é afirmar que não se pode identificar um projeto único *entre o conjunto dos militares* no momento do golpe. E Dreifuss concorda integralmente com esta leitura, chegando a detalhar os conflitos entre as distintas frações do Exército. Mas sua questão é outra. Trata-se de entender o sentido histórico da instauração da ditadura para os estratos superiores da burguesia brasileira e multinacional. Para Dreifuss, o golpe sequer é *primariamente* militar, mas empresarial-burguês. Os militares seriam apenas os agentes da *imposição* desta nova *ordem*; não os seus mentores. Como não serão os responsáveis pela gestão da economia.

Mais: da perspectiva de Dreifuss – e de todos os que percebem um projeto na ditadura – a ordem política estabelecida em 1964 tinha um horizonte de longo prazo. E, portanto, não poderia ser motivo de surpresa que a emergência de uma nova conjuntura impusesse inflexões nas políticas econômicas. Assim como a crítica e o abandono de políticas cuja eficácia ficou aquém do previsto. Mas tais inflexões não alteram o sentido do golpe e o projeto de reordenamento político-econômico que lhe é subjacente.

O trabalho de Dreifuss foi tachado de conspiracionista e acusado – contraditoriamente – de incorrer em economicismo e em politicismo. Não nos parece que tais críticas sejam pertinentes.[13] Nossa própria crítica é de outra ordem: Dreifuss subestima a complexidade dos conflitos que levaram à imposição da ditadura. Porque superestima a unidade no interior ao estrato burguês dominante. Com isto, não consegue entender ou explicar alguns dos conflitos e descontinuidades mais profundas que se manifestarão na condução da política econômica ao longo do período ditatorial. Em especial – como muito bem

---

13. Para uma avaliação crítica detalhada, profunda e respeitosa do trabalho de Dreifuss, veja-se Melo e Hoevler, 2014.

lembrou Maria Vitória Benevides em texto clássico de crítica a Dreifuss – esse autor não alcança entender ou explicar as contradições entre as políticas implementadas pela ditadura – em especial, o crescimento exorbitante do Estado empreendedor – e o projeto liberal de parcela das lideranças do IPES e do IBAD.

Sem dúvida. Apesar de Dreifuss ter lido e citado o General Golbery, o autor parece não ter levado suficientemente a sério as severas críticas do grande mentor do golpe à excessiva dependência brasileira das economias capitalistas desenvolvidas. Para Golbery, esta dependência só poderia ser superada a partir de dentro. Suas palavras:

> Nunca bastarão as prédicas mais ou menos insinceras sobre as virtudes inexcedíveis e sem jaça da livre empresa, a doutrinação cínica em favor da benemerência do capital estrangeiro, as teses cediças sobre as vantagens inigualáveis do livre-cambismo já defunto e as maravilhas da divisão internacional do trabalho, as apregoadas vocações agrícolas ou as repetidas demonstrações da perfeição admirável do mecanismo automático do mercado livre. Contraproducentes serão, afinal, os empréstimos a conta-gotas que cada vez mais jungem o devedor à bolsa ávida e à vontade fria dos prestamistas, o oferecimento de armas quase sempre já obsoletas com que se busca agradar aos militares, a distribuição de comendas para afagar vaidades, de recompensas mais sonantes para pagar dedicações, de tiradas oratórias para embair os incautos e o apoio ostensivo ou mascarado a todas as ditaduras vigorosas, a todos os potentados e a todas as corrupções. O que realmente importaria, seria uma grande e inconcussa demonstração de vitalidade e poder de criação do próprio regime democrático no rápido soerguimento de povos subdesenvolvidos a um nível elevado de bem-estar, de riqueza e de progresso. (SILVA, 1967, p. 248)

A contundência das críticas do General Golbery às práticas imperialistas dos países ocidentais e sua defesa do desenvolvimento autônomo dos países latino-americanos pela via da industrialização e do planejamento público é digna de um economista político cepalino.[14] Mas, pelo contrário, segundo o próprio Dreifuss (1981, pp. 369 e segs.), Golbery viria a ser o principal articulador *no campo das Forças Armadas* do projeto de golpe articulado a partir do "Grupo IPES/ESG". O que nos obriga a repensar criticamente a tese de Dreifuss. Na

---

14. Diga-se de passagem, o texto citado é de 1958. Apenas sua publicação em livro se deu em 1967. Vale observar que a prosa do General Golbery é muito elegante e erudita. Creio que sua defesa dos valores democráticos ocidentais e suas críticas às sociedades asiáticas autoritárias encontrariam eco entre muitos intelectuais que, a despeito de pretenderem ter uma posição político-ideológica muito distinta do autor, veem com igual preocupação a ascensão política e econômica de países como China, Rússia e Índia na primeira metade do século XXI.

esteira do autor, é preciso buscar as raízes econômicas do golpe de 1964. Mas dando mais atenção aos conflitos no topo da pirâmide.

Os fundamentos do golpe: revisitando Florestan com o olhar do economista

Dentre as muitas "lendas acadêmicas" que vicejam no Brasil, uma das mais difundidas é a pretensão de que o Brasil teria sido o país que apresentou a maior taxa de crescimento do mundo entre 1930 e 1980. Defino esta assertiva como "lenda acadêmica" por ser razoável, mas impossível de demonstrar com rigor. Em primeiro lugar, porque os sistemas de contabilidade social estavam sendo construídos nos anos 1930, e as bases de dados necessárias ao adequado cálculo do PIB e de suas taxas de crescimento ainda não haviam sido implantadas em país algum. Mesmo assim, a assertiva é crível. Por três razões. Em primeiro lugar, porque nossas taxas de crescimento de fato foram extraordinárias neste meio século. Segundo, porque o Brasil recuperou-se com extraordinária velocidade da crise de 1929 (que abalou severamente a economia norte-americana e sua periferia imediata) e não viveu os horrores da Segunda Guerra Mundial (que destruiu as economias da maior parte da Europa e da Ásia). E em terceiro lugar – e este é o ponto que nos interessa – porque uma economia em crescimento apresenta taxas tão mais expressivas quanto menor for a sua base original. Tal como vimos anteriormente, entre 1964 e 1980 a taxa média anual de crescimento do produto no Brasil foi de 7,79% e a do VAB industrial foi de 8,41%. No período pré-golpe, o crescimento do PIB foi de 6,82% ao ano e do VAB industrial foi de 8,75% ao ano. Vale dizer: o crescimento foi elevado em ambos os períodos, mas em termos de "taxa" a indústria cresceu mais no hiato democrático-populista do que durante a ditadura. Por quê? Fundamentalmente, porque a base de referência era mínima. Quem tem um e ganha mais um, aumenta seu estoque em 100%. Quem tem dez e ganha mais dois amplia-o em menos 20%. Para que se entenda 1964, é preciso ter muito claro quão estreita era a nossa base industrial então e quão curto foi o período transcorrido entre o ingresso do país na ordem propriamente capitalista na virada do século XIX para o XX, o início da industrialização nos anos 1930 e o golpe militar de meados dos anos 1960.

Durante a Primeira República, a economia brasileira contava com apenas três setores: 1) o complexo cafeeiro (plantio, transporte, beneficiamento básico, comercialização e financiamento); 2) a produção de bens de consumo não duráveis (alimentos, vestuário etc.); e 3) um setor ínfimo e essencialmente tradicional produtor de bens de consumo duráveis (fundamentalmente, móveis) e bens de capital (fundamentalmente, construção civil). A demanda sobre a grande maioria dos bens de consumo duráveis (sobretudo os de luxo) e bens de capital (especialmente máquinas e equipamentos para a reprodução simples e ampliada do capital) era atendida via importações. De forma que o país não contava com qualquer autonomia no processo de reprodução capitalista nos planos imbricados da disponibilidade de bens de produção, tecnologia, financiamento e exercício de demanda autônoma (investimento e consumo capitalista).

É só com a crise de 1929 – que vai se desdobrar na Revolução de 1930 – que o país ingressa em um processo de industrialização no sentido pleno do termo: implantação dos departamentos produtores de bens de produção e de bens de consumo duráveis. Porém, este movimento será dado em condições de brutal restrição externa: faltavam-nos divisas para a importação dos equipamentos necessários ao movimento industrializante. A crise internacional reduziu os preços e a demanda de café e limitou o acesso ao mercado financeiro externo. A solução encontrada inicialmente foi a de atribuir ao Estado funções que, em outras economias, foram cumpridas pelo capital privado. Esta é a fase estritamente varguista do desenvolvimento capitalista brasileiro, entre 1930 e 1954. No "Interregno Dutra" deste quarto de século, o país alcançou utilizar as reservas que havia acumulado na guerra; período no qual os países aliados voltaram a importar do Brasil, mas não tinham condições de atender adequadamente nossas demandas por equipamentos e insumos industriais. Mas nossas reservas foram rapidamente extintas. E o segundo governo Vargas se depara, novamente, com sério estrangulamento externo.

A grande mudança vai se dar no governo Kubitschek. Passados dez anos da conclusão do conflito mundial, a reconstrução europeia e japonesa (turbinada com recursos do Plano Marshall e investimentos diretos norte-americanos) estava essencialmente concluída. As grandes empresas dos países centrais buscavam novas bases territoriais para o investimento produtivo. E o Brasil aparecia como um destino privilegiado em mais de um sentido. Em primeiro lugar, pelo tamanho absoluto de seu mercado. Em segundo lugar, porque, ao longo da "era varguista", o país desenvolvera uma base fabril suficientemente complexa para garantir a oferta local de insumos e equipamentos básicos, além de sistemas de financiamento, planejamento e gestão pública ímpares para os padrões dos demais países da periferia do capitalismo. O Plano de Metas de Juscelino Kubitschek (articulado, de fato, ao longo do governo Vargas pela comissão Mista CEPAL-BNDES) é exatamente isto: a união da capacidade de financiamento (via BNDE) e planejamento *públicos*, com o capital industrial *nacional* e o grande capital *internacional* em busca de novos espaços de valorização. E vivemos nossos cinquenta anos em cinco, nossos anos dourados.

Mas havia um problema. Um grave problema: o casamento entre o setor público, o capital nacional e o capital internacional não era convencional, mas um *ménage à trois*. E o novo parceiro de alcova logo se mostrou mais exigente do que se poderia esperar. Para que se entenda este ponto adequadamente é preciso exemplificar. Dado que o símbolo da mudança econômica representada pelo Plano de Metas é o setor automobilístico, vamos tomá-lo como referência para esclarecer o conflito que emerge neste momento.

Até a introdução da indústria automobilística no país – e dadas a nossa crônica carência de divisas para importar – havia uma enorme demanda reprimida por veículos, seja de passeio, seja para transporte coletivo, seja para transporte de carga. Por isto mesmo (e por determinações da lógica competitiva), as empresas estrangeiras ingressaram no mercado interno com plantas cuja capacidade de produção anual era relativamente elevada. E operaram com elevados níveis de utilização da capacidade por diversos anos.

Ocorre, porém, que os bens duráveis apresentam uma característica peculiar: *eles duram*. E uma vez que a demanda reprimida é atendida, a demanda corrente cai até que se processe o desgaste e a depreciação dos veículos em circulação. Ora, o tempo necessário para esta obsolescência é função – dentre outros fatores – do nível de renda da população. Mas a economia brasileira do período era uma economia pobre com elevadíssima concentração de renda e um excedente crônico de mão de obra, o que levava à depressão dos salários. Assim, ao contrário do que ocorria nos países centrais, os operários contratados nas montadoras e nas firmas produtoras de autopeças raramente podiam adquirir veículos. Além disso, a tecnologia importada – consolidada nos países centrais – era altamente poupadora de mão de obra. E uma parcela expressiva dos equipamentos utilizados nos sistemas produtivos continuavam a ser importados, gerando empregos no centro imperial, e não no Brasil. Em suma: o sistema produtivo montado aqui tinha a aparência de um sistema fordista, mas era incapaz de gerar conexões de demanda patrocinadoras de sua sustentação no médio prazo. Era um sistema econômico de fôlego curto.

As limitações do mercado interno brasileiro não se manifestaram nos anos JK, período de implantação do novo sistema produtivo. Nem se manifestaram imediatamente após (período Jânio e do Parlamentarismo) em todos os setores ao mesmo tempo. Mas foram se tornando evidentes e crescentes durante o mandato de Jango, especialmente depois do fim do parlamentarismo. O que levou à emergência de graves tensões.

Retomemos o exemplo da indústria automobilística: a questão que se colocava para as empresas estrangeiras era a impossibilidade de reinvestir no país os lucros obtidos na produção interna. A reinversão dos lucros envolveria ampliar a capacidade produtiva. Mas, com a capacidade já instalada, as firmas se deparavam com capacidade ociosa, em função do pleno atendimento da demanda reprimida. Por que elas ampliariam ainda mais a capacidade? O que as empresas passaram a demandar, então, era o direito de expatriação dos lucros. O problema é que não havia divisas em volume suficiente para converter em dólares os ganhos obtidos em moeda nacional. Atender esta demanda envolveria deprimir ainda mais a capacidade de importação do país, levando à desvalorização da moeda e à ampliação das taxas de inflação interna.

Ora, diz o novo parceiro da alcova: há uma alternativa. Sempre é possível reinvestir internamente, desde que em outro setor. Ao invés de expatriar os lucros, as montadoras estrangeiras passariam a produzir os insumos e as autopeças que, até então, adquiriam das fábricas nacionais. Em suma, o novo amante propôs duas alternativas: abandonar a alcova, pondo fim ao romance, ou tomar posse integral dos aposentos e dos direitos sobre a esposa, transferindo o antigo marido para o dormitório dos empregados.

Esta é a contradição principal. A que coloca em conflito as duas frações dominantes da burguesia. E é justamente essa contradição que escapa a Dreifuss. Por quê? Em parte, porque o autor foca em outras contradições, também elas reais, e que ganharam maior visibilidade política e as manchetes dos jornais. O processo de industrialização acelerado havia criado demandas sobre as importações, sobre a produção agrícola e sobre os equipamentos públicos (estradas, energia elétrica, telefonia etc.) que não eram adequadamente atendidas; seja por carência de divisas, seja por estrangulamentos de oferta, seja por problemas fiscais e financeiros do setor público. Estes desequilíbrios entre demanda e oferta levavam a taxas crescentes de inflação e à queda dos salários reais. Em uma economia em ebulição, marcada pelo êxodo rural e a proletarização, o movimento sindical ganhava fôlego, assim como os partidos de representação da classe trabalhadora. E, acima de tudo: o país acumulava uma dívida social secular que começava a ser cobrada do Estado. Dívida que só podia ser paga se o Estado deslocasse parte de suas aplicações e investimentos na "promoção do desenvolvimento econômico" para o "desenvolvimento social". Vale dizer: se o Estado deslocasse parte dos recursos e benefícios usualmente concedidos aos dois blocos de capital (aos "dois maridos de Dona Flor") para o atendimento das demandas populares (dos empregados da casa). Estava montado o caldo de cultura para o golpe. Faltava apenas o plano.

E é aí que Dreifuss acerta: ao identificar no IPES e na ESG (dentre outras organizações) os *think tanks* que irão construir o projeto da ditadura. Um projeto que *não* visa *apenas* reprimir o movimento social emergente no processo de industrialização tardio. Visa também enfrentar um problema ainda mais complexo: administrar o conflito entre dois blocos de capital, contemporizar a busca por valorização e acumulação acelerada do capital nacional e o parceiro externo. Para tanto, a esposa-Estado passará a administrar a casa com o máximo de rigor e violência, elevando a taxa de exploração dos trabalhadores deste "lar peculiar" com vistas a acomodar os interesses dos dois senhores da casa: o marido oficial e o amante viril.

PAEG: O plano genial da ardilosa arlequina a serviço de seus dois amos

Revoluções, contrarrevoluções e golpes políticos são processos de enorme complexidade que desafiam seus analistas das mais diversas formas. Dentre estas, encontra-se uma dimensão que a psicanálise classifica como "racionalização sintomática": tal como os neuróticos, as lideranças dos processos sociais disruptivos justificam suas ações apontando para problemas e objetivos secundários, evitando falar sobre "a dor que deveras sentem". Como tantos outros analistas do golpe de 1964, Dreifuss se deixou enredar nesta armadilha.

Não se trata – evidentemente – de pretender que Dreifuss tenha confundido o discurso oficial dos articuladores do novo regime com seus objetivos reais. Isto envolveria aceitar a autoimagem do golpe como uma "Revolução Democrática". Esta contradição entre discurso e prática é demasiado delirante para escapar à compreensão analítica. Nossa crítica encontra-se na subexploração do que só vinha à tona nas entrelinhas: o problema do conflito de interesses entre os blocos capitalistas internos e externos. A incapacidade de perceber esta dimensão de "contradição dentro da unidade" levou-o a atribuir uma organicidade, integridade e estabilidade ao projeto golpista que, de fato, não existia. O que abriu espaço a críticas fáceis à sua leitura por parte de autores que, no fundo, padecem do mesmo problema de origem: a dificuldade em entender que a unidade do projeto golpista se encontra justamente na necessidade de resolver (ou, pelo menos, de administrar) um conflito sobre o qual não se fala, pois se trata de um segredo de alcova do casamento (anticonvencional) de interesses perpetrado nos anos 1950.[15]

Os dois desvios contrário-idênticos vão se manifestar na enorme dificuldade em entender o significado profundo e o caráter genuinamente revolucionário do PAEG, o Programa de Ação Econômica do Governo[16], desenvolvido pelo recém-criado Ministério do Planejamento e divulgado em novembro de 1964. Na verdade, o texto do PAEG apenas sistematiza e articula um conjunto

---

15. Um autor que, do nosso ponto de vista, incorre no equívoco "contrário-idêntico" ao de Dreifuss é João Macarini. Se Dreifuss amplifica a unidade ao subestimar os conflitos, Macarini a subestima ao focar e analisar minuciosamente cada inflexão da política econômica da ditadura. A divergência é, em parte, de objeto: Macarini não pretende oferecer uma leitura sobre a *raison d'être* da ditadura; apenas analisar a história das políticas econômicas em curso. Não obstante, sua ênfase nas "árvores-inflexões" acaba por dificultar a percepção da "floresta-projeto". Um trabalho importante do autor para o entendimento do período inicial do golpe é Macarini, 2000.

16. Vamos explorar logo adiante o que há de revolucionário no PAEG. Mas já cabe antecipar que alguns dos mecanismos de administração da dívida pública e de combate gradualista à inflação – como o estatuto da correção monetária – foram saudados internacionalmente pela sua criatividade: uma inovação tão simples quanto disruptiva.

de medidas que vinham sendo tomadas desde os primeiros meses após o golpe. Além disso, ele aponta direções gerais e faz alguns prognósticos, com a clara intenção de influenciar as expectativas e as decisões de investimento do setor privado.

O fato mesmo de que as principais medidas econômicas – como a introdução da correção monetária, a criação das Obrigações Reajustáveis do Tesouro Nacional, a reforma bancária e a criação do Bacen, a nova política salarial etc. – tenham sido apresentadas antes do lançamento do PAEG, poucos meses após a tomada do poder, diz muito sobre a nova realidade. Desde logo, esta é a prova maior da correção da tese de Dreifuss acerca do "planejamento do golpe": ele só foi consumado quando seus articuladores já dispunham de um programa de ação plenamente constituído e voltado à reorganização do Estado e da ordem econômica.

Em segundo lugar, os distintos ritmos e trâmites das reformas são extremamente reveladores. A correção monetária, a criação do BNH e a nova legislação salarial são impostas por decreto-lei, cuja posterior avaliação no Congresso é essencialmente formal. No texto do PAEG estas reformas são tratadas como favas contadas. Por fim, no caso da reforma bancária – que vai criar o Banco Central e alterar a divisão do trabalho no interior do complexo e rentável sistema financeiro – o governo opta por encaminhar o projeto de lei para apreciação da casa legislativa, que o aprovará com mudanças tópicas. A reforma só será sancionada pelo Presidente Castello Branco em 31 de dezembro de 1964, e ainda virá a sofrer modificações adiante. Estas diferenças de tramitação são cruciais e resgatam a questão da funcionalidade da ordem legal na ditadura tratada na segunda seção, acima, em debate com Teles e Safatle: ao contrário do que se poderia pretender, as eleições e o Legislativo (expurgado dos subversivos) não são meramente ornamentais. As mudanças que afetam o "topo da pirâmide" devem ser debatidas e sancionadas pela "boa sociedade".

Por fim, o fato de a maior parte das reformas estarem sendo implementadas antes mesmo da divulgação do PAEG é significativo. O Plano não foi escrito para ser avaliado, debatido e – caso aprovado – vir a ser implementado. Sua implementação estava se realizando antes mesmo do *sentido do projeto* ter sido explicitado para a sociedade. E sua exposição não envolvia qualquer pedido de autorização. Por que, então, o PAEG foi escrito e divulgado? Porque – como bem o viu Dreifuss – a ditadura não era um regime primariamente militar. Nem mesmo um regime tecnocrático. Os militares e os tecnocratas estavam no centro do poder, mas eles deviam explicação de seus atos àqueles que, em última instância, os puseram lá na expectativa de que cumprissem seus deveres de equacionamento do conflito interburguês e a retomada do crescimento econômico. O texto em si é de uma clareza, simplicidade e (malgrado algumas passagens em que o viés ideológico conservador se sobrepõe à ciência[17]) é de uma consistência teórica absolutamente admirável. É uma verdadeira aula de Teoria Econômica e Economia Brasileira. E não é gratuito: seus principais redatores e responsáveis finais pela estrutura do texto – Roberto Campos, João Paulo dos Reis Velloso e Mario Henrique Simonsen – não são apenas grandes economistas: sabem escrever.

Já em seu preâmbulo, o PAEG esclarece que as economias de mercado apresentam falhas que impõem a intervenção do Estado como regulador, sinalizador e, eventualmente, como agente econômico direto. E imediatamente apresenta os cinco objetivos do plano:

> 1) acelerar o ritmo de desenvolvimento econômico do país, interrompido no biênio 1962/1963;
> 2) conter, progressivamente, o processo inflacionário durante 1964 e 1965, objetivando um razoável equilíbrio dos preços a partir de 1966;
> 3) atenuar os desníveis econômicos setoriais e regionais e as tensões criadas pelos desequilíbrios sociais mediante a melhoria das condições de vida;
> 4) assegurar, pela política de investimento, oportunidades de emprego produtivo à mão de obra que continuamente aflui ao mercado de trabalho;
> 5) corrigir a tendência a déficits descontrolados do balanço de pagamentos, que ameaçam a continuidade do processo de desenvolvimento econômico pelo estrangulamento periódico da capacidade de importar. (MPCE, 1965, p. 15)

O primeiro a notar é que há uma hierarquia nesses objetivos: acelerar o ritmo de desenvolvimento é o objetivo central. Todos os demais são instrumentais.[18] E, para não deixar qualquer espaço para dúvidas a este respeito, na página 17 do PAEG é apresentado um Gráfico com os objetivos do plano, que reproduzimos abaixo.

---

17. A defesa da nova política salarial é a parte mais problemática. As informações sobre evolução da participação dos salários na renda entre 1947 e 1963 são tão inverossímeis que os próprios redatores do texto alertam para o fato de que, provavelmente, a base de dados apresenta problemas, pois "as estimativas da remuneração mista do trabalho e capital dos lucros, juros e aluguéis são algo imperfeitas" (PAEG, 1965, p. 39).

18. É interessante observar que este objetivo central e articulador de todas as políticas econômicas da ditadura entre 1964 e 1984 não é apreendido enquanto tal por parcela expressiva de analistas qualificados do período. Macarini, por exemplo, afirmará que "durante o governo Castello Branco, a política econômica teve, na prioridade explícita e enfática conferida ao combate à inflação, o seu traço distintivo" (2000, p. 2). Não será gratuito, assim, que Macarini afirme, neste e em outros trabalhos, que "a política econômica do nefasto regime, mesmo em seu período de consolidação e fortalecimento, de forma alguma circunscreveu-se a um roteiro definido em suas linhas básicas já em 1964. Um retrato mais exato do processo então iniciado deve acentuar as descontinuidades que caracterizaram aquele movimento" (2000, pp. 1 e 2).

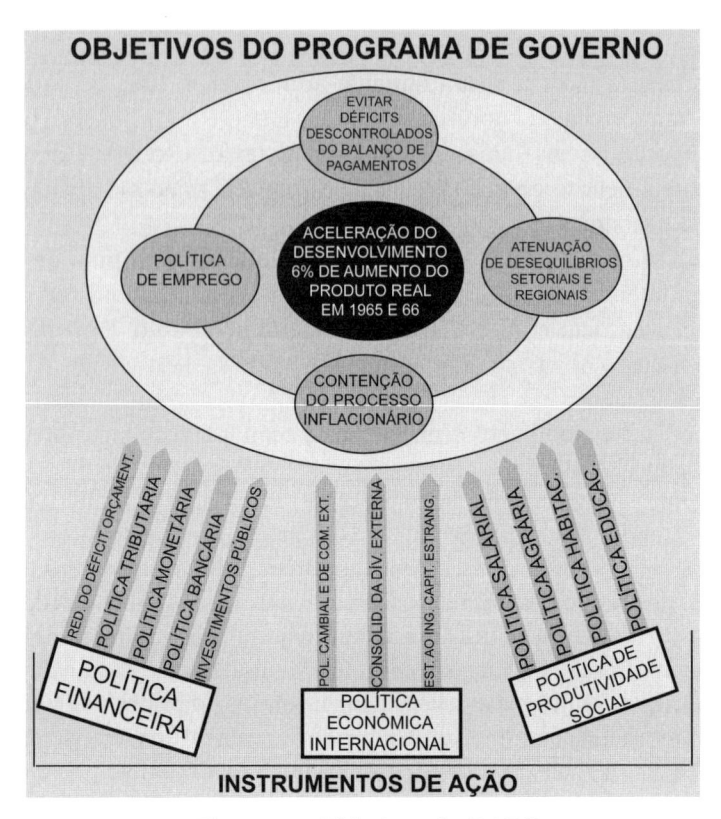

Figura 1 – Objetivos do PAEG

Pergunta-se: por que a prioridade "1" do novo governo é a aceleração do crescimento a taxas de (pelo menos) 6%? Uma prioridade que será mantida em todos os governos e para além de qualquer disputa, controvérsia ou leitura da conjuntura econômica ou política. Resposta: porque esta é a forma mais simples e eficiente de contemporizar os interesses dos dois blocos de capital em disputa internamente. Lembremo-nos que o capital internacional internalizado junto com o Plano de Metas exigia "*ou* liberdade para remessa de lucros, *ou* integração vertical e ingresso nas searas tradicionalmente ocupadas pelo capital nacional" porque não tinha horizonte de investimento produtivo no seu próprio setor, dadas as taxas medíocres de crescimento. Mas se a demanda sobre a produção em sua atividade principal se elevasse a taxas expressivas, a reinversão dos lucros poderia se realizar no *core business*, sem pressionar o balanço de pagamentos (via remessa do excedente), nem induzir a um padrão competitivo predatório (pela invasão de searas tradicionalmente ocupadas pelo capital nacional).

Esta questão é tão mais importante na medida em que a taxa de lucro média da indústria brasileira era bastante elevada no período, tendo em vista a precoce oligopolização deste segmento (derivada das elevadas barreiras à entrada em atividades caracterizadas por padrões técnicos e de escala inconsistentes com nossa acumulação primitiva, escravista e dependente) e as circunscrições impostas à concorrência de bens importados (derivadas dos crônicos problemas de balanço de pagamentos e das barreiras tarifárias erguidas com vistas à promoção da substituição de importações). E estas taxas eram ainda mais elevadas nos segmentos industriais ocupados pelas empresas estrangeiras, fortemente oligopolizados e protegidos. Ora, se a taxa de lucro bruta de um segmento qualquer for superior a 22% ao ano, supondo-se uma taxa de depreciação de 10% ao ano e uma percentagem de distribuição dos lucros (sob a forma de dividendos e pagamento de juros) em torno de 5%, é preciso que a economia cresça a 7% (exatamente à taxa que excede a reposição + distribuição) para que haja estímulo para a inversão produtiva na ampliação da capacidade instalada no próprio setor, e não em outro.

É bem verdade que o texto do PAEG não deixa explícita a relação entre "prioridade para o crescimento acelerado" e "defesa da divisão do trabalho entre os dois blocos de capital". Mas, sintomaticamente, vai encerrar a segunda parte do Plano – que é o núcleo do mesmo, voltado à apresentação dos *Instrumentos Gerais de Ação* – com o Capítulo XVI, intitulado *Política de Capitais Estrangeiros*. Este capítulo se inicia listando as razões pelas quais o desenvolvimento nacional não poderia se dar adequadamente sem o recurso ao capital estrangeiro Brasil, focando na questão da carência de divisas necessárias à importação de bens de produção imprescindíveis à industrialização. Mas esclarece já no início que, a médio e longo prazo, "objetiva-se [garantir] [...] que o desenvolvimento da Nação [...] poder-se-á fazer [...] à base apenas do esforço interno de poupanças" (MPCE, 1965, p. 143). Vale dizer: a atração de empresas externas não é um fim em si mesmo. Pelo contrário: é apenas um meio que, momentaneamente, mostra-se impositivo. E o texto vai ainda mais longe:

> O governo reconhece as dificuldades com que se defrontam alguns dos nossos empresários para competirem com *firmas estrangeiras*, que aqui trabalham, tanto na colocação de produtos de natureza *industrial* no mercado interno, como na obtenção de recursos financeiros externos. Tais condições de inferioridade resultam, essencialmente, das características *tecnológicas* do processo de desenvolvimento industrial e de dificuldades institucionais que criam obstáculos a *firmas brasileiras* na obtenção de recursos sob a forma de empréstimos no exterior em condições de prazo e taxas de juros satisfatórias. (MPCE, 1965, pp. 143 e 144; os grifos são nossos.)

Como forma de driblar o problema, são elencadas algumas medidas que o governo já teria tomado, dentre as quais salienta-se "manter inalterados todos os dispositivos que asseguram especial proteção ao empresário brasileiro" na nova legislação de capital estrangeiro enviada ao Congresso (MPCE, 1965,

p. 144). Este ponto aparece discretamente no texto, quase como uma nota de pé de página. Mas ele é absolutamente crucial. E só pode ser adequadamente entendido se o colocarmos em perspectiva a partir da compreensão do plano como um todo.

Como se sabe, uma das inovações mais importantes do PAEG foi a introdução da correção monetária – vale dizer: a atualização do valor das dívidas pela inflação passada – na economia brasileira. Esta medida cumpriu inúmeras funções. A primeira delas foi a de permitir o financiamento do setor público através do lançamento de um título de dívida – as Obrigações Reajustáveis do Tesouro Nacional (ORTN) – atrativo para os poupadores privados, porquanto gerador de ganhos efetivos (inflação mais juros reais). No plano discursivo, esta medida é apresentada como um instrumento de controle da inflação, na medida em que tornaria desnecessária a ampliação da base monetária para financiar os elevados déficits do governo federal. Sem dúvida, este era um dos objetivos reais do instrumento. Mas seu sentido é muito maior do que este e só podemos entendê-lo se tivermos claro que os dispêndios públicos em geral e, em especial, em investimentos, eram uma parcela extremamente significativa do dispêndio global na primeira metade da década de 60 do século passado. Na avaliação dos redatores do plano:

> Estimando-se o Produto Interno Bruto de 1964 em Cr$ 18 trilhões, aproximadamente, verifica-se que os investimentos a cargo do Governo Federal atingirão [...] quase 10% desse produto. Como a taxa de formação de capital nacional tem atingido, em média, a 17% do [PIB] [...], verifica-se que *o Governo Federal está sendo responsável por cerca de 60% da formação de capital nacional*. (MPCE, 1965, pp. 59 e 60; os grifos são nossos.)

Ora, se a aceleração da taxa de crescimento era o objetivo central do PAEG, se o crescimento depende da taxa de investimento, e se o governo é responsável por 60% do investimento nacional, fica evidente a absoluta centralidade da ampliação da capacidade de dispêndio do setor público. Assim, com a criação de um sistema de dívida pública capaz de gerar remuneração real positiva para os poupadores privados matam-se três coelhos com uma cajadada só: 1) abre-se uma nova frente de valorização patrimonial-financeira para os segmentos empresários superavitários mas de menor capacidade competitiva e oportunidade de inversão produtiva; e 2) amplia-se a capacidade de investimento do Estado em infraestrutura e serviços de utilidade pública, mobilizando a economia e ampliando a taxa de crescimento do PIB; 3) gera-se demanda específica para a cadeia da construção civil, hegemonicamente nacional.

A verdade é que os redatores do PAEG primam pela elegância e sutileza ao pretenderem que o novo governo vai "manter inalterados os dispositivos de proteção ao empresário brasileiro". Todo um novo sistema de proteção será criado. E ele terá como eixo o privilegiamento acintoso de três grandes segmentos da atividade econômica, para os quais as barreiras ao ingresso do capital estrangeiro foram, de uma forma ou de outra, elevadas: 1) o sistema bancário-financeiro; 2) a construção civil de todos os portes e especialidades; e 3) o agronegócio. Estes três grandes setores eram majoritariamente nacionais no momento do golpe e apresentavam vantagens competitivas estruturais e maior capacidade de resistir à desnacionalização se contassem com apoio do Estado. Avaliemos as estratégias adotadas para alavancá-los.

Comentamos acima que a Reforma Bancária só foi aprovada no Congresso e promulgada por Castello Branco na virada de 1964 para 1965, quando o PAEG já havia sido divulgado. Mas, na verdade, a questão é ainda mais complexa. A reforma bancária sofrerá diversas mudanças entre 1964 e 1970. E isto justamente porque ela é central dentro do projeto da ditadura. Desde logo, o setor financeiro: 1) era majoritariamente nacional; 2) apresentava rentabilidade não desprezível antes do golpe, alavancada pelo processo inflacionário[19]; 3) era um segmento cuja defesa e promoção era facilitada pelo apelo a regras de reciprocidade, pois, no período, a maior parte dos países impunha restrições ao ingresso de capital estrangeiro no setor bancário. Só que – aqui o problema! – a rentabilidade relativa do sistema bancário é função de sua capacidade de impor custos financeiros elevados aos tomadores de crédito. Ora, os principais clientes do sistema bancário nacional eram as empresas nacionais. Logo, a promoção da rentabilidade deste segmento particular da burguesia interna podia apresentar contradições com os interesses de outros segmentos do bloco nacional.

Durante o Governo Castello Branco, sob a batuta de Roberto Campos e Otávio Bulhões, a equação montada para o setor bancário na Reforma de 1964 envolveu a defesa do seu conteúdo nacional e de sua rentabilidade. Mas, simultaneamente, buscou-se promover a concorrência interna ao setor através da diversificação de atividades. Para além dos Bancos Comerciais, outros agentes financeiros foram criados, como os Bancos de Investimento – que se voltavam à captação de recursos externos a taxas competitivas para o financiamento do capital nacional[20] – e as Sociedades de Poupança e Empréstimo – que vão

---

19. A despeito da lei da usura, de 1933, que limitava em 12% a taxa de juros nominal sobre empréstimos, os bancos comerciais brasileiros auferiam ganhos expressivos nos anos 50 e 60 ao explorarem a inflação a seu favor. E isto na medida em que operavam fundamentalmente com depósitos à vista, não remunerados, e só realizavam empréstimos de curto prazo.

20. Grosso modo, o mecanismo funcionava da seguinte forma. As grandes empresas tinham estatura para acessar o mercado externo *diretamente*, financiando-se com bancos sediados no exterior. E privilegiavam o financiamento externo em função do diferencial de taxas de juros. A partir da reforma bancária de 1964, as empresas de menor porte, que não tinham condições de acessar o mercado externo diretamente, passaram a (cont.)

intermediar o financiamento imobiliário, mobilizando poupança voluntária (via caderneta de poupança, que contava com correção monetária e juros reais positivos) ou forçada (via FGTS, com benefícios similares, mas taxas de rendimento menor). Além disso, agentes financeiros já existentes, mas de pequena expressão até 1964 – como as financeiras, as corretoras e as Bolsas de Valores –, vão ser estimulados através de um conjunto de medidas envolvendo desde a criação de títulos com cláusula de correção monetária para crédito ao consumidor até a renúncia fiscal para a aquisição de ações. Para os Bancos Comerciais projetava-se a manutenção do foco no fornecimento de capital de giro para as empresas e crédito de curto prazo às pessoas físicas. Porém, sua rentabilidade seria garantida (a despeito da projetada queda na inflação e, portanto, do spread sobre os depósitos a vista) através de um sofisticado sistema de sustentação dos títulos da dívida pública (que passavam a remunerar parte das reservas bancárias compulsórias) e de financiamento à agricultura com subsídios governamentais.

É importante observar que é impossível tratar das medidas voltadas a um único setor – o bancário-financeiro – sem tratar dos outros dois focos originais do projeto ditatorial de contenção do conflito interburguês – a construção civil e o agronegócio. Pois o sistema que foi montado no período é exatamente isto: *um sistema*; onde cada parte se conecta às demais num todo orgânico. Daí não se conclui, contudo, que o sistema originalmente articulado não pudesse ou devesse sofrer ajustes. No caso específico do ordenamento financeiro, o projeto original de construção de um sistema especializado e de baixa concentração relativa vai sofrer uma inflexão quando Delfim Netto assume o primeiro posto na gestão da economia nacional, nos governos Costa e Silva e Garrastazu Médici. Com Delfim, os estímulos à concentração bancária (que Campos e Bulhões haviam iniciado, com vistas a suprimir as instituições mais frágeis e insustentáveis com a queda das taxas de inflação) foram levados ao extremo. E trocou-se o projeto de especialização bancária pelo da integração das diversas funções em conglomerados financeiros, que viriam a dar origem aos bancos múltiplos[21].

(cont.) poder fazê-lo através da intermediação dos Bancos de Investimento nacionais. Neste caso, eram os bancos que tomavam o empréstimo externo e que eram os responsáveis primários pelo pagamento da dívida contratada. Mesmo impondo um spread não desprezível, as empresas nacionais de menor porte contavam com financiamento de longo prazo a taxas de juros inferiores àquelas oferecidas pelo sistema nacional.

21. Macarini vai caracterizar este empoderamento dos bancos (em detrimento da concorrência interbancária e da regulação e controle da taxa real de juros e da rentabilidade do sistema financeiro) como uma inflexão radical da política econômica, em que o pretenso "internacionalismo" de Campos-Bulhões seria substituído pela "prioridade ao fortalecimento da empresa nacional". Segundo o autor, o projeto de Brasil Grande Potência do governo Médici "refletiu [...] a preocupação com os supostos riscos decorrentes de uma estrutura desbalanceada com a empresa privada nacional revelando-se incapaz de atingir um status de relativa igualdade diante da filia estrangeira e da (cont.)

O apoio ao setor da Construção Civil estará diretamente associado às reformas financeiras. Em primeiro lugar porque, ao criar uma nova base para o financiamento do setor público via ORTN, o governo criou as condições para a ampliação dos investimentos públicos nos setores rodoviários e nos serviços de utilidade pública (energia, telefonia, saneamento etc.). Note-se que, sendo as grandes obras públicas objeto de licitações (realizadas de acordo com os cânones seletivos e discricionários do governo autoritário), a política de defesa das construtoras nacionais podia ir além da legislação vigente (que já circunscrevia o ingresso de empresas estrangeiras), instrumentalizando a promoção daquelas empresas específicas cujo crescimento o governo almejava promover, seja por apostar em sua competitividade de longo prazo, seja pela maior solidariedade política de seus gestores com o programa da ditadura militar.

Igualmente bem, a política habitacional do governo – associada à criação do BNH, do FGTS e das Sociedades de Poupança e Empréstimo – cumpre múltiplas funções. O enfrentamento do grave déficit habitacional é apenas um destes objetivos e, certamente, nem de longe é o principal. A ditadura *não* foi imposta para o enfrentamento dos graves problemas sociais, dentre os quais a questão da habitação sequer era o mais grave. Na verdade, o foco na habitação contemplava os interesses das frações competitivas (as pequenas e médias empresas) da Construção Civil, além de alavancar a demanda e a lucratividade nos setores responsáveis pela produção de materiais de construção, todos eles majoritariamente nacionais, do cimento ao tijolo e à telha, passando pelos aços longos e pelas esquadrias. Além disso – e quase no mesmo nível de importância – encontra-se a geração de empregos. Tal como PAEG esclarece na seção "Objetivos da Política de Emprego", o primeiro e principal instrumento desta política é o "estímulo à construção civil através de um programa habitacional" (PAEG, 1965, p. 37). E não se pode subestimar a relevância do enfrentamento do problema do emprego. Ele era muito era grave num país que apresentava baixas taxas de crescimento desde o segundo semestre de 1962 e onde: 1) a população crescia a mais de 3% ao ano; 2) o êxodo rural acelerado alimentava bolsões de pobreza nas metrópoles; e 3) onde estava sendo implantado uma política de combate à inflação centrada na indexação meramente parcial da inflação passada e, portanto, na queda dos salários reais dos trabalhadores. Para um governo instalado a partir de um golpe perpetrado contra um presidente trabalhista era preciso dar uma resposta ao duplo problema do desemprego e queda dos rendimentos reais.

(cont.) empresa estatal" (MACARINI, 2007, 344). Temos tanta discordância com o autor na identificação de uma inflexão radical na política dos dois governos quanto temos concordância na pretensão de que – ao contrário do que pretende um certo senso comum crítico – a política econômica da ditadura comportava uma dimensão nacionalista.

E não só por determinações políticas, mas estritamente econômicas: com a queda da taxa de salário a elevação do emprego era condição *sine qua non* do crescimento da demanda sobre o setor de bens de consumo dos trabalhadores. Um setor hegemonizado – seja na agricultura, seja na indústria, seja nos serviços – pelo capital nacional. Por fim, o programa habitacional ainda comportava uma outra contribuição ao sistema: ancorado sobre o FGTS – que podia ser sacado pelo trabalhador no financiamento da casa própria – ele contribuía para validar socialmente um instrumento que foi montado para, de um lado, dar guarida ao sistema financeiro da habitação e, de outro, pôr fim ao estatuto da estabilidade no emprego. Mais: o programa contava como âncora secundária a poupança voluntária pelo sistema das "letras e cadernetas imobiliárias". Este sistema anulava parte das perdas inflacionárias impostas ao pequeno poupador e gerava ganhos reais anuais para o poupador de classe média[22], ampliando o apoio social ao novo regime.

O amplo e relevante segmento do agronegócio recebe um tratamento bastante desigual no PAEG. Quase um terço das 93 páginas da segunda parte do documento – *Instrumentos Gerais de Ação* – são dedicadas às "Diretrizes Gerais para o Desenvolvimento das Atividades Agrícolas"; por oposição às quatro páginas dedicadas, respectivamente, à "Política Habitacional" e à "Política Bancária e de Mercado de Capitais". Mas o descompasso no plano da análise e definição de diretrizes é compensado na terceira parte – *Políticas e Programas Setoriais* – onde o Setor Agrícola recebe apenas seis páginas em contraste com as 23 destinadas à Infraestrutura e 27 destinadas à Indústria e Mineração. Esta contradição não está baseada em qualquer subestimação real – que contrastaria com uma apologia meramente discursiva e formal – da centralidade da agropecuária no PAEG. A centralidade do setor é identificada – corretamente – por ser ele: 1) responsável pela oferta de alimentos, cujos preços determinam parcela expressiva do salário *real* (e, por extensão, a viabilidade de manutenção de uma política anti-inflacionária ancorada na contenção dos salários *nominais*); 2) responsável pela oferta de matérias-primas utilizadas em setores-chave da indústria (como o têxtil-vestuário-calçados, mobiliário, celulose-papel-papelão etc.); 3) ser o carro-chefe das exportações brasileiras e, por extensão, a base da geração autônoma das divisas necessárias à importação de insumos e equipamentos para a modernização industrial e de bens de consumo essenciais nos quais o país é pouco competitivo (como trigo); 4) ser um espaço privilegiado

---

22. A diferença é dada pelo fato de que os depósitos só eram remunerados mensalmente e geravam ganhos menores para os aplicadores que se deparavam com insuficiência de renda e necessitavam sacar antes do prazo de correção. Além disso, o desenvolvimento dos instrumentos financeiros do regime levará à emergência do *overnight*, que garantia rendimentos a depósitos à vista, mas apenas aos correntistas cujas contas apresentassem saldos expressivos.

para absorção de mão de obra se se alcançasse ampliar a produção global acima da taxa de crescimento da produtividade.

A verdadeira base da contradição entre diagnóstico e as políticas *de curto e médio prazo* encaminhadas encontra-se no fato de que, na interpretação dos autores do PAEG, parcela não desprezível das dificuldades para ampliar a produtividade agrícola estaria assentada 1) na estrutura fundiária nacional, que seria caracterizada tanto pelo latifúndio quanto pelo minifúndio; e 2) na existência de uma fronteira agrícola aberta, para onde a produção se desloca quando confrontada com ampliação de demanda. A tendência ao deslocamento em direção à fronteira ampliaria os custos de transporte e de intermediação dos produtos agrícolas, ampliando a brecha entre os preços ao produtor e ao consumidor. Além disso, latifúndio e minifúndio seriam resistentes à introdução de progresso técnico. O primeiro, porque pode ampliar a produção de forma extensiva e com apoio de uma mão de obra barata e ainda abundante no campo. O segundo porque a mecanização seria irracional, tendo em vista a área de plantio, os custos dos equipamentos e seus impactos sobre a utilização da mão de obra familiar. A conclusão do PAEG é de que, "para assegurar os estímulos ao crescimento da Agricultura, o Governo concebeu medidas de curto e longo prazos, destacando-se, entre as últimas, o Estatuto da Terra" (MPCE, 1965, p. 25).

Vale notar que o Anteprojeto do Estatuto da Terra foi apresentado ao Congresso Nacional já em abril de 1964 (BRUNO, 2013, p. 9).[23] Além disso, o Grupo de Trabalho sobre o Estatuto da Terra (GRET) era coordenado conjuntamente pelos Ministros Roberto Campos e Oscar Thompson (da Agricultura; substituído por Hugo Leme em junho de 1964), por duas lideranças nacionais da luta pela Reforma Agrária, Paulo Assis Ribeiro e José Gomes da Silva, e era acompanhado diretamente pelo General Golbery do Couto e Silva (BRUNO, 2013, p. 14). Mas entre o Anteprojeto e a versão final, aprovada pelo Congresso em novembro de 1964 ocorreram inúmeras modificações e recuos. A principal modificação será a emergência da figura da "empresa rural", categoria contraposta ao latifúndio e que deveria ser promovida juntamente com a propriedade familiar. Esta nova categoria elimina a possibilidade de classificação de uma propriedade como latifúndio exclusivamente por sua extensão, introduzindo condicionantes de produtividade que, sintomática e ardilosamente, ficam mal definidos.

Este processo demonstra, mais uma vez, quão equivocada é a pretensão de que o Congresso fosse uma concessão do regime ditatorial apenas com vistas a cultivar uma aparência de democracia. Devidamente expurgado dos "agentes

---

23. Ainda que Dreifuss subestime sistematicamente a dimensão inovadora da proposta, tentando demonstrar que ela era originária do IPES e da USAID (United States Agency for International Development), como se o argumento de origem fosse suficiente para demonstrar seu caráter reacionário (DREIFUSS, 1981, pp. 300-1; 434).

subversivos", o Congresso mostra-se um espaço efetivo de interlocução com e contenção do Executivo. Especialmente quando "jovens turcos" da ditadura avançavam o sinal e procuravam enfrentar estruturas tão arraigadas e articuladoras do padrão excludente de ordenamento social quanto o latifúndio ou a hegemonia dos bancos comerciais sobre o sistema financeiro. Na prática, mesmo aquela parte da lei de terras que alcançou sobreviver aos debates e emendas – como o Imposto Territorial Rural progressivo – acabou virando letra morta, mais uma das tantas "leis para inglês ver" de nossa história. Não obstante, como salientam diversos autores, o Estatuto da Terra e a criação do Instituto Brasileiro de Reforma Agrária (IBRA, base do futuro INCRA)

> foi útil ao esvaziar o controle que a oligarquia e a burguesia cafeeira tinham sobre as políticas agrárias mudando o local de elaboração da política nesta área vital para outro órgão, composto de tecno-empresários e empresários. Estes estimularam políticas que tentavam integrar o setor agrário dentro dos planos mais amplos de desenvolvimento da grande modernização industrial. (DREIFUSS, 1981, p. 435)

Ao fim e ao cabo, a política de modernização do setor agrícola que se mostrou realmente efetiva foi aquela dimensão que, no PAEG, correspondia à linha auxiliar, voltada à elevação da produtividade no interior da estrutura fundiária tradicional. Porém, o papel do Estatuto da Terra neste processo não foi menor. A resistência da Confederação Rural Brasileira (que levou à introdução da categoria "empresa rural" na lei de 1964) continuou vigendo e acelerou a transição de parcela dos latifundiários (muitos dos quais, mantinham a terra como mera reserva especulativa de valor) para o papel de genuínos empresários rurais. Neste sentido, pode-se dizer que o PAEG fomentou e acelerou a emergência do que viria a ser o agronegócio brasileiro no último quartel do século XX.

Dentre as ações "auxiliares" previstas e implementadas a partir do PAEG, quatro merecem atenção: 1) criação de um sistema nacional de pesquisa e extensão rural com vistas ao reconhecimento das características e peculiaridades edafoclimáticas dos distintos territórios e desenvolvimento e adoção de sementes, cultivares, corretivos e fertilizantes nacionais[24]; 2) ampliação do crédito agrícola para custeio, com a liberação dos bancos privados para utilizarem seus depósitos compulsórios junto ao Banco Central para empréstimos a taxas de juros subsidiadas e definidas pelo governo[25]; 3) financiamento à aquisição de máquinas

---

24. Apesar de a Embrapa ter sido formalmente constituída apenas em 1973, suas raízes encontram-se no PAEG. A este respeito, veja-se MPCE, 1965, pp. 157 e 158.

25. Os ganhos para o setor agrícola neste processo são evidentes: a dívida é saldada com um desembolso *inferior em termos reais* ao valor do crédito recebido. Para o setor bancário a vantagem encontra-se no fato de receber algum rendimento (cont)

agrícolas através do Fundo de Financiamento para Aquisição de Máquinas e Equipamentos Industriais – FINAME[26]; 4) recuperação da política de preços mínimos com elevação real dos valores e anúncio com antecedência suficiente para estimular a área plantada de culturas de oferta aquém da demanda.

As medidas arroladas acima nem de longe esgotam a estratégia do PAEG. O plano traz propostas detalhadas para os setores de energia (com ênfase nas hidrelétricas, petróleo e carvão), transporte (com ênfase no rodoviário e ferroviário), assim como para diversos segmentos da indústria de transformação, que passam a contar com o apoio do Fundo de Desenvolvimento Técnico-Científico (FUNTEC, criado em 1964), do Programa de Financiamento de Pequenas e Médias Empresas (FIPEME, criado em 1965) e do Fundo de Financiamento de Estudos de Projetos e Programas (FINEP, criado em 1965).[27] Aponta, também, para mudanças na política tributária, com ampliação do imposto de renda para pessoas físicas, o fim dos ganhos empresariais associados à postergação dos pagamentos com vistas a conquistar ganhos inflacionários (as dívidas passavam a ser indexadas pela correção monetária) e a criação do ICMS. Mas não nos parece pertinente detalhar cada uma destas contribuições do PAEG. Buscamos focar naqueles elementos do projeto que, simultaneamente, alimentaram o crescimento posterior e geraram os três grandes segmentos da burguesia nacional que se consolidaram ao longo da ditadura, ganhando densidade competitiva para atuar no plano internacional: o sistema financeiro, as grandes construtoras (malgrado a Lava-Jato e seus desdobramentos de extraordinária perversidade) e o agronegócio.

Porém, não podemos deixar de fazer um último comentário sobre o PAEG apontando para seus limites. O plano também traça objetivos para as

---

(cont) (mesmo que inferior à inflação) sobre as reservas compulsórias que, a princípio, não renderiam nada.

26. O FINAME foi criado como um fundo administrado pelo BNDE (hoje, BNDES) voltado ao financiamento à aquisição de máquinas e modernização tecnológica por empresas de todos os segmentos da economia. Para chegar ao tomador final, os recursos do FINAME eram repassados para Bancos de Investimento e Desenvolvimento regionais que, por sua vez, operavam em parceria com os Bancos Comerciais, cujas sedes eram mais capilarizadas. Em 1966, o FINAME foi transformado em uma autarquia.

27. O FUNTEC e o FIPEME são fundos ainda hoje administrados pelo BNDES. Mas a experiência da FIPEME vai estar na base da criação do CEBRAE (atual SEBRAE) em 1972. O FINEP independizou-se e foi transformado numa empresa – a Financiadora de Estudos e Projetos – criada em 1967 para operacionalizar e mobilizar os recursos do Fundo criado em 1965. No projeto original do PAEG, a FINEP estava mais voltada ao financiamento da inovação em empresas privadas e à qualificação de órgãos públicos e privados para a conquista de financiamento externo. Com o passar do tempo, o FINEP voltou-se também para o apoio a pesquisas básicas e à implantação de projetos universitários de pós-graduação, ganhando crescente interface e sobreposição com os sistemas CNPq e CAPES.

áreas de educação, saúde e saneamento. Alguns desses objetivos viraram letra morta. Mas, na essência, por mais que o plano apontasse para crescimentos nos valores absolutos destinados a estas áreas, na essência ele preservava a perversa estrutura de alocação de recursos nas áreas sociais herdada dos governos anterior ao golpe.

Esta, aliás, é a dimensão correta – mas, via de regra, mal explicada e mal explorada – das avaliações que reduzem a ditadura a um movimento antipopular. Não é verdade que a ditadura suprimiu os canais de expressão, demanda e debate utilizados pelas distintas frações da burguesia e, em especial, para os dois grandes blocos de capital: nacional e estrangeiro. Mas é, sim, verdade, que a ditadura suprimiu os canais de pressão popular sobre o Estado. As demandas populares eram crescentes nos anos 50 e 60 do século passado, e incidiam sobre uma base orçamentária restrita. Seu atendimento vinha se realizando de forma ampliada, mas muito aquém das necessidades. Ampliar ainda mais não seria possível sem deprimir gastos e investimentos públicos de interesse empresarial. Neste sentido, os agentes, as motivações e os argumentos por trás do golpe impetrado sobre João Goulart são os mesmos por trás do golpe impetrado sobre Dilma Rousseff em 2016 e sobre o processo eleitoral em 2018: a disputa sobre a base orçamentária (expressa na Lei do Teto de Temer e na Reforma Previdenciária de Bolsonaro) e a exigência de que o Estado desloque o ônus de quaisquer ajustes macroeconômicos para os ombros da classe trabalhadora (expressa na Reforma Trabalhista de Temer). Para justificar o injustificável, apresentam-se os mesmos argumentos: combate à corrupção e à má gestão. É o Brasil sendo Brasil. Delirar é preciso, respeitar a Constituição não é preciso.

Para além do PAEG: Milagre e II PND

A despeito da consistência do PAEG, a recuperação da economia não foi imediata. Nem poderia ser. A recuperação da capacidade de gasto e investimento do Estado e o enfrentamento dos problemas associados à dívida externa e à excessiva dependência do exterior envolveu a promoção de uma "inflação corretiva" através da elevação das tarifas públicas (energia, petróleo, transporte ferroviário etc.) e da desvalorização do cruzeiro, com impactos *imediatos* no custo dos importados, mas apenas *mediatos* na promoção das exportações. Como a política de combate à inflação estava centrada no controle dos salários nominais, ao promover a elevação de preços básicos, o governo promovia a queda do salário real e, consequentemente, a queda da demanda e do nível de utilização das empresas produtoras de bens de consumo para os trabalhadores. Assim, a performance da economia entre 1964 e 1967 ficou aquém dos "almejados 6% ao ano". Em média, o PIB cresceu 4,16% ao ano no período. Em compensação, cresceria a inacreditáveis 11,14% ao ano[28] nos seis anos seguintes, os anos do Milagre. Por quê?

Tavares e Assis sintetizam a relação do Milagre com o PAEG nos seguintes termos:

> As reformas financeiras de 1964 e 1965, com seus complementos no campo tributário em 1967, constituíram o vetor central para solucionar a questão do financiamento da economia, tanto do setor público, quanto do setor privado, e da preparação da retomada do crescimento. O pilar da recuperação do setor privado repousou nesse gasto público de nova índole, e, sobretudo, na reforma financeira. Nesta se destacou a reestruturação do Sistema Financeiro da Habitação, que teve importante papel na reativação do nível de atividade urbana e de construção residencial. (TAVARES; ASSIS, 1985, p. 15)

Perfeito: o Milagre é filho direto do PAEG. As reformas haviam sido pensadas para elevar os gastos públicos e o investimento global, começando pelo setor de habitação. E realizaram seu desiderato. Com a defasagem previsível. Para além destes dois motores principais da recuperação há dois outros, de menor potência, mas não desprezíveis. Na medida em que os agentes econômicos aprenderam a lidar com o (e a confiar no) novo sistema de indexação e de crédito ao consumidor, dá-se uma explosão de demanda sobre os bens de consumo duráveis, em especial sobre automóveis. Pois a indexação garante a remuneração do agente financeiro ao mesmo tempo que garante o acesso ao mercado de duráveis a uma fatia da classe média até então excluída do mercado. Além disso, as exportações passam a responder à nova realidade cambial e crescem a 22% ao ano entre 1968 e 1974, evoluindo de US$ 1,9 bilhões para US$ 6,2 bilhões no período.

Como de praxe, ao longo de todo o Milagre, a indústria cresceu mais do que os outros setores da economia (em torno de 13,37% ao ano). Mas com grandes diferenças entre os distintos setores da indústria e ao longo do tempo. Tal como demonstram Luiz Belluzzo e Conceição Tavares, a despeito da grande ampliação do emprego com o *boom* da construção civil, o segmento produtor de bens de consumo para os trabalhadores foi o que menos cresceu nos anos do Milagre, acicatado que foi pela política salarial restritiva. Os dois outros departamentos industriais – bens de consumo durável e bens de produção – alternam-se na liderança do crescimento. Entre 1968 e 1970, a demanda sobre automóveis e linha branca cresceu acima de 20% ao ano, enquanto o crescimento da demanda por bens de produção acompanhou a média da indústria como

---

28. A não ser que se informe o contrário, daqui para a frente todos os dados sobre taxas de crescimento de PIB e VAB e taxas de inflação são extraídos do Apêndice Estatístico de Abreu, 2014. Os cálculos de médias anuais para diferentes períodos são nossos.

um todo (em torno de 13,5% ao ano). No triênio subsequente, é o setor de bens de produção[29] (máquinas e bens intermediários) que ganha proeminência, crescendo a taxas próximas a 30% ao ano.[30]

A mudança de posição dos dois departamentos é facilmente compreensível. Já vimos que a demanda por bens duráveis foi estimulada pelos novos padrões de financiamento instituídos em 1964. Mas, assim como ocorrera na crise de 1962/1964, após um certo período de aquisição acelerada, há uma saturação do mercado e a taxa de crescimento da demanda cai. De outro lado, a demanda sobre o setor de bens de produção reage com atraso, pois depende do grau de utilização da capacidade já instalada. No primeiro triênio do Milagre, alguns setores ainda contavam com capacidade ociosa e podiam atender a demanda crescente de consumo sem adquirir novos equipamentos. É no terceiro ano de crescimento acelerado que todos os setores passam a trabalhar no limite da capacidade e os investimentos explodem. É nesta fase que o setor de bens de produção torna-se o principal motor do crescimento: as demandas que incidem sobre o setor produtor de máquinas transbordam para o setor de aço que transborda para o setor de minério de ferro, que passa a exigir mais máquinas de extração e para o transporte de minério e assim por diante.

Em 1974, porém, o novo circuito de causação circular cumulativa deu sinais de exaustão. Pela primeira vez desde 1968, a taxa de crescimento do VAB industrial cai abaixo dos dois dígitos: será de "menos" 8,5% neste ano; e o PIB crescerá 8,2%. Em 1975, a taxa de crescimento da indústria será ainda menor: apenas 4,9% (o PIB crescerá 5,2%, puxado pela agricultura, com expansão de 6,6% no ano). Comparado ao desempenho da economia brasileira no século XXI, estes números são estupendos. Mas, tendo em vista o programa da ditadura e sua responsabilidade na administração dos conflitos interburgueses tratava-se de uma grave crise.

Na verdade, a crise do projeto ditatorial já se manifestava antes da expressiva queda da taxa de crescimento em 1975, traduzindo-se nas eleições de 1974, quando o MDB obteve uma vitória avassaladora. Esta vitória tem dois componentes estruturais. Primeiro: o país vivia um processo de industrialização, proletarização e urbanização acelerada sob um regime que limitava (e, no limite, suprimia) a liberdade sindical e adotava uma política salarial regressiva, limitando a apropriação dos ganhos de produtividade por parte dos trabalhadores. A crescente concentração da renda era claramente contraditória com a

---

29. Os bens de produção envolvem tanto bens de capital (máquinas e instalações produtivas) quanto insumos intermediários (aço, petroquímica, borracha, cimento, celulose etc.). O que aproxima as duas categorias é que *não são* bens de consumo. E o que as distingue é que o aço (um bem de produção) é insumo fundamental para a produção de máquinas. Mas também é insumo para a produção de automóveis e linha branca.

30. A este respeito, veja-se Tavares e Belluzzo, 1981, p. 128.

acelerada modernização das relações de trabalho em uma economia puxada, em grande parte, pelo consumo ostentatório e investimentos no setor habitacional.

Associado a este primeiro fator, havia um outro. Tal como vimos, a indústria foi o carro chefe do Milagre. Mas não toda a indústria: fundamentalmente, os segmentos produtores de bens duráveis e de produção. Ora, estes setores eram (e são) hegemonizados pelas empresas transnacionais (ETs). De acordo com Serra,

> em 1970, [...] as ETs dominavam a produção de bens duráveis de consumo (85% das vendas) e participavam majoritariamente na produção de bens de capital (57% das vendas). Mesmo nos dois outros subsetores (bens de consumo não duráveis e bens intermediários) sua participação era significativa (43% e 37%, respectivamente). (SERRA, 1982, p. 71)

Vale dizer: a despeito do sucesso da estratégia do PAEG na defesa e consolidação da hegemonia pela burguesia nacional de setores capitalistas específicos – o sistema financeiro, a construção civil e agropecuária – as políticas de promoção da competitividade das empresas nacionais na indústria de transformação foram incapazes de conter o processo de desnacionalização. Um processo que é indissociável da: 1) ausência de qualquer política voltada especificamente à preservação do controle nacional nos setores que, um dia, foram hegemonizados pelo capital nativo; 2) pela vigência de uma política salarial, que deprimia a demanda e a taxa de crescimento do setor de bens de consumo dos trabalhadores, no qual o capital nacional ainda respondia por mais de 50% das vendas na entrada da década de 1970.

Em síntese: a inflexão política e econômica de 1974-1975 é indissociável do processo de concentração de renda imposto pela ditadura. Estão associadas ao veto, imposto pela fração mais conservadora do bloco histórico no poder, a todas as propostas de inflexão reformista, distributivista e inclusiva contidas no PAEG. Em especial, ao veto à reforma agrária. Mas não só. Para que se entenda adequadamente este ponto é preciso entender a dinâmica das relações interindustriais e o papel da demanda de bens de consumo na sustentação do crescimento. Conceição e Belluzzo sintetizam o ciclo do Milagre assim:

> A aceleração da produção de bens de consumo duráveis foi de tal ordem [...] que os estoques de bens à disposição dos consumidores mais do que quadruplicaram num período de seis anos, não se podendo, portanto, esperar que sua demanda se mantivesse estável. [...] [E] apesar do forte crescimento da taxa e acumulação de capital, garantida em boa parte pelo setor público, a dimensão relativa do setor de bens de capital é insuficiente para que, sozinho, realmente a demanda conjunta de bens de produção e gere uma expansão do emprego capazes de assegurar um ritmo global de crescimento

da produção industrial e da capacidade produtiva que se mantenham em equilíbrio dinâmico. (CONCEIÇÃO; BELLUZZO, 1982, p. 130)

Vale dizer: o problema apenas começa com o fato de o mercado interno para bens duráveis ser limitado pelo padrão concentrado da renda. Isto explica o fato de qualquer crescimento embasado neste setor ter a forma do "voo de galinha". Mas o problema maior é aquele que inviabiliza a sustentabilidade da "segunda onda", quando é o setor de bens de capital que passa a crescer acima dos demais.

Retomemos a ideia, este segundo circuito está baseado no seguinte encadeamento: "o aumento da demanda de laminados e de máquinas para a produção de automóveis estimula a produção de aço, que amplia a demanda de ferro, que amplia a demanda de máquinas para a extração de ferro e para o seu transporte". Este é o mundo em que os investimentos, por si sós, sustentam a economia em uma rota de expansão no longo prazo. Mas isto não ocorre na economia brasileira do início dos anos 1970. Por quê?

Em primeiro lugar, porque a indústria brasileira de bens de capital era: 1) incompleta: vários equipamentos tinham de ser adquiridos no exterior por falta de similar nacional; e 2) pouco competitiva e/ou defasada em termos tecnológicos: os equipamentos importados eram mais baratos e/ou mais produtivos. Estas duas determinações levam ao deslocamento de parte dos estímulos de demanda da "segunda onda" para fora, sem promover o circuito da produção e do emprego no Brasil. Esta propensão ao vazamento do impulso dinâmico via importação de equipamentos é amplificada pelo fato de que os segmentos industriais cuja demanda e produção mais cresciam (e que, portanto, mais necessitavam realizar investimentos) eram controlados pelo capital externo, que privilegiava a aquisição de maquinário no exterior, junto aos fornecedores das plantas matrizes, seja por uma questão de vínculo com os fornecedores preferenciais do conglomerado, seja para manter a uniformidade do padrão tecnológico nas distintas plantas espalhadas pelo mundo.

Para além do vazamento de parte da demanda de equipamentos para o exterior, o sistema produtivo e competitivo brasileiro levava à depressão da propensão ao investimento. Submetidas a uma agressiva concorrência pelo capital estrangeiro, as empresas industriais de capital nacional se deparavam com elevada incerteza acerca das possibilidades de sobrevivência a médio e longo prazo, o que as induzia a adiar e evitar ao máximo o comprometimento de seus recursos excedentes com a aquisição de novos equipamentos (privilegiando medidas paliativas para atender a demanda crescente, como a ampliação dos turnos de trabalho e a operação com maquinário já depreciado). Além disso, com o abandono do projeto de Reforma Agrária pela ditadura nos anos de hegemonia da "linha dura" (Costa e Silva e Médici), o próprio processo de conversão do latifúndio em empresa agrícola sofre uma desaceleração, deprimindo relativamente a demanda rural sobre máquinas, implementos e insumos industriais para ampliação da produtividade.

Por fim, a sustentação de um circuito de crescimento puxado pelo investimento *não* é independente de sua capacidade de alimentar a elevação da demanda de bens de consumo. O ciclo expansivo só se sustenta se a ampliação da produção de bens de máquinas e insumos levar a uma tal ampliação do número de trabalhadores empregados no setor de bens de produção que se resolva em novas pressões de demanda sobre os setores produtores de bens de consumo, de sorte a estimular novas demandas de máquinas e equipamentos da parte destes. Ora, com a política salarial adotada pelo regime e com o abandono do projeto original de reforma agrária os rendimentos do trabalho não alcançavam contribuir para o crescimento da demanda de consumo em patamares suficientes para impedir o emperramento do circuito de reprodução ampliada.

A resposta da ditadura a este conjunto de problemas se expressou no II Plano Nacional de Desenvolvimento (II PND). Uma resposta que foi, simultaneamente, tímida e radical. Foi tímida, por não tentar enfrentar um dos determinantes centrais da curta duração dos períodos de expansão na economia brasileira, da crônica tendência a ciclos do tipo "voo de galinha": a má distribuição da renda, que deprime o multiplicador do investimento, induzindo a economia ao subconsumo.[31] Foi tímida, também, por manter essencialmente inalterado o sistema de financiamento da economia, excessiva e desnecessariamente dependente do exterior. E isto a despeito da elevação do risco e da incerteza na economia mundial após o rompimento unilateral dos EUA com as bases do acordo de Bretton Woods (em 1971) e a Crise do Petróleo de 1973. Estas – dentre outras mudanças – recomendariam a adoção de estratégias de financiamento de menor risco e de menor exposição externa.[32] Mas, de outro lado, o II PND foi radical ao tentar enfrentar a "incompletude" da estrutura produtiva industrial brasileira, tapando os "buracos" da nossa malha produtiva,

---

31. A bem da verdade, a Lei 6.147, de 1974, altera discretamente a política salarial ampliando a recuperação da inflação passada. Mas o sentido geral da política salarial (e sindical) do governo continua a mesma: impedir qualquer ampliação da participação do rendimento dos trabalhadores na renda.

32. Como o demonstra Cruz, 1983, estas estratégias seriam viáveis. Parcela expressiva da captação de *recursos externos* (em dólares) para o financiamento dos investimentos do II PND *não* se destinavam à aquisição de bens e serviços no *exterior*, mas no Brasil, e poderiam ter sido financiados em cruzeiros, caso o governo houvesse adotado uma estratégia mais ousada de ampliação do sistema BNDES. Este Banco foi fortemente capitalizado no período e sua participação foi estratégica. Mas, de qualquer forma, ficou aquém de suas possibilidades. O que, em parte, se deu com vistas a evitar críticas ainda mais acerbas à excessiva ingerência estatal no processo de expansão industrial da segunda metade dos anos 1980.

com foco nos setores de bens de capital (máquinas e equipamento, inclusive computadores de todos os portes) e insumos de alta tecnologia (da farmácia e petroquímica aos componentes eletrônicos sofisticados, como os circuitos integrados). Além disso, o II PND foi ousado ao reconhecer explicitamente o desequilíbrio competitivo entre as frações nacional e internacional do capital na indústria de transformação, assumindo para o Estado a função de apoiar a qualificação tecnológica, financeira e a escala de operação do capital *privado nacional*, inclusive pelo incentivo à formação de conglomerados. Segundo Carlos Lessa, o núcleo da nova estratégia era definido por duas diretivas articuladas:

> A primeira indica a montagem de um novo Padrão de Industrialização, no qual o comando da dinâmica da economia localizar-se-ia na indústria de base. [...] A segunda privilegia a correção dos desbalanceamentos da Organização Industrial mediante o fortalecimento progressivo do capital privado nacional, de molde a inicialmente "reequilibrar" o tripé para posteriormente constituir sua hegemonia. (LESSA, 1998, p. 8)

Do nosso ponto de vista, a caracterização de Carlos Lessa é absolutamente precisa. Na verdade, o Plano é transparente na exposição de seus objetivos, não deixando qualquer margem para dúvidas. O que nos traz de volta ao tema central deste trabalho: o projeto da ditadura. Tal como fica evidente na leitura do II PND, este projeto não é, de forma alguma, entreguista e antinacionalista. Nem pode ser reduzido (como pretende Dreifuss) à entrega do Estado à administração de "representantes do capital monopolista associado". E isto, simplesmente, porque a tal "associação" é plena de contradições. Na verdade, o projeto é de administração dos conflitos entre os distintos blocos de capital. Para tanto, adota duas estratégias básicas: 1) a mobilização integral da máquina e dos recursos públicos com vistas a garantir a maior taxa possível de crescimento anual do produto interno com vistas a (tentar) garantir o espaço de reprodução ampliada de cada bloco; 2) a criação de um complexo conjunto de instrumentos e sistemas voltados à defesa prioritária da "perna fraca do tripé": o capital privado nacional.

A questão que fica por analisar é se o II PND foi, ou não, eficaz. Em termos das taxas de crescimento induzidas pelo plano no período, não pode haver margem para dúvida. Entre 1974 e 1980, o PIB brasileiro cresceu a uma taxa média anual de 7,07%; o VAB industrial, cresceu a 7,21%; o VAB agrícola a 4,75%; e o VAB de Serviços a 7,89%. Estas taxas estão significativamente aquém daquelas projetadas pelo Plano (que previa 10% ao ano para o PIB; 12% ao ano para a Indústria; 7% para a Agricultura; e 9,5% para os Serviços). Porém, são taxas elevadas, e superiores àquelas apontadas no PAEG como as mínimas necessárias para contemporizar os conflitos entre os dois grandes blocos de capital.

E qual a relação entre o PAEG e o II PND? De um ponto de vista *formal*, não há qualquer similaridade. O primeiro é um conjunto de inovações *financeiras e fiscais* voltadas à retomada dos gastos públicos e privados. O segundo é um plano essencialmente *produtivo*, com foco na *indústria* e voltado à retomada da *substituição de importações*. Aqueles intérpretes da política econômica que focam nas "árvores-propostas" em vez de focar na "floresta-sentido-do-projeto" perdem a continuidade de ambos. Que se encontra, justamente, na aceleração do crescimento e na administração dos conflitos interburgueses (com ênfase no apoio ao bloco nacional). Não será gratuito que os mentores e gestores do II PND sejam essencialmente os mesmos do PAEG. Como revela Roberto Campos em suas memórias, a equipe responsável pelo anteprojeto do II PND foi coordenada pelo General Golbery do Couto e Silva e contou com a colaboração do próprio Campos, de Mario Henrique Simonsen (futuro Ministro da Fazenda e ex-assessor de Roberto Campos no Governo Castello), Paulo dos Reis Velloso (futuro Ministro do Planejamento e também ex-assessor de Campos), Luiz Gonzaga do Nascimento e Silva (futuro Ministro da Previdência Social e ex-Presidente do BNH no governo Castello).[33]

As questões realmente polêmicas são de outra ordem. A primeira diz respeito à relação entre o II PND e a crise aberta nos anos 1980. E a segunda diz respeito à eficácia de longo prazo do plano; vale dizer: o que ele deixou de saldo positivo (se é que deixou) para a economia brasileira nos anos 1890, 1990 e entrada do século XXI.

Ambas as questões são legítimas e complexas. Mas enfrentá-las a contento envolveria a produção de um outro trabalho. Em especial, a segunda questão. E isto porque não se pode avaliar "o que restou" de um período sem avaliar o que foi feito posteriormente. Talvez, a herança positiva do II PND pudesse ser maior se os governos que vieram após o fim da ditadura tivessem adotado estratégias distintas. O que se pode dizer com segurança é que o processo de desindustrialização brasileira – vale dizer: o decréscimo continuado da participação da indústria no PIB – começou em meados dos anos 1980, ao fim do governo Figueiredo. Para além disso, só podemos reconhecer que há sinais que apontam para avaliações distintas. De um lado, muitos segmentos industriais

---

33. Campos, 1994, p. 923. O autor, contudo, não deixa de demonstrar certa mágoa pelo retorno recebido: uma embaixada no exterior. Ele, em Londres. Delfim, em Paris. (CAMPOS, 1994, p. 947). Injustiças à parte, o Governo Geisel retoma muito do Governo Castello. Em ambos, a hegemonia cabe aos "moderados" (também conhecido como a "Sorbonne") dentre os militares golpistas; por oposição à linha dura de Costa e Silva, Médici e Figueiredo. Estes últimos, tomaram Delfim Netto (e, secundariamente, Hélio Beltrão) como "guru" da Economia. As diferenças entre a Sorbonne e a linha dura são tão reais quanto as diferenças entre Campos-Simonsen-Velloso e Delfim-Beltrão. Mas são inflexões dentro de um mesmo projeto.

que foram estimulados na gestão Geisel com amplos subsídios, elevadas barreiras alfandegárias e compras governamentais desapareceram tão logo foram retirados da "estufa": este é o caso, por exemplo, da indústria privada nacional de microcomputadores e de alguns segmentos da indústria de bens de capital sob encomenda.

De outro lado, a política energética do II PND foi muito bem-sucedida. Ela levou não apenas à ampliação da oferta nacional, como à diversificação das fontes. Ampliou-se significativamente a produção hidrelétrica (da qual Itaipu é o símbolo). A Petrobrás retomou investimentos e descobriu a Bacia de Campos já em 1974. Os novos investimentos e descobertas da Petrobrás alimentaram uma densa cadeia industrial de bens e serviços para a extração, processamento e distribuição de petróleo e derivados. Sem estes avanços, talvez nunca tivéssemos chegado ao Pré-Sal. O Pró-Álcool elevou a nossa autonomia energética, acelerou a modernização no campo, estimulou a agroindústria nacional e alimentou o desenvolvimento de tecnologias nativas, das quais o carro *flex* é apenas um exemplo. Ao ingressar na era nuclear, com base em convênios com Alemanha e Japão, o país se apropriou de uma tecnologia até então desconhecida e de difícil desenvolvimento autônomo. E ainda rompemos com a subordinação *tout court* aos ditames de Tio Sam, abrindo uma diplomacia soberana. Valeu a pena? Acreditamos que sim. Mas não poderíamos defender adequadamente esta crença sem ingressar num debate que transcende o escopo deste (já longo) ensaio. Assim, vamos tratar apenas da questão efetivamente relevante para nós, pois abarca os quatro últimos anos da ditadura: qual a relação entre II PND e a crise dos anos 80?

A Crise e o governo Figueiredo: Dona Flor vai ao último baile do Império

Em 1981, pela primeira vez na história do país desde a Segunda Guerra Mundial[34], a taxa de variação do PIB foi negativa: -4,3%. No ano seguinte, em 1982, o crescimento será de meros 0,8%, voltando a apresentar decréscimo em 1983: -2,9%. Ao longo dos três anos, a economia decrescerá -6,3%. Por quê? Para que se possa entender este fenômeno é preciso, primeiramente, reconhecer que a crise já espreitava a economia brasileira desde meados dos anos 1970. Ela só não se manifestou antes porque – como bem definiram Castro e Souza – o II PND colocou a economia brasileira em "Marcha Forçada" (Castro e Souza, 1985). Expliquemo-nos.

---

34. Desde o início do processo de industrialização brasileira, em 1930, o país só havia apresentado crescimento negativo em dois períodos, totalizando quatro anos: 1930 e 1931 (sob impacto da crise de 1929) e em 1940 e 1942 (em função dos estrangulamentos impostos pela II Guerra Mundial). E nunca havia sofrido uma queda.

Se é um equívoco afirmar que a crise do Milagre *advém* do choque do petróleo de 1973, também é simplista negar os efeitos deletérios do choque. Desde logo, ele impôs uma enorme pressão inflacionária sobre a economia e deprimiu nossa capacidade de importação. A Balança Comercial, que havia sido equilibrada ao longo do Milagre, passou a apresentar déficits significativos. Entre 1974 e 1980 o déficit somado das Balanças Comercial e de Serviços Produtivos (fretes, seguros, turismo etc.) foi de US$ 27,84 bilhões (Cruz, 1983, p. 64). No mesmo período, a entrada líquida de capital de risco foi de US$ 6,12 bilhões. A diferença – US$ 22 bilhões – é a necessidade de financiamento externo, que deve ser conquistada junto ao sistema bancário internacional.

O choque do petróleo não explica por si só o desequilíbrio externo da segunda metade dos anos 1970 e o crescimento do endividamento. Ele é apenas a ponta do iceberg. Mas indica onde o iceberg está. A verdade é que os anos 1970 foram anos de instabilidade na economia mundial, marcados por grande perda de dinamismo da economia norte-americana. A partir da segunda metade dos anos 1960, os EUA passaram a ser um país essencialmente importador; e seus crescentes déficits comerciais passaram a ser pagos com "papel pintado de verde". Na medida em que os países com superávit na balança comercial com os EUA e excesso de reservas em dólares passaram a demandar a conversão destes valores em ouro, os Estados Unidos rompeu unilateralmente (em 1971) com o acordo de Bretton Woods, tornando sua moeda exclusivamente fiduciária. E continuaram cobrindo seus déficits e pagando suas importações com "papel pintado de verde". Só que, agora, sem qualquer lastro.

Ora, o excesso de liquidez em dólar fiduciário levou, gradualmente, a uma desvalorização frente às demais divisas. Com o dólar mais fraco, os produtos importados subiam de preço, levando à queda do salário real nos EUA e a depressão da capacidade de importação da maior economia do mundo. E isso não promovia qualquer reequilíbrio mundial; pois a queda das importações dos EUA afetava a todos os países que o tinham como principal destino de suas exportações. Assim, a economia norte-americana repassava sua letargia e perda de dinamismo para o resto do mundo. E a queda das taxas de crescimento nos anos 1970 – em comparação os anos 1960 – foi virtualmente global.

Uma das raras exceções era o Brasil que, desde 1964, adotara como lema "corra ou morra" e se autocolocou em marcha forçada. O problema é que a perda de dinamismo dos parceiros externos impactou as nossas exportações, que passaram a crescer a taxas menores, enquanto, de outro lado, o crescimento acelerado da economia interna estimulava a ampliação das nossas importações. Como resultado, nossos déficits cresceram. E cresceriam ao longo da década independentemente do petróleo. Neste quadro, os dois choques do petróleo foram as "cerejinhas (envenenadas) do bolo".

Enquanto a liquidez mundial era ampla, as taxas de juro eram baixas e a concorrência por fundos era mínima (pois poucos países apresentam um ritmo de crescimento tão elevado quanto nosso), era possível rolar o problema para frente. Só que, a partir de 1979, a casa começa a cair. Com a inflação acima dos dois dígitos, o Banco Central norte-americano (FED) altera radicalmente sua política monetária, e passa a elevar persistentemente a taxa de juros. Em 1980 as taxas já haviam atingido patamares sem paralelo na história do EUA. Mas haverá um choque ainda maior em 1981, após a posse de Ronald Reagan na presidência. Reagan vai encaminhar uma proposta orçamentária ao Congresso baseada na redução de impostos e na elevação de gastos, explodindo o déficit fiscal. O FED reage prontamente. Prevendo uma taxa de inflação ainda maior, sobe a taxa de juros acima de 20% ao ano. E a liquidez mundial sofre uma enorme retração: o dinheiro do mundo inteiro flui para os EUA. Desde então, empresas e governos da periferia do capitalismo só alcançarão se financiar pagando elevados *spreads* sobre a taxa básica norte-americana. E, mesmo assim, com prazos cada vez menores. Ora, a renovação frequente a taxas de juros exorbitantes levou à inadimplência do México em 1982. Contaminando todo o sistema internacional de financiamento à periferia.

No mesmo ano em que o FED alterava sua política, o General Figueiredo assumia a Presidência. A lógica econômica do novo governo será a mesma de toda a ditadura: defender, a qualquer custo, o bem-estar (leia-se: lucratividade) dos dois amos de Dona Flor. Num primeiro momento, a direção da economia é entregue a Mário Henrique Simonsen, um homem da "Sorbonne", afinado com o governo anterior e com o II PND. Mas em agosto de 1979, Simonsen se afasta[35], e Delfim Netto, o homem da linha dura, assume o timão. Emergem inflexões de rota? Sim. Mas o porto de destino é o mesmo.

O primeiro problema com o qual se depararam Simonsen e Delfim foi a deterioração da Balança de Pagamentos. Seria preciso acelerar as desvalorizações do cruzeiro para estimular as exportações e desestimular as importações. Mas isto iria causar um sério impacto nas empresas endividadas em dólar: seus passivos iriam explodir. A solução encontrada foi estatizar a dívida externa. Simonsen já havia começado este processo no governo Geisel. Com a crescente instabilidade e incerteza na economia mundial, as empresas privadas começavam a evitar a tomada de empréstimos em dólares. Dada a necessidade de divisas para "fechar as contas", Simonsen e Reis Velloso passaram a estimular as empresas *estatais* a tomarem empréstimos no exterior independentemente de carecerem, de fato, de recursos externos. Já no governo Figueiredo, Simonsen vai autorizar

---

35. Dois anos mais tarde, seria a vez do "bruxo da Sorbonne", General Golbery, pedir as contas, descontente com o encobrimento do caso do Riocentro pelo Presidente. Nos últimos anos do governo Figueiredo, a tecnocracia "linha-dura" havia tomado conta de todos os principais postos de Brasília. A este respeito, veja-se Campos, 1994, p. 926.

as empresas privadas a quitarem antecipadamente as dívidas que tinham junto ao sistema financeiro internacional, depositando os valores em cruzeiros no Banco Central, que passava a assumir a responsabilidade do pagamento final, incluindo-se aí, o risco de variação de câmbio (se houvesse, como haveria, alguma maxidesvalorização) e da taxa de juros flutuante externa (caso houvesse, como haveria, elevação da taxa internacional). Em prol da saúde financeira de seus dois maridos, Dona Flor é capaz de tudo.

A partir de sua posse no Ministério do Planejamento, Delfim acelera o movimento de "limpeza dos passivos" do capital privado e concede uma maxidesvalorização do cruzeiro (da ordem de 30%) em dezembro de 1979. Como paliativo à sangria imposta ao Estado, Delfim libera preços e tarifas de serviços públicos que vinham sendo controlado no esforço de combate à inflação. A ideia é compensar parcialmente as empresas públicas pelos "esforços de guerra" a que vinham sendo submetidas. Além disso, Delfim muda a regra salarial e introduz indexação semestral dos salários.

Ora, o resultado das três medidas em conjunto – desvalorização cambial, elevação dos preços públicos e diminuição dos intervalos de reajuste salarial – só poderia ser um: o aumento da inflação no ano seguinte. É lógica elementar. Mesmo assim, em janeiro de 1980, Delfim determina que a correção monetária do ano seguinte seria pré-fixada em 45% e a variação cambial do ano em 40%. Note-se que a inflação em 1979 já havia sido 52,7%. Com os choques do final do ano, a inflação em 1980 chegou a 99,7%.

Por que um economista tão competente como Delfim teria pré-fixado a correção monetária? Será mesmo que ele acreditava no discurso (divulgado por ele mesmo) de que esta prefixação levaria a uma mudança radical das expectativas e à recuperação da confiança no planejamento governamental? Não me parece crível. Mas há algo que não precisa de crença para ser entendido: a diferença entre a correção monetária pré-definida e a inflação real impôs perdas e ganhos patrimoniais elevadíssimos para distintos grupos da população. Evidentemente – e como sempre – o topo da pirâmide eventualmente prejudicado apelou para o Judiciário. Mas a base, a patuleia, arcou com o prejuízo. É o Brasil sendo Brasil.

Com o descrédito imposto ao instrumento da correção monetária, todo o edifício financeiro montado pelo PAEG – e que já vinha dando sinais de esgotamento – cai por terra. Difunde-se a leitura de que a economia está sem rumo. E a profusão de truques, malabarismos e de coelhos tirados da cartola pelo mago Delfim acabam por deprimir a confiança na estabilidade e inviolabilidade da dívida pública. Nos leilões de títulos da dívida, o Banco Central só alcança colocar os papéis aceitando deságios (diferença entre o valor de face do papel e o preço que os bancos estão dispostos a pagar) cada vez maiores. O que eleva a remuneração real dos papéis e, portanto, eleva a taxa efetiva de juros antes mesmo de o governo haver sinalizado neste sentido. Está armada a ciranda financeira e pronto o caldo de cultura para a hiperinflação.

Em 1981, Delfim faz um giro de 180 graus em direção à ortodoxia, enxuga a liquidez da economia e amplia ainda mais a taxa de juros; levando à primeira queda do PIB desde 1942. Assalariados e setores produtivos (em especial, a indústria) pagaram o elevado preço do "ajuste". O setor financeiro e os agentes superavitários (com recursos para emprestar para o Estado) lucraram muito com o tombo imposto ao PIB. Quando Delfim diminuiu o aperto monetário, em 1982, veio a moratória do México e o mercado financeiro internacional se fechou ao Brasil. A partir daí, a negociação da dívida externa passou a se dar com o FMI. Que exigiu, para refinanciar o Brasil, que o Estado assumisse integralmente e exclusivamente os compromissos. A dívida externa – que um dia fora, também, das grandes empresas – passa a ser integral e exclusivamente "pública". E isto é – mais uma vez – apenas a ponta do iceberg. Por trás deste longo e complexo processo, com certeza, houve muito beneficiamento, *inside information* e contabilidade criativa. É o Brasil, mais uma vez, sendo Brasil.

Conclusão

Neste trabalho procuramos demonstrar que a ditadura tinha um projeto. Tratava-se de um regime a serviço do capital e da mediação dos conflitos entre os dois principais blocos que se dividia em: o nacional e o internacional. Do nosso ponto de vista, esta interpretação não tem nada de original. Em essência, ela é a mesma interpretação de Florestan Fernandes e René Dreifuss, autores que convergem na pretensão de que a ditadura não era primariamente "militar", mas a forma especificamente contrarrevolucionária de imposição do pleno controle burguês sobre o Estado no Brasil. Ela foi, de fato, mais um passo na longa, lenta, gradual e contraditória "Revolução Burguesa no Brasil".

O problema – para o qual Florestan sempre esteve mais atento do que Dreifuss (talvez, por ser um melhor leitor de Lênin[36]) – é que "monopólio burguês" é autocontraditório: ele é um "monopólio de vários", pois há várias frações da burguesia e seus interesses não são harmônicos. E não se trata apenas da contradição entre os polos interno e externo, o nacional e o estrangeiro. As contradições também emergem no interior dos polos nacional e internacional. Que se faziam representar no Congresso bipartidário e se refletiam na

---

36. Em seu admirável *Duas táticas da social-democracia,* Lênin defende o ponto de vista de que a revolução na Rússia, para ser *burguesa & democrático-popular* teria de ser liderada por trabalhadores e camponeses. Se fosse liderada pela burguesia russa, ela preservaria o tzarismo, transformaria a constituição em letra morta e seu único passo "adiante" seria colocar o ministério e a burocracia a seu serviço. Para uma interpretação de *A revolução burguesa no Brasil* à luz da perspectiva de Lênin, veja-se Paiva, 2012.

alternância de dois grupos no poder Executivo – Sorbonne e linha dura -, os quais impuseram inflexões (por vezes sobrevalorizadas mas reais, efetivas) nas políticas econômicas da ditadura.

O polo da Sorbonne representava, prioritariamente, os interesses do setor industrial da burguesia. E não só da indústria privada nacional, mas, também, da fração estatal e do segmento internacional capaz de contribuir para a diversificação e a modernização técnica da estrutura produtiva interna. Com relação ao campo, buscava a transformação da agricultura tradicional em familiar-empresarial (nos moldes dos EUA), em detrimento do latifúndio e do minifúndio. E na órbita financeira, apostava na diversificação do sistema, com vistas a limitar o poder dos bancos comerciais e sua sanha especulativa e rentista. Se ele tivesse sido vitorioso, muito provavelmente estaríamos num outro (e superior) estágio de desenvolvimento capitalista. Não foi o caso. Coube à Sorbonne abrir a contrarrevolução no Governo Castello Branco, ordenando o sistema financeiro, enfrentando a evasão fiscal, apoiando blocos competitivos do capital nacional – como a indústria da construção civil – e disseminando esperanças e temores com seu projeto de Estatuto da Terra.

Mas coube à linha dura gerir o Milagre; a despeito de ele haver sido gestado pelas reformas do PAEG, um produto da Sorbonne. O resultado foi a perda da oportunidade para que se impusessem as transformações necessárias à realização integral do projeto original por trás do golpe que pariu a ditadura. A boa conjuntura externa, os ganhos extraordinários de todos os segmentos do capital, os superávits fiscais e as baixas taxas de inflação poderiam ter aberto "bolsas, corações e mentes" (com o apoio da "razão do fuzil"!) para políticas de modernização produtiva industrial e agrícola e a flexibilização das políticas salariais e fundiárias concentradoras da renda. Mas nada disto foi feito. A linha-dura preferiu surfar no elevado crescimento deixando tudo como dantes no quartel de Abrantes. Também coube à linha dura "encerrar a festa", estatizando a dívida privada e promovendo a depauperação do Estado em prol do capital privado, com a consequente depressão da capacidade dos novos governos realizarem as reformas sociais e econômicas necessárias à implantação de um projeto distinto e mais inclusivo de desenvolvimento econômico e social.

Entre o Milagre e o "rebu final", a Sorbonne foi recolocada no poder com o Governo Geisel; quando tentou implementar um programa de industrialização voltado a superar nossa crônica tendência ao "voo de galinha". Foi uma bela tentativa. Mas ela foi, em parte, sufocada pela inflexão radical da economia mundial, associada à emergência do Reaganomics, pai ancestral de todos os neoliberalismos. E, de outra parte, foi sufocada pela fragilidade competitiva da burguesia industrial privada brasileira e sua dificuldade em responder às demandas e incentivos do Estado. Que passou a assumir funções crescentes na esfera produtiva, para o choque e desespero do capital multinacional (que almejava para si as áreas ocupadas pelas empresas públicas) e de seus aliados internos: o setor financeiro-especulativo e o latifúndio (em transição para a forma agronegócio-exportador), sempre saudosos do velho e bom liberalismo da República Velha, onde o único planejamento e intervenção dava-se em torno da valorização do café e da defesa da banca e de todos os credores.

Para além das diferenças e inflexões entre os dois grupos da ditadura, porém, cremos haver demonstrado que a ditadura tinha um projeto e que ele se assentava sobre uma sofisticada leitura da realidade brasileira e de suas contradições fundamentais.

Não será preciso esgrimir argumentos para demonstrar a distância entre a qualidade e complexidade do projeto da ditadura 1964-1984 e o confuso programa de governo do Capitão Presidente Bolsonaro. Esta distância é mais que abissal: é oceânica. Mas será preciso esgrimir argumentos, sim, para esclarecer que, nem Bolsonaro e sua *entourage*, nem tampouco a esquerda que com ele disputa a hegemonia nesta quadra da história nacional, parecem ter claro quais são as questões e contradições políticas e econômicas que entravam o desenvolvimento nacional. Ambos, governo e oposição, carecem de um projeto sustentável, pois, do nosso ponto de vista, carecem de um diagnóstico adequado da realidade brasileira contemporânea.[37]

O ponto central é que a cultura política nacional é uma cultura de intolerância. As reformas voltadas à inclusão dos "de baixo" e à depressão das distâncias na estratificação social brasileira tendem a ser muito mal-recebidas mesmo quando não impõem perdas econômicas absolutas aos agentes situados no topo da pirâmide.[38] Por isto mesmo – tal como na ditadura, tal como foi corretamente percebido pelos redatores do PAEG e por todos os gestores e tecnocratas do regime – *é fundamental retomar o crescimento*, ampliar os lucros, a geração de emprego e a arrecadação fiscal. E a taxas relativamente expressivas.[39] Só assim será possível distribuir renda e incluir sem impor perdas absolutas aos agentes que se veem contrariados apenas pela perda de posição e status social *relativo*.

Ora, é impossível retomar o crescimento do país a taxas significativas sem enfrentar o principal obstáculo a este desiderato: a desindustrialização, um processo que começou a se impor com a crise da ditadura. Mas que só irá se acelerar quando o país passar a contar com elevados superávits comerciais baseados na exportação de *commodities* agrícolas e minerais. Esse processo é indissociável do acelerado crescimento chinês e de sua sede insaciável por soja e

---

37. Em Paiva, 2021, exploramos estas questões em detalhe.

38. Inclusive pelos estratos intermediários, tão ou mais apegados à hierarquia e à diferença que a burguesia propriamente dita. Esta última olha para o povo, também, como consumidor e, muitas vezes, é mais capaz de diálogo do que a própria classe média.

39. Os "6% ao ano" do PAEG são uma boa referência; ainda que, talvez e provavelmente, estejam acima das possibilidades reais nesta quadra da história.

minério de ferro. Foram os superávits comerciais com a China que permitiram o controle da hiperinflação (legada pela ditadura e alimentada com fogo nada brando no governo José Sarney) através do Plano Real e sua âncora cambial. Com este plano, emerge um divisor de águas na história econômica do país. Fernando Henrique Cardoso não faltava com a verdade ao afirmar que seu governo havia "acabado com a era Vargas". Sem dúvida! Até porque, no plano econômico, a ditadura dá continuidade à era Vargas. O projeto Brasil potência industrial soberana é comum a ambos. Mas não era o projeto de Fernando Henrique Cardoso, o teórico da "dependência relativa" e do capital globalizado, que teria deixado de ser "estrangeiro" para ser "apátrida". O único elemento estranho neste quadro é a dimensão continuísta, nos governos Lula e Dilma, do projeto de capitalismo globalizado de FHC, assentado na crença em uma ficção: a perda da dimensão e dos vínculos nacionais dos distintos blocos de capital.

Não há espaço para realizar este debate aqui. Mas há espaço para reiterar o óbvio que parece ainda estar incompreendido. Lênin afirmava em *O Que Fazer?* a impossibilidade da revolução sem teoria revolucionária. Em suas análises da ditadura militar, Florestan afirmava reiteradamente que o Brasil era a demonstração de que a contrarrevolução também depende de uma teoria contrarrevolucionária para ser vencedora.

Hoje, nos deparamos com uma grave crise de teoria em todos os campos, seja à direita, seja à esquerda. O que ainda resta de teoria, como regra geral, são construções que fariam um liberal do IPES ou um marxista do PCB dos anos 1960 do século passado corar de vergonha pela simplicidade e o maniqueísmo. A dificuldade em perceber a complexidade do real, a imanência da contradição como motor do processo histórico, a necessidade de operar com objetivos distintos na busca de sínteses, na expectativa de compatibilizar interesses de diferentes segmentos sociais na construção de um projeto nacional é tão universal quanto assustadora. Por isto mesmo, do nosso ponto de vista, qualquer tentativa de golpe militar ou instalação de um regime extraordinário por parte do grupo de Bolsonaro seria frustrada no médio prazo. O problema é outro e se coloca no campo da esquerda reformista. Ela também não tem qualquer projeto claro. Para esconder esta deficiência proclama, de forma altissonante, o oposto e divide-se em distintos grupos – PT, PDT, PSB e PSOL, dentre outros – com suas distintas candidaturas, cada uma das quais acusando a outra de falta de clareza sobre o que fazer. Enquanto, talvez, em algum lugar, esteja surgindo um novo IPES, um novo *think tank* conservador pensando e articulando um novo projeto de ditadura para o país. Não seria de surpreender. Seria, apenas, o Brasil sendo Brasil. Mais uma vez.

Referências

ABREU, M.P (org). *A ordem do progresso*: dois séculos de política econômica no Brasil. Rio de Janeiro: Elsevier, 2014.

ALMEIDA, M.H.T.; WEISS, L. Carro zero e pau de arara: o cotidiano da oposição de classe média ao regime militar. In: NOVAIS, F. e SCHWARCZ, L.M. *História da Vida Privada no Brasil – 4*: Contrastes da intimidade contemporânea. São Paulo: Companhia das Letras, 1998.

ALVAREZ, M.C. "A criminologia no Brasil ou como tratar desigualmente os desiguais". In: *Dados-Revista de Ciências Sociais*, pp. 677-704. São Paulo: Unesp, 2002.

BENEVIDES, M. V. "64, um golpe de classe? (Sobre o livro de René Dreifuss)". In: *Lua Nova*, nº. 58. Porto Alegre: Cedec, 2003.

BRUNO, R. "O Estatuto da Terra: entre a conciliação e o confronto". In: *Estudos Sociedade e Agricultura*, v.3, n.2. Rio de Janeiro: 2013.

CAMPOS, R. *A lanterna na popa: Memórias*. Rio de Janeiro: Topbooks, 1994.

CARDOSO, F. H. e FALETTO, E. *Dependência e desenvolvimento na América Latina*: ensaios de interpretação sociológica. Rio de Janeiro: Zahar, 1970.

CASTRO, A. B.; SOUZA, F.E.P. *A economia brasileira em marcha forçada*. Rio de Janeiro: Paz e Terra, 1985.

CASTRO, C. *O golpe de 1964 e a instauração do regime militar*. Rio de Janeiro: FGV-CPDOC, s.d.

CRUZ, P.D. Notas sobre o endividamento externo brasileiro nos anos 70. In: BELLUZZO, L. G. M. e COUTINHO, R. (orgs). *Desenvolvimento capitalista no Brasil: ensaios sobre a crise* (Volume II). São Paulo: Brasiliense, 1983.

DECCA, E.S. de. *1930: o silêncio dos vencidos*. São Paulo: Brasiliense, 1984.

DREIFUSS, R. *1964*: A conquista do Estado – Ação política, política e golpe de classe. Petrópolis: Vozes, 1981.

FAUSTO, B. *Crime e cotidiano* (1880-1924). São Paulo: Brasiliense, 1984.

FERNANDES, F. "A Sociedade Escravista no Brasil". In: *Circuito Fechado*. São Paulo: HUCITEC, 1977.

_____. *A ditadura em questão*. São Paulo: T.A. Queiroz, 1982.

_____. *Nova República?* Rio de Janeiro: Zahar, 1986.

_____. *A Revolução Burguesa no Brasil*. Rio de Janeiro: Zahar, 1981.

LESSA, C. *A Estratégia de Desenvolvimento 1974/1976*: Sonho e fracasso. Campinas: IE-Unicamp, 1998.

MACARINI, J.P. A política bancária do regime militar: o projeto de conglomerado (1967-1973). In: *Economia e Sociedade*; V.16. nº. 3 (31). Campinas: 2007.

_____. *A política econômica da ditadura militar no limiar do "milagre" brasileiro*: 1967/1969. (Texto para Discussão) Campinas: IE-Unicamp, 2000.

MALHEIROS, A.M.P. *A escravidão no Brasil* (vol.1). Petrópolis: Vozes, 1976.

MELLO, J.M.C. *O capitalismo tardio*. São Paulo: Brasiliense, 1982.

MELO, D.B.; HOEVELER, R.C. "Muito além da conspiração: uma reavaliação crítica da obra de René Dreifuss". In: *Tempos Históricos*. Vol. 18. 1º. Sem. 2014.

MINISTÉRIO DO PLANEJAMENTO E COORDENAÇÃO ECONÔMICA. *Programa de Ação Econômica do Governo 1964-1966 (Síntese)*. Documentos EPEA nº. 1, Segunda Edição. Maio de 1965.
OLIVEIRA, F. *Crítica à razão dualista / O Ornitorrinco*. São Paulo: Boitempo Editorial, 1999.
PAIVA, C.A. *A Metamorfose Inconclusa*: transição capitalista e construção do Estado Burguês No Brasil (um estudo sobre a obra de Florestan Fernandes). Santa Cruz do Sul: Edunisc, 2012
_____. "Florestan, o obscuro, e o liberalismo monárquico". In: *USP – Estudos Avançados*, Vol. 11, N. 30, mai./jul. São Paulo: Edusp, 1997.
_____. "Tarefas de um futuro governo de esquerda". In: *A Terra é redonda*. São Paulo: 2021.
REPÚBLICA FEDERATIVA DO BRASIL. *II Plano Nacional de Desenvolvimento Econômico*. Brasília: Presidência da República, 1974.
ROCHA, S. *Pobreza no Brasil*: afinal, do que se trata? Rio de Janeiro: Editora FGV, 2011.
SCHWARZ, R. "As ideias fora do lugar". In: *Ao vencedor, as batatas*. São Paulo: Duas Cidades, 1977.
SEMER, M. *Os paradoxos da Justiça*: Judiciário e Política no Brasil. São Paulo: Editora Contracorrente, 2021.
SERRA, J. "Ciclo e Mudanças Estruturais na Economia Brasileira no Pós-Guerra". In: BELLUZZO, L.G.M. e COUTINHO, R. (orgs). *Desenvolvimento capitalista no Brasil: ensaios sobre a crise* (Volume I). São Paulo: Brasiliense, 1982.
SILVA, L.S.; HANSEN, T.F. "Heranças da 'Era da Sciencia': a seletividade penal disfarçada (1870-1938)". In: *Argumenta Journal Law*, n.13 (2010).
SUAREZ, L.E. *Desmilitarizar*. São Paulo: Boitempo Editorial, 2019.
TAVARES, M.C.; BELLUZZO, L.G.M. "Notas sobre o processo de industrialização recente no Brasil". In: BELLUZZO, L.G.M. e COUTINHO, R. *Desenvolvimento Capitalista no Brasil*: ensaios sobre a crise (vol. 1). São Paulo, Brasiliense, 1982.
TAVARES, M.C.; ASSIS, J.C. *O grande salto para o caos*: a economia política e a política econômica do regime autoritário. Rio de janeiro: Jorge Zahar Editor, 1985.
TAVARES, M.C.; SERRA, J. "Além da Estagnação". In. TAVARES, M.C. TAVARES, M. C. *Da substituição de importações ao capitalismo financeiro: ensaios sobre a economia brasileira*. Rio de Janeiro: Zahar, 1981.
TELES, E.; SAFLATE, V. "Apresentação". In: TELES, Edson; SAFATLE, V. (orgs.) *O que resta da ditadura*. São Paulo: Boitempo, 2010.
ZAVERUCHA, J. "Relações civis-militares: o legado autoritário da Constituição Brasileira de 1988". In. TELES, Edson; SAFATLE, V. (orgs.) *O que resta da ditadura*. São Paulo: Boitempo, 2010.

9

A esquerda no poder: Apogeu e declínio de um experimento constitucional (2002-2016)

Cícero Araújo
Leonardo Belinelli

Introdução

No dia 16 de dezembro de 2015, na Faculdade de Direito da Universidade de São Paulo, um conjunto de professores universitários organizou o ato "Professores contra o impeachment e pela democracia". No encerramento de sua intervenção, o crítico literário Roberto Schwarz afirmou que o afastamento de Dilma Rousseff da presidência da República colocaria "um ponto final a um experimento histórico de melhora da vida popular. Experimento, seguramente, cheio de graves defeitos e contradições e que, no entanto, é um experimento".[1] É a história desse experimento que será discutida a seguir.

Há que destacar, de partida, o alto significado do processo que levou a ele. Desde o fim do regime militar (1964-1984), o Brasil vivia uma fase inédita de estabilidade democrática, a ponto de ter se tornado comum cogitar se as recorrências autoritárias, típicas do período republicano, não teriam ficado definitivamente para trás. O país tinha agora uma constituição cujo conteúdo, apesar de criticado, resultara de um jogo minuciosamente costurado e consensuado por todas as forças e correntes políticas. Sinal importante de que o regime democrático em gestação teria uma base de apoio suficientemente robusta. E então, pela primeira vez na história nacional, um partido de esquerda, nascido diretamente do seio das classes trabalhadoras e dos movimentos sociais, tornou-se capaz de eleger, depois de uma série de mutações internas, seu candidato a presidente e assumir a proa do Estado brasileiro.

Eleito, o novo presidente recebeu o cargo de seu antecessor numa das transições de governo mais tranquilas de que o país tem notícia. É certo que a

---
1. Disponível em: https://www.youtube.com/watch?v=HIhQ-xFdYvw (Acesso em 11 de fevereiro de 2022).

mídia dominante e as classes altas mantinham reservas em relação às perspectivas do novo governo, como veremos, mas nada comparáveis à estridência e alarmismo de outras épocas, suscitados toda vez que forças de esquerda iniciavam uma trajetória de ascensão. Enfim, inédita que fosse, tudo parecia conspirar a favor de que a experiência em vias de se colocar em marcha transcorreria normalmente, segundo a moldura constitucional que o período anterior havia forjado.

Entretanto, passados quase vinte anos, muitos analistas da história brasileira contemporânea, provavelmente a maioria, ainda se veem perplexos com o desfecho melancólico dessa história, e mais ainda com o que veio a seguir. Pois quem poderia imaginar que o país acabaria governado, como é hoje, por um grupo cujo chefe desafia dia sim, dia não, os princípios mais elementares do acordo constitucional obtido em 1988? Antes até: quem poderia imaginar que sua mensagem autoritária fosse encontrar tamanho eco na sociedade brasileira e em todas as suas camadas? Acontecimentos dessa envergadura sugerem projeções pouco animadoras sobre o futuro, ademais fomentadas pela recordação de um passado familiar, mas nem por isso menos sombrio.

Sem pretender, obviamente, esgotar a questão, este capítulo busca fornecer hipóteses que ajudem a compreender tal processo, a partir da análise dos governos conduzidos pelo PT, sob as presidências de Luiz Inácio Lula da Silva (2003-2010) e Dilma Rousseff (2011-2016). Ao longo do texto, será argumentado que os embates desse período marcaram o apogeu do arranjo constitucional decantado depois de 1988, ao mesmo tempo que, contraditoriamente, gestaram as condições de sua degradação posterior, até culminar no impeachment da presidente Rousseff. Ademais, será discutida a hipótese de que o esgarçamento do pacto constitucional teve como motor de arranque a insatisfação crescente das classes médias com seus termos. E na parte conclusiva faremos uma breve apreciação dos impasses a que o experimento petista chegou à luz do bicentenário da independência brasileira.

Antes de passarmos aos fatos e interpretações, cabe indicar a grade conceitual que empregaremos nesta análise. Comecemos pela própria noção de "constituição". Seguindo a evolução do conceito na história do pensamento político (GRIMM; MOHNHAUPT, 2012), entenderemos por "constituição" não apenas o texto jurídico que organiza e normatiza a comunidade política à qual se vincula; a tal entendimento juntamos outro, de matriz clássica, segundo a qual "constituição" também designa o pacto social que dá suporte ao arranjo jurídico. Trata-se de um entendimento "dual" do conceito, com uma faceta representando a dimensão "estática" (jurídica) e outra indicando sua dimensão "dinâmica" (social e política).

Quando o regime é democrático, pode haver diversos graus de acerto entre essas duas dimensões – sem nunca chegar à harmonia completa – mas também de desacerto, cujo ponto máximo é a crise constitucional. Segundo esse enquadramento, as instituições políticas teriam justamente o papel de representar os diversos interesses para produzir uma combinação virtuosa de acordo e pluralidade, cooperação e conflito. A crise constitucional se instala quando, por processos longos ou súbitos, tais instituições se veem despojadas da legitimidade para realizar suas tarefas.

Na crise constitucional de que vamos tratar, convergem três tipos diferentes de crise. Em primeiro lugar, uma crise da democracia, na medida em que surgem lutas para excluir certos atores do processo político democrático; depois, uma crise do pacto social, na qual grupos e classes sociais, insatisfeitos com o arranjo em operação, deixam de endossar o pacto que tornou possível o desdobramento substantivo, programático, daquele arranjo; e por fim a crise da República, que se manifesta pela corrosão dos valores cívicos socialmente compartilhados e pela subversão das regras, explícitas e implícitas, do Estado democrático de direito.

Interpretada desse ângulo, a constituição possui uma estrutura inerentemente dinâmica. Mantidas as cláusulas pétreas, não surpreende que as formas de interpretar e encaminhar suas normas sejam objetos de constantes disputas sociais e políticas, ocorridas tanto no plano institucional como na esfera pública mais ampla. De fato, qualquer texto constitucional, originado de processo deliberativo detentor de um poder constituinte, não estabelece todos os seus efeitos de modo imediato. Ao contrário, frequentemente apenas lança as bases fundamentais a partir das quais novas rodadas deliberativas se encarregam de conferir "concretude" aos princípios orientadores.

Entendemos que não é possível analisar a experiência dos governos conduzidos pela liderança petista – como quaisquer outros governos – sem compreender a dinâmica constitucional sobre a qual se assentou. No caso em tela, chamamos a atenção para dois aspectos básicos que, por assim dizer, conferiram especificidade ao período histórico aberto em 1988 e funcionaram como a "gramática" pela qual os presidentes Luiz Inácio Lula da Silva e Dilma Rousseff se viram compelidos a atuar em seus respectivos mandatos.

O primeiro aspecto a ser destacado é polêmico e diz respeito às políticas econômicas e sociais que marcam o período. Há quem veja os anos da redemocratização sob a luz do "neoliberalismo" – inaugurado por Fernando Collor, implementado por Fernando Henrique Cardoso e continuado por Lula e Dilma. Nossa interpretação é outra. Sem desconhecer a profundidade das medidas neoliberais tomadas no período, preferimos designá-lo como um arranjo "social-liberal". Em primeiro lugar, porque, ao contrário das experiências de referência – os Estados Unidos sob o governo Ronald Reagan e a Inglaterra governada por Margaret Thatcher –, a Nova República não tratou de desconstruir um Estado de Bem-Estar Social, tal como o que existia nos países industriais mais avançados. O desafio do regime era, ao contrário, combinar a democratização institucional com o resgate da "dívida social" brasileira, legada de seu passado mais remoto e intensificada durante o regime militar.

Nesse sentido, e em segundo lugar, o "social-liberalismo" apresenta-se como uma via alternativa à social-democracia e ao neoliberalismo. Ao contrário da primeira, evita enquadrar e limitar as forças do capitalismo em favor de direitos sociais abrangentes, que desmercantilizam certos bens e serviços (ESPING-ANDERSEN, 1991); porém, diferente do segundo, possui mais preocupações sociais e valoriza o exercício do que a teoria política consagrou sob o nome de "liberdade positiva" (Berlin, 2002). Não à toa, a palavra-chave do período, desde a sua fundação, tenha sido "cidadania", termo que remete, a um só tempo, aos direitos civis, políticos e sociais. De fato, a carta constitucional de 1988 e a retórica política do período definem a procura pela expansão de direitos, mas sempre buscando casá-la com as forças de mercado, forças representadas não só pela elite local, mas também por atores internacionais (como argumenta Stiglitz, 2002) que, em razão das crises econômicas que marcaram a transição democrática brasileira e os anos 1990, tiveram saliente presença na política nacional.

A pedra angular do arranjo repousava na tentativa de encontrar uma resposta prática para a seguinte charada: como promover a cidadania dos excluídos sem ferir interesses vitais das forças de mercado? Uma pista importante para ela pode ser encontrada na maneira como se estruturou a progressividade do Imposto de Renda da Pessoa Física (IRPF), na reforma aprovada em 1995. Por um lado, ela isentou os mais pobres da taxação; por outro, criou três – depois transformadas em quatro – alíquotas com diferenças relativamente pequenas entre si. Adicionalmente, os rendimentos surgidos de lucros e dividendos tornaram-se isentos de contribuição, em razão do risco de uma suposta "dupla tributação".[2] Na prática, o arranjo privilegiava as duas pontas da pirâmide social, concentrando a carga de impostos sobre setores da classe média tradicional e do estrato menos precarizado das classes trabalhadoras. Por outro lado, os serviços públicos, financiados por tais recursos (e por agressivos impostos indiretos), foram redirecionados em favor dos mais desfavorecidos, o que implicou uma quebra do padrão de captura dos bens públicos pela classe média (SANTOS, 1979). Diante dessa circunstância, restava a esses estratos médios lutar para ascender ao patamar da isenção tributária. Como se percebe, a fidelidade desses setores ao modelo social-liberal dependia da capacidade deste de permitir tal ascensão.

O segundo aspecto básico é o que se convencionou chamar, a partir do trabalho de Sérgio Abranches (1988), de "presidencialismo de coalizão". Se a

---

2. Para uma análise da questão tributária na Constituição de 1988 e a discussão da lei de 1995, ver Augusto de Oliveira (2018), pp. 212-40.

sua existência é reconhecida de modo praticamente unânime, o mesmo não se aplica a seus efeitos (PALERMO, 2000). Aqui, cabe tão somente destacar que, segundo o modelo político multipartidário e de lista aberta estabelecido pela Constituição de 1988, produziu-se uma situação na qual a chefia do Executivo tende a reunir baixa capacidade de dominar a agenda legislativa sem recorrer a uma ampla gama de aliados, frequentemente pulverizados em muitos partidos políticos.[3] Para conquistá-la, caberia ao presidente oferecer vantagens – cargos e emendas orçamentárias, em especial – aos candidatos a aliados. Como a demanda por vantagens é alta e a oferta é limitada, o cerne do debate a respeito do "presidencialismo de coalizão" está ligado às formas pelas quais é capaz, ou não, de produzir estabilidade.

Porém, há também modos extraoficiais para conquistar o apoio político requerido por essas amplas coalizões. Em outro texto (ARAÚJO; BELINELLI, 2022), chamamos de "Câmara Invisível" a instância que, supomos, organizou as relações e distribuiu recursos escusos ou ilegais para os atores políticos. Vale dizer: se é verdade que o dinheiro sempre exerceu influência nas lutas de poder, o que se destaca aqui é a *forma* pela qual isso aconteceu na política contemporânea, em particular no Brasil. Embora seja arriscado definir os contornos de uma "instituição informal"[4] invisível que se estabelece como uma verdadeira malha paralela ao poder institucional, dois traços básicos podem ser mencionados.

O primeiro, evidentemente, reside na ilegalidade dos recursos. Bastaria recordar, por exemplo, o papel preponderante do Caixa 2 nas campanhas políticas brasileiras. Um dos principais especialistas em marketing eleitoral do país, João Santana, afirmou que o recebimento de doações de empresas não contabilizadas pelos atores políticos "sempre foi a alma do sistema eleitoral brasileiro" (*O Globo*, 2020). Afirmação em tom similar foi feita por um eminente representante do outro lado do balcão, Marcelo Odebrecht (Brandt; Affonso; Serapião e Pires, 2017). A combinação entre os elevadíssimos custos das campanhas eleitorais brasileiras, que estão entre as mais caras do mundo (*Agência do Senado*, 2014; BRAGON, 2021), e a condição periférica do país, configuram uma qualidade específica ao problema da "Câmara Invisível".

Outro traço reside nas funções desempenhadas por esse vínculo entre política e economia. O tópico remete a um debate clássico sobre a formação nacional. Em *Os donos do poder*, Raymundo Faoro (1958) formula a hipótese a

---

3. Em plano histórico, a aprendizagem política a respeito do "presidencialismo de coalizão" veio com o impeachment do primeiro presidente democraticamente eleito do regime de 1988, Fernando Collor de Mello. O ex-governador de Alagoas elegeu-se pelo pequeno Partido da Reconstrução Nacional (PRN) e, carente de apoio de uma coalizão legislativa, teve o seu afastamento decretado após graves denúncias de corrupção. Seus sucessores aprenderam a lição: antes de tudo, trata-se de assegurar a "governabilidade".
4. A expressão é de Steven Levitsky e Daniel Ziblatt (2018), com outra conotação.

respeito de um "capitalismo politicamente orientado" no Brasil, herança lusitana cuja característica elementar seria a prevalência dos interesses do Estado – isto é, dos seus dirigentes, o estamento burocrático – sobre a livre-iniciativa que caracterizaria o capitalismo moderno (FAORO, 2008, pp. 819 e ss.). Também remete ao passado colonial. *A revolução brasileira* (1966), obra de Caio Prado Jr., chamou a atenção para a existência de um "capitalismo burocrático" no Brasil, fortalecido pela diversificação da vida econômica e pela centralização do poder federal na primeira metade do século XX. "São essas circunstâncias que farão do governo brasileiro um poderoso instrumento de acumulação capitalista privada que, pelo seu vulto e pelas condições específicas em que se realiza, nitidamente se destaca no conjunto da vida econômica do país. E daí se origina uma categoria burguesa também à parte e suficientemente bem caracterizada, que se alimenta diretamente da ação estatal e das iniciativas públicas, e à custa delas se mantém e progride" (PRADO JR., 2014, p. 123). Se o jurista gaúcho chama a atenção para o papel dos atores políticos no "controle" da reprodução capitalista no Brasil, o historiador paulista frisa como tal dinâmica produz uma diferenciação interna na própria burguesia brasileira, com setores mais dependentes e outros menos dependentes do Estado.[5]

As teses de Faoro e de Prado Jr. dialogam com os achados de outro estudioso da burguesia brasileira, Fernando Henrique Cardoso. Em *Autoritarismo e democratização* (1975), encontramos a formulação da hipótese de que, durante o regime militar, formou-se no Brasil uma vasta aliança de sustentação do regime, organizada em torno de uma "ideologia de Estado"[6], composta por "funcionários (militares e civis), 'burguesia de Estado' (ou seja, executivos e *policy makers* das empresas estatais), grande empresariado privado (nacional e estrangeiro) e os setores das 'novas classes médias'." (CARDOSO, 1975, p. 215.) Pesquisa recente sobre a relação entre as empreiteiras e o regime militar reforça a hipótese (CAMPOS, 2017).

Essa brevíssima lembrança de estudos clássicos sobre o Brasil nos permite formular duas hipóteses a respeito das funções do vínculo, operado pela Câmara Invisível, entre política e poder econômico no Brasil. De um lado, seus recursos possibilitam o acesso e a manutenção do trânsito político a atores sociais privilegiados – o que, de quebra, reforça a estabilidade dos ganhos econômicos envolvidos; por outro, também possui papel essencial na própria reprodução e expansão do capitalismo periférico brasileiro, marcado por um problema estrutural de acumulação de capital produtivo – classicamente formulado sob o rótulo de "subdesenvolvimento", mais tarde rebatizado de outras formas (FURTADO, 1961; FERNANDES, 1976; OLIVEIRA, 2003).

---

5. Distinção assemelhada pode ser encontrada em *Empresário industrial e desenvolvimento econômico no Brasil* (1963), de Fernando Henrique Cardoso (Cardoso, 1972).

6. Cardoso retoma, aqui, a formulação de Bolívar Lamounier (1977).

Por fim, uma palavra sobre a espinhosa noção de "classe média". Já no plano teórico há dificuldades, uma vez que é comum – embora haja outros caminhos – recorrer à ideia de "classe" como definida no âmbito das relações de produção, ao mesmo tempo em que "média" sugere uma abordagem típica da estratificação social. Se enfatizamos o "média" como núcleo da expressão, uma dificuldade prática surge: afinal de contas, ao contrário de "capitalista", "proletário" e até mesmo "pequena burguesia", ela não remete, ao menos diretamente, a um lugar específico na ordem social capitalista; ao contrário, trata-se de algo eminentemente relacional. Ou seja, a classe "média" está no meio do quê? Faria sentido falar no singular – "classe média" – ou deveríamos colocar a expressão no plural – "classes médias"?

Diante dessa dificuldade, é usual que se recorra a um expediente estatístico para sua definição: a presença de determinada *renda per capita* ou familiar. Assim, a pirâmide social de cada país possuiria uma classe média específica (bem como outras classes, acima e abaixo dela). Esse caminho, por exemplo, é adotado por Marcelo Neri, autor de estudo sobre o qual falaremos mais a seguir.

Porém, trata-se de uma orientação que apresenta limites para análises que se pretendem extraeconômicas. Como indicam diversos sociólogos – em geral, orientados pelas contribuições de Karl Marx, Max Weber e Pierre Bourdieu –, seria imprudente supor que a obtenção de uma determinada quantidade monetária gerasse, por si só, uma disposição política e sensibilidade social similares. É necessário, portanto, considerar a presença de outros capitais, como o simbólico e o cultural (SOUZA, 2012) ou, seguindo a linguagem sociológica de Max Weber, o acesso a determinados bens e *status*. Naturalmente, no entanto, a disponibilidade e a dinâmica reprodutiva desses tipos de capitais também variam segundo o contexto. No caso brasileiro, onde há uma vasta gama de sujeitos aquém da condição proletária (FRANCO, 1997; PRADO JR., 2011; SINGER, 2012), estudos já apontaram há muito tempo a complexidade da relação entre condição material e identificação de classe (CARDOSO, 1972; WEFFORT, 1978). Diante dessa dificuldade de definição teórica, é comum recorrer-se à historicização dos grupos sociais como modo de captar, ao menos empiricamente, algo do fenômeno. Não sendo possível tal caminho neste texto, como ficamos?

Propomo-nos a combinar duas perspectivas analíticas. A primeira, de Salata e Scalon (2015), indica que podemos entender por "classe média" as famílias da classe média tradicional que compõem as faixas de renda A e B das estratificações hoje em voga. Em 2014, tais famílias ganhavam mais de R$ 8.500,00 mensais (FGV Social, s/d). A segunda, proposta por Souza e Lamounier (2010), destaca a estabilidade da renda conquistada e frisa o acesso a bens e status por mais de uma geração familiar.

Retomando, portanto, à hipótese enunciada no início deste artigo: a nosso ver, foi essa classe média, se percebendo aprisionada pela azeitadíssima dinâmica estabelecida pelos governos do PT de combinar presidencialismo de coalizão, Câmara Invisível e modelo social-liberal, que impulsionou o rompimento do pacto de 1988, atraindo outros grupos no processo. É o que vamos discutir na sequência.

A consolidação do modelo social-liberal: o governo Lula (2003-2010)

Em 27 de outubro de 2002, dia de seu 57º aniversário, Lula (PT) venceu a disputa presidencial contra José Serra (PSDB), com cerca de 60% dos votos. O petista ganhou em todos os Estados, com exceção de Alagoas. No Rio de Janeiro, sua votação aproximou-se dos 80%. Os números expressivos demonstraram o sucesso da estratégia eleitoral traçada pelas lideranças petistas, bem representada pela "Carta aos brasileiros", escrita e dada ao público em junho daquele ano, e pela escolha de José Alencar – empresário filiado ao Partido Liberal (PL) – como vice-presidente. Ambas as iniciativas visavam acalmar as forças do mercado que, desconfiadas, estimulavam uma "crise de confiança" no país. Em 10 de outubro, o dólar fechava sua cotação diária em R$ 3,99 – o que seria equivalente a R$ 7,88, em valores de hoje (2022) (Goulart, 2021) –, um recorde desde a criação da nova moeda. O recado era claro: os investidores queriam ver um programa mais liberalizante para serem convencidos da viabilidade econômica do governo petista.

Tal viabilidade, contudo, parecia um tanto complicada pela situação em que o governo de Fernando Henrique Cardoso se encontrava naquele momento. Sem dúvida, os números da vitória de Lula indicavam o insucesso do segundo mandato de Cardoso, que encerrava seu período presidencial sofrendo os impactos da crise da Argentina (1998-2001) – a qual reduzia as exportações e deteriorava a imagem dos países da América Latina no mercado internacional –, e a crise do suprimento de energia elétrica, popularmente conhecida como "apagão".

O governo petista aproveitou o capital político acumulado na vitória eleitoral recém-obtida e, ao contrário do que esperava parte significativa de sua militância, resolveu de partida endurecer nas medidas visando à estabilização monetária, o que parecia inclinar o arranjo social-liberal em direção ao polo liberal. Na tarde de 12 de dezembro de 2002, Lula anunciou que sua equipe econômica seria composta por Antônio Palocci (Ministério da Fazenda) e Henrique Meirelles (Banco Central) – este, então recém-eleito deputado federal pelo PSDB por Goiás, onde foi o candidato mais votado. De fato, o que se assistiu no início do governo do PT foi o fortalecimento do tripé macroeconômico construído durante a gestão Cardoso: a busca do aumento do superávit primário – estabelecido pela Lei de Responsabilidade Fiscal (2000) – e o controle da inflação via sistema de metas, ambos aliados ao câmbio flutuante. O combate ao aumento dos preços veio pela articulação de duas medidas: o aumento da taxa de juros – em fevereiro de 2003, ela passou a ser de 26,5%; para que se tenha uma ideia, em outubro de 2002 era de 18% – e o aumento do recolhimento dos compulsórios dos bancos.

O comprometimento do governo com a orientação macroeconômica monetarista seria novamente reafirmado com a promulgação, em 19 de dezembro de 2003, da Emenda Constitucional n.41, na qual eram estabelecidas novas regras de previdência para os servidores públicos, entre as quais o fim da aposentadoria integral. Dias antes, quatro parlamentares do PT – a senadora Heloísa Helena (AL) e os deputados Babá (PA), Luciana Genro (RS) e João Fontes (SE) – haviam sido expulsos do partido pela renhida oposição ao projeto encampado pelas lideranças do partido. Se o desgaste do governo com a esquerda aumentava – até na própria direção do PT, conforme revelava manifestação da Executiva Nacional do partido em 2004 (DUALIBI; BOMBIG, 2004) –, seu relacionamento com os setores financeiros parecia andar de vento em popa. O dólar fechou 2003 abaixo de R$ 3, indicando a confiança do mercado na política econômica em curso.[7] Já o crescimento econômico ficou na casa do modesto 1,1% (CARVALHO, 2018, p. 15).

Porém, o lançamento do Programa Bolsa-Família (PBF) em outubro de 2003[8], resultado da unificação de cinco programas sociais já existentes: Bolsa--Escola, Bolsa-Alimentação, Cadastro Único (2001), Auxílio-Gás (2002) e Acesso à Alimentação (2003) –, sinalizava uma inflexão no sentido do polo "social" do modelo; inflexão, no entanto, que não rompia com um dos aspectos básicos desse arranjo, uma vez que as políticas sociais do novo governo (a começar pelo PBF) evitavam a concessão de direitos universais – algo que se esperaria de um regime social-democrata clássico – e privilegiava a passagem de dinheiro do Estado diretamente paras as mãos de cidadãos carentes, em geral mulheres chefes de família. De qualquer forma, a inflexão foi se aprofundando conforme o orçamento do PBF crescia: em 64% em 2004 e 26% em 2005. Segundo André Singer (2012, p. 64), o orçamento do programa foi multiplicado por treze entre 2003 e 2006.

O "tripé social" do governo Lula se completava por outros dois ingredientes. O primeiro foi o crédito consignado, criado em 2004. A medida ex-

---

7. Além dos setores diretamente financeiros, outros também se beneficiaram da política econômica do governo. Por exemplo, a criação da Letra de Crédito Imobiliário (LCI) e da Letra de Crédito do Agronegócio (LCA) em 2004 pode ser interpretada como sinalizações consistentes do governo a dois setores-chave da economia e da política brasileira. A partir daí, a captação de recursos orientados exclusivamente para tais setores cresceu exponencialmente.

8. Originalmente, pela Medida Provisória n.132 (20 de outubro de 2003), depois transformada na Lei 10.836 (janeiro de 2004).

pandia o crédito popular e, ao mesmo tempo, garantia o pagamento aos setores financeiros, permitindo-lhes reduzir a taxa de juros em razão da eliminação do risco de crédito.[9] O segundo, iniciado em 2005, foi a política de valorização anual do salário mínimo, calculada pela soma da inflação e o crescimento do PIB no período. Se consideramos o período Lula de modo global – de 2003 a 2010 –, constatamos que o salário mínimo saltou de R$ 200 em 2003 para R$ 510 em 2010, uma valorização real, isto é, descontada a inflação, de 53,6%. Se a quantidade de recursos e sua nova coordenação conseguiram alterar a qualidade da política, é matéria para debate. O que gostaríamos de frisar, por ora, é que a inflexão "social" do lulismo seguiu as coordenadas sociais-liberais do próprio pacto constitucional, já que se faziam pela expansão das contas bancárias e da financeirização dos setores beneficiados (cf. LAVINAS, 2017).

A combinação do "tripé macroeconômico" com o "tripé social" foi possível, no plano econômico, graças especialmente ao que ficou conhecido como o *boom* das commodities, um ciclo de valorização de produtos primários no mercado internacional. Fator fundamental para esse desempenho foi a demanda chinesa, que manteve em alta os preços das matérias-primas latino-americanas durante o quinquênio 2003-2008, continuado por algum tempo mesmo depois da crise financeira global de 2008. Esse quadro econômico positivo impulsionou, por exemplo, a criação de empregos com carteira assinada – traço absolutamente decisivo na constituição da cidadania no Brasil (SANTOS, 1979) – e redução da informalidade (RIBEIRO, 2012). Por outro lado, como apontado de modo abundante pela literatura, em grande parte tratou-se de empregos na área de serviços, voltados para trabalhadores jovens, pouco qualificados e sub-remunerados – com média salarial de 1,5 salário-mínimo (BRAGA, 2012). Talvez os melhores representantes desses novos trabalhadores fossem os operadores de telemarketing (SINGER, 2015, p. 9). Ainda assim, em artigo de 2010, mas trabalhando com dados entre 2001 e 2006, Sergei Dillon Soares (2010), economista do IPEA, assinalou que, se mantivesse o ritmo de queda de 0,7 ponto ao ano no índice de Gini, o Brasil alcançaria os níveis então correntes de desigualdade dos Estados Unidos em doze anos (2018) e do Canadá em 24 anos (2030).

O quadro econômico e social que daí emergia abriu a brecha para duas interpretações opostas sobre o governo petista. Em suas versões mais à esquerda ou mais ao centro, uma delas sugeria que ele continuava seguindo o modelo de gestão do governo peessedebista; outra, sustentada usualmente por setores simpáticos ao PT, afirmava estar em curso um rompimento com o neoliberalismo.

---

9. Poderíamos ainda lembrar a criação do Estatuto do Idoso, também de 2004, que regulamentou a idade mínima para que idosos e portadores de necessidades especiais com renda familiar per capita menor que ¼ do salário mínimo recebessem o Benefício de Prestação Continuada (BPC).

Como registramos, e voltaremos a indicar a seguir, o que ocorreu *foram as duas coisas*: uma inflexão social – como apontavam os petistas – feita no interior de um arranjo social-liberal, como perceberam seus críticos.

No plano político, o PT também aceitava as regras não escritas de governabilidade legadas pela gestão anterior, responsável por consolidar o presidencialismo de coalizão. Além das sinalizações públicas de moderação programática já mencionadas, cabe lembrar o arco partidário-eleitoral que sustentou a candidatura Lula, composto inicialmente pelos partidos de esquerda mais o centro-direita PL (partido do vice-presidente na chapa), mas que foi se ampliando a partir do segundo turno. Isso, sem mencionar o apoio de nomes expressivos, como o ex-presidente José Sarney, que declarou voto em Lula já no primeiro turno, Leonel Brizola, Ciro Gomes, Itamar Franco e até mesmo Paulo Maluf (Folha online, 2002; UOL, 2014).

No governo, Lula adotou de início uma estratégia de construção de coalizão diferente da escolhida por Cardoso (CINTRA, 2007, p. 68). Apostando na ampliação da heterogeneidade de seus ministérios, o petista resolveu seguir uma linha de negociação "no varejo" para, aos poucos, ir ampliando sua base parlamentar. É significativo que seu mandato tenha começado com a estimativa de 311 deputados na base aliada (janeiro de 2003) e, já no fim do primeiro ano, tenha saltado, formalmente, para 376 deputados – 73% das 513 cadeiras (Folha online, 2003).

Uma das formas de obtenção desse apoio, no entanto, passava à margem da legalidade, como revelariam três Comissões Parlamentares de Inquérito (CPIs) do período. Em fevereiro de 2004, surgiu a denúncia de que um assessor do Ministério da Casa Civil, comandado por José Dirceu, extorquia dinheiro de empresários para arrecadar fundos para o PT. Em junho de 2005, seria instalada a "CPI dos bingos", popularmente conhecida como a "CPI do fim do mundo", em razão do conjunto variado de objetos de investigação.

Para piorar a situação do governo, no mês anterior havia estourado o primeiro capítulo do que ficou conhecido como "escândalo do mensalão", que levou à imediata instauração da "CPI dos Correios". Seu estopim foi a divulgação de um vídeo em que um funcionário dos Correios, que dizia agir em nome do deputado federal Roberto Jefferson (PTB), negociava propina com empresas interessadas em disputar licitações públicas. O funcionário filmado e Jefferson delataram o esquema, afirmando que o PT, por meio de seu tesoureiro, pagava 30 mil reais mensais a congressistas em troca de apoio ao governo. O dinheiro teria origem nas doações de empresas ao partido.

Em 20 de julho de 2005, foi instalada a "CPI do Mensalão". Além de investigar as circunstâncias do escândalo em tela, lhe caberia apurar a suposta compra de votos em favor do governo anterior (de Cardoso), a qual teria possibilitado o apoio à emenda que franqueou a reeleição presidencial. Porém, o relatório final acabou não votado por falta de parlamentares. Em novembro, ela foi terminada sem chegar a uma conclusão. Apesar de frustrada, a CPI pode ajudar a compreender alguns elementos importantes do presidencialismo de coalizão.

Regida pelo artigo 58 da Constituição Federal de 1988, a CPI é uma forma de investigação na qual os próprios representantes políticos se investigam. Contudo, como é composta proporcionalmente à representação legislativa, ela dificulta que as investigações avancem e/ou os atores ligados aos partidos da base governista sejam punidos.[10] Daí que seus principais efeitos sejam sentidos fora do sistema político, em virtude do impacto que produz junto à opinião pública – o que não deixa de retornar ao sistema, estimulando o faccionismo em sua dinâmica interna (REIS, 2006). Não é difícil compreender a tensão que suscitava. Justamente aí é que vem à tona uma das facetas da Câmara Invisível, exemplarmente ilustrada pela atuação histriônica do deputado Roberto Jefferson: as CPIs, aliás, passaram a ser um local privilegiado para torná-la um pouco menos invisível.

A junção das reformas sociais com as consequências do "mensalão" rearranjou completamente as relações do PT com as forças sociais e políticas do país. Por um lado, o escândalo de corrupção dinamitou os vínculos do partido com o Poder Judiciário e com as classes médias, especialmente sensíveis ao tema da corrupção; por outro, obrigou-o a readequar o discurso a respeito de si próprio. Saía de cena o "campeão da ética" para entrar o "partido dos pobres". No plano de sua organização interna, o "mensalão" tirou da vida política institucional diversos personagens que compunham a liderança do PT – com destaque para os casos de Antonio Palocci e José Dirceu, ambos pilares do arranjo econômico e político do primeiro mandato. Naquilo que provaria ser uma superestimação dos desgastes sofridos pelo governo, a oposição, organizada em torno do PSDB, não se mobilizou pelo impeachment de Lula, esperando sua derrota quase certa no pleito presidencial seguinte. Contudo, como sabemos, Lula, ancorado nos bons resultados econômicos e sociais de seu governo, conseguiu vencer, em dois turnos, Geraldo Alckmin (PSDB) em 2006, pleito que teria marcado o realinhamento eleitoral que deu origem ao "lulismo" (SINGER, 2012). Por fim, o PT havia obtido consistente apoio da fração mais pobre do país, o que mudaria a estrutura do jogo político nacional.

Na mesma proporção em que surgiam dividendos políticos com a manutenção do modelo social-liberal, as relações do PT com as forças da malha paralela do poder político e com o PMDB, então principal partido do Congresso Nacional, se aprofundaram. A dimensão "democrática" e "popular" do governo do PT – desde então rotulado por alguns setores midiáticos e políticos como um

---

10. Esse argumento é válido especialmente a partir de 1994, quando o presidencialismo de coalizão se estabiliza no primeiro governo Cardoso. Portanto, estão fora do seu escopo a CPI de PC Farias (1992) e a CPI do Orçamento (1993).

governo "populista", no sentido genérico de uma mistura de liderança carismática, demagogia e corrupção – é contrastada com a sua faceta antirrepublicana. Uma questão começava a surgir entre os chefes oposicionistas: seria possível vencer por eleições um governo popular e, ao mesmo tempo, fortemente ancorado nas forças político-institucionais e econômicas? A superação do "mensalão", via bloqueio da CPI, e a vitória retumbante de Lula sobre Alckmin – que teve menos votos no segundo turno do que no primeiro – sinalizavam com força o dilema da oposição.

Em janeiro de 2007 foi lançado o Programa de Aceleração do Crescimento (PAC), um vasto conjunto de construção e reformas da infraestrutura nacional, seguido, ainda no primeiro semestre, pelo Programa de Apoio a Planos de Reestruturação e Expansão das Universidades Federais (Reuni). A economista Laura Carvalho (2018, pp. 27 e segs.) frisa a importância dos investimentos públicos no momento seguinte ao deslanche das políticas de distribuição de renda, e destaca seu papel na formação de outro tripé, o do crescimento econômico articulado justamente com as políticas de distribuição de renda e expansão do crédito. Em suma, havia se constituído, digamos assim, um tripé de tripés – o macroeconômico, o social e o do crescimento – capaz de, simultaneamente, promover melhorias significativas para a parcela mais pobre da população brasileira, sem mexer com o topo da pirâmide, que continuava auferindo largos ganhos econômicos, tal como estabelecido pelo padrão social-liberal. Essa situação, à qual se junta o inegável carisma de Lula, possibilitou a decantação de um discurso político ambivalente: ora o governo petista se apresentava como agência popular contra os interesses dos poderosos, ora como fiador da estabilidade macroeconômica e, portanto, em última instância, garantidor da acumulação capitalista.

A conjuntura auspiciosa vitaminou a projeção internacional do Brasil como uma potência emergente. Em outubro de 2007, o Brasil foi anunciado como sede da Copa do Mundo de Futebol de 2014; dois anos depois, o Rio de Janeiro foi cidade escolhida como sede das Olímpiadas de 2016. Ao mesmo tempo, o país se tornava *player* privilegiado nas relações internacionais, em especial naquelas caracterizadas como "sul-sul". Em maio de 2008, ocorreu a primeira reunião de Brasil, Rússia, Índia e China, potências emergentes que formariam o BRICS. Os dividendos domésticos e internacionais ganharam a dimensão do anedótico quando o então presidente dos Estados Unidos, Barack Obama, foi flagrado dizendo que Lula "era o cara!" em encontro do G-20 (NETTO, 2009).

Contudo, nem tudo eram flores para o governo. No plano interno, a abertura, pelo Supremo Tribunal Federal, do processo criminal contra as quarenta pessoas denunciadas no escândalo do mensalão, em 28 de agosto de 2007, começava a preocupar novamente. Conhecido como Ação Penal 470, o processo foi formalmente instaurado em novembro daquele ano. No plano externo, a quebra do Lehmann Brothers, em setembro de 2008, inicia uma crise econômica global que lançaria novos desafios ao PT, momentaneamente driblados pelos bons resultados econômicos obtidos nos anos anteriores, os quais se combinavam com a adoção de medidas anticíclicas.

No fundo, porém, os dois fatores se retroalimentavam, fazendo subir a insatisfação dos setores médios, que se percebiam situados numa espécie de limbo no interior do modelo social-liberal, tal como alinhavado pelo governo petista, isto é, ao mesmo tempo além e aquém de seus benefícios. Isso dava combustível para o impulso subversivo que mais tarde colocaria em xeque o arranjo constitucional, pois que parecia lhes prejudicar na mesma proporção em que o próprio arranjo se fazia mais forte. Assim, o dilema das forças de oposição se aprofundava: como articular um contradiscurso suficientemente poderoso, tendo em vista a ambivalência do discurso petista, ancorado em conquistas materiais evidentes? Ato reflexo, as classes médias passaram a se opor tanto ao "sistema" e suas "elites" como às demandas populares.

Todavia, ao mesmo tempo que o ressentimento desses setores se fortalecia, seus representantes no âmbito partidário e eleitoral se enfraqueciam. Isso pela simples razão de que o discurso da "ética na política", inaugurado pelo PT quando na oposição, já não podia mais ser resgatado pela oposição tucana, uma vez revelado que ela também se beneficiava da Câmara Invisível e da malha paralela do poder – evidentemente na proporção que lhe cabia, quando conseguia se garantir à frente de governos estaduais e municipais. E também pela enorme dificuldade de quebrar a força de atração de um governo muito bem avaliado pelos eleitores. De resto, o discurso em defesa da liberalização econômica e políticas ortodoxas, ambas associadas especialmente ao impopular segundo governo Cardoso, em vez de ajudar, só dificultava sua penetração nas camadas populares, chave para qualquer esperança de vitória nos pleitos presidenciais.

Mas foi precisamente nesse "vão" excruciante de dilemas que alternativas passando por fora do arranjo constitucional começaram a ser cogitadas e se tornar mais sedutoras para o conjunto das forças sociais e políticas insatisfeitas. Ainda faltava, claro, meios de fazer convergir, na "base", a disposição de apoiar iniciativas nesse sentido com a articulação de uma alternativa eficaz, no "topo". Quanto a essa última, uma vez que a saída estritamente eleitoral se tornava mais e mais implausível, restava a possibilidade de recorrer a um setor que havia logrado crescer muito em força e autoridade durante os anos anteriores: o poder judiciário, ou melhor, o conglomerado judicial, para incluir no termo, além dos juízes e tribunais, todas as novas agências parajudiciais que a Constituição de 1988 criou ou reforçou.

Com a multiplicação dos escândalos, amplamente divulgados e discutidos nas redes midiáticas, o consórcio entre Ministério Público, juízes federais e ministros do STF – discretamente embalados pelos setores partidários parcialmente alijados da malha paralela – se provaria capaz de levar às últimas consequências denúncias e investigações contra os governos petistas. Assim o fizeram, sem economia de expedientes jurídicos controversos (como a famosa teoria do "domínio do fato", empregada no julgamento do mensalão) e, até mesmo, ilegais (como no tribunal curitibano sob a batuta do juiz Sérgio Moro). Somadas, essas iniciativas foram vigorosas o bastante para manter pressão contínua sobre o governo – do qual Lula se despediria, no entanto, com incríveis 87% de popularidade, segundo o Ibope (BONIN, 2010).

O governo Dilma Rousseff (2011-2016) e o esgarçamento do pacto de 1988

Em 31 de outubro de 2010, outra candidatura petista voltaria a bater José Serra (PSDB) no segundo turno do pleito presidencial. Embora uma militante tardia – ingressou no partido apenas em 2001 –, Dilma Rousseff havia composto os governos Lula desde a primeira hora. Em 2003, tornou-se ministra das Minas e Energia; dois anos depois, substituiu José Dirceu no prestigioso Ministério da Casa Civil, passando a ser uma das principais figuras do governo. Sua candidatura presidencial foi construída aos poucos, alicerçada pela popularidade de Lula e a imagem austera – em razão de seu passado guerrilheiro, marcado pela resistência à prisão e a torturas – e competente que carregava. Para "suavizar" sua imagem e popularizá-la, Lula lhe deu epíteto que a consagrou: ela era a "mãe" do PAC, o que permitiu que circulasse pelas diferentes regiões do país. Depois de superar um câncer, diagnosticado em 2009, tornou-se candidata à presidência da república pelo PT, sem jamais ter concorrido a um cargo eletivo em sua trajetória política.

Embora eleita com o mote da continuidade, suas primeiras medidas cravaram alguns distanciamentos importantes da gestão de seu antecessor. Em um ano, Rousseff demitiu sete ministros suspeitos de corrupção, cinco dos quais herdados do período Lula (FONSECA, 2012) – o que chegou a lhe render elogios da imprensa crítica ao ex-mandatário. No plano econômico, a partir dos efeitos retardados do *crash* de 2008, o ministro da Fazenda, Guido Mantega, anunciou, já em fevereiro de 2011, um corte de R$ 50 bilhões nas despesas previstas pelo Orçamento Geral da União para o ano corrente.

Ainda assim, o acúmulo de bons resultados sociais e econômicos permitiu ao novo governo encampar a tese do surgimento de uma "nova classe média", lançada pelo economista e pesquisador do Instituto de Pesquisa Econômica Aplicada (IPEA) Marcelo Neri, em *A nova classe média: o lado brilhante da base da pirâmide* (NERI, 2012).[11] Ao endossar a tese do livro[12], estava claro

---

11. Neri, que se tornaria presidente do IPEA em 2012, sucedendo a Marcio Pochmann, também ocuparia o posto de ministro-chefe da Secretaria de Assuntos Estratégicos (2013-2015), substituído depois por Roberto Mangabeira Unger.

12. A respeito, ver a declaração da presidente Rousseff sobre o livro: https://www.youtube.com/watch?v=UQP5XrvWyLc (Acesso em 24 de janeiro de 2022).

que o governo Rousseff se associava ao seu antecessor para afirmar o sucesso da inflexão "social" do modelo social-liberal; de fato, o amálgama de políticas macroeconômicas liberais com ênfase na redistribuição de renda, orientada para a redução da pobreza, havia gerado resultados vultosos. Adotando como critério a existência de uma renda per capita entre R$ 291 e R$ 1.019 por mês, o relatório da Secretaria de Assuntos Estratégicos (SAE) da Presidência da República, de setembro de 2012, indicava que 35 milhões de pessoas teriam ascendido à classe média durante os governos petistas. Assim, a classe média brasileira seria composta por impressionantes 53% do total da população (104 milhões de pessoas) (Exame, 2012). O "sonho rooseveltiano" (SINGER, 2012) parecia estar em pleno avanço.

Outros pesquisadores, no entanto, reagiram. O então presidente do IPEA, o economista Márcio Pochmann, respondeu criticamente à tese da "nova classe média" com a publicação de *Nova classe média? O trabalho na base da pirâmide social brasileira* (POCHMANN, 2012).[13] Nele, Pochmann sustenta que a redução da pobreza e a melhoria do padrão de consumo de parcela significativa da população brasileira não autorizaria a sugestão de que estaríamos diante de uma "nova classe média"; a seu ver, estaríamos, isso sim, diante de uma nova conformação da classe trabalhadora (POCHMANN, 2012, p. 10). Já o cientista político André Singer, em livro publicado no mesmo ano, sustenta que se tratava de um "novo proletariado" que migrou da condição subproletária, através da formalização trabalhista (SINGER, 2012). Ainda no mesmo ano, os sociólogos Ruy Braga e Jessé Souza também criticariam a tese da "nova classe média", preferindo, respectivamente, as categorias denominadas "precariado" (BRAGA, 2012) e "batalhadores" (SOUZA, 2012).

Em vista do argumento sustentado no presente capítulo – de que a crise constitucional que o país atravessa hoje deve ser compreendida à luz da defecção da(s) classe(s) média(s) do pacto de 1988 –, esse debate é do maior interesse. Com efeito, desde logo seus participantes perceberam que emergia uma nova classe intermediária no país; o ponto, no entanto, estaria em desvendar suas características e – por que não? – compreender como as forças políticas procuravam se valer de seu empuxo. Vale dizer: como elas perceberam o sentido político do debate, que ia muito além de uma questão "classificatória". Por exemplo, logo nas primeiras páginas de seu livro, Pochmann destaca que a tese sobre a "nova classe média" acabaria por corroborar o "sequestro do debate sobre a natureza e a dinâmica das mudanças econômicas e sociais, incapaz de permitir a politização classista do fenômeno de transformação da estrutura social e sua comparação com outros períodos dinâmicos do Brasil" (POCHMANN, 2012, p. 8).

---

13. Dois anos depois, Pochmann voltaria ao debate com outro livro, *O mito da grande classe média: capitalismo e estrutura social* (Boitempo, 2014).

No ano anterior, em artigo intensamente repercutido na imprensa, no qual buscava achar uma diretriz eleitoral para seu partido, Fernando Henrique Cardoso tecia críticas ao PT e orientava os tucanos a procurarem estabelecer pontes com "toda uma gama de classes médias", compostas por "novas classes possuidoras (empresários de novo tipo e mais jovens), de profissionais das atividades contemporâneas ligadas à TI (tecnologia da informação) e ao entretenimento, aos novos serviços espalhados pelo Brasil afora, às quais se soma o que vem sendo chamado sem muita precisão de 'classe C' ou de nova classe média". (CARDOSO, 2011). De ângulos opostos, Pochmann e Cardoso notaram o essencial: o *sucesso da inflexão social do modelo social-liberal abria possibilidades para que seu próprio agente realizador a questionasse*. Tratava-se, pois, de canalizar as aspirações dos setores recém-alçados a melhor condição social. A possibilidade do questionamento, por sua vez, surgiria logo mais.

Em maio de 2012, Guido Mantega anunciou que o governo Rousseff estava colocando em prática um novo modelo econômico, conhecido como Nova Matriz Econômica (ABREU, 2012). Podemos caracterizá-lo como um conjunto de medidas que visavam favorecer o crescimento econômico por meio da concatenação de três elementos: desonerações tributárias, depreciação da taxa nominal de câmbio e redução da taxa básica de juros (OREIRO, 2017). Seu lançamento era justificado pela suposição de que o baixo ritmo do crescimento econômico nacional se devia a um problema de demanda, por sua vez vinculado aos efeitos da crise capitalista internacional de 2008 sobre o endividamento estatal dos países europeus. Na prática, esse tripé de medidas relativizava outro tripé, o macroeconômico, legado pela era Cardoso e estabilizado durante os governos Lula. Com esse virtual ataque aos fundamentos da ordem econômica até então em vigor, Rousseff também pretendia começar a reverter o longo processo de desindustrialização pelo qual o país passava desde os anos 1980. A popularidade do governo, a crise global e a reversão da desindustrialização via medidas desoneradoras das empresas – que interessava aos empresários industriais, mas também aos trabalhadores, como indicariam representantes dos dois lados em diversos eventos públicos – formavam um cenário aparentemente favorável.

Ao colocá-las em prática, todavia, o governo alterava o padrão de relacionamento com as classes empresariais que Lula havia fixado. O "intervencionismo" estatal não soava bem a essas classes; ao mesmo tempo, o favorecimento conferido aos empresários parecia radicalizar o "peso fiscal" sobre as costas da classe média, já insatisfeita com seu desprestígio na dinâmica social e política imprimida ao longo dos governos petistas.

O quadro ganharia tons mais cinzentos para o governo com o altamente espetacularizado julgamento final da Ação Penal 470 – sobre o escândalo do "mensalão" –, iniciado em agosto de 2012. O julgamento foi transmitido ao vivo pela TV Justiça, com retransmissão de outros canais, e acompanhado minuto a minuto por jornais, blogs e outras redes midiáticas. A intensidade da exposição dos ministros do STF não tardou a surtir seus efeitos. Os embates entre Joaquim Barbosa e Ricardo Lewandowski tornaram-se objeto de júbilo para os setores de oposição. Júbilo ainda mais ressaltado pelo fato de Barbosa ter sido nomeado por Lula, sendo negro e de origem humilde, em tudo favorecendo a construção de um personagem meritocrático e implacável com a corrupção. Acabou se tornando objeto de célebre capa de uma revista antigovernista, na qual sua imagem ao fundo era estampada pela manchete "O menino pobre que mudou o Brasil".[14] Entre vaias e aplausos, desenhava-se caminho inusitado para o apeamento de um partido de esquerda do poder. Mesmo os esforços de Rousseff em promover o que Singer chamou de "ensaio republicano" (SINGER, 2018) – um certo distanciamento prático do que chamamos aqui de Câmara Invisível – não foram suficientes para aplacar a ira em gestação.

A ocasião finalmente se revelou a seguir. Desde o início de 2013, diversos governos municipais e estaduais haviam estabelecido o aumento da tarifa do transporte público, decisão que foi acompanhada por protestos de diversos grupos, especialmente de estudantes prejudicados com a medida. Em março, surgiram protestos em Porto Alegre e Manaus; dois meses depois, mil manifestantes se reuniram em Goiânia e, no dia seguinte ao protesto em Goiás, os governos municipal (agora sob o comando do petista Fernando Haddad, eleito em 2012) e estadual de São Paulo confirmaram o reajuste de R$ 0,20 (vinte centavos). Em reação, o Movimento Passe Livre (MPL), organizado por estudantes secundaristas e universitários, tomou diversas iniciativas entre o fim de maio e o início de junho, quando então o movimento se expandiu para o Rio de Janeiro. Três dias depois da repressão policial ocorrida em 3 de junho, 5 mil pessoas fecharam a Avenida Paulista.

Em São Paulo e no Rio de Janeiro os conflitos continuaram; em Manaus e Goiânia, os reajustes foram suspensos. Em 13 de junho, a repressão policial, sem provocação da parte dos manifestantes, deu o estopim para que uma enorme massa de gente ganhasse as ruas. Em 17 de junho, 270 mil pessoas ocuparam as praças do país; no dia seguinte, 110 mil pessoas voltaram aos protestos. Em 19 de junho, cerca de 140 mil pessoas continuaram a se manifestar. Porém, foi no dia 20 de junho que a onda mudou de patamar: 1,4 milhão de pessoas compareceram aos atos, em mais de 130 cidades (G1, 2013), o que forçou a presidente Dilma Rousseff a ir à TV (G1, 2013b). Menor nos dias seguintes, a onda ainda colocaria milhares de pessoas nas ruas, obrigando o governo a propor "5 pactos nacionais" (MENDES, COSTA e PASSARINHO, 2013) e, em seguida, reunir-se com o MPL. O estrago, no entanto, já estava feito: em um mês, a popularidade de Rousseff caiu 27% (Folha de S. Paulo, 2013), e a partir daí nunca mais recuperou os patamares elevados do início de seu mandato.

---

14. Manchete de capa do semanário *Veja* de 10 de outubro de 2012.

O que explica essa maré de protestos? No plano organizacional, entrava em cena algo novo no Brasil: a importância das redes sociais como instrumento de mobilização de um vasto contingente de pessoas que, por motivos diversos, não costumam atuar na militância política – ponto que, como se sabe, viria a ganhar ainda mais camadas de significado nas eleições presidenciais de 2018.[15]

Mais difícil, no entanto, é entender as razões das manifestações, uma vez que as pautas eram diversificadas e os efeitos da crise econômica global não se faziam ainda sentir com força no bolso dos brasileiros. Essa dificuldade fez com que setores ligados ao governo vissem nos protestos uma resposta reacionária às conquistas sociais desde 2002, por parte de uma classe média insatisfeita com a perda de seus privilégios. Outros, mais simpáticos aos protestos, perceberam ali a manifestação de uma "crise de representação" (NOBRE, 2013) ou o aparecimento público dos jovens precarizados por trabalhos com baixos salários e baixas perspectivas de futuro (Antunes; Braga, 2014). Há, ainda, a hipótese de que se encontravam ali os dois sentidos combinados, representados pelo cruzamento, nas ruas, da classe média tradicional com aquilo que estava sendo chamado de "nova classe média" (Singer, 2013).

Como registram os dados apontados por Singer (2013, pp. 28-30), a enorme maioria – cerca de 80% – dos manifestantes era composta por jovens (até 25 anos) e jovens adultos (até 39 anos), mas havia uma curiosa decalagem entre o nível de escolaridade – em geral bastante elevado – e a renda, uma vez que cerca de 50% declaravam rendimentos de até cinco salários mínimos, 26% de cinco a dez salários mínimos e 23% acima disso. O descompasso entre renda e escolaridade se explicaria, justamente, pelo acentuado processo de escolarização promovido durante os governos petistas, que conjugou a ampliação de vagas nas universidades federais e a adoção de cotas raciais e sociais com a promoção do acesso às universidades privadas, via o programa de crédito para a educação superior. "Em função disso, deve-se cogitar a possibilidade de ter estado presente nas manifestações uma parcela de jovens de escolaridade mais alta que a renda, que é, aliás, a caracterização do operador de telemarketing, que tende a ter pelo menos escolaridade média completa, e às vezes universitária, com salário médio abaixo de 1,5 SM" (SINGER, 2015, p. 11).

Ainda segundo o mesmo raciocínio, é possível que esses manifestantes tenham sido atraídos pelo conjunto de bens e status que marcam a posição da classe média tradicional, detentora, no Brasil, de padrões de consumo mais requintados, além de outros tipos de capital social. No plano cultural, é de se observar que os anos lulistas foram marcados pela ascensão da "teologia da prosperidade" e pelo que ficou conhecido como "funk ostentação". Além dos sinais materiais de ascensão social, pode ter surgido também um movimento

---

15. Convém recordar da importância das redes sociais na chamada Primavera Árabe (2012), talvez o primeiro conjunto de manifestações marcadas por esse traço.

subjetivo, no qual a crítica da corrupção e a rejeição da "política" acabavam dando plausibilidade à crença numa abordagem "técnica" dos governos. De fato, a pesquisa feita pelo Ibope em 20 de junho de 2013, ao reunir as razões expressadas pelos manifestantes para explicar sua adesão às manifestações, indicava a predominância das ligadas ao ambiente político, em especial a corrupção e o desvio dos recursos públicos (G1, 2013c).

Seja como for, não deixa de ter sua força a hipótese de que "setores de classe média de centro e de direita intuíram que havia ali uma oportunidade para expressar um mal-estar difuso com a situação do país" (SINGER, 2013, p. 34). Mas o que gostaríamos de salientar a partir desse diagnóstico é que ali se manifestava o primeiro grande gesto de afastamento das classes médias do pacto social que até então havia sustentado o arranjo democrático de 1988. E seu efeito prático imediato foi, pela primeira vez desde 1994, a erosão da capacidade de iniciativa do Poder Executivo, agora deslocada para o Poder Legislativo. Em outras palavras: o desfazimento do presidencialismo de coalizão.

Outro setor que começava a expor seu afastamento gradativo do mesmo arranjo foi o militar. Insatisfeitos com a criação da Comissão Nacional da Verdade (CNV) – prevista pela Lei 12528/2011 e instituída em 16 de maio de 2012 –, os comandantes militares jamais deixaram de expressar sua indignação com o que viam como uma forma de perseguição, sem que sua versão da história fosse contada. Segundo eles, tratava-se da tentativa de "manchar" as Forças Armadas e alguns dos seus mais renomados quadros, assim como da rejeição da lei da Anistia de 1979, promulgada ainda durante o regime militar, mas sob a égide do processo que visava à transição democrática. O espírito da corporação diante das iniciativas da CNV é bem captado pela mensagem do tenente do Exército José Conegundes do Nascimento que, ao se recusar a depor sobre sua participação na repressão durante o regime militar, escreveu: "Não vou comparecer. Se virem. Não colaboro com o inimigo" (MENDES, 2014).

Enfim, não bastassem as demandas dos manifestantes das jornadas de junho de 2013, o governo de Dilma Rousseff se via perante um rol mais amplo de dificuldades: a insatisfação dos militares, resultados econômicos bem abaixo do esperado e o desgaste junto a forças parlamentares que se sentiam excluídas de seu governo. Por fim, o desgaste midiático, imposto pelo veredito do julgamento da Ação Penal 470, em 13 de março de 2014, que condenou 24 líderes políticos, executivos e empresários. Mas havia um desafio adicional, que acabou se revelando o mais deletério para o destino de sua presidência. Em 17 de março, menos de uma semana depois do fim do processo do mensalão, começou a Operação Lava-Jato, maior investigação de corrupção e lavagem de dinheiro da história do país.

Fazendo amplo recurso à chamada "delação premiada" e à prisão preventiva, os procuradores lava-jatistas, capitaneados por Deltan Dallagnol, obtiveram depoimentos e confissões de políticos, lobistas, empresários – enfim, de uma gama variada de participantes do núcleo duro do poder político e econômico nacional. Tomando para si a imagem construída pelo julgamento do mensalão, e sob os aplausos entusiasmados da opinião pública, a Operação Lava-Jato parecia se propor a atacar, sem trégua e simultaneamente, algumas das, se não todas, as fontes de corrupção do país. Com o governo na defensiva, abriam-se flancos para que os (novamente) derrotados nas urnas, em outubro de 2014, capitalizassem ganhos políticos.

Contudo, vazamentos irregulares, penas diferentes para praticantes de crimes assemelhados e outras práticas à margem do "devido processo legal", sugeriam que, no final das contas, o consórcio judiciário em torno da Lava-Jato tinha um objetivo mais específico, isto é, o de eliminar o PT, e especialmente Lula, do jogo político nacional. A célebre apresentação de powerpoint de Dallagnol, na qual "Lula" ocupava o centro de um vasto esquema criminoso, e a afirmação de que, apesar da falta de provas, havia "convicção" de sua culpa, foram tomadas como indicadoras do real objetivo dos procuradores. Passaram a surgir interpretações de que estava em curso uma guerra jurídica (*lawfare*), entendida como "o uso indevido de ferramentas jurídicas para a perseguição política; a aplicação da lei como uma arma para destruir o adversário político pela via judicial" (ROMANO, 2019, p. 19).[16]

Combinado com a erosão da autoridade da chefe do Poder Executivo, esse conjunto de fatores fez com que a antes sólida base governista entrasse em progressivo colapso, até o ponto em que a regra de ouro do presidencialismo de coalizão – a manutenção de maioria qualificada no Congresso – fosse rompida. Nem mesmo a reeleição de Rousseff, numa disputa acirradíssima, na qual a presidente prometia a continuidade das políticas sociais que marcaram os governos do PT, foi capaz de alterar esse quadro. Na verdade, do ponto de vista do consenso constitucional, o resultado do pleito trouxe uma deterioração ainda maior: pela primeira vez na história da Quinta República, um candidato derrotado no segundo turno (Aécio Neves, do PSDB) questionava, abertamente, a lisura do processo eleitoral.

Dois sinais evidentes de fragilidade do segundo governo de Rousseff se manifestaram logo de saída. A escolha, em novembro de 2014, de Joaquim Levy – economista formado na Universidade de Chicago e gestor de fundos do Bradesco – para o Ministério da Fazenda sinalizava uma reversão liberal da política econômica. De uma só vez, o governo assumia o fracasso da Nova Matriz Econômica e frustrava sua base política, que naturalmente esperava a manutenção do programa apresentado durante a campanha. Manchetes, colunas e análises sobre o "estelionato eleitoral" de Rousseff ganharam as páginas impressas e virtuais.

---

16. Uma breve história do conceito e a sua redefinição, à luz do caso Lula, podem ser encontradas em Zanin, Martins e Valim (2019).

O segundo sinal foi a eleição, em primeiro turno, de Eduardo Cunha (PMDB) para a presidência da Câmara Federal em fevereiro de 2015. Dizendo-se independente em relação ao governo – apesar de membro de um partido (o PMDB) que compunha a base governista, uma vez que indicara o candidato a vice-presidente da chapa vitoriosa –, Cunha bateu três candidatos de esquerda, um deles sendo deputado do próprio PT. Poucos personagens representariam tão ostensivamente como Cunha o deslocamento do centro do poder constitucional para o Legislativo. Exímio conhecedor das normas congressuais, a longa carreira política às sombras do poder e o papel-chave na destilação de todo tipo de recursos para seus pares foram os principais atributos que cacifaram o então deputado federal ao posto de comandante de uma tropa formidável de deputados de baixo e médio escalão, antes dispersa, mas bastante insatisfeita com o "ensaio republicano" de Rousseff. Sob Cunha, formou-se o chamado "Centrão": o próprio semblante da Câmara Invisível, finalmente despido dos escrúpulos e constrangimentos morais que antes a inibiam.

Coordenadas objetivamente, as duas frentes – a do Congresso e a judiciária – fechavam o quadro. À primeira caberia tirar a presidente Dilma Rousseff do cargo; à segunda, condenar à prisão o ex-presidente Lula. Juntas, essas medidas deveriam retirar o PT do jogo político tanto no presente quanto no futuro. Com efeito, no dia 17 de abril de 2016, Dilma Rousseff foi apeada do governo em uma manobra muito controvertida, que consistiu em abrir processo de impeachment por crime de responsabilidade, devido às "pedaladas fiscais" de seu governo. E no dia 12 de julho de 2017, o juiz Sérgio Moro condenava Lula a nove anos e meio de prisão.

Conclusão: Democracia e capitalismo no Brasil, à luz do bicentenário

"A democracia no Brasil foi sempre um lamentável mal-entendido", dizia Sérgio Buarque de Holanda, numa passagem célebre de *Raízes do Brasil* (p. 281). Em seu estilo elegante e sutil, ele ecoava um sentimento antigo entre os mais diversos observadores da cena brasileira, nacionais ou estrangeiros, profundamente pessimista quanto às chances do erguimento de um regime de liberdades públicas estável no país. Diga-se de passagem, ponto tradicionalmente entendido como pertinente não só para o Brasil, mas para os países latino-americanos em geral. Eis que ainda no início do século XIX, quando as lutas pela independência do domínio espanhol começavam a despontar, John Adams, um dos "pais fundadores" dos Estados Unidos e segundo presidente da história daquele país, observava que cogitar de governos livres nas colônias da América do Sul "era tão absurdo quanto tentar 'instaurar democracias entre as aves, feras e peixes'" (*apud* BETHELL, 2009, p. 133).

Contudo, no período que se abre com o fim da ditadura militar, em 1985, essa percepção passa a ser intensamente questionada e revista. Talvez sob o impulso de ventos internacionais muito favoráveis, os quais se juntavam a uma opinião pública disposta a repudiar com veemência os anos de autoritarismo, não poucos estudiosos da história e da política nacionais começaram a reexaminar teses clássicas sobre os vícios "estruturais" do país, que o teriam tornado impermeável a práticas republicanas e com ampla participação popular. Mesmo explicações históricas dos frequentes surtos autoritários do passado, antes consagradas, passaram a ser expostas a críticas severas, nas quais as razões de ordem "estrutural" eram substituídas por hipóteses que destacavam elementos mais circunstanciais, tais como erros nas escolhas feitas pela liderança política ou falhas no arranjo institucional. A conclusão de fundo era que, com escolhas corretas e instituições apropriadas, nada impediria o progresso e consolidação da democracia em solo nacional.

Mas agora uma nova percepção – na verdade, a retomada da percepção mais antiga – vem a desenhar no horizonte velhos fantasmas a respeito das tendências autoritárias intrínsecas da sociedade brasileira. Percepção que se soma a mudanças importantes no próprio cenário internacional, em que se assiste a uma rápida ascensão de correntes e lideranças autoritárias e de extrema direita, mesmo em países de longa tradição democrática. Com efeito, há que registrar uma inédita sincronização política entre o que acontece nos países latino-americanos e o que acontece nos países mais desenvolvidos do Atlântico Norte. O que projeta sombras adicionais no futuro dos primeiros.

A crise política contemporânea, nacional e internacional, voltou a introduzir na pauta da reflexão acadêmica o problema do difícil entrosamento entre democracia e capitalismo (PRZEWORKI, 2020, cap. 1). Relacionamento que foi se tornando cada vez mais intratável com o avanço da globalização e o consequente deslanche da ordem neoliberal, cujos efeitos corrosivos só foram percebidos tardiamente: ao mesmo tempo que geravam uma paridade sem precedentes entre a riqueza das regiões mais desenvolvidas ocidentais e a riqueza de certas regiões até então periféricas (como é o caso do leste asiático), eles faziam crescer o fosso entre as classes privilegiadas e as mais pobres no interior de suas respectivas sociedades. E é bem provável que a frustração das promessas de reduzir a desigualdade social tenha desencadeado o abalo da sustentação popular das democracias, que afinal toparam conviver com essa forma altamente excludente do capitalismo contemporâneo.

Antes de retomar o balanço dos governos brasileiros liderados pela esquerda petista, cabe salientar uma peculiaridade da esquerda mundial nesse período. É que, a partir da derrocada do socialismo soviético e a crise dos *welfare states* no Ocidente, as forças de esquerda remanescentes, ao endossar a ideia de que o regime democrático é a única alternativa política aceitável em nosso tempo, e simultaneamente tomar a globalização como uma tendência inexorável, passaram a fazer modificações profundas em seu roteiro programático tradicional, a fim de se viabilizar nas disputas eleitorais. É essa reorientação que está por trás do advento da chamada "terceira via" nos partidos trabalhistas e social-democratas dos países do Norte – reinterpretada como "neoliberalismo progressista" por Nancy Fraser (2018) – e, até certo ponto, da "onda rosa" na América Latina.[17] Esta última, na verdade, buscou um meio-termo entre o neoliberalismo *tout court* e a via social-democrata clássica, conforme explicamos nas páginas anteriores, ao analisar os governos sob a liderança do PT. Em resumo, ela assimilou alguns dos termos centrais do capitalismo neoliberal, ao mesmo tempo que os contrarrestou deslanchando políticas mais ou menos amplas, embora não universais, de distribuição de renda e de proteção social.

A experiência brasileira, contudo, revelou os limites dessa estratégia. Mas se nossa análise estiver correta, o problema crucial dela não foi tanto o confronto dos governos petistas com as classes abastadas, quanto o fato de não ter providenciado políticas dirigidas aos grupos situados no meio da pirâmide social. No governo Lula, o problema já estava lá, mas ainda "incubado"; é apenas durante o governo Dilma Rousseff que acabará se explicitando, por dois motivos. Primeiro, porque a Nova Matriz Econômica (NME), com seu programa de desonerações fiscais para as empresas, mas que preservava as políticas de transferência de renda para os mais pobres, significou que no futuro imediato os grupos que já se viam carregando o fardo fiscal teriam de, a partir dali, arcar com o fardo adicional resultante daquelas desonerações. No papel, a NME deveria, no médio prazo, beneficiar todas as classes, se seu resultado fosse um novo "boom" industrial. Contudo, não foi isso que aconteceu. Apesar de o governo ter executado sua parte nos acordos que selou com as federações industriais, as empresas não responderam aos estímulos a contento: a economia continuou crescendo a taxas muito baixas (exceto no setor do agronegócio) e a indústria continuou perdendo competividade. Era como se o país estivesse desperdiçando recursos imensos numa fantasia, numa causa ilusória – ou, pelo menos, assim diziam os contumazes críticos do intervencionismo estatal, só que desta vez encontrando ampla audiência.

O segundo motivo é que Dilma Rousseff alterou o padrão de relacionamento com as classes capitalistas que Lula havia estabelecido anteriormente. Este último nunca quis cultivar uma relação mais orgânica com o empresariado nacional. Ao longo de seu governo, vigeu apenas uma política de boa vizinhança: o governo cuidava de melhorar a vida das classes mais pobres, enquanto os empresários cuidavam de expandir seus negócios e ganhar dinheiro, cada lado evitando ferir os interesses do outro. Dilma, entretanto, estava decidida a ir

---

17. Para uma análise da "terceira via", ver Giddens (1998) e Arestis e Sawyer (2001); para a "onda rosa" na América Latina, ver Santos (2018).

além. Para enfrentar o desafio de reindustrializar o país, a presidente quis fazer do setor empresarial um parceiro estratégico, selando com ele uma espécie de contrato de mútuas obrigações. Esse passo, todavia, implicou uma interferência "externa" nas relações internas dessas classes – o que Lula jamais ousou fazer –, mexendo nas tensões e conflitos entre suas diversas frações.

De novo: tivesse a NME funcionado, o governo poderia reverter os desgastes dessa conduta com o próprio sucesso da empreitada. Conforme, ao contrário, a política econômica foi fazendo água, aquilo que era para ser uma aliança estratégica veio a se transformar, agora sim, numa série de confrontos nocivos ao futuro da aliança: contra o setor financeiro, para manter os juros baixos; contra o setor elétrico, para manter as tarifas mais baratas; e contra o próprio setor industrial, para cobrar o cumprimento de sua parte no acordo, uma vez que o governo já estava cumprindo a sua. Tendo finalmente paralisado o andamento dos planos oficiais, o empresariado só precisou encontrar um pretexto para se desvencilhar de vez de seus compromissos com o governo, e então se somar à frente oposicionista antes limitada às classes médias. Eis que as jornadas de junho de 2013 chegavam em boa hora.

Se quisermos transcender seus elementos conjunturais, a análise desses acontecimentos dramáticos há de sugerir nexos com interpretações clássicas da sociedade brasileira, já aludidas aqui, em particular as que se dedicaram a interrogar as relações entre a política e o capitalismo prevalecentes na história do país. Se tomarmos, por exemplo, as análises de Caio Prado Jr., Florestan Fernandes, Raymundo Faoro, Fernando Henrique Cardoso e mesmo a de Sérgio Buarque de Holanda, vamos encontrar diferentes tentativas de ligar certas reiterações históricas da vida econômica e social às fundações do Estado-Nação brasileiro.

De especial interesse para nós, em vista do tema geral da presente coletânea, é o estudo de Florestan Fernandes sobre a "revolução burguesa no Brasil", que o levou a retroagir até a quadra histórica da independência. Como se ali já comparecessem em germe todas as grandes contradições da história nacional vindoura. Daí que cada acontecimento crítico posterior apareça, ao longo da obra, como uma volta disfarçada à "cena original", a qual nos leva a reencontrar os problemas fundamentais que desafiam a compreensão do país. Recorremos a um trecho desta obra que ilustra bem de que estamos falando:

> A independência pressupunha, lado a lado, um elemento puramente revolucionário e outro elemento especificamente conservador. O elemento revolucionário aparecia nos propósitos de despojar a ordem social, herdada da sociedade colonial, dos caracteres heteronômicos aos quais fora moldada... O elemento conservador evidenciava-se nos propósitos de preservar e fortalecer, a todo custo, uma ordem social que não possuía condições materiais e morais suficientes para engendrar o padrão de autonomia necessário à construção e o florescimento de uma Nação. (FERNANDES, 1976 [1974], pp. 32-3)

Do ponto de vista estritamente econômico, fica implícita nessa análise a ideia de uma baixa elasticidade estrutural do capitalismo brasileiro, na medida em que tenha de suportar as tensões e conflitos resultantes do esforço de construção da autonomia nacional, sobretudo quando emergem de um experimento democrático, num quadro internacional que impõe limites, ora mais, ora menos, estreitos. Em outras palavras, a conjugação do subdesenvolvimento com a dependência.

Não por acaso, o panorama formulado por Florestan indica como essa dinâmica contraditória acaba constituindo a pauta das questões que vão ocupar a arena dos embates que a esquerda brasileira travará com seus adversários ideológicos: a) o caráter incompleto da independência nacional, que remete ao tópico do "capitalismo dependente"; b) a histórica "dívida social" do país, que remete à escravidão e suas sequelas; e c) a participação das classes populares na política, que se vincula às questões da democracia e do autoritarismo. Por diferentes modos e formas, esses três pontos tenderam a subir ao topo da agenda nacional, toda vez que a esquerda (entendida aqui em sentido bem amplo) experimentou um período de ascensão política, seja a ponto de pressionar com força os que governavam, seja a ponto de ela mesma assumir o governo do Estado, desencadeando surtos de esperança popular, mas também de frustração, até chegar a uma situação de crise e impasse.

À sua própria maneira, os governos liderados pela esquerda petista reiteraram esse padrão. Porém, diferentemente de práticas e discursos dos anos 1960, outro momento em que parte da esquerda brasileira esteve no comando federal e buscou industrializar o país reduzindo as desigualdades, os petistas não apenas evitaram rejeitar o pacto constitucional vigente, como buscaram abraçar os seus termos, inclusive o que havia de escuso neles – como o recurso à Câmara Invisível para cooptar aliados –, e desdobrar todas as potencialidades do regime, até bater em suas paredes. O resultado um tanto irônico dessa história é que coube mais uma vez a seus adversários políticos e sociais, e não a ela mesma, atirar a primeira pedra e subverter o consenso de base que ancorava a política democrática, lançando o país na deriva em que hoje se encontra.

Referências

ABRANCHES, Sérgio. Presidencialismo de coalizão: o dilema institucional brasileiro. *Dados*, v.31, n.1, pp. 5-38, 1988.

ABREU, Beatriz. Mantega indica novo modelo econômico. *O Estado de S. Paulo*, 5 de julho de 2012. Disponível em: https://economia.estadao.com.br/noticias/geral,mantega-indica-novo-modelo-economico-imp-,896017.

AGÊNCIA DO SENADO. Eleições no Brasil são as mais caras do mundo. *Senado notícias*, 16 de setembro de 2014. Disponível em: https://www12.senado.leg.br/noticias/materias/2014/09/15/eleiassaues-no-brasil-sapso-as-mais--caras-do-mundo.

ANTUNES, Ricardo; BRAGA, Ruy. Os dias que abalaram o Brasil: as rebeliões de junho, julho de 2013. *Revista de Políticas Públicas*, São Luís, v.18, n. especial, pp. 41-7, julho de 2014.

ARAÚJO, Cicero; BELINELLI; Leonardo. A crise constitucional brasileira: ensaio de interpretação histórica (1988-2016). In: SINGER, André; ARAÚJO, Cicero e RUGITSKY, Fernando (orgs). *O Brasil no inferno global: capitalismo e democracia fora dos trilhos*. São Paulo: FFLCH/USP [no prelo], 2022.

ARESTIS, Philip; SAWYER, Malcolm (eds). *The Economics of the Third Way: Experiences from Around the World*. Cheltenham, UK/ Northampton MA, USA: Edward Elgar, 2001.

AUGUSTO DE OLIVEIRA, Fabrício. O sistema tributário brasileiro: evoluções, distorções e os caminhos da reforma (1891-2017). In: VÁRIOS AUTORES, *A reforma tributária necessária: diagnósticos e premissas*. Brasília: Anfip e Fenafisco; São Paulo: Plataforma Política e Social, 2018,

BERLIN, Isaiah. Os dois conceitos de liberdade. In: H. Hard e R. Hausheer (orgs), *Estudos sobre a humanidade*. São Paulo: Companhia das Letras, 2002.

BETHELL, Leslie. *História da América Latina*: Da Independência a 1870. São Paulo: Edusp, 2009.

BONIN, Robson. Popularidade de Lula bate recorde e chega a 87%, diz Ibope. *G1*, 16 de dezembro de 2010. Disponível em: https://g1.globo.com/politica/noticia/2010/12/popularidade-de-lula-bate-recorde-e-chega-87-diz-ibope.html.

BRAGA, Ruy. *A política do precariado*: do populismo à hegemonia lulista. São Paulo: Boitempo, 2012.

BRAGON, Ranier. Com fundo de R$ 5,7 bilhões, Brasil sobe ao topo mundial do gasto público com campanhas eleitorais. *Folha de S. Paulo*, 16 de julho de 2021. Disponível em: https://www1.folha.uol.com.br/poder/2021/07/com--fundo-eleitoral-de-r-57-bi-brasil-sobe-ao-topo-mundial-do-gasto-publico--com-campanhas.shtml.

BRANDT, Ricardo; AFFONSO, Julia; SERAPIÃO, Fábio; PIRES, Breno. "Esse crime eleitoral todo mundo praticou", diz Odebrecht sobre caixa 2. *O Estado de S. Paulo*, 12 de abril de 2017. Disponível em: https://politica.estadao.com.br/blogs/fausto-macedo/esse-crime-eleitoral-todo-mundo-praticou-afirma--odebrecht-sobre-caixa-dois/.

BUARQUE de Holanda, Sérgio. *Raízes do Brasil*. São Paulo: Cia das Letras, 2015.

CAMPOS, Pedro Henrique Pedreira. *Estranhas* catedrais: as empreiteiras brasileiras e a ditadura civil-militar, 1964-1988. Niterói: EDUFF, 2017.

CARDOSO, Fernando Henrique. *Empresário industrial e desenvolvimento econômico no Brasil*. São Paulo: DIFEL, 1972.

_____. *Autoritarismo e democratização*. São Paulo: Paz e Terra, 1975.

_____. O papel da oposição. *Interesse Nacional*, n.13, abril de 211.

CARVALHO, Laura. *Valsa brasileira*: do boom ao caos econômico. São Paulo: Todavia, 2018.

CINTRA, Antônio Octávio. Presidencialismo e parlamentarismo: são importantes as instituições? In: AVELAR, Lúcia; CINTRA, Antônio Octávio (orgs). *Sis-

tema político brasileiro: uma introdução. Rio de Janeiro: Konrad-Adenauer Stiftung; São Paulo: Unesp, 2007.

DUALIBI, Julia; BOMBIG, José Alberto. Cúpula do PT cobra mudança na política econômica de Lula. *Folha de S. Paulo*, 6 de março de 2004. Disponível em: https://www1.folha.uol.com.br/folha/brasil/ult96u58876.shtml.

ESPING-ANDERSEN, Gosta. As três economias políticas do *welfare state*. *Lua Nova*: Revista de Cultura e Política, 1991, n. 24, pp. 85-116.

EXAME. 35 milhões de pessoas ascenderam à classe média. *Exame*, 21 de setembro de 2012. Disponível em: https://exame.com/brasil/35-milhoes-de-pessoas-ascenderam-a-classe-media/.

FAORO, Raymundo. *Os donos do poder*. São Paulo: Globo, 2008.

FERNANDES, Florestan. *A revolução burguesa no Brasil*. Rio de Janeiro: Zahar, 1976 [1974].

FGV Social. Sem título. *FGV Social*, sem data. Disponível em: https://cps.fgv.br/qual-faixa-de-renda-familiar-das-classes.

FRASER, Nancy. Do neoliberalismo progressista a Trump – e além. *Política e sociedade*. v. 17 n. 40, 2018, pp. 43-64.

FOLHA DE S. PAULO. Popularidade de Dilma cai 27 pontos após protestos. Folha de S. Paulo, 29 de junho de 2013. Disponível em: https://m.folha.uol.com.br/poder/2013/06/1303541-popularidade-de-dilma-cai-27-pontos-apos-protestos.shtml.

FOLHA ONLINE. Eleições 2002 – Candidatos à presidência – Lula. *Folha de S. Paulo*, 2002. Disponível em: https://www1.folha.uol.com.br/folha/especial/2002/eleicoes/candidatos-lula-aliancas.shtml.

FOLHA ONLINE. Base do governo Lula na Câmara infla em 2003. *Folha de S. Paulo*, 30 de dezembro de 2003. Disponível em: https://www1.folha.uol.com.br/folha/brasil/ult96u56811.shtml.

FONSECA, Marcelo. Dos 6 ministros demitidos por Dilma, só Palocci e Rossi se afastaram da vida pública. *Estado de Minas*, 9 de junho de 2012. Disponível em: https://www.em.com.br/app/noticia/politica/2012/06/09/interna_politica,299083/dos-6-ministros-demitidos-por-dilma-so-palocci-e-rossi-se-afastaram-da-vida-publica.shtml.

FRANCO, Maria Sylvia de Carvalho. *Homens livres na ordem escravocrata*. São Paulo: Unesp, 2012.

FURTADO, Celso. *Desenvolvimento e subdesenvolvimento*. Rio de Janeiro: Fundo de Cultura, 1961.

GIDDENS, Anthony. *The Third Way: The Renewal of Social Democracy*. Cambridge: Polity Press, 1998.

GOULART, Josette. O efeito Lula 2002 no dólar pode se repetir em 2022? *Veja*, 9 de junho de 2021. Disponível em: https://veja.abril.com.br/coluna/radar-economico/o-efeito-lula-2002-no-dolar-pode-se-repetir-em-2022/.

GRIMM, Heinz; MONHAUPT, Dieter. *Constituição*: história do conceito da Antiguidade até os nossos dias. Belo Horizonte: Tempus, 2012.

G1. Resultados das manifestações de junho. *G1*, 28 de junho de 2013, 2013. Disponível em: http://g1.globo.com/brasil/linha-tempo-manifestacoes-2013/platb/.

G1. Veja e leia o pronunciamento na TV da presidente Dilma Rousseff. *G1*, 21 de junho de 2013, 2013b. Disponível em: https://g1.globo.com/politica/noticia/2013/06/veja-e-leia-o-pronunciamento-na-tv-da-presidente-dilma--rousseff.html.

G1. Veja pesquisa completa do Ibope sobre os manifestantes. *G1*, 24 de junho de 2013, 2013c. Disponível em: https://g1.globo.com/brasil/noticia/2013/06/veja-integra-da-pesquisa-do-ibope-sobre-os-manifestantes.html.

LAMOUNIER, Bolivar. "Formação de um pensamento autoritário na Primeira República: uma interpretação", In: FAUSTO, Boris (org). *História Geral da Civilização Brasileira*, tomo 3, vol. 2. São Paulo, Difel, 1977.

LAVINAS, Lena. *The takeover of social policy by financialization*: the Brazilian paradox. Nova York: Palgrave Macmillan, 2017.

LEVITSKY, Steven; ZIBLATT, Daniel. *Como as democracias morrem*. Rio de Janeiro: Zahar, 2018.

MENDES, Priscilla; COSTA, Fabiano; PASSARINHO, Nathália. Dilma propõe 5 pactos e plebiscito para constituinte da reforma política. *G1*, 24 de junho de 2013. Disponível em: https://g1.globo.com/politica/noticia/2013/06/dilma--propoe-5-pactos-e-plebiscito-para-constituinte-da-reforma-politica.html.

MENDES, Priscilla. "Se virem. Não colaboro com inimigo", diz militar à Comissão da Verdade. *G1*, 8 de setembro de 2014. Disponível em: https://g1.globo.com/politica/noticia/2014/09/se-virem-nao-colaboro-com-inimigo-diz-militar--comissao-da-verdade.html.

NERI, Marcelo. *A nova classe média*: o lado brilhante da pirâmide. São Paulo: Saraiva, 2012.

NETTO, Andrei. "Esse é o cara", afirma Obama, sobre Lula. *O Estado de S. Paulo*, 3 de abril de 2009. Disponível em: https://economia.estadao.com.br/noticias/geral,esse-e-o-cara-afirma-obama-sobre-lula,349250.

NOBRE, Marcos. *Imobilismo em movimento*: da abertura democrática ao governo Dilma. São Paulo: Companhia das Letras, 2013.

O GLOBO. "Caixa 2 sempre foi a alma do sistema eleitoral brasileiro", diz João Santana. *O Globo*, 26 de outubro de 2020. Disponível em: https://oglobo.globo.com/politica/caixa-2-sempre-foi-alma-do-sistema-eleitoral-brasileiro-diz--joao-santana-2-24713838.

OLIVEIRA, Francisco de. *Crítica à razão dualista/O ornitorrinco*. São Paulo: Boitempo, 2003.

OREIRO, José Luis. A grande recessão brasileira: diagnóstico e uma agenda de política econômica. *Estudos Avançados*. 2017, v. 31, n. 89, pp. 75-88.

PALERMO, Vicente. Como se governa o Brasil? O debate sobre instituições políticas e gestão de governo. *Dados*, 2000, v. 43, n. 3, pp. 521-57.

POCHMANN, Márcio. *Nova classe média? O trabalho na base da pirâmide social brasileira*. São Paulo: Boitempo, 2012.

PRADO JR., Caio. *Formação do Brasil contemporâneo: colônia.* São Paulo: Companhia das Letras, 2012.

_____. *A revolução brasileira/A questão agrária no Brasil.* São Paulo: Companhia das Letras, 2014.

PRZEWORSKI, Adam. *Crises da democracia.* São Paulo: Zahar, 2020.

REIS, Fábio Wanderley. CPIs e Investigação política. In: Avritzer, Leonardo; Anastasia, Fátima (orgs). *Reforma política no Brasil.* Belo Horizonte: UFMG, 2006.

RIBEIRO, Fabiana. A década do emprego formal. O Globo, 27 de abril de 2012. Disponível em: https://oglobo.globo.com/economia/a-decada-do-emprego-formal-4761313#:~:text=De%202000%20para%202010%2C%20os,%25%20para%2028%2C5%25.

ROMANO, Silvina M. Introducción. Lawfare, judicialización de la política y neoliberalismo en América Latina. In: ROMANO, Silvina M. (org). *Lawfare: guerra judicial y neoliberalismo en América Latina.* Buenos Aires: Mármol-Izquierdo, 2019.

SALATA, André; SCALON, Celi. Do Meio à Classe Média: como a "nova classe média" e a "classe média tradicional" percebem sua posição social? *Ciências Sociais Unisinos,* 51 (3):375-386, setembro/dezembro, 2015.

SANTOS, Wanderley Guilherme. *Cidadania e justiça:* a política social na ordem brasileira. Rio de Janeiro: Campus, 1979.

SANTOS, Fábio Luis Barbosa. *Uma história da onda progressista sul-americana (1998-2016).* São Paulo: Elefante, 2018.

SINGER, André. *Os sentidos do lulismo:* reforma gradual e pacto conservador. São Paulo: Companhia das Letras, 2012.

_____. Brasil, junho de 2013, classes e ideologias cruzadas. *Novos estudos CEBRAP.* 2013, n. 97, pp. 23-40.

_____. Quatro notas sobre as classes sociais nos dez anos do lulismo. *Psicologia USP.* 2015, v. 26, n. 1, pp. 7-14.

_____. *O lulismo em crise:* um quebra-cabeças do período Dilma. São Paulo: Companhia das Letras, 2018.

SOARES, Sergei Suarez Dillon. O ritmo na queda da desigualdade no Brasil é aceitável? *Brazilian Journal of Political Economy.* 2010, v. 30, n. 3, pp. 364-380.

SOUZA, Amaury de; LAMOUNIER, Bolivar. *A classe média brasileira:* ambições, valores e projetos de sociedade. Rio de Janeiro: Elsevier; Brasília, DF: CNI, 2010.

SOUZA, Jessé. *Os batalhadores brasileiros:* nova classe média ou nova classe trabalhadora? Belo Horizonte: UFMG, 2012.

STIGLITZ, Joseph E. *El malestar en la globalización.* Buenos Aires: Taurus, 2002.

UOL. Há 20 anos Maluf reveza apoios a PT e PSDB. *UOL,* 30 de maio de 2014. Disponível em: https://noticias.uol.com.br/album/2014/05/30/apoio-do-pp-de-maluf-e-alvo-de-disputa-entre-pt-e-psdb.htm?foto=4.

ZANIN, Cristiano; MARTINS, Waleska; VALIM, Rafael. *Lawfare: uma introdução.* São Paulo: Contracorrente, 2019.

10

O "mundo rural": O novo emerge sobre as raízes do passado

Zander Navarro

> "[Somos] um povo agarrado ao passado, nem por isso imune às irrupções modernizadoras, muito mais decorrentes de fatores objetivos de mudança do que da recusa consciente do atraso e da ousada disponibilidade para a inovação. Aqui as formas sociais e culturais tornam-se modernas como instrumentos de conteúdos arcaicos. Nossa modernidade expressa esse bifrontismo."
>
> José de Souza Martins
> "Meandros da Semana de 22", *Valor Econômico*, 11/02/2022

1. Introdução

Duzentos anos desde a Independência, vencidos os tempos do Império e o nascimento da República, até meio século atrás as maiores novidades concretizadas no "mundo rural brasileiro" teriam sido o advento do extraordinário ciclo da cafeicultura, a partir da segunda metade do século XIX e, algumas décadas após, o término do regime escravista, concomitantemente com a decadência da economia açucareira nordestina. A riqueza gerada pelo café, já no século passado, financiou a industrialização, sobretudo a paulista. Sob o ponto de vista das relações de trabalho, as particularidades sociais e políticas prevalecentes nas regiões rurais, especialmente o poder incontrastável dos grandes proprietários de terra, contudo, foram espaços societários que permaneceram sob a órbita de espantoso atraso, inclusive em São Paulo. Após a Abolição, por exemplo, as formas de servidão humana se mantiveram sob o colonato, analisado por diversos historiadores e magistralmente iluminado em *O cativeiro da terra*, publicado originalmente em 1979 (também de autoria de Martins, referido na epígrafe). No livro, de fato uma interpretação sobre a gênese do capitalismo brasileiro, o autor destaca que esse é um regime econômico marcado por uma "transição vagarosa, extraviada nos atalhos de inovações sociais e econômicas tópicas, que nos permitem ser o que não somos e chegar aonde não podemos" (edição de 2013, p. 10).

De fato, foi somente na década de 1970 que o Estado brasileiro implantou uma verdadeira estratégia de transformação produtiva, a qual confrontou o rentismo clássico e lançou as raízes da moderna economia agropecuária brasileira, consolidada no presente século. Dessa forma, se esse não foi o marco fundador do capitalismo agrário, foi, pelo menos, o momento histórico em que sofreu um vigoroso processo de aceleração, deixando para trás a "transição vagarosa" anteriormente destacada.

A experiência contemporânea dessa mudança vem demonstrando concretamente um desmentido histórico de uma das teses centrais do clássico *Os donos do poder,* de Raymundo Faoro, inicialmente publicado em 1958. No livro, o autor se refere às infrutíferas tentativas de fazer surgir no país o "capitalismo moderno", em sua versão liberal tradicional. Ao contrário desta tese, no entanto, a emergência de uma economia agropecuária sob intensificação produtiva e em busca incessante da maximização de suas taxas de lucratividade tem resultado, de fato, na concretização de um setor econômico ultraliberal. Pela primeira vez na história do país, esta atividade econômica vem se organizando com decrescente suporte financeiro e outros favorecimentos oferecidos pelo Estado, direcionando seus interesses na busca pelo lucro e, sob tal intento, derrubando, literalmente, todos os bloqueios à sua frente, dos institucionais aos ambientais. Vem sendo estruturado um contexto praticamente sem freios a esse avanço, ante a incapacidade estatal de estabelecer algum tipo de regulação consequente e eficaz, com respaldo social e político. Em síntese, quase prevalece a "lei da selva" na atividade, com poucos vencedores, mas numerosos perdedores.

Em seu celebrado livro, Faoro apontava a impossibilidade de tal desenvolvimento (que intitulou de "travessia do oceano largo"), imaginando que os agentes econômicos estariam sempre presos às muletas do Estado, enredados em seus estamentos burocráticos. Conforme escreveu:

> numa viagem de seis séculos, uma estrutura político-social resistiu a todas as transformações fundamentais, aos desafios mais profundos, à travessia do oceano largo. O *capitalismo politicamente orientado* – o capitalismo político, ou o pré-capitalismo – centro da aventura, da conquista e da colonização moldou a realidade estatal, sobrevivendo e incorporando na sobrevivência o capitalismo moderno, de índole industrial, racional na técnica e fundado na liberdade do indivíduo [...] dessa realidade se projeta, em florescimento natural, a forma de poder, institucionalizada num tipo de domínio: o patrimonialismo, cuja legitimidade assenta no tradicionalismo – assim é porque sempre foi. O comércio dá caráter à expansão [...] No molde comercial da atividade econômica se desenvolveu a lavoura de exportação, da colônia à República [...] A realidade histórica brasileira demonstrou – insista-se – a persistência secular da estrutura patrimonial, *resistindo galhardamente, inviolavelmente, à repetição, em fase progressiva, da experiência capitalista.*

Adotou do capitalismo a técnica, as máquinas, as empresas, sem aceitar-lhe a alma ansiosa de transmigrar [...] No campo econômico, as medidas postas em prática, que ultrapassam a regulamentação formal da ideologia liberal, alcançam desde as prescrições financeiras e monetárias até a gestão direta das empresas, passando pelo regime das concessões estatais e das ordenações sobre o trabalho [...] A pressão da ideologia liberal e democrática não quebrou, nem diluiu, nem desfez o patronato político sobre a nação, impenetrável ao poder majoritário. (FAORO, R. *Os donos do poder. Formação do patronato político brasileiro*. São Paulo: Companhia das Letras, 2021 [1958], passim, pp. 693-708, grifos acrescidos.)

Desenvolver um ambiente liberal para a economia agropecuária significa, concretamente, operar com menos controles estatais e outras imposições legais e institucionais, assegurando maior liberdade para o funcionamento dos diferentes mercados. Nesse sentido, a trajetória do desenvolvimento agrário contemporâneo contou com uma transição sob a qual o Estado liberalizou fortemente tais atividades, abandonando seu papel interventor de décadas passadas. Essa mudança ocorreu paulatinamente, mas, em especial, durante os anos 1990 e, segundo estudiosos da ação governamental, "[...] além de diminuir o nível de intervenção, o Estado também modificou o seu papel nas últimas décadas, isto é, ele passou a atuar, principalmente, como agente normativo e regulador de mercados, do uso e conservação dos recursos naturais e de atividades do setor [...] [e as políticas] dificilmente voltarão a ser orientadas por medidas intervencionistas que contribuem para distorcer o funcionamento dos mercados ao invés de corrigir suas falhas".[1] Em decorrência, o dinamismo econômico agropecuário também requer, para a sua completa compreensão, uma análise sobre o Estado e suas políticas e estratégias para todo o período investigado.

Esse ensaio pretende oferecer, sob assumida modéstia analítica, em face de sua limitada extensão, uma explicação preliminar sobre as principais razões determinantes de nossa história rural contemporânea. Sugere-se que houve no caso brasileiro uma combinação virtuosa entre a capacidade empreendedora de agricultores (notadamente sulistas), apoiados em suas organizações, e o surgimento, na década de 1960, no Rio Grande do Sul, de um cultivo de imensa importância para diversos consumidores, no plano das famílias, mas também pelas agroindústrias – a soja. Adicionalmente, a existência de recursos naturais abundantes, na fronteira agrícola ainda inexplorada permitiu um relativamente rápido movimento espacial de ocupação de novas terras. A soja, impulsionada

---

1. Santana, C. A. M. e Gasques, J.G., "O Estado na agricultura brasileira: seis décadas de evolução". In: Navarro, Z. (org), *A economia agropecuária brasileira. A grande transformação*. São Paulo: Editora Baraúna, 2020, pp. 219-20 (Disponível em: https://www.alice.cnptia.embrapa.br/alice/handle/doc/1127709).

pela ambição de riqueza de seus agentes econômicos, espalhou-se então como um *rastilho de pólvora* pelos espaços do território, exigindo, quase sempre, apenas a disponibilidade de água ou regimes de chuva adequados, além de superfícies de exploração não acidentadas. Aqui reside a grande novidade histórica – ao contrário de *todos* os ciclos econômicos anteriores, a expansão desse cultivo não foi exclusivamente regional, mas distribuiu-se sequencialmente por, praticamente, todo o espaço produtivo rural do país, apenas exigindo aqueles requisitos ecológicos antes referidos.

Esses quatro fatores apontados (agricultores, organizações, soja e recursos disponíveis), secundados por outros fatores coadjuvantes, como as políticas de apoio creditício do Estado, a concretização de condições mínimas de infraestrutura e a crescente oferta tecnológica destinada a garantir a competitividade internacional, materializaram os resultados alcançados. Em particular, no presente século, quando a voracidade chinesa por diversas *commodities* elevou os preços e irrigou monetariamente as cadeias produtivas envolvidas.

Sob uma perspectiva histórica, analisada friamente sob diversos ângulos, alguns positivos, outros mais deletérios, o saldo da expansão da soja e sua cadeia produtiva, nesse meio século, tem representado, de fato, uma autêntica dádiva para a economia brasileira. O resultado geral tem sido muito mais benéfico do que problemático, não obstante sua expansão em direção à região amazônica estar ameaçando drasticamente o futuro da economia agropecuária, em geral, e do próprio cultivo da soja, em particular. Se existir alguma capacidade nacional de equacionar corretamente este impasse que vai se tornando cada vez mais grave, permanecerá uma leitura otimista sobre o capitalismo agrário brasileiro no último meio século, lentamente sepultando o disseminado atraso que até então permanecia nas atividades produtivas agropecuárias e na vida social rural.

É *factualmente* irônico, portanto, que não obstante leituras domésticas e internacionais ácidas e críticas sobre a expansão da economia agropecuária brasileira, fundadas em equivocadas análises sobre a "primarização da economia", esse crescimento, de fato, vem reduzindo o atraso secular das regiões rurais, não no sentido (que seria o desejado) de sua imediata substituição por alguma modernidade social capitalista mais abrangente, que inclusive incorporasse elementos liberais também no campo político e das relações sociais (direitos, por exemplo). O capitalismo agrário vem, tão somente, aprofundando uma modernidade econômica e tecnológica, mas, ainda assim, essa é mudança decisiva para a economia como um todo (pela produção de riqueza) ou para a sociedade – por exemplo, em função da dinamização produtiva, a criação de empregos e receitas diversas. Sobretudo, pela redução real dos preços dos alimentos, entre outras mudanças positivas.

A antiga "questão social" e suas mazelas iliberais, associadas ao capitalismo rentista do passado, por outro lado, foi transferida para as cidades e os grandes centros urbanos. Em termos políticos, passou a ser um desafio para outros grupos sociais e outras autoridades políticas. O campo brasileiro, desvencilhando-se do peso político desta chaga histórica decorrente da pobreza rural e de inauditos padrões de dominação social, pode agora prosperar em ambiente ultraliberal. Se existir alguma resolução razoável e aceitável dos desafios ambientais, no futuro próximo ninguém mais, exceto o empresariado rural, se interessará pelo "mundo rural", o qual irá constar apenas nos livros de História.

Esse comentário pretende esboçar algumas respostas às razões justificadoras desta transição produtiva. É apresentado na forma de um ensaio, sendo assim mais solto e sem as amarras impostas sob formatos estritamente científicos. Não se prende, por exemplo, à sustentação bibliográfica ou os inúmeros indicadores empíricos em seus argumentos. Reflete a experiência de pesquisa do autor, palmilhada em quase todos os recantos rurais do Brasil, em exatos cinquenta anos de exercício do ofício. Contudo, ante tal observação, não se pretende aqui, nem remotamente, alicerçar-se em argumentos de autoridade, uma prática usualmente nociva em se tratando de temas sujeitos às distintas leituras de mundo. O recurso ao ensaio permite, tão somente, a argumentação mais livre, esperando contar com a tolerância dos eventuais leitores. Adicionalmente, é um comentário que se esforça em unir logicamente alguns fatos, indicadores e evidências empíricas, mas sem fundamentar-se em nenhum "modelo teórico-conceitual" que moldasse a trajetória registrada. Em outras palavras, trata-se, sobretudo, de uma leitura histórica das situações concretas ligadas ao desenvolvimento agrário brasileiro, mas não uma interpretação rigorosamente analítica a partir de um paradigma determinado.

O comentário pretende oferecer, em visão panorâmica e em espaço relativamente curto, a síntese, empírico-factual, mas não teórica, sobre aquele padrão de desenvolvimento. O ponto de partida (*quando?*) é o aceito pela maioria dos autores, sejam os críticos da ordem social ou seus colegas conservadores. Ou seja, o vigoroso processo de expansão produtiva tornado visível a partir do final dos anos 1960, quando a economia passou a experimentar taxas significativas de crescimento. Naquele período, a economia agropecuária, pela primeira vez, foi alvo de uma estratégia clara de transformação operada pelo Estado – tentar repetir no Brasil a experiência norte-americana do pós-guerra, adaptando aos nossos climas tropicais o modelo da "revolução verde" que se consolidara na década de 1950 em outras regiões do planeta. Um plano estatal de intervenção direta que não mais se repetiu, diga-se de passagem. Foi o primeiro, mas também o derradeiro, esforço de promover o desenvolvimento (nesse caso, circunscrito a objetivos estritamente agrícolas) do mundo rural brasileiro sob os ditames estatais então impostos pelo regime militar. Após aqueles anos, concluídos com a grande crise macroeconômica do início da década de 1980, nunca mais o Estado brasileiro sequer esboçou algo semelhante. Após o curto comentário sobre o *quando*, a seção esboçará um tema muito mais controvertido – *como* esta transformação teria ocorrido? Seria o esforço da interpretação, novamente assentado apenas em bases empíricas, desafio infinitamente mais complexo e sempre sujeito a numerosas controvérsias.

2. Quando e como?

A afirmação não encontrará consenso entre os estudiosos, mas parecem existir sólidas evidências empíricas sobre o ponto histórico demarcador da transformação do "mundo rural", dispensando o retorno ao passado muito distante. À luz desse sinal temporal, não existiria nenhuma inteligibilidade analítica decisiva (exceto em situações regionais) no estudo da *longue durée*, se estendendo desde a nossa Independência. Pois o divisor de águas teria ocorrido no período contemporâneo – especificamente, a partir de 1968 e, em particular, sob os impactos da década de vigorosa expansão econômica dos anos 1970. Se assim for, se enfatizaria, em esparsa menção com consequências meramente episódicas, conjunturais e apenas regionais, que tivemos em nossa História os diversos "ciclos de mercadorias exportáveis", do pau-brasil ao mais recente, o café, passando pela cana-de-açúcar, o extrativismo do ouro e os ciclos de menor importância regional, como a borracha e o cacau. Nesta sequência, chegaríamos aos anos 1950 e 1960, ambos representando a antessala da grande experiência modernizadora da economia agropecuária brasileira desencadeada a partir da data referida. Aqueles ciclos anteriores não seriam, por certo, etapas necessariamente semelhantes em muitos de seus aspectos e nem analiticamente desprezíveis em seus efeitos de longo prazo. Mas, vencidos tais momentos, quase todos agrícolas, o Brasil se manteve preso ao primitivismo produtivo e às maiorias demográficas dos ambientes rurais. E, em seu âmbito sociopolítico, às diversas facetas do que genericamente chamaríamos de "atraso" – a vida social extremamente precária típica do imenso mundo do interior.

Em 1950, 63% da população em idade ativa estava empregada na agricultura (apenas 17% na indústria), consagrando naqueles anos, em termos concretos, a famosa tese de Arthur Lewis (1954) sobre a abundância de trabalho nas regiões rurais, responsável pela simplicidade econômica e tecnológica no campo. Adicionalmente, seria um espaço da sociedade virtualmente sem nenhum reconhecimento de direitos mais gerais, de qualquer ordem, sequer os mais elementares. Lembrando que a assinatura da CLT, em 1943, deixou o trabalho rural de fora, formalmente estabelecendo em seu artigo 76, que introduziu o salário mínimo nas cidades, que "legislação posterior" iria regulamentar as relações de trabalho naquelas regiões. Em síntese: lampejos de cidadania lentamente enraizavam-se nos emergentes agregados urbanos, mas nos povoados do interior e no mundo do trabalho rural nada mudou na época, quando comparados com épocas anteriores.

Somente em 1963 foi promulgado o "Estatuto do trabalhador rural", o qual estendia diversos preceitos da CLT também às regiões rurais e suas formas de trabalho. Foi lei, contudo, que praticamente não teve nenhuma efetividade prática e seriam necessários muito mais anos, antes de serem concretizados alguns direitos trabalhistas no campo. Posteriormente, na Constituição de 1988, foram aprovados direitos previdenciários (já existentes nas cidades) para os trabalhadores rurais, especialmente a aposentadoria. Por escandaloso, talvez seja oportuno destacar que em período tão recente, antes da formalização da "Constituição cidadã", os trabalhadores rurais, comparativamente aos urbanos, eram meio-cidadãos, pois recebiam em sua aposentadoria apenas meio salário mínimo. E as mulheres rurais sequer eram cidadãs, pois a aposentadoria não se estendia a elas. Embora aprovados na nova Constituição, esses direitos seriam regulamentados apenas no início da década de 1990. Espantosamente, a cronologia comprova, portanto, que apenas na última geração os direitos básicos têm sido concretizados na maior parte das regiões rurais brasileiras.

Impõe-se, portanto, a pergunta inicial: *quando*, com algum rigor factual, o Brasil começou a deixar de ser predominantemente (pelo menos do ponto de vista demográfico) o "rural do atraso"? Não foi por algum fator extraordinário que mudasse as mentalidades e as capacidades sociais nessas regiões, mas foi, sobretudo, decorrente de um movimento de fuga, ou seja, a exacerbação das migrações rurais-urbanas movidas por "fatores de expulsão". Quando esse fluxo espacial teria ocorrido? Do ponto de vista estritamente estatístico, seguindo o preceituado por normas legais que definiram, originalmente em 1938, o significado do que seria "o rural" (e, por conseguinte, seu oposto "urbano"), esta transição espacial teria ocorrido na década de 1960, antes mesmo da expansão produtiva da economia agropecuária que se materializaria na década seguinte.

Os anos 1960 foram um decênio de intensas migrações rurais-urbanas e, em consequência, as curvas se cruzaram naqueles anos. Nas duas décadas entre 1960 e até 1980, o país observou um salto populacional expressivo e cresceu pouco mais de 50 milhões de habitantes, mas, sobre esse crescimento total, *menos de 1,5%* foi contribuição de nascidos nas regiões rurais e a vasta maioria inchou as cidades. O Nordeste e o Sudeste foram as regiões que mais contribuíram para aquele total (64% do total), sendo ainda relevante citar que a região Sudeste foi a única, naqueles anos, *pela primeira vez em nossa história*, que viu a sua população rural diminuir também em números absolutos, pois as demais, mesmo modestamente, ainda observariam elevações de suas respectivas populações rurais. Portanto, em termos meramente censitários, naquele período (e, em especial, a década de 1960), foi quando o rural perdeu sua primazia demográfica. Em um período que, da mesma forma, a contribuição do setor industrial para a formação do PIB nacional também já havia suplantado a participação do setor produtivo rural.

Em síntese, no final da década de 1960 ocorria uma ebulição demográfica que tornou exponencial a oferta de trabalho nas cidades, quando a economia começava a crescer sob altas taxas (sobretudo durante o período 1968-1973). Teria sido o primeiro requerimento fundador da estratégia de promover a industrialização no período. Faltava desenvolver o outro pilar, aquele que promoveria o aprofundamento do capitalismo agrário sob uma ótica modernizante.

Indicado o *quando*, o passo analítico seguinte, portanto, seria detalhar o *como*. Ou seja, o que explicaria a transformação das regiões rurais e suas atividades produtivas – do primitivismo dominante ao moderno? Sob esta pergunta, conforme antes indicado, o final dos anos 1960 experimentou o início de um período de taxas de crescimento espetaculares, também transformando algumas regiões agrícolas de maior dinamismo, em especial São Paulo e os três estados sulistas. Uma prova estatística é apontar que do total do financiamento (subsidiado) oferecido pelo Estado na década de 1970, estima-se que aproximadamente três quartos foram alocados para produtores rurais de apenas três estados – São Paulo, Paraná e o Rio Grande do Sul. Por que teria sido assim?

Afirmado simplificadamente, em breve introito ao tema, o vibrante capitalismo agrário hoje exaltado sustentou-se originalmente sobre *quatro raízes principais*, nenhuma delas relacionadas aos ciclos econômicos anteriores, nem mesmo à cafeicultura paulista. É processo de transformação que recebeu um forte empurrão com a expansão econômica iniciada em 1968, a partir de estratégia estatal então delineada (conforme apontado adiante) e assentou-se na década de 1970, surgindo então os seus determinantes principais – os efetivos condutores da mudança. De fato, esse processo resultou da combinação virtuosa entre (i) os agentes econômicos diretos (os produtores rurais sulistas, especialmente os gaúchos da metade norte daquele estado); (ii) o apoio organizacional de cooperativas de produtores; (iii) a produção de uma mercadoria agrícola muito especial (a soja) e, finalmente, (iv) um fato físico único, específico do Brasil – a disponibilidade gigantesca de recursos naturais, especialmente água e terras disponíveis, potencializando a expansão quase ilimitada da produção agrícola em outras regiões então ainda não utilizadas.

Explicar o capitalismo agrário brasileiro no último meio século tem nesta equação e suas variáveis o seu ponto de partida. Inexistindo algum dos quatro vetores citados e a sinergia decorrente de sua virtuosa combinação e materialização, dificilmente teria se enraizado naqueles anos o processo de modernização da economia agropecuária sob o dinamismo então verificado. Também foi contribuinte de grande importância, embora coadjuvante, a instituição de serviços públicos de assistência técnica, os quais contrataram praticamente todos os profissionais formados em Agronomia e os técnicos agrícolas de nível médio então disponíveis.

Esse exército de profissionais, afirmado por um ângulo específico, agiu como "os funcionários do capital", pois foram os técnicos que convenceram os produtores rurais a aceitar as generosas ofertas de financiamento agrícola estatal então disponibilizadas e destinadas a promover a modernização técnica das atividades agropecuárias. Assim procedendo, os produtores rurais participantes adentraram o mundo do capitalismo agrário e sua racionalidade tecnológica e econômica, desenvolvendo uma mentalidade nova sobre sua atividade – uma mudança sem retorno. É o que a literatura intitula de "éthos capitalista", uma nova visão de mundo (e seus comportamentos) que, instalada, passa a mover as escolhas e os processos decisórios em inéditas direções.

Nao é propósito desse ensaio detalhar exaustivamente os fatos, naqueles anos, que construíram a estratégia estatal da mudança. Talvez, apenas como registro geral, para iluminar o contexto, cite-se que a origem principal do desenho da estratégia operada foi a associação entre dois personagens-chave do período. Não se defende aqui uma responsabilidade exclusiva, como se indivíduos *per se* mudassem a História, alheios a um conjunto maior de determinantes formados por estruturas, contextos e instituições. Ambos trabalharam com equipes de profissionais, muitos deles de notória competência técnica. Mas foram decisivas suas compreensões sobre os mecanismos mais consequentes e, em especial, a capacidade, naquela década, de mobilizar recursos financeiros internacionais para a implementação de uma estratégia de transformação da economia (e a agropecuária, em particular).

Um deles, Antônio Delfim Netto, havia sido um estudioso da cafeicultura e seu papel na industrialização em São Paulo e na economia brasileira como um todo. Conforme insistia na ocasião, era tal a predominância desse produto nas exportações que, de fato, "o café era o câmbio", conforme acentuava, pois a economia seria comandada por esta mercadoria e seus humores cíclicos. Como a produção física de café oscilava em fases de altos e baixos, periodicamente surgiam problemas macroeconômicos. Em comunicação pessoal (2018), insistiu que sendo "inelástica a demanda mundial de café e o Brasil ofertando em torno de 80% da produção total, essas variações produziam problemáticos efeitos na oferta de moeda estrangeira e alterações 'devastadoras' na taxa de câmbio". Era preciso, portanto, de um lado, manter esse subsetor estimulado (produzindo receitas de exportação), mas, ao mesmo tempo, ampliar a industrialização e, também, diversificar a agricultura com novos produtos de exportação – o que reduziria (relativamente) o papel do café na economia. Autor de um influente estudo sobre o assunto, derivado de sua tese de doutoramento (*O problema do café no Brasil*, 1959), ao assumir como Ministro da Fazenda em 1967, um de seus objetivos foi estender ao país a experiência paulista de "acumulação de capital" para financiar a industrialização, além de implementar a estratégia anteriormente citada que também previa a modernização capitalista da agropecuária.

Esta visão analítica sobre a economia brasileira, embora difundida nos tempos sombrios do regime militar, lembra uma observação geral de uma conhecida autora marxista, Ellen Meiksins Wood, que destacou em seu livro *The Origin of Capitalism* (2002):

> A correção mais recomendada à ideia da naturalização do capitalismo e às pressuposições duvidosas sobre suas origens é o reconhecimento de que o capitalismo, com todos os seus condutores específicos de acumulação e maximização de lucro, não nasceu na cidade, mas no campo, em um lugar bem específico e bem tarde na história humana. Não requereu a simples extensão ou expansão do escambo ou da troca, mas uma completa transformação na mais básica das relações humanas e suas práticas – uma ruptura com os antigos padrões da interação humana com a natureza. (no capítulo "A origem agrária do capitalismo", p. 195)

O outro personagem central na montagem da estratégia estatal de desenvolvimento agrícola então organizada foi um agrônomo, Eliseu Alves. Obtendo seu doutoramento em Economia Agrícola nos Estados Unidos (1972), conheceu a experiência norte-americana de modernização da agricultura, desencadeada a partir dos anos 1940, a qual erigiu aquele que ainda é o mais poderoso sistema agroalimentar. Adaptada aos climas tropicais brasileiros, aquela experiência seria o modelo para a modernização da agropecuária durante a década de 1970, beneficiando-se o país, naqueles anos, da situação financeira internacional, então extremamente líquida (portanto, com juros baixíssimos), permitindo obter empréstimos vultosos, parte deles utilizados para sustentar a política de crédito rural. O plano arquitetado sustentou admiravelmente um extraordinário processo de transformação produtiva da economia agropecuária, embora de forma heterogênea, discriminando produtores, ao beneficiar aqueles de maior escala. Também foi um processo seletivo no tocante às regiões mais claramente beneficiadas, sobretudo São Paulo e os três estados sulistas, aprofundando as desigualdades regionais. Finalmente, a estratégia também discriminou atividades, privilegiando os produtos que pudessem ser rapidamente exportáveis, em especial a soja. As condições de implementação da estratégia, contudo, se agravaram com os choques de petróleo na década e, posteriormente, geraram a crise da dívida e a explosão da inflação a partir dos primeiros anos da década de 1980.

Em formulação simplificada, a experiência dos Estados Unidos que serviu de guia para promover a modernização agrícola centrou-se em três eixos principais: pesquisa agrícola, assistência técnica e, em particular, uma oferta generosa, pois subsidiada, de crédito para os agricultores. O Brasil adaptou o receituário à nossa situação e, para tanto, nasceram as empresas estaduais de assistência técnica e extensão rural, coordenadas pela Embrater (criada em

1972), e formou-se a Embrapa em 1973. O "Sistema Nacional de Crédito Rural" já havia sido criado em 1965 e, a partir de 1967, injetado com recursos de empréstimos internacionais, passou a funcionar em pleno vapor. Assim, não surpreendeu que os anos 1970 observassem um forte crescimento da economia agropecuária, ampliando os cultivos, a área plantada e, em especial, os agentes econômicos passando a procurar, cada vez mais, a produtividade como a "lógica essencial" da atividade. Gradualmente se afirmou, em consequência, o éthos antes referido, o qual passaria a comandar o setor e, em consequência, os tempos do "rentismo clássico" foram ficando para trás.

Sem detalhes adicionais, a "grande transformação" observada no campo brasileiro foi assim desencadeada naquele período. Enquanto pôde ser mantida com o crédito rural farto e barato, quando não subsidiado, seu crescimento se manteve e uma interrupção passageira somente ocorreu no final da década, entrando nos anos 1980. Foi quando os impactos dos choques de elevação dos preços do barril de petróleo se tornaram mais agudos, produzindo uma monumental crise macroeconômica em 1982/1983. Interrompidas as benesses financeiras, contudo, as raízes da modernização da economia agropecuária já haviam encontrado solo fértil e procuravam sua expansão. Em consequência, o empresariado rural constituído naqueles anos partiu para buscar novas fronteiras para as suas atividades.

Uma discussão fascinante, mas situada além das possibilidades desse sucinto comentário, seria aquela sobre os debates intelectuais dos anos iniciais dessas mudanças, notadamente na década de 1970. Como se sabe, os campos críticos, intelectual e acadêmico, marxista ou não, anticapitalista ou reformista, exigiam a reforma agrária, como suposta única forma de ampliação do mercado doméstico e de quebra do padrão agroexportador historicamente constituído. Prevalecia então uma forte influência entre os cientistas sociais, tanto do pensamento estruturalista cepalino como da tradição marxista. Mas, foram visões suplantadas pelos desenvolvimentos posteriores, em face da transformação capitalista da agropecuária – sem uma plena e massiva reforma agrária – e as vicissitudes das mudanças estruturais desencadeadas, inclusive a "transferência" dos temas sociais mais problemáticos do campo para a cidade. Um exaustivo estudo (infelizmente nunca realizado) deveria confrontar os tantos autores do período e suas respectivas teses interpretativas, o que demonstraria os desacertos das trajetórias intelectuais sobre o mundo rural brasileiro. Especificamente sobre a reforma agrária, por exemplo, o Brasil distribuiu terras em total equivalente a uma França e meia (88 milhões de hectares!) durante os anos de 1996 a 2011, mas o índice de Gini relativo à concentração da terra praticamente não se alterou, desde o censo de 1975.

3. A virada pós-1997: A soja vem sendo uma dádiva?

Não é cabível nesse texto o aprofundamento circunstanciado e detalhado da trajetória do setor agropecuário, dos anos 1970 aos nossos dias. Na década de 1980, com os frequentes desajustes macroeconômicos, a inflação ascendente, a permanente crise da dívida externa e os repetidos, mas fracassados, planos de estabilização monetária, desenvolveu-se uma nítida via darwinista entre os produtores rurais já integrados aos mercados mais dinâmicos e, em decorrência, o resultado daquele decênio foi promover uma seleção social ainda mais dramática sobre os vencedores da selva econômica então instalada. Os sobreviventes, movidos pela busca do crescimento de seus negócios e de ganhos mais significativos, auscultaram os espaços geográficos e foram "subindo" pelo país, agora no Mato Grosso do Sul, depois Goiás e Mato Grosso. Trata-se de uma aventura muitas vezes épica, como foi a ocupação inicial, por exemplo, de muitas regiões no Centro-Oeste escassamente habitadas e sob floresta densa.

Nesse ponto, pretende-se apenas enfatizar, novamente, que a estratégia estatal de promover o crescimento agrícola foi bem-sucedida porque contou com a ativação das *quatro raízes virtuosas* antes mencionadas, todas operando simultaneamente. Primeiramente, os produtores rurais, quase todos "pequenos produtores", a maioria moradora na metade norte do Rio Grande do Sul, mobilizados por suas várias cooperativas de produção. Muitos dos seus familiares, à procura de terra, já haviam se tornado moradores no oeste e no sudoeste paranaense, igualmente motivados pelo crescimento de suas atividades e, por isso, o deslanche inicial da produção de soja firmou-se nesses dois estados. Eram famílias rurais que haviam integrado um ciclo econômico anterior, da expansão da triticultura na década de 1950, sendo receptivos ao aperfeiçoamento tecnológico e às inovações. Já contavam com alguma assistência técnica pública, oferecida, no caso gaúcho, pela antiga Empresa Sulina de Assistência Técnica e Extensão Rural (Ascar), que havia sido fundada em 1957. Esses produtores foram aqueles que, despertados pelos atraentes preços da soja vigentes na década de 1970 (uma leguminosa que se adaptou maravilhosamente aos ecossistemas daquela parte do estado), aderiram aos financiamentos públicos oferecidos. Logo perceberam as limitações de suas pequenas propriedades "coloniais" (normalmente em torno de 20-25 hectares) e começaram a ambicionar maiores extensões de terra para seus plantios. Esses sonhos se concretizaram em uma "marcha para o norte" – o Centro-Oeste, onde existiriam terras baratas e disponíveis para o desejado crescimento. Foi a combinação de duas daquelas raízes citadas, os agentes econômicos (produtores rurais) e o apoio de suas formas organizacionais já existentes, as cooperativas. Essas se organizavam para viabilizar o acesso aos recursos creditícios, a compra de insumos e, também, a venda agregada dos produtos agrícolas.

Existe aqui também um aspecto sociocultural provável, porém sem comprovação científica adequada. Os pequenos agricultores gaúchos (incluindo também os paranaenses), em face de sua ascendência europeia, em especial os italianos, já teriam uma "cultura de predisposição" para o desenvolvimento da economia agropecuária, fruto do capital cultural que trouxeram consigo quando migraram para as regiões do Brasil meridional. Não existem suficientes pesquisas, sobretudo antropológicas, para demonstrar cabalmente esta abertura cultural e os comportamentos sociais que facilitariam as iniciativas produtivas sob uma nova ótica do capitalismo agrário. No caso do Rio Grande do Sul, existem indicações assistemáticas desse "espírito empreendedor", a prosperidade da Serra Gaúcha sendo a mais emblemática evidência, onde vicejaram numerosos casos de novos negócios que acabaram vingando com o tempo, inclusive no campo industrial. Esse enraizamento cultural e a predisposição para assumir riscos em empreendimentos capitalistas, desta forma, contribuíram decisivamente para engrossar a sinergia das "quatro raízes" antes mencionadas. Muito provavelmente, esta saga permitiria, se cientificamente analisada, divisar claras relações entre "cultura e economia", situando os comportamentos sociais empreendedores (ou seja, receptivos ao risco capitalista) de proporções importantes dos produtores rurais atraídos para esse processo modernizante.

Há, contudo, um fator decisivo e essencial que tem sido pouco valorizado nas interpretações sobre o desenvolvimento agrário brasileiro no último meio século. Diz respeito às especificidades notáveis do cultivo que, *de fato*, conduziu esta transformação produtiva – a soja. A primeira particularidade se refere à capacidade desse cultivo, logo demonstrada, de se multiplicar espacialmente, em novas regiões. Ou seja, em radical diferença comparativa em relação a todos os demais ciclos agrícolas anteriores, incluindo o café, pois *a soja não encontrou limites geográficos* em sua expansão. Muito cedo, sua natureza de planta de clima temperado foi suplantada por variedades adaptadas aos climas mais quentes, viabilizando sua "caminhada" rumo ao Centro-Oeste e, mais tarde, ao Norte do Brasil. Esta foi a diferença essencial – *todos os ciclos anteriores foram exclusivamente regionais, enquanto a soja logo se tornou nacional.* E sendo um cultivo que, já na implantação, incorporou um formato tecnológico "moderno", usando máquinas e equipamentos e também aberto às inovações produzidas pela ciência agronômica. Sua expansão geográfica, como resultado, também difundiu uma nova "narrativa de modernização" nas regiões para as quais se espalhou.

A potencialidade de espraiamento da produção da soja e seus efeitos econômicos e sociais mais amplos não pode ser minimizada como *o principal e mais decisivo fator* responsável pela extraordinária modernização da economia agropecuária do Brasil. Basta citar, como ilustração comparativa, que o mais relevante ciclo agrícola do século XX, o do café, ficou confinado a São Paulo. E, na mesma época em que a soja iniciou a sua trajetória no Brasil sulista, também em terras paulistas observou-se o surgimento de dois outros ciclos dinâmicos de produção agrícola – o caso da laranja e a cana-de-açúcar, esta última abandonando a maior parte do Nordeste e desenvolvendo-se rapidamente em São Paulo (estimulada pelo Pró-Álcool). As décadas seguintes demonstraram, contudo, que em ambos os casos a dinâmica econômica ficou praticamente restrita a São Paulo, não se distribuindo significativamente para outras regiões de produção do país. São dois exemplos que, por seu contraste, comprovam o papel fundamental da soja, depois associada a outros cultivos (como o milho e o algodão), para deitar sólidas raízes modernizantes em todo o Brasil rural. A pecuária do oeste paulista, antiga e enraizada, somente avançou para o Centro-Oeste a partir desse movimento abrangente de transformação econômica, posteriormente ampliando a cadeia produtiva de carnes (da pecuária), a qual igualmente se internacionalizou, sendo atualmente um dos setores mais relevantes do setor agropecuário.

Para quem está familiarizado com as facetas desta *commodity*, bastaria comparar as mudanças econômicas no entorno de cidades como Cascavel e Toledo, no oeste-sudoeste do Paraná, analisando o que são hoje essas regiões com um período passado, por exemplo em 1980. São impressionantes, a riqueza produzida pela soja e sua expansão, inicialmente, mas depois os efeitos multiplicadores produzidos pela estruturação da cadeia produtiva do setor e a infindável produção de novos serviços e os setores agroindustriais, os quais também se espalharam em outros ramos produtivos. Uma região relativamente próspera e desenvolvida, naquele estado, cujo epicentro, em sua gênese, foram, em especial, os esforços dos pequenos produtores de soja. Outro exemplo destacado seria o *"nortão* mato-grossense", em torno de cidades como Lucas do Rio Verde, Sorriso ou Sinop, uma enorme região que três décadas atrás seria apontada como quase "não existente" em termos econômicos, mas atualmente ostenta uma espantosa riqueza, em todos os aspectos. Enfim, a relação entre a expansão do capitalismo agrário modernizado e a prosperidade geral da vida social é inegável, sendo numerosos os exemplos que poderiam ilustrar esta combinação virtuosa em diferentes regiões.

No presente século, são constantes e ininterruptas as evidências de um setor produtivo que enraíza solidamente um processo geral de transformação – o capitalismo agrário, sob feição ultraliberal, com o empresariado rural comandando com ativa capacidade as iniciativas que promovem os seus interesses principais, minando estatutos regulatórios, afrouxando controles estatais diversos e, desta forma, animando a expansão da economia agropecuária em variados mercados. São muitos os fatos comprobatórios, inclusive aqueles que sob uma perspectiva de mais longo prazo representam requerimentos fundadores do regime econômico. Por exemplo, a afirmação da privatização da terra nas regiões rurais.

O capitalismo exige a propriedade privada e, sem esta solidamente enraizada na vida social e suas instituições, não irá prosperar. Os dados censitários mostram que em 1970 aquelas formas de produção chamadas "não capitalistas" representavam 36% do total dos estabelecimentos rurais, enquanto aqueles considerados "proprietários" (com titulação regularizada ou não) seriam 59% do total. Segundo os dados apurados mais recentes (2017), essas proporções mudaram significativamente, atingindo 7,4% e 81%, respectivamente. Entre os primeiros (as "formas não capitalistas"), os chamados "ocupantes" praticamente desapareceram, bloqueados pela privatização das terras. Os ocupantes seriam as famílias rurais pobres historicamente "móveis", pois vagam pelo território em busca de "terras (supostamente) livres" que poderiam ser ocupadas, ainda que apenas transitoriamente. Sua forte redução, juntamente com os arrendatários e parceiros pobres, formas sociais que no passado foram usadas para capitalizar os proprietários de terra sob custo baixíssimo, são indicadores que demonstram o avanço, especialmente no presente século, da rápida privatização das terras, um requerimento preliminar e intransponível para a expansão do capitalismo agrário.

São eloquentemente notórias as evidências empíricas e os indicadores sobre o notável poder da soja para promover uma verdadeira "revolução social e econômica" nas regiões rurais para as quais foi se instalando. Diretamente, pelo aumento da área plantada e no tocante à distribuição da riqueza gerada pelo crescimento ininterrupto de sua produção. Indiretamente, pelo efeito multiplicador de sua cadeia produtiva, a qual foi se robustecendo fortemente com o passar das décadas. Também indiretamente, pelo espraiamento da "cultura da modernização tecnológica", a qual, igualmente, foi também se disseminando em todo o Brasil rural, do sul para o Centro-Oeste e, deste, para leste (na Bahia) e, depois, para o norte do país. São efeitos notórios e relativamente conhecidos, embora parte significativa desses impactos, por implicarem em novos comportamentos sociais, requerem típicas pesquisas em Ciências Sociais, ainda não realizadas.

Comparados diversos censos, desde aquele apurado em 1975 até o mais recente (2017), as estatísticas falam por si mesmas. No primeiro ano citado, o Paraná e o Rio Grande do Sul respondiam por 62% da área total plantada com soja, mas o Centro-Oeste (28%) já começava a indicar alguma participação, embora ainda no Mato Grosso do Sul (12,3%), demonstrando claramente o movimento espacial do cultivo da soja do Sul para aquela região central do Brasil. Pouco mais de quatro décadas depois, segundo o Censo de 2017, não obstante o espetacular crescimento da área total plantada, que pulou de 5,6 milhões de hectares, em 1975, para 39,1 milhões de hectares na safra 2020/2021, a responsabilidade relativa dos dois estados sulistas caiu consideravelmente.

O Rio Grande do Sul se manteve como o segundo estado maior produtor de soja no Brasil, segundo as estatísticas mais recentes (15,4% do total nacional), seguido de perto pelo Paraná (14,3% do total), mas foram amplamente superados, ao longo daquelas quatro décadas, pelo crescimento extraordinário do Mato Grosso, o qual, em 2020/2021, respondeu por 26,7% do total da produção brasileira de soja. Adicionalmente, mas comentado superficialmente, esse movimento espacial do cultivo também vem indicando diversos outros efeitos na ocupação da terra, do nascimento do polo baiano da soja (em torno da cidade de Luís Eduardo Magalhães) ao movimento em direção ao norte, ocupando o leste do Pará e, logo depois, adentrando terras maranhenses.

Como seria esperado, a distribuição da riqueza segue padrões similares às características da área plantada com esta leguminosa. Sendo uma mercadoria global, os preços anuais pagos aos produtores evidenciam diferenças relativamente pequenas entre os estados produtores. Se considerado o "valor bruto da produção" (VBP), em termos reais, como uma estimativa de "riqueza", as proporções são relativamente equivalentes, embora os diferenciais de produtividade irão indicar resultados mais promissores em algumas regiões. Novamente, o Mato Grosso é o principal apropriador estadual da riqueza evidenciada sob tal indicador (um quinto do total), mas o Paraná alçou-se à segunda posição. E São Paulo, no qual a produção de soja, em área, embora tenha dobrado entre 1990 e 2020, mas sendo dez vezes menor do que o Mato Grosso, é o terceiro estado em "apropriação de riqueza", indicando, provavelmente, que o cultivo da soja nesse estado beneficia-se de uma produtividade total de fatores bem mais elevada (por ser o estado onde, historicamente, com a cafeicultura, instalou-se primeiramente uma "cultura de modernização agrícola").

Também é importante ressaltar que o aumento da área plantada, da produção e das exportações robustecem a cadeia produtiva da soja, hoje inteiramente globalizada. E, ao contrário de narrativas que "demonizam" esta expansão, são fatos que produzem efeitos positivos facilmente comprováveis. Um estudo recente sobre a cadeia da soja nos Estados Unidos demonstra que as exportações desse produto representam 17% do total das exportações agrícolas daquele país, mas seus efeitos multiplicadores são notáveis. De cada dólar exportado, são gerados 1,72 dólares adicionais na economia do país, e em 2020 foram criados 135 mil novos empregos em função dessas exportações, cinquenta mil deles no setor de processamento da cadeia produtiva (disponível em https://www.ers.usda.gov/data-products/agricultural-trade-multipliers/).

Uma evidência indireta do poder da cadeia produtiva da soja de "irrigar monetariamente" suas regiões produtivas pode ser notada a partir dos indicadores calculados a partir da base de dados da "Produção Agrícola Municipal" (PAM), do IBGE. Em 2020, segundo esta informação, entre os cem municípios com maior valor de produção (agrícola), 35 deles situavam-se no Mato Grosso, onze no Mato Grosso do Sul, nove na Bahia (todos no oeste baiano), nove em Goiás, quatro em Minas Gerais e quatro em São Paulo. Alguns estados têm um ou dois municípios na listagem, mas todos eles, no Norte e no Nordeste (Piauí, por exemplo) entram na relação porque são produtores expressivos de soja.

Outro estudo urgente, ainda não realizado, é aquele que poderia demonstrar o efeito mais amplo do crescimento de um cultivo dinâmico, como a soja, em inúmeras regiões produtoras, atualmente sendo plantada até em estados do Nordeste, onde existem microclimas mais úmidos. Tratar-se-ia da demonstração sobre os efeitos da difusão da "cultura da modernização", conforme acima indicado, a qual vai também influenciando um número crescente de produtores rurais, além das firmas participantes da cadeia produtiva, que também passam a procurar produtores de outros ramos produtivos, incentivando-os a modernizarem tecnologicamente suas atividades. O resultado tem sido o espalhamento desta nova volição empreendedora, com diversas ilustrações que poderiam ser documentadas nesse comentário. Não existindo espaço para tanto, citam-se apenas três situações concretas, as quais demonstram inequivocamente o aprofundamento do capitalismo agrário e seus novos preceitos decisórios e alocativos por parte dos agentes econômicos. São exemplos empíricos que abarcam regiões geográficas distintas entre si, assim comprovando a ampla concretude desse movimento social e econômico.

O primeiro deles, notável em si mesmo, diz respeito ao caso do algodão. No passado, até a década de 1980, era dominante no Nordeste rural o algodão arbóreo ("mocó"), plantado por prováveis 2 milhões de pessoas ocupadas, utilizando em torno de 4 milhões de hectares. Somente no Ceará eram 1,2 milhão de hectares nos anos 1970 (atualmente 20 mil). Praticamente todos os produtores utilizando áreas mínimas de plantio, em suas pequenas propriedades. Naqueles anos, o Brasil produzia em torno de 1,2 milhão de toneladas (3% da produção mundial) e se importava algodão. Foi um cultivo, contudo, que passou a ser dizimado por uma praga, o inseto chamado de bicudo, contra a qual os controles recomendados eram insuficientes. Ocorreu, em decorrência, uma radical mudança, tanto espacial quanto social e econômica.

Atualmente, a área plantada total com algodão caiu para 1,7 milhão de hectares, mas a produção subiu para 4,3 milhões de toneladas, pois a produtividade disparou 900% (de 280 kg/ha para 2.600 kg/ha). Quase toda a produção (nesse caso, o algodão agora herbáceo) está nas mãos da agricultura empresarial de larga escala, especialmente no Mato Grosso e no oeste da Bahia (onde situam-se os vinte municípios maiores produtores). O Brasil responde hoje por 20% das exportações mundiais. Graças ao aumento da produtividade, o chamado efeito poupa-terra atingiu 13,3 milhões de hectares. Esse caso reflete indiscutivelmente o efeito da "narrativa da modernização", pois os produtores de algodão, em sua maioria, são empresários rurais que perceberam as chances de "maximizar seus lucros" em uma atividade de maior complexidade tecnológica, para a qual já estavam preparados, pois eram antes produtores modernizados de soja, também no Centro-Oeste. O algodão é exploração agrícola de muito maior complexidade técnica e cada hectare plantado exige (aproximadamente) dez vezes mais capital do que cada hectare plantado com soja. O cultivo e sua expansão somente foram possíveis com os recursos de capital próprio formados anteriormente e também com a estruturação da logística que a cadeia produtiva da soja havia imposto na região, incluindo as relações comerciais com compradores internacionais.

A exploração do algodão é extremamente sofisticada e cara, mobilizando forte competência técnica em todas as suas etapas. A qualidade da fibra exige laboratórios específicos de alta densidade tecnológica. O combate ao bicudo, por exemplo, exige colaboração coletiva em largas áreas ocupadas por diversas propriedades, envolvendo grande número de propriedades e, por esta razão, formou-se a Associação Brasileira de Produtores de Algodão, a qual coordena uma série de protocolos de controle, essenciais ao sucesso produtivo e econômico da atividade. É uma história rural que demonstra a crucial importância do aprendizado técnico anterior, com a soja e seus complementos (trigo, no Sul e, depois, milho, no Centro-Oeste), para viabilizar esse salto produtivo na direção do algodão.

Outro caso emblemático dos efeitos gerais da expansão da soja diz respeito aos seus impactos no cultivo de arroz. Fora do "centro asiático", onde estão importantes produtores do produto, o Brasil é o principal consumidor e, também, o maior produtor mundial. Em 2019, foram 10,3 milhões de toneladas produzidos em 180 mil estabelecimentos rurais, a vasta maioria deles (94%) utilizando 10 hectares ou menos com o plantio desse que é o terceiro maior cultivo cerealífero mundial, após o milho e o trigo. No caso brasileiro, em pouco menos de meio século, em movimento diretamente ligado à modernização capitalista do setor, verificou-se uma inversão produtiva significativa, a qual evidencia a nova racionalidade econômica dos produtores. Em 1975, 70% da área colhida com arroz se distribuía em cinco estados (Goiás, Minas Gerais, Mato Grosso, Maranhão e São Paulo), sendo que 80% desta produção era produzida em "terras altas", ou seja, o antigo "arroz de sequeiro" que não utiliza irrigação. Em 2019, no entanto, quase 70% da área colhida se reduz a dois estados, Santa Catarina e, em particular, o Rio Grande do Sul. E, desse total, 76% é plantado sob sistemas de irrigação. Por que teria ocorrido esta inversão nos métodos de produção e na distribuição geográfica? O que os dados demonstram é que a produtividade física, nos dois estados sulistas, é expressivamente mais elevada e, desta forma, os antigos produtores de arroz do centro do Brasil não conseguiram mais competir com os oricicultores sulistas. Passaram então a substituir o arroz por outros cultivos mais rentáveis, como a soja. O fato também demonstra outra mudança destacada nascida com as transformações da economia agropecuária, que se relaciona à distribuição (atacado e varejo), a qual igualmente se modernizou espantosamente no Brasil dos anos recentes.

Finalmente, a terceira ilustração a ser citada diz respeito a uma típica tendência que a exacerbação do *modus operandi* da atividade usualmente produz em diferentes atividades e setores produtores. Se relaciona à intensificação do processo produtivo, e a expansão da soja sob uma ótica tipicamente capitalista, no Centro-Oeste, vem demonstrando empiricamente o fato. Os agentes, no caso, buscam maximizar o uso do recurso terra durante todo o ciclo agrícola e, para tanto, após alguns anos de experimentação, usando sementes precoces de soja e ajustando os períodos de plantio, passaram a produzir mais uma safra de milho durante o ano, inicialmente chamada de "safrinha", pois sua produção era ainda menor do que a então "safra principal" de milho, na sequência do plantio da soja. Posteriormente, com o funcionamento bem-sucedido desta distribuição dos plantios, a safrinha se tornou a principal, atualmente sendo mais importante em termos de volume de produção. O aspecto a ser destacado, nesse caso, contudo, é o uso intensivo do recurso terra para a produção de mercadorias, não existindo mais os períodos em que a terra deixa de ter utilização produtiva. É mais uma evidência de uma nova racionalidade econômica que crescentemente orienta dos comportamentos dos produtores rurais.

Há um esclarecimento ainda necessário. Por que esta seção sugere em seu título o ano de 1997? A resposta também nos remete a outro aspecto essencial do capitalismo agrário, a produtividade total de fatores (PTF), uma relação entre o índice de produto total e o índice total dos insumos. O cálculo do produto total abarca a contribuição de 75 itens das produções vegetal e animal. Ao se analisar de forma espacialmente desagregada esses indicadores em todo o Brasil rural, imediatamente se percebe a magnitude da "dinâmica econômica" da agropecuária em todo o território nacional. A PTF, quanto mais elevada for, comparativamente (ou entre os municípios ou, então, entre países ou, ainda, entre distintos períodos de tempo), necessariamente reflete níveis mais expressivos de capitalização. Trata-se, de fato, de uma "medida de eficiência", a qual incorpora um adensamento tecnológico e esse, por sua vez, pressupõe a intensa utilização de diferentes insumos, máquinas e processos, além de aprofundar a complexidade, técnica, prática e organizacional, e elevar os custos totais.

Se os indicadores são relativamente significativos, implicará, portanto, em maior integração aos mercados a montante e a jusante, no sentido de modernizar a produção e, assim, *mais capital* envolvido nas atividades desenvolvidas. Desta forma, comparando-se o período anterior à transformação produtiva da década de 1970 com os anos posteriores, o contraste não poderia ser mais chocante. De acordo com estudos realizados, entre 1948 e 1969, 92% dos ganhos da produção agrícola total resultante dos principais cultivos deveu-se exclusivamente à expansão da área plantada. Mas, no período entre 1975 e 2020, em média, 87,8% do crescimento do produto agropecuário foi devido exclusivamente aos ganhos de produtividade.

E 1997 foi um ano-chave nesta sequência, pois foi o ano em que se verificou uma "quebra estrutural" da PTF. A partir desse ano esse indicador elevou-se consideravelmente, garantindo, nos anos seguintes, o crescimento espetacular da economia agropecuária brasileira. Entre 1975 e 1997 o crescimento médio anual da PTF atingiu 3,02%, mas a partir da virada do século esse indicador saltou para 3,84% anuais, pelo menos até 2010, conforme estimativas do Ministério da Agricultura, Pecuária e Abastecimento. Esse período foi de altos preços de soja e produziu o chamado "boom de commodities", impulsionado pela demanda da China. No último decênio, em face das turbulências da economia mundial (e a brasileira, especificamente), além de diversas sequências climáticas negativas, esse indicador oscilou, e sua média caiu para 1,56% ao ano entre 2011 e 2020. Mas, analisado o período mais longo, entre 1975 e 2020, o produto total da agropecuária cresceu cinco vezes (100 para 504), enquanto a PTF cresceu também de forma expressiva (100 para 378). Tal fato foi possível porque verificou-se pequeno aumento no uso de insumos, com seu indicador subindo de 100 para 133.

Em consequência dos avanços da produtividade, as tendências principais da intensificação capitalista no campo também vêm se afirmando, além do crescimento da PTF – a redução da mão de obra utilizada (em função da mecanização ou novos processos poupadores do fator trabalho), o crescimento exponencial dos níveis de capitalização e, igualmente, a crescente especialização dos estabelecimentos rurais.

Em especial, afirma-se uma crescente concentração da riqueza, evidenciada por diversos indicadores, inclusive a escala de produção em muitas cadeias produtivas. No caso da soja, por exemplo, enquanto nos três estados sulistas pouco menos de 200 mil estabelecimentos rurais produzem um terço da produção total, usando uma área média de 51 hectares, no Centro-Oeste a média da área usada para a produção de soja sobe para 636 hectares, e na região os estados produtores respondem por aproximadamente 45% do total da produção (sob a responsabilidade de 22 mil estabelecimentos rurais). E na região mais recente ocupada, o norte do Brasil, são apenas 2,6 mil estabelecimentos rurais, com área média de 1.379 hectares, esta região produzindo em torno de 11% do total da produção de soja do país.

Essas informações regionais são de imensa importância por outro ângulo, o qual, novamente, introduz uma dimensão inédita, quando comparado aos outros ciclos econômicos do passado. Diz respeito à crescente produção de riqueza gerada pela expansão da soja e sua correspondente expansão da cadeia produtiva e suas firmas participantes (mais agroindústrias, mas também mais serviços e mais empregos e mais receitas) e a *distribuição* desta riqueza. Ou seja, está se falando da mercadoria agrícola que mais riqueza produz na história rural recente, mas seus resultados econômicos se distribuem mais amplamente, seja do ponto de vista dos beneficiários como também espacialmente. Basta citar novamente as duzentas mil propriedades rurais sulistas mencionadas acima, sob a responsabilidade de pequenos produtores. Em consequência, embora sem existirem estudos empíricos demonstrativos, é também evidente que o surgimento da soja e suas trajetórias seguintes apontam, pela primeira vez, um ciclo econômico que também distribui riqueza, democratizando o acesso aos benefícios econômicos e financeiros a maior número de famílias rurais e firmas envolvidas. A relação histórica, no passado, entre a grande propriedade territorial e a riqueza gerada não se reproduz no caso da soja, na maioria das regiões. A desenvoltura econômica de diversas regiões produtoras, a multiplicação de firmas direta ou indiretamente ligadas à cadeia produtiva, as receitas municipais (e seus impactos sociais) são provas empíricas de uma transformação que, em parte considerável, é também (relativamente) virtuosa do ponto de vista social.

4. Considerações finais

Quais as conclusões mais salientes extraídas dessa brevíssima história rural brasileira contemporânea, relatada sob formato essencialmente histórico-factual e ancorada somente em algumas "vinhetas" emblemáticas?

Adentrando o presente século, os observadores atentos às particularidades da vida econômica e sociopolítica nacionais certamente notaram uma contínua inversão, embora em lenta ocorrência e quase invisível. Se iluminada vivamente, talvez surpreendesse a maioria, ao ser comparada essa mudança com o período imediatamente anterior ou, ainda mais remotamente, com o passado antigo. Eis o fato: estaríamos sendo publicamente informados, cada vez menos, sobre situações relacionadas diretamente aos processos *sociopolíticos* do "mundo rural" e às vivências costumeiras daquelas regiões ligadas ao nosso vasto interior, seja para repetir temas antes citados, ou então assuntos talvez constituídos nos anos mais recentes.

Sob esse foco, diretamente ligado aos processos sociais ou ao cotidiano das populações moradoras daquelas regiões, quase sempre foram informações depreciativas da vida rural, destacando a pobreza e a precariedade generalizadas, conflitos diversos, a inexistência de direitos, a concentração da propriedade e seus padrões de poder, ou mesmo situações antediluvianas, como a existência de formas de trabalho próximas à escravidão. Tais relatos, outrora obrigatórios, presentes até em análises de autores conservadores, vêm sendo gradualmente substituídas no presente século por outro foco que se avulta, igualmente alarmante e ameaçador – os temas ambientais.

O desfazimento paulatino dos temas sociais e políticos típicos do "mundo rural" e a ênfase no novo vetor citado não são percepções fugazes ou meramente episódicas, mas assentam-se nos dados da realidade. Para não insistir com os conhecidos dados relativos às queimadas anuais e à alarmante erradicação da floresta, em 1971, eram 3 milhões de hectares desmatados na Amazônia, enquanto atualmente o total já alcança 27 vezes mais (81 milhões de hectares). Esse último indicador, diga-se de passagem, é quase equivalente ao *total nacional* da área agrícola plantada. Assim, a problematização crítica de comentaristas e estudiosos, antes enfaticamente social e política (às vezes inclusive cultural), quase sempre dirigida à estrutura de propriedade da terra e seus putativos efeitos deletérios, mudou o campo prioritário de argumentação. Atualmente ancora-se, quase com exclusividade, nas relações entre a expansão da economia agropecuária e seus impactos ambientais, sua ilustração espacial principal sendo a crise decorrente da imparável destruição no norte amazônico.

Em paralela contraposição, generalizou-se uma crescente e sempre otimista difusão de informações sobre um rural *produtivo-tecnológico* (e suas implicações econômicas), propiciando narrativas sobre um setor que vem sendo intitulado de "espetacular", quando examinado apenas por esse ângulo, introduzindo visões enaltecedoras sobre uma parte da economia que (finalmente) estaria conseguindo competir em termos internacionais. Se avaliadas essas tendências contrastantes por alguma das métricas vinculadas às mídias digitais, se perceberia essa dualidade entre uma ausência gradual do "rural agrário" e seus ingredientes sociais, culturais e políticos, permanecendo tão somente o "rural agrícola" dos debates econômicos ou financeiros, associados à exuberância tecnológica da produção agropecuária. Em síntese algo simplória, vai sendo apagado o rural do passado, enquanto emerge um rural já vigoroso no presente, e sob um futuro supostamente ainda mais promissor.

Trata-se de uma inversão causadora de amplas consequências, pois rompe definitivamente com a consciência dos brasileiros sobre a nossa História, em todos os âmbitos da sociedade. Seriam numerosas as ilustrações, não citadas nesse texto. O pano de fundo para esta antinomia entre "o rural social", epítome do atraso que vai desaparecendo, e o impressionante "rural tecnológico" que desponta, resulta das duas marcas principais que vêm caracterizando o desenvolvimento agrário brasileiro no último meio século.

Uma face mostra o crescente poderio econômico e financeiro de um setor que vem experimentando forte intensificação produtiva, aberto às inovações ofertadas pela revolução tecnológica em curso e já solidamente articulado às cadeias globais de valor. Uma parte da economia que, ressalte-se, cresce espantosamente, *pari passu* ao processo de desindustrialização endêmico que observamos. Por isso, é possível afirmar sem hesitação que, há pelo menos vinte a trinta anos, a agropecuária vem "salvando" a economia brasileira, ofertando expressivos saldos positivos anuais na balança comercial. Em decorrência desse movimento de modernização e aprofundamento do capitalismo agrário, avolumam-se as evidências de concentração da riqueza (em todas as suas modalidades) nos diversos ramos da produção agropecuária.

A moderna agropecuária empresarial que está sendo estruturada nas propriedades rurais e os seus correspondentes enlaces com o setor agroindustrial (juntos constituem as "cadeias produtivas" ou "cadeias de valor") se ampliam sob vínculos cada vez mais firmes e até rígidos, com a agricultura e a pecuária, no campo, sendo determinadas, especialmente em sua formatação tecnológica, pelas firmas não agrícolas mais poderosas presentes nas referidas cadeias. A importância da agroindústria (a jusante e a montante) que surgiu em torno da modernização da agropecuária não pode ser minimizada, pois vem assumindo importância notável *vis-à-vis* a indústria de transformação sem relações diretas com o agronegócio. Como esta última é a parte da indústria que vem mostrando sinais de fragilização há muitos anos (e, por isso, o processo de desindustrialização em curso), relativamente assume importância decisiva a agroindústria para produzir riqueza, empregos e serviços, inclusive de forma descentralizada, em acordo com as regiões dinâmicas da produção agrícola e pecuária. Existem provas estatísticas: em 2005, o valor total do setor agroindustrial (ou seja, incluindo todas as cadeias produtivas) correspondia a 53,4% do valor total produzido pela indústria de transformação sem relações com o agronegócio, mas esta proporção saltou para 66% em 2020, uma distância que deve ser reduzida ainda mais nos anos adiante. Sob tais mudanças, um dos mais reputados economistas brasileiros, com longa experiência na análise dos negócios do campo, indica algumas características desse conjunto de relações ora em curso. Em comunicação pessoal, o pesquisador destaca:

> o agronegócio brasileiro tem um modelo de crescimento solidamente estabelecido em torno da elevação da produtividade e da competitividade no mercado global, sem subsídios relevantes, e isto é algo único [...] essa rota de expansão ainda vai durar por muito tempo [...] no plano da produção, a agricultura de precisão é a mudança mais relevante. *Esse caminho implica em maior integração de agricultura, indústria e serviços* [...] um grande mundo está se abrindo na criação de valor tanto no desenvolvimento de novos produtos como no redesenho e rejuvenescimento de setores maduros, como no caso do café [...] *as relações entre o agronegócio e a indústria* são muito mais intensas, profundas e diversificadas do que se imagina. Elas *deverão se aprofundar ainda mais.* (José Roberto Mendonça de Barros, 2021, manuscrito não publicado, grifos acrescidos.)

Entretanto, há a outra face, sobre a qual pouco se discute, fruto indissociável da primeira – é o aprofundamento da desigualdade social no campo, como nunca teria ocorrido. Mas há um importantíssimo esclarecimento a ser considerado sobre o fato, o qual minimiza sua aparente gravidade. Esse padrão assimétrico na distribuição da extraordinária riqueza criada em cada ciclo agrícola vem sendo operado sobre uma faceta inédita em nossa história: envolve menos e menos contingentes populacionais, em termos quantitativos, pois a maior parte da pobreza rural vem sendo empurrada para fora das regiões rurais, um espaço que congrega atualmente meros 15% do total da população. O resultado é que *os temas sociopolíticos do passado, igualmente, vão sendo transferidos para os centros urbanos*, pois a população propriamente rural vai se tornando rarefeita, quando dispersa no vasto território do interior. Uma palavra como pobreza, antes associada de imediato àquelas regiões, vai sendo crescentemente correspondente apenas aos conglomerados urbanos. Outro efeito político, a título ilustrativo, é que expressões quase mágicas, meio século atrás, como "questão agrária" e (a ausente) "reforma agrária", frequentemente vinculadas a quase todos os nossos males, esfumaçaram-se no presente século, sendo hoje expressões citadas raramente.

Os autores

Carlos Águedo Paiva
Bacharel em Economia (UFRGS), mestre e doutor em Economia (Unicamp). Professor no Mestrado de Desenvolvimento Regional (FACCAT). Coordenador do Grupo de Pesquisa do Litoral Norte do Rio Grande do Sul (GPLNRS/ CNPq). Diretor-presidente da Paradoxo Consultoria. Especialista em Teoria do Desenvolvimento Econômico, História Econômica, História do Pensamento Econômico, Economia Política, Macrodinâmica, Economia Regional e Economia Gaúcha. Autor/organizador de onze livros, dentre os quais *A metamorfose inconclusa: transição capitalista e construção do Estado burguês no Brasil* e *Evolução das desigualdades territoriais no Rio Grande do Sul*, e ainda de 52 artigos publicados em periódicos e de 31 capítulos de livros.

Cícero Araújo
Possui graduação em Física pela Universidade Estadual de Campinas (1984), mestrado em Filosofia pela mesma Universidade (1989) e doutorado em Filosofia pela Universidade de São Paulo (1994). É professor titular do Departamento de Filosofia da Universidade de São Paulo. Atua no campo da Teoria Política, onde suas pesquisas concentram-se nos seguintes temas: Moralidade Política, Pensamento Republicano Clássico e Contemporâneo, Democracia e Justiça. Mais recentemente, tem feito investigações sobre o Constitucionalismo Moderno e Contemporâneo, através das quais vem abrindo um diálogo com os estudos das Instituições e da Política Brasileira. Autor de cinco livros, dentre os quais *A forma da república: da constituição mista ao Estado*, ademais de 34 artigos e de 34 capítulos de livros.

Fabian Scholze Domingues
Graduado em Filosofia e Ciências Econômicas (UFRGS), mestre em Filosofia (UFRGS) e doutor em Economia pela Universidade Federal do Rio Grande do Sul (UFRGS). É professor adjunto da Universidade Federal do Rio Grande do Sul, além de coordenar o Núcleo de Estudos e Pesquisas em Economia Urbana (NEPEU), o Grupo de Pesquisa em Refugiados, Imigrantes e Geopolítica (GRIGS), o Núcleo de Estudos e Pesquisas em Migrações (NEPEMIGRA) e o Convênio de Cooperação Técnica da UFRGS com o TCE-RS (2020-2025). Coordenou o EADERI, núcleo de ensino à distância do Departamento de Economia e Relações Internacionais (2015-2020). Trabalhou na Secretaria da Coordenação e Planejamento do Estado do Rio Grande do Sul de 2003 a 2007 com projetos prioritários de governo e projetos com financiamento internacional. Autor de *Uma introdução à ética econômica e social: a distri-*

buição da riqueza em perspectiva e ainda de três artigos em periódicos e de três capítulos de livros.

João Carlos Brum Torres
Graduado em Filosofia (1967) e em Direito pela Universidade Federal do Rio Grande do Sul, mestre em Filosofia pelo Département de Philosophie – Université Paris XIII (Paris-Nord, 1974) e doutor em Ciências Humanas pela Universidade de São Paulo (1985). Professor titular aposentado da Universidade Federal do Rio Grande do Sul, atualmente é professor e coordenador do curso de Pós-Graduação em Filosofia da Universidade de Caxias do Sul (UCS). Exerceu também o cargo de Secretário de Estado da Coordenação e Planejamento no governo do estado do Rio Grande do Sul por dois períodos administrativos (1995-1998 e 2003-2006). É autor ou organizador de oito livros, dentre os quais *Figuras do Estado Moderno*, além de 34 artigos em periódicos e de 24 capítulos de livros.

Juremir Machado da Silva
Graduado em Jornalismo pela Pontifícia Universidade Católica do Rio Grande do Sul (1984), em História pela PUCRS (1984), DEA em Sociologia – Université Paris Descartes (1992) e doutorado em Sociologia – Université Paris V René Descartes (1995). Professor titular da PUCRS, onde coordenou, de 2003 a 2014, o Programa de Pós-Graduação em Comunicação. Bolsista de Produtividade em Pesquisa do CNPq – Nível 1B. Atua na Sociologia da Cultura, Sociologia da Mídia, Sociologia Política e Sociologia do Imaginário. Tradutor, romancista, radialista e cronista. Até 2022, publicou 43 livros individuais, três deles traduzidos para o francês. Entre seus livros mais conhecidos estão *Anjos da perdição: futuro e presente na cultura brasileira* (Sulina, 1996), *Getúlio* (Record, 2004), *História regional da infâmia – o destino dos negros farrapos e outras iniquidades brasileiras* (L&PM, 2010), *1930, águas da revolução* (Record, 2010), *Vozes da Legalidade: política e imaginário na era do rádio* (Sulina, 2011), *A sociedade midíocre, passagem ao hiperespetacular – o fim do direito autoral, do livro e da escrita* (Sulina, 2012) e *Jango: a vida e a morte no exílio* (L&PM, 2013), *Raízes do conservadorismo brasileiro* (Civilização Brasileira, 2017) e *A memória e o guardião* (Civilização Brasileira, 2020). Apresentou, de 2010 a 2020, o programa de política e sociedade Esfera Pública, na Rádio Guaíba de Porto Alegre. Publicou de 2000 a 2022 uma coluna no jornal *Correio do Povo*, de Porto Alegre, no qual coordenou o suplemento cultural Caderno de Sábado.

Leonardo Belinelli
Possui graduação em Ciências Sociais pela Universidade Federal de São Paulo (Unifesp), mestrado e doutorado em Ciência Política pela Universidade de São Paulo (USP). Concluiu pós-doutorado no Departamento de Ciência Política da USP. É editor executivo da Revista Brasileira de Informação Bibliográfica em Ciências Sociais (BIB) da Associação Nacional de Pós-Graduação e Pesquisa em Ciências Sociais (ANPOCS), pesquisador associado do Centro de Estudos da Cultura Contemporânea (CEDEC), membro da comissão de projetos especiais da ANPOCS (2021-2022), editor da coluna Interpretações do Brasil e a política da Biblioteca Virtual do Pensamento Social (BVPS – FioCruz). Foi subeditor da revista *Lua Nova* (CEDEC), editor-chefe do Boletim Lua Nova (CEDEC), editor da área de Pensamento Político e Social Latino-Americano da Revista Leviathan (USP), e colunista de política da revista *Brazil com z* (Espanha) entre 2016-2017. Tem experiência na área de Ciência Política, com ênfases em Pensamento Político e Social Brasileiro e Teoria Política. É autor *de Os dilemas do patrimonialismo brasileiro – as interpretações de Raymundo Faoro e Simon Schwartzman* (Alameda/FAPESP, 2018) e coautor de *Estado e democracia: uma introdução ao estudo da política* (Zahar, 2021).

Lourival holanda
É graduado em Filosofia pela Université Paris 8 – Vincennes-Saint-Denis e mestre e doutor em Letras pela Universidade de São Paulo (USP). Professor titular do Departamento de Letras da Universidade Federal de Pernambuco (UFPE). Foi diretor da Editora UFPE e atualmente é presidente da Academia Pernambucana de Letras (APL). É autor de doze livros, dentre os quais *Fato e fábula* (Edua, 1999), *Sob o signo do silêncio* (Edusp, 1992) e *Realidade inominada* (Cepe Editora, 2019), além de 34 artigos e 34 capítulos de livros.

Luís Augusto Fischer
Professor titular de Literatura Brasileira da Universidade Federal do Rio Grande do Sul (UFRGS). É graduado em Letras pela (UFRGS, 1980), mestre (1988) e doutor (1998) em Letras pela UFRGS. Fez estágio de pós-doutorado na Sorbonne, Paris VI (2015). É autor ou organizador de vários livros, dentre os quais *Machado e Borges* (2008), *Inteligência com dor – Nelson Rodrigues ensaísta* (2009), *Duas formações, uma história – das "ideias fora do lugar" ao "perspectivismo ameríndio"* (2021) e *A ideologia modernista – a Semana de 22 e sua consagração* (2022), além de vários artigos e capítulos de livros. É crítico literário e desenvolve pesquisas na área de História da Literatura Brasileira e Americana.

Pedro Fonseca
Bacharel e mestre em Economia pela Universidade Federal do Rio Grande do Sul (UFRGS). Doutor em Economia pela Universidade de São Paulo (USP). Pesquisador do CNPq desde 1987. Professor titular do Departamento de Ciências Econômicas e Relações Internacionais da UFRGS, onde foi coordenador da Pós-Graduação em Economia, chefe do departamento, diretor da Faculdade de Ciências Econômicas, presidente da Câmara de Pesquisa, pró-reitor de pesquisa e vice-reitor. Foi coordenador da área de Economia da CAPES, diretor-presidente da Fundação de Amparo à Pesquisa do Rio Grande do Sul (1997-2000) e presidente da Sociedade Brasileira de Economia Política (2002-2004). Atua como profissional e pesquisador na área de Economia, com ênfase em Economia Brasileira, atuando principalmente nos seguintes temas: Desenvolvimento Econômico, Formação Econômica do Brasil no século XX e História do Pensamento Econômico. É autor de seis livros, dentre os quais *RS: economia e conflitos políticos na República Velha* (Mercado Aberto, 1981) e *Vargas: o capitalismo em construção* (Brasiliense, 1989). Autor também de 73 artigos e de 54 capítulos de livros.

Renato Steckert de Oliveira
Graduado em Ciências Sociais pela Universidade Federal do Rio Grande do Sul (1978) e doutor em Sociologia – École des Hautes Études en Sciences Sociales (1993), com estágio pós-doutoral na Universidade Aberta da Catalunha, Barcelona, Espanha (2005-2006). Professor aposentado da Universidade Federal do Rio Grande do Sul. Atuou como professor de Pós-Graduação na Universidade do Vale do Taquari e integrou a diretoria do Parque Tecnológico do Vale do Taquari, ambos em Lajeado/RS. Diretor-presidente da Fundação de Amparo à Pesquisa do Estado do RS em 2000. Secretário de Estado de Ciência e Tecnologia do Rio Grande do Sul no período 2001-2002. Secretário adjunto do Desenvolvimento Econômico, Ciência e Tecnologia do RS no período 2015-2016. Tem experiência na área de Sociologia, com ênfase em Sociologia da Ética e Sociologia da Inovação, atuando principalmente nos seguintes temas: Bioética, Ensino Superior, Autonomia Universitária, Universidade Brasileira, Desenvolvimento Regional e Políticas de Gestão em Ciência e Tecnologia. Consultor em gestão da inovação e ensino superior. Até setembro de 2021 se assinava como Renato de Oliveira. Autor de três livros, dentre os quais *Éthique et Médecine au Brésil: étude sur les rapports entre le débat sur l'éthique médicale et la participation politique des médecins brésiliens* (1997), além de 29 artigos e onze capítulos de livros.

ZANDER NAVARRO
Engenheiro Agrônomo (UFV, 1972); especialista em Economia Rural (UFRGS, 1975); mestre em Sociologia Rural (UFRGS, 1976); doutor em Sociologia (Universidade de Sussex, Inglaterra, 1981); pós-doutor em Ciência Política (MIT, Estados Unidos, 1991/1992). Foi professor visitante nas universidades de Amsterdam (1986) e Toronto (1990). Foi professor e pesquisador no Institute of Development Studies (Brighton, Inglaterra, 2003-2010). Professor associado (aposentado) da UFRGS (Porto Alegre) entre os anos de 1976 e 2011. Atualmente é pesquisador da Embrapa (Brasília). Foi professor colaborador do Programa de Pós-graduação em Extensão Rural da UFV (Viçosa) entre 2011 e 2013. Campos de atuação (acadêmico e profissional): Sociologia dos Processos Sociais Rurais; Estudos sobre o Desenvolvimento (Agrário e Rural); Movimentos Sociais e Organizações Rurais; Processos de Democratização em Regiões Rurais; Teoria Sociológica; História Agrária do Brasil; Teorias Democráticas; Participação Social e Processos de Democratização. Desde 2022 tem atuado na Secretaria de Política Agrícola do MAPA, autorizado pela Embrapa. Autor de 21 livros e dezenas de artigos, particularmente sobre temas rurais.

lepmeditores
www.lpm.com.br
o site que conta tudo

IMPRESSÃO:

PALLOTTI
GRÁFICA

Santa Maria - RS | Fone: (55) 3220.4500
www.graficapallotti.com.br